100 Years
1920-2020

武汉大学信息管理学院百年纪念丛书

丛书主编　方卿　傅兴荣

世纪历程

武汉大学信息管理学院百年院史（1920—2020）

武汉大学信息管理学院　编

WUHAN UNIVERSITY PRESS
武汉大学出版社

武漢大
School of I

摄影　傅玲

韦棣华女士
（Mary Elizabeth Wood，1861—1931）

文华公书林开工奠基典礼

沈祖荣校长

胡庆生主任

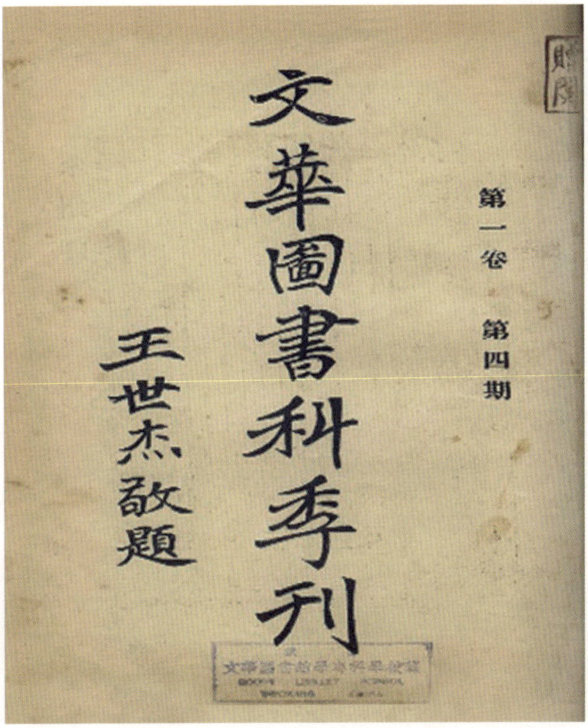

武汉大学原校长王世杰为《文华图书科季刊》题写刊名

1973年，中国图书馆代表团在美国合影留念（右一为黄宗忠先生）

时任武汉大学校长的刘道玉教授会见兰卡斯特教授（1987年）

1987年的武汉大学图书情报学院大楼

创办《图书情报知识》

图书馆学专业1977级校友入校30年返校

2013年信息管理学院建成新的办公大楼

武汉大学资深教授马费成发表演讲

彭斐章先生执教66周年学术思想研讨会

国际顶级信息学院联盟年会首次在亚洲举办，武汉大学校长窦贤康等出席会议

国际科学计量学与信息计量学大会开幕式上，武汉大学副校长李斐教授作专题报告

第九届海峡两岸图书资讯学学术研讨会在我校举行

教育部人文社会科学重点研究基地武汉大学信息资源研究中心

首届中美数字时代图书馆与情报学教育发展国际研讨会召开

首届数字时代出版产业发展与人才培养国际学术研讨会

百年信管　盛世华章

——从昙华林到珞珈山

2020年，对于武汉来讲，注定是不平凡的一年。当人们还沉浸在成功主办"军运会"、喜迎庚子鼠年春节的欣喜之时，一场突如其来的新冠疫情肆虐全城。一时间，曾经繁华的都市陷入了不安与惶恐之中。然而，英雄的城市、英雄的人民并没有被疫情所吓倒，而是立即行动起来，精诚团结，众志成城，奋力抗疫。4月8日，在经历76天的"战疫"后，江城迎来初胜，得以"重启"。然而，不幸的是，这场灾难旋即在全球降临，世界又因此陷入停滞。

正是在这样一种凝重的氛围中，武汉大学信息管理学院迎来了她的百年华诞。虽然国内抗疫初胜，人心甫定，但全球疫情形势严峻，前景堪忧，"人类命运共同体"面临巨大挑战。面对此情此景，我们无心"院庆"，唯有全力以赴，共同抗疫，方为学人本分。原本规划的各种"院庆"纪念活动，选择了"让路"，转而以一种特别的方式、以抗疫实际行动为"院庆"献礼。

疫情期间，我们信管人秉承"智慧与服务"的文华精神，始终坚守岗位，各尽所能，服务抗疫大局。教师们坚守教学一线，停课不停教，同学们克服重重困难，坚持学习，停课不停学，199门课程如期保质保量在线完成教学任务。21位在校在汉干部教师，积极响应号召，踊跃参与社区"值守"72天，守望相助，服务社区居民。一些离汉干部教师，立足家乡，积极主动参加当地志愿者活动，服务社区抗疫工作。不少干部教师以及院友们，积极奉献爱心，慷慨捐款捐物。一些教师利用自己的所学所长，积极主动开展抗疫科研，发表抗疫研究论文，提交抗疫咨政研究报告，开设抗疫学术讲座。同学们更是以自己的方式服务抗疫大局，如联合发起"共抗疫情、爱国力行"主题宣传教育活动，联合开展"共饮一江水，抗疫两院情""同心抗疫"主题党日活动，发表"同心抗疫，青年有责"致全国图书情报与档案管理学科青年学子的倡议书等。这些行动，为抗疫中的江城增添了一抹亮色，为处于困境中的人们带来了温暖和希望。在这样一个非常时期，我们信管人用自己的行动、以这些特别的方式纪念我们的"院庆"，有一种别样的意义。

阳光总在风雨后，经历劫难的江城终将迎来新生。武汉的重启，意味着生活和工作秩序的逐步恢复。学院的各项工作也将陆续恢复常态。然而，由于前期抗疫工作和当前全球疫情形势的影响，原本规划的系列“院庆”纪念活动，大多难以按原计划进行，或者改变方式举行，或者推迟，或者取消。如四场国际学术研讨会，两场以虚拟会议的形式在网上召开，一场推迟，一场取消。但是，规划中的“武汉大学信息管理学院百年纪念丛书”仍将如期付梓。丛书包括《世纪华章——信息管理学院教师代表性学术论文专辑(上)》《世纪筑梦——武汉大学信息管理学院百年纪念文集》《世纪历程——武汉大学信息管理学院百年院史(1920—2020)》《世纪映象——武汉大学信息管理学院百年图册》《文华图专珍稀史料图录》《文华图专存留文献书目集编》《武汉大学信息管理学院校友名录(1920—2020)》共七本。我们谨愿借此机会对学院和学科的发展历程做一个简要回顾，并向广大院友和关心学院发展的各界朋友简要汇报学院与学科目前的建设和发展成就。由于时间跨度长，涉及内容多，不足甚至错误在所难免。不妥之处，敬请批评。

一、从文华图专到武大信管

百年信管，缘起于昙华林，成长壮大在珞珈山。从文华大学的一个专业到独立建制的专科学校再回归到综合性大学的二级建制，从教会大学到私立学校再到公立大学，从专科到本科再到本硕博结构完整的人才培养体系，从图书馆学单一学科到“图书情报与数据科学”学科群。就这样一路走来，从一颗不起眼的幼苗得以跻身科学殿堂。期间的点点滴滴，无不诉说着学院初创、成长与发展历程中的种种艰辛和努力。

学院百年发展历程，粗线条地大致可以分为三个阶段：1920—1949 年，即从专业的建立到中华人民共和国成立前为第一阶段。这一时期，从文华大学首开图书科，到建设独立的私立武昌文华图书馆学专科学校，再到抗战“西迁”的坚持与坚守，文华先贤筚路蓝缕，开拓山林，为成就学科之百年伟业奠定了坚实基础。1949—1977 年，即中华人民共和国成立到恢复高考这段时期为第二阶段。这一时期虽然学科专业没有领域上的拓展或规模上的扩张，但其办学性质从私立到公立、从独立建制的专科学校到并入武汉大学的转变，却是学院百年发展史上最值得纪念的事件。没有学院性质的改变、没有融入实力雄厚的武汉大学，其后期的发展将会是一种完全不同的态势。1977—2020 年，从恢复高考到成立一百周年为第三阶段。这是学院高速高质量发展的一个重要时期，学院的学科专业领域大大拓展、规模或体量迅速扩张、办学条件极大改善、学术影响和声誉不断提升。百年信管，业已初步建成具有较大国际学术影响力的知名学科和学院。

正如习近平总书记所指出的，“一个时代有一个时代的主题，一代人有一代人的使命”。百年信管，从无到有、从小到大、从弱到强，正是一代代信管人的不懈努力和开拓进取的结果。他们以实际行动践行总书记讲话的精神。百年信管之盛世华章，正是一代代信管人亲手谱写而出的!

以下是百年信管发展历程中学院建制演变的一些重要时间节点：

1920 年 3 月，美籍学者韦棣华(Mary Elizabeth Wood)女士和中国学者沈祖荣先生、胡庆生先生等，于武昌县华林文华大学创办图书科，开启我国图书馆学高等教育之先河。

1924年，文华大学改组为华中大学。文华大学文华图书科随之更名为华中大学文华图书科。

1927年夏，华中大学停办，文华图书科单独继续办学。1929年文华图书科以“私立武昌文华图书馆学专科学校校董会”名义向南京国民政府教育部提出立案申请，同年8月获准立案。1929年9月，华中大学复办，文华图书科仍为华中大学之一科。1930年6月，校董事会决议，“本校已于国民政府教育部立案，为办事便利起见，应行独立”。同年12月，正式启用“私立武昌文华图书馆学专科学校”印章，并于1931年正式脱离华中大学，成为一所独立的图书馆学专科学校。

1938年秋，为避战乱西迁重庆。1947年，抗战胜利后回迁武昌。

中华人民共和国成立后的1951年8月，人民政府接管了文华图书馆学专科学校，并改私立为公立。私立武昌文华图书馆学专科学校，相应更名为武昌文华图书馆学专科学校。

1953年8月，武昌文华图书馆学专科学校正式并入武汉大学，迁入武昌珞珈山，成为武汉大学图书馆学专修科。1956年，图书馆学专修科改制为图书馆学系。1966—1971年，因“文化大革命”停办。1972年恢复办学，学制改为两年。1977年，恢复高考招生，学制恢复为四年。1984年，经原教育部批准，成立图书情报学院。1999年，图书情报学院与新闻学院及中文系编辑学专业合并，更名为大众传播与知识信息管理学院。2000年，新武汉大学成立，原新闻学院被剥离，原武汉水利电力大学信息管理与信息系统专业加盟，学院更名为信息管理学院。

二、从图书馆学到图书情报与数据科学

百年信管，源于文华图专初创时的图书馆学专科，期间学科专业领域逐步拓展，至今已发展成为以“图书情报与档案管理”一级学科为主体，同时涵盖“管理科学与工程”和“新闻传播学”部分二级学科的“图书情报与数据科学”学科群。学院的学科领域和人才培养范围已大大拓宽，学科影响也不再限于“图书情报与档案管理”一级学科。

目前，学院现有图书馆学、信息管理与信息系统、档案学、编辑出版学、电子商务和数字出版6个本科专业；图书馆学、情报学、档案学、信息资源管理、出版发行学、管理科学与工程、电子商务、保密管理和数据科学9个科学学位硕士点；图书情报硕士、出版硕士、工程硕士和工程管理硕士4个专业学位硕士点；图书馆学、情报学、档案学、信息资源管理、出版发行学、管理科学与工程、电子商务和数据科学8个二级学科博士学位点；图书情报与档案管理、管理科学与工程两个一级学科博士学位授权点；图书情报与档案管理、管理科学与工程两个一级学科博士后流动站。

学科建设是高校安身立命之本。只有建设一流的学科，才能建设一流的学校和学院。

信管百年，正是一部以图书馆学为起点和核心的"图书情报与数据科学"学科建设史。学院的"图书情报与数据科学"学科群，不仅是图书馆学自然发展、开枝散叶的结果，更是一代代信管人以图书馆学为核心、为起点，守正出新，开疆拓土的必然产物。曾经名噪一时的哥伦比亚大学、芝加哥大学"图书馆学院"，落下一个"关张"的结果，恰好从反面印证了百年信管学科建设的成就。正是百年来一代代信管人应时代变化与社会需求，对图书馆学学科内涵的深挖和外延的拓展，武大信管才得以傲立学科之林、立于不败之地，才能成就学科伟业，谱写盛世华章。

以下是百年信管发展历程中各学科专业建立与发展的一些重要时间节点：

图书馆学：1920 年，武昌文华大学开设图书科，仿美国纽约州立图书馆学校办学制度，招收大学毕业和肄业学生学习图书馆学；1956 年，升格为本科；1978 年，开始招收硕士研究生；1992 年，开始招收博士研究生；2005 年，获图书情报与档案管理一级学科博士学位授权。

情报学：1978 年，开设科技情报学本科专业，后更名为情报学专业，本科层次现名为信息管理与信息系统专业；1980 年，开始招收硕士研究生；1991 年，开始招收博士研究生。

档案学：1934 年，文华图书馆学专科学校开设档案管理特种教席；1940 年，开设档案管理科；1984 年，重建档案学本科专业；1999 年，开始招收硕士研究生；2005 年，开始招收博士研究生。其中，20 世纪 90 年代，在图书馆学专业曾招收过档案学方向的博士研究生。

编辑出版学：1983 年，开设图书发行学本科专业，后更名为编辑出版学。2002 年，正式招收出版发行学专业硕士和博士研究生。2012 年，新增数字出版本科专业。其中，20 世纪 90 年代，图书馆学专业陆续以"文献与出版""现代出版"和"出版发行学"等方向招收编辑出版发行学领域的硕士和博士研究生。

电子商务：2001 年，开设本科专业，2006 年，开始招收硕士和博士研究生。

保密管理：2016 年，组建武汉大学国家保密学院，挂靠信息管理学院。同年开始招收硕士研究生。

信息资源管理：2002 年，开始招收硕士和博士研究生。

管理科学与工程：2004 年，开始招收硕士和博士研究生。

数据科学：2019 年，开始招收硕士和博士研究生。

专业学位：2004 年，开始招收工程硕士和工程管理硕士（软件工程方向）研究生；2010 年，开始招收图书情报硕士和出版硕士研究生。

三、从默默无闻到荣誉加身

百年信管，从一株幼苗已长成参天大树。学院的声誉或口碑，获得学界及社会的广泛认同，学院和学科也因此获得了无数荣誉。这些年来，学院主流学科在国家“211 工程”“985 工程”和“双一流”计划等国家高等教育重大建设战略工程或计划、教育部学科评估、国家重点学科建设、教育部“双一流”计划、各级各类教学和科研奖励计划以及各级各类人才支持计划中，均有上佳表现，取得不俗成绩，可谓“从默默无闻到荣誉加身”。

学院主流学科，连续入选国家高等教育重大建设战略工程或计划。1995 年，学院“图书情报与档案管理”学科入选国家“211 工程”重点建设学科；1998 年，学院“图书情报与档案管理”学科入选国家“985 工程”重点建设学科；2019 年，学院“图书情报与数据科学”学科入选国家“双一流”计划之世界“一流学科”建设计划。入选这些重大战略工程或计划，既是促进学院和学科更好发展的动力，也是国家对学院和学科建设的重视与肯定。

学院“图书情报与档案管理”一级学科在教育部学位与研究生教育发展中心所组织的四轮学科评估中，均取得了骄人的成绩。在 2001 年、2006 年和 2012 年的前三轮学科评估中，学科排名均为全国第一；2016 年第四轮评估结果为 A+学科。教育部学位中心组织的学科评估，涵盖“师资队伍与资源”“人才培养质量”“科学研究水平”和“社会服务与学科声誉”四大一级指标，是学科综合实力的全面反映。连续四次获得理想的骄人成绩，表明我们的学院和学科建设得到了学界和社会的高度认可。

学院国家重点学科建设，成效卓著。2002 年，图书馆学和情报学两个学科同时被评为国家二级学科重点学科。2006 年，国家增设一级学科国家重点学科，学院的“图书馆、情报与档案管理”学科被认定为国家一级学科重点学科。国家重点学科是国家根据发展战略与重大需求，择优确定并重点建设的培养创新人才、开展科学研究的重要基地，在高等教育学科体系中居于骨干和引领地位。入选国家重点学科，是对学院和学科教学与科研实力的最好诠释或印证。

学院在教育部“双万计划”建设中旗开得胜。2019 年，图书馆学和编辑出版学两个本科专业，双双入选首轮国家级“双万计划”本科专业建设点。双万计划，也称“双一流”计划，是教育部以建设面向未来、适应需求、引领发展、理念先进、保障有力的一流专业为目标，实施的一流本科专业建设计划。入选“双万计划”，是学院本科专业人才培养质量的见证。

学院在各级各类教学和科研成果奖励评选中都有不俗表现，曾多次斩获包括“国家科技进步”一等奖、“国家教学成果”一等奖、“国家教委高等学校优秀教材”一等奖、“教育部人文社会科学优秀成果”一等奖、“教育部科技进步”一等奖、“中国出版政府奖”、“湖北省社会科学优秀成果”荣誉奖和一等奖、“湖北省教学成果”一等奖等在内的各级各类教学和科研成果奖励数百项。高水平教学与科研成果奖励，无疑是学院和学科教学与科研水平的最好反映。

学院教师中 30 多人次先后入选各级各类高层次人才计划。其中，国家级教学名师、武汉大学人文社会科学资深教授、“万人计划”等国家级人才计划入选者 18 人次，省部级人才称号获得者 20 人次。一流的师资，既是保证学院和学科高水平发展的关键资源，同时也是学院凝聚力和向心力的见证。

百年信管，桃李芬芳。数以万计的信管学子在各自的岗位上勤奋工作，取得了骄人的业绩，为学院和学科带来了无限荣光。武大信管学子的这种影响，不仅体现在全国，而且在全球；不仅在本行业，而且在更广阔的领域；不仅在业界、学界，而且在政界、商界。学子们用自己的行动兑现了入学时的豪迈誓言，“今天我为你骄傲，明天你为我自豪”。

学院和学科发展所取得的成就得到了相关部门和产业界的肯定和认同，不少单位因此为学院发展给予无私的支持。1983 年，国家科委支持学院建设经费 140 万元以及学院办公大楼建设用地指标和部分建材。同年，新华书店总店无偿捐赠学院建设经费 287 万多元。2013 年，高等教育出版社、长江出版传媒股份有限公司、湖北三新书业、安徽时代出版发行有限公司和电子工业出版社等出版单位无偿捐赠学院建设和发展经费 700 余万元。2016 年，武汉新七建设集团有限公司余宝琳董事长无偿捐赠学院建设经费 500 万元。这些无私的支持，是建立在对学科和学院发展的肯定和认同基础之上的，自然也是武大信管所获得的宝贵荣誉。

学院和学科的国际影响和声誉不断提升。学院是国际顶级信息学院联盟(iSchools)首个发展中国家成员和核心领导小组成员、国际图书馆协会与机构联合会(IFLA)会员单位、美国图书馆协会(ALA)的国际成员单位，与联合国教科文组织、国际图联、美国图书馆协会等国际组织建立了长期稳定的合作关系，同美国、加拿大、德国、法国、英国、丹麦、日本等 10 余个国家(地区)的信息管理学院建立了良好的学术交流关系。学院的国际交流频密，近几年学院每年出访和来访教师或科研人员不低于 50 人次。其中，学院曾两次承办本学科领域的重要国际学术会议，即“全球顶级信息管理学院联盟年会 iConference 2017”和 ACM/IEEE“数字图书馆联合会议年会 JCDL 2020”。这两类学术年会，均是首次由发展中国家高校主办。这两次国际学术会议的成功主办，很好地展示了学院的国际形象，扩大了学院的国际学术影响力，提升了学院的学术声誉，在全球产生了非常好的学术影响。学院教师中，有国际学术期刊编委 6 人，同行评审专家 13 人。在 2020 年 QS 全球学科排名中，我校“图书馆与信息管理”学科位列全球 35 位，是入围 50 强为数不多的发展中国家高校之一，位列发展中国家第一名。

四、一点感悟

都说“十年树木，百年树人”，学科建设更是百年大计，需要守正笃实，久久为功。没有一代代信管人坚持不懈的努力，武大信管也难以成就今天的影响和声誉。图书馆学，本乃西来之学，在西方也仅是一个小众领域，影响也相对有限。然而，我们武大信管人却能将之发扬光大，守正出新，在小领域做成大学问。

图书馆学进入我国的初期，文华学人立足中华传统文化，结合我国传统的文献、版本、目录、档案之学，建构本土化的学科体系，给这门西来之学注入了强大的生命力，也充分体现了“中学为体，西学为用”的治学理念。这应该是图书馆学进入中国且得到绵延发展和不断发扬光大的关键所在。

20世纪七八十年代，信息技术的发展对于图书馆学科的影响初露端倪。当时的图书馆学系和图书情报学院又敏锐地捕捉到这一契机，及时增设学科专业，拓展学科范畴，重构学科体系。学科得以从单一图书馆学发展到更具生命力的图书情报学。这可以看作百年信管历史上的一次“华丽”转身。没有这一次转型，很难有学科今天的发展。

世纪之交，西方图书情报学院纷纷改走技术路线，学科更名、专业调整、内容重建、课程重构，图书情报学科危机四伏，甚至面临存亡危机。正是在这种极端背景下，学院完成了从“图书情报学”到“信息管理学”的“惊险一跃”，跳出了危机，为学院创造了更为广阔的发展空间。

进入21世纪，新一代信管人不忘初心、不辱使命，同心协力，将学院和学科发展推向了新的高度，初步实现了在“图书情报与数据科学”这一更大更高的学科平台上的更好发展。

我们完全有理由相信，经过广大信管人的不懈努力，武大信管的明天将会更好！

2020年5月1日

于珞珈山

目　录

第一章　历程·传统·特色

沧桑岁月，辉煌历程。从昔日武昌昙华林一株破土而出的幼苗，到今天珞珈山上一棵参天大树，武汉大学信息管理学院走过了不平凡的百年历程。一百年筚路蓝缕，一百年春华秋实，从文华图专到信息管理学院，几代人薪火相传，砥砺奋进，秉承"智慧与服务"的文华精神，践行"开拓创造、务实创业、引领创新"的办学理念，谱写了中国图书情报档案学与信息管理教育史上如诗如画的壮丽篇章。回顾与总结这段历史，与海内外同仁一道开创学科教育更加美好的未来，是我们的光荣使命和神圣责任。

一、百年历程

从文华图专到信息管理学院的发展历程，大体可分为五个时期。

(一)文华图专时期(1920—1953年)

文华图专是武昌文华图书馆学专科学校的简称。实际上，人们习称的文华图专在创办时的名称是文华大学文华图书科(Boone Library School)，1920年3月诞生，由美国学者韦棣华女士(Mary Elizabeth Wood，1861—1931)带领中国近代图书馆学先驱沈祖荣、胡庆生先生创办。韦棣华于1899年为探视其在华传教的弟弟来到武昌，因有感于当时中国民智未启，遂决定在中国兴办图书馆。1910年，韦棣华募款建成文华公书林，是一所服务于武汉三镇居民的公共图书馆。1914年和1917年韦棣华先后资助沈祖荣和胡庆生两位中国学子前往美国修习图书馆学。沈、胡学成归国以后，韦棣华即带领二人在位于武昌昙华林的文华大学创办文华图书科，韦棣华担任图书科主任，是为中国图书馆学专门教育之嚆矢。

图1-1　韦棣华女士
(Mary Elizabeth Wood，1861—1931)

文华图书科仿照美国纽约公共图书馆学校制度，从文华大学本科二年级以上的学生中招收学生兼修图书馆学课程，本科毕业除授予文学学士外另发图书馆学专科证书。在韦棣华和沈祖荣、胡庆生等人的努力下，文华图书科逐渐走向正规化和制度化。

图 1-2　文华公书林开工奠基典礼

1927 年，政局突变，华中大学(原文华大学)大部分教职员工离校，学校就此停办。然而，得到庚款资助的文华图书科仍单独照常办学。自 1926 年起担任文华图书科主任的胡庆生与担任文华公书林馆长的沈祖荣相互扶持，维持正常的教学工作。与此同时，他们积极谋求使文华图书科成为独立的专门学校。1929 年 8 月，经国民政府教育部批准立案，文华图书科正式更名为私立武昌文华图书馆专科学校，成为中国第一所独立的高等图书馆学专门学校。

图 1-3　沈祖荣校长

图 1-4　胡庆生主任

图 1-5　文华图专师生合影

1938 年国难当头，武汉危急，文华图专被迫西迁重庆。以沈祖荣、汪长炳和毛坤等为代表的文华人，在极其艰难的条件下，继续坚持办学。特别是文华图专校址遭敌机轰炸后，文华师生“进餐于露天之下，讲授于卧室之间”，但仍然克服重重困难，使学校不仅得以生存，而且有所发展。1940 年 9 月，文华图专档案管理专科设立，成为我国最早的档案管理专业。

图 1-6　汪长炳先生

图 1-7　毛坤先生

抗日战争胜利后，文华图专于 1946 年初迁返武昌。3 月开学授课，教授阵容一新。1947 年秋文华图专在京沪渝汉四地扩大招生，报名人数近千，录取图书馆学专科及档案管理科各一班共近百人。

图 1-8　西迁时期文华师生

1949 年，中华人民共和国成立，文华图专获得了新的发展机遇。1951 年 8 月，中央文化部接管私立武昌文华图书馆学专科学校，并委托中南军政委员会教育部代管，任命王自申为校长，甘莲笙和沈祖荣为副校长。1953 年全国高等学校院系调整，文华图专并入武汉大学成为图书馆学专修科，原文华图专师生与设备迁入武昌珞珈山武汉大学校园内。文华图专的历史从此翻开了新的一页。

文华部分杰出毕业生

文华图专虽然规模不大，但培养的人才宛若璀璨的群星，闪耀在世界各地。以下是早期的文华毕业生的杰出代表：

图 1-9　沈祖荣

沈祖荣，毕业于纽约州立图书馆学院(New York State Library School)，是中国赴美攻读图书馆学的第一人。曾任武昌文华图书馆学专科学校校长和教授。1929 年代表中国参加在罗马召开的国际图联会议。著有《仿杜威书目十类法》(1922 年，合著)、《简明编目法》(1929 年，翻译)和《标题总录》(1937 年，编译)等。

图 1-10　裘开明

裘开明，文华图书科第一班(1920—1922 年)学生，曾任厦门大学图书馆首任馆长，哈佛燕京图书馆首任馆长。著有《中国图书编目法》(1931 年)、《汉和图书分类法》(1938 年)等。

图 1-11　钱亚新

钱亚新，1927 年毕业于文华图书科，曾任中华图书馆协会监察委员会委员，文华图书科教员和文华公书林流通部主任，上海大夏大学图书馆编目主任等职。著(编、译)有《拼音著者号码编制法》(1928 年)、《索引和索引法》(1930 年)、《图书分类法》(1942 年)等。

图 1-12　皮高品

皮高品，1925 年毕业于文华图书科，曾任青岛大学图书馆馆长，武汉大学图书馆馆长，文华图专教授。著有《中国十进分类法及索引》(1934 年)、《中国图书史讲义》(1956 年)等。

图 1-13　桂质柏

桂质柏，文华图书科第一班(1920—1922 年)学生，芝加哥大学图书馆学研究院博士。曾任文华图专教授和教务主任，南京国立中央大学图书馆和国立武汉大学图书馆馆长等。著(编)有《杜威书目十类法》(1925 年)、《中国图书经营法》(1932 年)、《国立中央大学图书馆分类大全》(1935 年)等。

图 1-14　严文郁

严文郁，1925 年毕业于文华图书科，曾求学于哥伦比亚大学，曾任职于北平图书馆、纽约市立图书馆、哥伦比亚大学图书馆、德国柏林大学图书馆、德国邦立普鲁士图书馆等。著有《中国图书馆发展史：自清末至抗战胜利》等。

图 1-15　冯汉骥

冯汉骥，文华图书科第一班(1920—1922 年)学生，浙江大学文理学院图书馆主任，1931 年赴美留学，入哈佛大学研究院人类学系，后转入费城宾夕法尼亚大学人类学系，1936 年获人类学哲学博士。1943 年任成都四川省立博物馆馆长。

图 1-16　毛坤

毛坤，1928 年毕业生，留校任教，后任教务主任，著有《西洋图书馆史略》(1923 年)、《档案经营法》(1927 年)、《中国国家档案馆规程草案》(1957 年)。

图 1-17　于镜宇

于镜宇，1933 年文华图专毕业生，曾任职于中华图书馆协会、国立北平图书馆，曾任美国哈佛大学燕京图书馆馆长。

图 1-18　陈鸿飞

陈鸿飞，1933 年文华图专毕业生，曾任暨南齐鲁大学图书馆主任，上海市立图书馆中文编目主任，福建省立图书馆馆长。

(二)武汉大学图书馆学系时期(1953—1984年)

武汉大学是一所综合性大学，具有悠久的历史、优良的学术环境、厚重的人文底蕴，名师荟萃，英才云集，这些都为图书馆学教育的发展提供了良好的条件。1955年，武汉大学图书馆学专修科的学制由两年改为三年，这也是唯一的一届三年制学制。1956年7月，武汉大学将图书馆学专修科改为四年制本科，正式建立图书馆学系，并于当年秋季开始招收本科生，徐家麟教授任系主任。

图 1-19 1953年的武汉大学

图 1-20 徐家麟主任

1960年，图书馆学系开办图书馆学专修科函授班，学制三年，至1964年已培养函授生230多人。

1966—1971年，因“文革”武汉大学停止招生，教学秩序完全被打乱，教师大部分流失。1972年恢复招生，学制改为两年，同时恢复了图书馆学系，黄宗忠教授任系主任。

1977年“文革”结束后恢复高考，图书馆学专业学制恢复为四年。1977级招生56人，1978级招生57人(含科技情报专业)。1977级学生于1978年3月入学，1978级学生于9月入学。作为改革开放后高等教育的第一批受益者，1977级、1978级同学无论是坚守在图书馆界还是从政、经商，无论是在国内发展还是远渡重洋，在不同的工作岗位上都取得了骄人的成就。

1977年，图书馆学系创办科技情报专业。1978年经教育部批准，科技情报专业首次招收科技情报专业本科生，培养了一批科技情报管理人才，为我国图书情报事业发展做出了重要贡献。

1978年，图书馆学专业开始招收硕士研究生，1979年科技情报专业开始招收硕士研究生。1980年获批图书馆学专业硕士授予权，1983年获批科技情报专业硕士授予权。1978年至1980年，开办了科技情报专修班，招收“文革”中1967—1970年毕业的理科大

图 1-21　图书馆学专业 1977 级校友入校 30 年返校

学毕业生，学习两年。

1982 年，原国家教委批准武汉大学图书馆学系重新筹办档案学专业，1984 年正式招收档案学专业本科生。

1983 年，为适应国家出版发行事业对专业人才的需求，在新华书店总店的大力支持下，图书馆学系创办的我国第一个图书发行管理学本科专业正式招生。图书馆学系已经发展成为体系完备的多学科教育机构。

图 1-22　1999 年，原新华书店总店总经理汪轶千先生与我院出版科学系部分教师在一起。（左二为汪轶千先生）

1983 年国家科委和武汉大学联合建立科技情报培训中心，开展科技情报人员的培训，提高科技情报队伍的素质。

1983 年 4 月，教育部在武汉召开“全国图书馆学情报学教育工作座谈会”。会议研究了图书情报学人才需求、培养目标和结构、师资队伍建设、教学质量和教材建设等问题。同年 9 月，教育部印发了《关于发展和改革图书馆学、情报学教育的几点意见》，成为新时期我国图书情报学教育发展的指导性文件。

1984 年，《图书情报知识》正式创刊。自问世以来，该刊连续被评为国家社科基金资助期刊、全国中文核心期刊、《中文社会科学引文索引》(CSSCI)来源期刊、《中国人文社会科学引文数据库》(CHSSCD)来源期刊、人大复印报刊资料重要转载来源期刊，被中国社会科学评价研究院《中国人文社会科学期刊 AMI 综合评价报告(2018 年)》收录，评定为图书馆、情报与档案学学科权威期刊。

1985 年至 1987 年，国家科委出资并出基建指标，新华书店总店出资购进办公设备，建造图书情报学院大楼，1985 年 11 月破土兴建，1987 年 5 月竣工交付使用。

图 1-23　1987 年的武汉大学图书情报学院大楼

图 1-24　创办《图书情报知识》

图 1-25　《图书情报知识》编委会议

（三）武汉大学图书情报学院时期（1984—1999年）

1984年4月，教育部批准在原图书馆学系的基础上建立武汉大学图书情报学院。同年10月，图书情报学院成立。彭斐章教授、马费成教授先后任院长。这是中国第一所图书情报学院。图书情报学院下设图书馆学系、情报科学系2个系（系下设图书馆学、情报学、档案学和图书发行管理学4个专业）、1个国家科委科技情报培训中心、1个图书馆学情报学研究所和1个函授部。

1990年，情报学专业获得博士学位授予权，1993年，图书馆学专业获得博士学位授予权。1997年，管理科学与工程一级学科获硕士学位授予权。1984年，档案学专业恢复本科招生，1998年，档案学专业获得硕士学位授予权，情报学被批准为湖北省重点学科。

1984年，教育部批准成立了武汉大学图书馆学情报学研究所。1998年，武汉大学出版发行学研究所成立。

1992年11月，国家教委委托武汉大学图书情报学院主持召开"全国高校图书馆学系系主任联席会议"，国家教委社科司文科处负责人及来自北京大学、武汉大学、北京师范大学、东北师范大学、郑州大学、山西大学、华东师范大学、中山大学等19所高校图书馆学系和新华书店总店的代表参加会议。这次会议总结了自1983年以来我国图书馆学教育所取得的显著成就，找出存在的主要问题，明确发展方向。

1997年3月、4月间，"海峡两岸第三届图书资讯学学术研讨会"成功召开。

（四）武汉大学大众传播与知识信息管理学院时期（1999—2000年）

1999年，武汉大学图书情报学院与新闻学院合并，重组为武汉大学大众传播与知识信息管理学院。马费成教授任院长。学院下设图书档案学系、信息管理系、新闻学系和广告与出版系4个系、7个专业，即图书馆学、档案学、信息管理与信息系统、新闻学、广播电视新闻学、广告学、编辑出版学。图书馆、情报与档案管理学科与新闻传播学科互相学习，相互支持，共同提高。2000年，武汉大学信息资源研究中心正式成立。

2000年11月，受亚洲高等教育联合董事会资助，武汉大学与匹兹堡大学联合主办了"2000中美首届数字时代图书馆与情报学教育发展国际学术研讨会"，讨论并原则通过了指导我国图书馆学情报学教育改革和发展的《面向21世纪中国图书情报教育发展行动计划》。

2000年，获得"图书馆、情报与档案管理"一级学科博士学位授予权；档案学专业获得博士学位授权点。

（五）武汉大学信息管理学院时期（2000.12—）

2000年12月底，武汉大学成立信息管理学院。2000年至今，信息管理学院在学科发展和专业建设、师资队伍、人才培养、科学研究、国际交流与合作等方面发展迅速，成就斐然。

第一，在学科发展和专业建设方面。2001 年和 2002 年，我院图书馆学科和情报学科分别被评为国家重点学科；2001 年，在信息管理与信息系统专业下设置电子商务方向，并于 2002 年初经教育部批准正式设立电子商务专业，2005 年成立电子商务系。2002 年，设立出版发行学博士学位授权点。2003 年，建立“图书馆、情报与档案管理”一级学科博士后科研流动站，“管理科学与工程”获得一级学科博士学位授予权。2012 年新增“数字出版”本科专业获得教育部批准。2018 年获得“数据科学”硕士和博士学位授予权。2013 年，我院图书馆、情报与档案管理一级学科在教育部组织的全国第三轮学科评估中排名第一，是全校 4 个排名第一的一级学科之一。2017 年 12 月，我院“图书情报与档案管理”在教育部第四轮学科评估中排名 A+。同年，“图书情报与数据科学”入选国家“双一流”建设学科。

图书馆学专业于 2007 年被评为湖北省高校品牌专业，2009 年被评为教育部高等学校特色专业建设点，2014 年列入教育部“专业综合改革试点”项目；编辑出版学专业获批“2009 年湖北省高等学校本科品牌专业立项建设项目”。2019 年，编辑出版学专业、图书馆学专业获批教育部认定的首批国家级一流本科专业建设点。

第二，在科学研究及科研项目方面。学院承担了“211 工程”“985 工程”和“双一流”学科建设工程，并在新文科建设中不断创新、拓展学科研究领域，取得了一系列在国内外有一定影响力的科研成果。具体见附录 3 至附录 5。此外，2000—2019 年，获得了 17 项国家社会科学基金重大项目，10 项国家社会科学基金重点项目，1 项国家自然科学基金重大项目，1 项国家自然科学基金重点项目，1 项国家自然科学基金创新研究群体项目，1 项国家重点研发计划项目，5 项教育部哲学社会科学研究重大课题攻关项目，以及教育部人文社科重点研究基地重大项目、国家社会科学基金项目、国家自然科学基金项目若干项。具体见附录 2。

学院教师的多项科研成果获得了教育部高等学校科学研究优秀成果奖(人文社会科学)等国家级和省部级奖励。具体见附录 6。

第三，在本科和研究生教学及人才培养方面取得了显著成效。课程建设实现课堂教学与实践教学、双语教学与全英文教学、线上课程与线下课程有机结合。学院现有 15 门优质课程，其中国家级精品资源共享课 7 门、国家精品在线开放课程 2 门。为了进一步挖掘和激发学生的科研潜力，培养其科研素质，学院鼓励本科生申报和参与大学生创新创业项目，国家级立项和校级立项居全校前列。重视实践教学，建设 1 个省级实习实践基地和若干校级实习实践基地。研究生科研创新能力不断提升，多人次获得教育部学术新人奖、研究生国家奖学金、研究生学术创新奖，“十大学术之星”等荣誉称号。学院本科生和研究生毕业生就业率稳居全校人文社科学部前列，年均达 95%以上，此外，学生赴海外留学深造和创业人数逐步增加。

最后，国际交流、两岸四地交流与合作不断深入。2005 年举办“图书馆合作与资源共享国际学术研讨会”和“中美图书馆员高级研究班澳门地区特别班”，其间还举办了“中国大学图书馆馆长论坛”，组织签署了《图书馆合作与资源共享武汉宣言》，在国内外产生了重要影响。2007 年，成立“武汉大学图书馆学情报学国际合作研究院”，借助这一平台开展与国外高水平高校的多种合作。如设立咨询委员会、聘请多位国外一流的专家学者为合作研究员、与欧美多家图书情报学院签订合作研究与教学备忘录等。

从 2000 年至今，学院主办了四届“中美数字时代图书馆学情报学教育国际研讨会”、六届“数字时代出版产业发展与人才培养国际学术研讨会”，以及第九届“海峡两岸图书资讯学学术研讨会”等一系列重要的学术会议。连续举办“中美图书馆员高级研究班”，承办联合国教科文组织(UNESCO)“信息素养师培训班”和“国际大学生信息素养与信息职业领导力夏季研究班”等国际夏令营活动。上述学术研讨和交流活动均在国内外产生深远影响。

2009 年，学院作为首个发展中国家成员加入国际信息学院联盟(iSchools)并成为其领导小组成员。2011 年 5 月，美国图书馆协会(ALA)主席 Roberta Stevens 女士应邀来我院访学，经过双方交流沟通，我院成为中国首个加入 ALA 的国际机构会员。2012 年 7 月 3—10 日，学院师生 17 人组团参加了在台湾淡江大学召开的“第十一届海峡两岸图书资讯研讨会”。

此外，近 10 年来学院在办学条件、社会合作、国际交流等方面有新的进展：

2013 年学院新教学科研办公大楼建成，总建筑面积 9000 多平方米，10 月 8 日大楼正式投入使用，学院办学条件得到极大改善。

图 1-26　2013 年信息管理学院建成新的办公大楼

2016 年 9 月 20 日，国家保密局、湖北省国家保密局、武汉大学签订了三方共建协议，国家保密学院、国家保密教育培训基地武汉基地正式落户武大。

图 1-27　武汉大学国家保密学院、国家保密教育培训基地武汉基地成立大会

2016 年 11 月 16 日，“第三届世界互联网大会”在江南水乡乌镇开幕。我校资深教授马费成发表“互联网信息治理及序化”的主题演讲。

图 1-28　武汉大学资深教授马费成发表演讲

2017 年 3 月 22 日，由武汉大学信息管理学院与韩国成均馆大学共同主办的“国际顶级信息学院联盟年会”(iConference 2017)在武汉举行，会议主题是“影响·拓展·提升：跨越信息社区的全球合作”。共有来自 27 个国家(地区)的 525 位专家学者前来参会。2017 年 10 月，学院承办“第 16 届国际科学计量学与信息计量学大会”(ISSI)，吸引了来自 33 个国家和地区的近 200 名计量学领域专家学者参会。

图 1-29　国际顶级信息学院联盟年会首次在亚洲举办，武汉大学校长窦贤康等出席会议

2019 年 4 月，学院隆重举行彭斐章先生学术思想研讨会，会议旨在研究彭斐章先生的学术思想，探讨彭斐章先生的教育理念，促进学科建设与教育事业发展。来自全国 40 余家图书馆学界、业界机构共 120 余人出席了会议。

2019 年 4 月，国务院总理李克强率团赴比利时首都布鲁塞尔出席“第二十一次中国-欧盟领导人会晤”。陈传夫教授作为中方专家组成员，参加了作为配套活动之一的第四次中欧创新合作对话。

图 1-30　彭斐章先生执教 66 周年学术思想研讨会

图 1-31　陈传夫教授参加第四次中欧创新合作对话

二、辉煌成就

从文华图专到信息管理学院的百年历程中，在历届学校党委和行政的正确领导下，在社会各界的大力支持下，经过几代师生员工的共同努力，学院在队伍建设、人才培养、科

学研究、学科建设、人才培养、社会服务、对外交流、思想政治教育等方面，都取得了令人瞩目的成就。

图 1-32　原武汉大学校长顾海良教授会见来出席学院信息素养高级研讨班的联合国教科文组织副总干事卡恩博士

图 1-33　原武汉大学党委书记李健教授来我院调研

（一）师资队伍

优秀的学术团队，是学院发展的前提条件和重要保证。文华图专在创办和发展的过程中，就形成了以韦棣华、沈祖荣、胡庆生以及后期的毛坤、钱亚新等为代表的优秀团队，引领着当时中国图书馆学教育和图书馆学科的发展。在 20 世纪五六十年代，沈祖荣、徐家麟、皮高品、吕绍虞等，则是图书馆学专业学术团队的核心。

20 世纪 70 年代后期，伴随着国家改革开放的步伐，图书馆学系和图书馆学科建设迅速发展。1977 年，为了充实高水平教师队伍，图书馆学系引进情报检索语言专家张琪玉教授。1977 年在国内率先创办科技情报专业，引进了严怡民、王昌亚等情报学科带头人。1978 年至 1980 年，图书馆学系开办了科技情报专修班，招收“文革”中 1967—1970 年毕业的理科大学毕业生，学习两年后一批优秀的学员被选留系里充实教师队伍，这批优秀的人才成为后来图书情报学科领域杰出的学科带头人。20 世纪 80 年代以来产生了一批图书情报各领域的领军人物。如彭斐章教授在目录学研究领域、黄宗忠教授在图书馆学基础理论研究领域、严怡民教授在情报学理论研究领域、谢灼华教授在中国图书和图书馆史研究领域、陈光祚教授在科技情报检索研究领域、张琪玉教授在情报检索语言研究领域、廖延唐教授在图书馆古籍整理研究领域、石渤教授和田光先教授在图书情报专业国际研究领域、孙冰炎教授在读者服务研究领域、周继良教授和俞君立教授在文献分类学研究领域、傅椿徽教授在文献编目研究领域、郭星寿教授在社会科学情报研究领域、王昌亚教授在科技情报分析研究领域、周六炎教授在科技文献管理研究领域、詹德优教授在中文工具书研究领域、毛玉姣教授和刘荣教授在图书馆自动化研究领域、董慧教授在计算机信息系统工程和数字图书馆研究领域、黄凯卿教授在书业电子商务和网络出版研究领域、沈祥兴研究员在信息系统工程和数字图书馆研究领域，都是优秀的学科带头人。

进入21世纪以来，学院进一步注重学术团队建设，通过自我培养、出国进修、参加各种重要学术活动，参与产学研一体化课题研究等多种渠道培养师资队伍，发挥学科带头人的作用，优化学科梯队，成功地打造出一支专业方向明确、研究基础扎实、年龄结构、知识结构、学历结构合理、有创新能力的学术团队。

目前，学院共有教职员工107人，其中教师76人。教授43人，（二级教授6人，三级教授6人，四级教授31人），副教授30人。学院重视中青年教师的培养，打造核心教学科研团队。学院实施中青年学术带头人培养计划，鼓励、支持青年教师申报国字号人才项目和高层次科研项目、参加重要的国际、国内学术会议，通过学术交流提高他们的学术水平和在国内学术界的知名度。

通过多年来持之以恒的学术团队建设，已经取得重要成果。2007年，学院以马费成教授为带头人的图书情报核心课程教学团队，成功入选国家级教学团队，是国内本领域唯一入选的团队，也是学院在队伍建设方面取得的标志性成就。2019年，李纲教授为带头人的团队入选国家自然科学基金创新研究群体项目。该项目在国家自然科学基金项目中占有非常重要的地位，反映了研究团队在研究领域的整体实力。

加大国内外教师招聘力度，加强师资队伍建设。从学科背景、专业特长、学缘结构的角度出发，学院每年引进、选留多名优秀青年教师。近年来，学院加大对国际一流拔尖和领军人才的引进力度，外籍教师人数进一步增加，海外教师联合授课比例逐步加大，青年教师均具备英文授课能力。目前，引进、选留教师34人，占教师总数的35%。100%的教师主持了国家自然科学基金、国家社会科学基金、教育部社会科学基金等研究项目，已有部分成为新一代学科带头人。其中，陆伟教授为负责人的“信息检索方法与技术”团队、徐丽芳教授为带头人的“数字科学交流”团队列入首批武汉大学70后团队建设计划；吴丹教授为带头人的“人机交互与协作创新”团队、冉从敬教授为带头人的“专利大数据研究”团队、孙永强教授等为带头人的“商业大数据驱动下的管理创新研究”团队、杨思洛教授为带头人的“信息计量与科学评价研究”团队、赵杨教授为带头人的“大数据与智能化环境下的用户信息行为研究”团队列入武汉大学人文社会科学青年学者学术发展计划。安璐教授担任教育部重大攻关项目“提高反恐怖主义情报信息工作能力对策研究”首席专家。

为了加强师资队伍建设，学院聘请了一批知名的海内外专家担任我院的兼职教授和客座教授。2003年以来，在图书馆学科，他们中有前文化部副部长、国家图书馆馆长周和平教授、国家图书馆常务副馆长詹福瑞教授、中国科学院文献情报中心常务副主任张晓林教授、上海图书馆馆长吴建中研究馆员等；在出版学科，他们有国家新闻出版署前署长柳斌杰、国家版权局前副局长沈仁干教授、中共中央宣传部新闻局前局长张小影、中国出版集团前总裁聂震宁、高等教育出版社前总编辑张增顺、深圳出版发行集团前总裁陈锦涛、电子工业出版社前社长敖然。在信息产业领域，他们有百度公司李彦宏总裁等。

图 1-34　原文化部副部长、国家图书馆馆长周和平教授指导学院工作后与陈传夫院长合影

图 1-35　新闻出版总署前署长柳斌杰(左六)来校指导工作

图 1-36　聘任百度公司总裁李彦宏(左二)为兼职教授

(二)学科建设与社会影响

学科建设是学院发展的"龙头"。从文华图专到信息管理学院的一百年中，学科建设从小到大，从弱到强，不断发展壮大。

图书馆学是文华图专创办的专业。百年以来，虽然办学地址数度迁徙，学校院系几经分合，但图书馆学专业从未易帜。在 20 世纪 80—90 年代的停办与改名风潮中，武汉大学图书馆学专业始终坚守领地，并且保持着旺盛的生命力。其中原因，就在于她与时俱进，勇于创新，在继承和弘扬传统的同时，不断吸收新的学科理论、方法和技术的营养，改革教学内容，拓展研究领域，因而不但没有萎缩，反而借助新的信息环境得到更大的发展。1980年获得硕士学位授予权，1993年获得博士学位授予权，2000年，获得“图书馆、情报与档案管理”一级学科博士学位授予权。2001年，图书馆学科被评为国家重点学科，2007年，经过评估再度被认定为国家重点学科。2007年，图书馆学专业被评为“湖北省高等学校品牌专业”，2009年，被教育部确定为高等学校特色专业建设点。2013—2016年，成功申报并完成了教育部专业综合改革试点项目“武汉大学图书馆学专业综合改革试点”的建设目标。2017年9月，“图书情报与数据科学”入选“双一流”建设学科。2019年，图书馆学专业入选国家级一流本科专业建设点。

情报学专业(科技情报本科专业)创建于1977年，是我国最早设立的正规科技情报专业。1979年开始招收硕士研究生，1983年获得硕士学位授予权；1990年获得了我国第一个情报学博士学位授权点；1997年获得“管理科学与工程”一级学科硕士学位授权点；2000年获得“图书馆、情报与档案管理”一级学科博士学位授权点，同时，在国务院学位委员会备案设立信息资源管理等博士点；2003年获得“管理科学与工程”一级学科博士学位授予权。2001年情报学被教育部批准为国家重点学科。2006年，“管理科学与工程”被评为湖北省一级学科重点学科。2007年包含情报学的“图书馆、情报与档案管理”被评为一级学科国家重点学科。2003年国务院学位委员会批准在武汉大学设立情报学专业博士后流动站，2006年国务院学位委员会批准在武汉大学设立管理科学与工程学科博士后流动站，形成了由硕士、博士、博士后构成的完善的信息管理高级人才培养体系。

档案学专业创办于20世纪30年代。1934年，武昌文华图书馆学专科学校开办的“档案管理特种教席”，为我国档案学教育之滥觞。1940年，武昌文华图书馆学专科学校成立档案管理科，是我国最早由政府批准开办的档案学高等教育学科，1947年停办。1953年，文华图专并入武汉大学，只保留了图书馆学专业，档案管理科停办。1982年，原国家教委批准武汉大学图书馆学系重新筹办档案学专业，经两年筹备于1984年正式招收档案学专业本科生。1998年获硕士学位授予权；2000年获档案学博士学位授予权，之后，建立了博士后流动站，从而形成了包括博士后流动站、博士研究生、硕士研究生、本科生教育的层次分明的办学体系。

出版科学系的编辑出版学专业创办于1983年。该专业的设立不仅填补了我国高等院校专业建设中的空白，也是校企(武汉大学与新华书店总店)联合办学的成功范例。该专业从1983年开始招收本科生，1984年开始招收干部专修生，1987年开始招收研究生，1993年6月，武汉大学研究生院批准在图书馆学硕士点增加“出版发行研究”硕士研究生方向，2002年经国务院学位委员会批准，在“图书馆、情报与档案管理”一级学科下，设立出版发行学博士学位授权点，形成了专科、本科、硕士研究生、博士研究生层次完整的教育体系。2010年，国务院学位委员会正式批准设置出版硕士专业学位，2011年我院面向社会开始招收专业型硕士。2011年武汉大学正式申报新增“数字出版”本科专业，2012 年获批。2012 年起，武汉大学出版学本科教育分编辑出版学和数字出版两个专业分别招生，培养专业人才。2019 年，编辑出版学专业获批国家级一流本科专业建设点。

电子商务专业是适应互联网和电子商务发展需要而开设的一个涉及多学科、文理交叉的专业。学院于 2001 年在信息管理与信息系统专业下设置了电子商务方向，同时积极开展电子商务专业的申报工作，并于 2002 年初经教育部批准正式设立电子商务专业。2005 年 4 月在信息管理科学系电子商务教研室基础上成立信息系统与电子商务系。2006 年经国务院学位办批准，在管理科学与工程一级学科下设立电子商务硕士及电子商务博士学位授权点。2007 年开始招收电子商务专业硕士生和博士生，目前电子商务专业已形成了包括继续教育和全日制教育的多种办学模式。

随着信息技术的发展和应用，信息安全和保密管理对于国民经济和社会发展越来越重要。近年来，学院与湖北省保密局合作，以信息管理学院为依托成立了国家保密学院，于 2016 年 11 月新增保密管理系。2017 年，保密管理获得硕士研究生招生资格，开始面向全国招收第一届保密管理硕士研究生。保密管理系是该专业国内最早的硕士学位授权单位，同时在图书情报专硕设立保密管理方向，招收专硕。

在各级领导和社会各界的支持下，经过几代师生的共同努力，学院已拥有 2 个一级学科博士学位授权点：图书馆、情报与档案管理，管理科学与工程。下设 9 个二级学科博士点和硕士点：图书馆学、情报学、档案学、信息资源管理、出版发行学、管理科学与工程、电子商务、数据科学、古籍整理与保护，1 个二级学科硕士点：保密管理。另有 4 个专业学位点，分别为图书情报硕士、出版硕士、工程硕士及工程管理硕士。学院还曾培养“图书馆、情报与档案管理”学科高等学校教师硕士(高校教师班)，并面向在职人员开办研究生课程进修班并受理在职人员硕士学位申请。“图书馆、情报与档案管理”于 2007 年被批准为一级学科国家重点学科。在 2003 年、2006 年、2012 年、2017 年教育部学位与研究生教育发展中心组织的 4 次全国一级学科评估中，“图书馆、情报与档案管理”一级学科总体水平被评为全国领先。“管理科学与工程”于 2003 年获得一级学科博士学位授予权，2007 年建立“管理科学与工程”一级学科博士后流动站，2008 年被评为省级重点学科。2017 年学院“图书情报与数据科学”获批国家“双一流”建设学科。2019 年学院图书馆学专业和编辑出版学专业荣获首批国家级一流本科专业建设点。

围绕一流学科建设目标，学院紧跟图书情报与数据科学国际前沿，在健康医疗和公共文化等特定领域的资源库和共享资源平台建设、基于多源与海量数据分析的知识服务方面产出具有重大应用价值的标志性成果。近 10 年来，本学科教师发表 SSCI、SCI 索引论文 400 余篇，在 *Springer Nature* 等国际知名出版社出版全英文著作 4 部。其中，陈传夫教授主编的 *Information and Library Science: Trends and Research* 获得国内外本领域专家一致好评。3 部著作入选“国家哲学社会科学成果文库”，多部著作入选国家“十二五”“十三五”重点图书。

图 1-37 中国科学院孟广均研究员、徐引篪研究员，北京大学资深教授吴慰慈先生、王余光教授、秦铁辉教授，中国人民大学冯惠玲教授，南开大学王知津教授、柯平教授，南京大学叶继元教授等专家学者与我院部分专家学者研讨学科建设

图 1-38 中国社会科学院学部委员黄长著研究员在我院作研究方法的讲座

图 1-39 中国科技信息研究所梁战平研究员来院指导“211 工程”项目建设

图 1-40 清华大学陈国青教授在我院作学术报告

研究成果屡获国家及省部级奖励。张琪玉教授曾获“国家科学技术进步奖”一等奖和“国家优秀科技信息成果奖”二等奖。马费成、陈传夫教授等先后获“教育部高校科学研究优秀成果奖”一等奖。李纲教授两次获得“全国高等学校科学技术进步奖”一等奖。2001—2009 年，学院获“教育部高校人文社会科学研究优秀成果奖”一等奖 2 项，二等奖 1 项，三等奖 6 项，其他省部级奖 30 项。2010 年来，获“教育部高校人文社会科学研究优秀成果奖”16 项，一等奖 2 项。“省部级社会科学研究优秀成果奖”30 余项，一等奖 3 项，特别荣誉奖 1 项。

"双一流"建设以来，在学校对科学研究工作和跨学科平台建设的大力支撑下，学院充分调动教师科研的积极性与创造性，科研提质增效，高层次项目和高水平论文再创新高。获批国家社科基金重大项目 7 项、重点项目 4 项，教育部重大科技攻关项目 3 项、重大专项课题 1 项，国家自科基金重大项目 1 项、重大研究计划项目 2 项，国家重点研发计划项目 2 项，国家自科基金创新研究群体项目 1 项；发表高水平期刊论文 10 余篇、《中国软科学》2 篇、《人民日报》3 篇、《光明日报》3 篇(其中 1 篇同时被《新华文摘》全文转载)；14 项成果获"湖北省社会科学优秀成果奖"，学科影响力突出。先后有 7 门课程入选国家级精品课程。"图书馆学情报学核心课程教学团队"入选教育部国家级教学团队，多个教改项目荣获国家和湖北省优秀教学成果奖。

本学科的国际影响力不断提升，从众多国际一流大学信息管理学院中脱颖而出，成功举办了"2017 年顶尖图书情报学会议(iConference)""国际科学计量学和信息计量学大会(ISSI)"，标志着学科实力被国际顶尖学术团体所认可，逐步向世界一流学科迈进。

(三)人才培养

人才培养是学院建设之本。从文华图专到信息管理学院的 100 年，人才培养规模不断扩大，层次不断提高，为国家的图书情报事业输送了大量专业人才，有些甚至是具有世界影响的学者。

文华图专的首届学生仅 6 人，在艰难困苦的条件下，文华图专自 1922 年至 1941 年，培养本科毕业生共 127 人；从 1942 年至 1947 年，培养图书馆学专科毕业生 72 人。六届档案管理专科共培养毕业生 51 人，七届档案管理短期职业培训班结业生达 212 人，档案资料管理培训班结业生为 48 人。毕业生人数虽然不算庞大，却是一批具有崇高的图书馆职业精神和坚定信念而又学识渊博的图书馆学专家，其中有三四十年代就蜚声图书馆界的皮高品、钱亚新、毛坤、徐家麟、黄元福、吕绍虞、汪长炳等，有的甚至是世界级的图书馆学家，如曾任美国哈佛燕京图书馆馆长的裘开明、曾任联合国总部图书馆编目部主任的严文郁等。

1953 年文华图专并入武汉大学，首届学生为 62 人。此后的 20 多年中，由于众所周知的原因，图书馆学专业的发展受到一定影响。1977 年恢复高考以后，图书馆学系办学规模迅速扩大，1977 级招生 56 人，1978 级招生 57 人(含科技情报专业)，1979 级招生 80 人(含科技情报专业)。与此同时，1978 年和 1979 年，图书馆学系开始招收图书馆学专业和情报学专业硕士研究生，这是国内图书馆学情报学第一批硕士研究生。1978—1980 年，共招收研究生 16 名。这几届本科生和研究生，很多人经过多年社会实践的历练，进校以后刻苦学习，毕业以后大多成为我国图书情报事业的骨干，有的已是今天活跃在图书情报领域的领军人物。如图书馆学专业 1979 级的柯平、程焕文、汪东波、曹树金、肖德洪、王国强、徐恩元、陈传夫、肖希明等担任了大学图书馆馆长、信息管理学院院长、系主任或高校重要职能部门的负责人。

学院从1978年开始招收硕士研究生，1991年开始招收博士研究生，至今，我院已培养(毕业)博士研究生209人，硕士研究生1600余人。现有博士生导师43名，硕士生导师71名，招生规模为硕士270人/年，博士45—50人/年，是国内信息管理领域招生规模最大的研究生培养机构。学院面向海内外招收研究生，迄今已招收和培养亚洲、北美洲、非洲等世界上多个国家以及我国港澳台地区数十名博士和硕士研究生。从2011年开始，为促进澳门与内地文化教育交流，学院与澳门业余进修中心合作招收硕士研究生，累计招收了80名澳门学生。目前，学院在籍留学生12人，在籍港澳台地区学生45人。

1984年图书情报学院成立时，本科生已增至800多人，硕士研究生50多人。截至2020年9月，学院在校普通本科生916人，在校硕士研究生522人，博士研究生192人，成为当今中国规模最大的信息管理教育机构。

图1-41　原武汉大学党委书记李健教授与我院博士毕业生在一起

我院在各个历史时期均注重复合型人才的培养。文华图书科创办之初，就仿照美国图书馆学教育的模式，从大学二年级以上的学生中招收兼修图书馆学的学生，使学生具备相关学科知识背景。在课程设置上，注重中西图书馆学的结合；在教学方式上，注重培养学生的实际操作能力；在素质培养方面，不仅重视专业知识的传授，而且重视职业精神的培养。正因为如此，文华图专在艰难困苦的条件下，培养了一批为我国图书馆事业的发展做出了重要贡献的图书馆学专业人才。

从1953年至今的60多年间，学院始终将人才培养放在十分重要的位置，注重各层次人才培养质量，形成了重基础、重能力、重素质、重创新的人才培养优良传统。特别是近年来，学院根据社会发展的需要和信息职业对人才需求的变化，提出了厚基础、宽口径、复合型和国际化的高层次人才的培养目标，不断探索人才培养的模式，改革课程设置，改进教学内容和教学方法，取得了重要成果。

第一，学院十分重视本科专业建设，注重提高人才培养质量，努力建设专业品牌。经过几代学人的不断努力，图书馆学专业于2007年获评"湖北省高等学校本科品牌专业"，并被教育部遴选为"全国高等学校特色专业建设点"(2009年公布)，2014年列入教育部"专业综合改革试点"项目。编辑出版学专业于2009年获批"湖北省高等学校本科品牌专业立项建设项目"。2019年，编辑出版学专业、图书馆学专业荣获首批国家级一流本科专业建设点。

第二，课程建设成果显著。国家级精品资源共享课7门、国家精品在线开放课程2门。2013年，马费成教授主讲的"信息管理学基础"、陈传夫教授主讲的"目录学概论"、肖希明教授主讲的"信息资源建设"、黄如花教授主讲的"信息检索"、张晓娟教授主讲的"电子文件管理"、胡昌平教授主讲的"信息服务与用户"、邱均平教授主讲的"信息计量学"共计7门课获评国家级精品资源共享课程。2018年黄如花教授的"信息检索"、2019年马费成教授的"信息管理学基础"获评国家精品在线开放课程。此外，司莉教授的"信息组织与利用"、肖秋会教授的"档案管理学"以及查先进教授的"企业竞争情报"、邓胜利教授的"信息服务与用户"等相继获批武汉大学MOOC建设项目资助。

第三，教材建设成绩斐然。教材建设是决定人才培养质量的重要因素。学院十分重视专业教材建设，先后有60余种教材纳入规划教材建设，其中24种为国家级规划教材。"十五"期间，学院共有35种教材纳入"十五"规划教材，其中3种纳入国家级规划教材，32种纳入校级规划教材。"十一五"期间，共有16种教材纳入国家级规划教材。"十二五"期间，共有5种教材纳入国家级规划教材。2010年以来学院共计出版了50余种教材。2000年以来，获省部级以上奖励的教材主要有彭斐章教授主编的《书目情报需求与服务研究》(2002，一等奖)，刘家真教授编著的《文献遗产保护》(2005，一等奖)。为了提高实验教学质量，学院还资助出版了系列实验教材。

第四，教学研究成果丰硕。学院鼓励教师开展教学研究，积极申报国家级、省级教学研究项目。2001年以来校级、省级各种教学研究项目累计立项69项，其中省级30项。共获国家级教学成果奖一等奖1项，二等奖2项；省级一等奖3项，二等奖2项。2009年，胡昌平教授负责的"信息管理类专业核心课程平台建设与全程教学改革"项目成果荣获"武汉大学教学成果"特等奖，"湖北省教学成果"一等奖，"国家教学成果"二等奖；周宁教授主持的"信息组织学课程建设与创新"项目和黄先蓉教授的"产学研相结合加强编辑出版学专业人才培养"项目，获得"2009年湖北省教学成果"二等奖。2010年，邱均平教授负责的"创新人才系统培养模式与机制研究——以图书档案与信息管理专业为例"项目成果获得"武汉大学教学成果"二等奖。2012年，马费成教授负责的"构建我国信息管理专业课程教学的新模式——'专业课程链'的建设与实践"项目成果获得校级特等奖，"湖北省教学成果"一等奖。2014年，马费成教授负责的"'专业素质链'与'专业课程链'深度融合的信息管理专业人才培养模式构建"项目成果获得"国家级教学成果"一等奖；同年，吴平教授负责的"高校院系本科教学状态评估的研究与实践"项目成果获得"国家级教学成果"二等奖。2016年，陈传夫教授负责的"传统专业现代改造教学模式探索——武汉大学图书情报一流人才的培养实践”项目成果获得“武汉大学教学成果”一等奖，2017年获得“湖北省教学成果”一等奖。2017年，黄如花教授负责的“‘以学习者为中心’的信息素养教育的变革”项目成果获得“武汉大学教学成果”一等奖。2019年，方卿等的“信息管理学科人才培养过程国际化体系建设”项目成果获得“武汉大学教学成果奖”特等奖。此外，学院共有273篇教学研究论文获得“武汉大学优秀教学论文奖”，其中特等奖6篇，一等奖80篇。

第五，教师获得多项学校和学院的教学奖励。信息管理学院十分重视本科教学，涌现了一批在教学领域表现突出、辛勤耕耘、深受学生好评的教师，他们获得了学校和学院授予的各类教学奖励。2010—2019年，王三山、黄如花、方卿、肖希明先后获得了武汉大学“杰出教学贡献校长奖”。2016—2019年，共计有9名教师获得了“武汉大学本科优秀教学业绩奖”，1名教师受聘为武汉大学2017年“351人才计划”教学岗位。2002—2016年共有12名教师先后在武汉大学青年教师教学竞赛中获奖，其中4人获得一等奖。2018年、2019年学院先后有20名教师因本科教学出色获得了“杰出教学贡献院长奖余宝琳奖教金”。

第六，重视学生创新能力培养。学院十分注重学生创新精神的培养，通过制度建设激励学生创新。在具体实践中，积极吸纳学生融入各科研团队，倡导学生学研结合。近年来，我院学生的研究成果及获奖课题的数量与质量都呈明显的上升态势。2005年以来，学院共有478个大学生创新创业项目获批立项，其中国家级项目45项。2001年以来我院学生共获得省级大学生优秀科研成果奖共46项，其中一等奖1项，二等奖18项，三等奖27项。2004—2009年，共有83篇毕业论文获“省级优秀学士学位奖”，其中11篇获一等奖；2008—2019年，共有20篇博士学位论文获评“湖北省优秀博士学位论文”。2007年，情报学专业杜佳博士荣获“全国百篇优秀博士论文”，实现了本领域全国优秀博士论文零的突破；2013年信息资源管理专业博士杨思洛荣获“全国优秀博士学位论文”。2003年以来还有7篇博士论文先后荣获“全国百篇优秀博士论文”提名奖。2007—2009年我院学生获得国家级表彰和各项奖励21项、省部级表彰及各项奖励26项，校级奖励及表彰24项，奖项涉及德育、智力、体育、美术、音乐等内容。获得先进教育集体、红旗团委、各种优秀组织奖、优秀学生会、优秀研究生会等多项集体荣誉；获得“挑战杯”、“全国大学生网络商务创新应用大赛”、全国“未来编辑杯”、“第12届欧洲数字图书馆国际会议”最佳学生论文奖、“全国大学生英语大赛”特等奖、全国首届“创意 创新 创业”电子商务挑战赛特等奖、第八届海峡两岸知识大赛特等奖等多项荣誉。2007年《梦影长空》获第四届“未来影像——亚洲国际青少年作品展映”最佳编剧奖；2009年《我国创新型人才信息素养培育模式研究——以武汉地区高校学生为例》获“湖北省第七届‘挑战杯’大学生课外学术科技作品竞赛”特等奖和“全国第十一届‘挑战杯’大学生课外学术科技作品竞赛”二等奖；《壳聚糖生物医用膜》获“湖北省第七届‘挑战杯’大学生课外学术科技作品竞赛”特等奖，《神农架大九湖泥炭藓沼泽地退化与功能研究》获湖北省第七届“挑战杯”大学生课外学术科技作品竞赛一等奖等。2009年，2名研究生获教育部“高等学校科学研究优秀成果奖(人文社会科学)”一等奖。

图 1-42　“全国百篇优秀博士论文”获奖者杜佳和她的指导老师马费成教授

图 1-43　我院学子荣获“第二届全国电子商务大赛”金奖

2010—2019 年，在学院领导关怀、全院老师的悉心培养和广大同学的努力拼搏下，我院本科生在思想政治、学习科研、社会实践和文体活动等各方面都取得了一系列可喜的成绩，在各级各类竞赛中展现了信管人的风采，荣获国家级及以上的表彰和奖励 92 项，荣获省部级的表彰和奖励 126 项。

第七，就业形势持续看好。大学生就业一直是高校工作的重点之一，也是社会十分关注的问题。在学院师生的共同努力下，2007 年以来，本科毕业生一次性就业率一直稳中有升，研究生就业率也十分稳定。百年来，数以万计的专业人才从这里走向祖国各地，走向五洲四海。他们中有蜚声海外的国内外著名学者与职业的领导者，有近年来活跃在国内的知名专家学者和学科带头人，有在国内其他各领域的管理和决策机构担任重要职务的优秀领导者，有自主创业卓有成就的知名企业家，更有大量在图书情报、信息管理不同岗位上默默奉献的优秀人才。他们为国家乃至整个人类社会的图书情报、信息管理和各项事业作出了杰出的贡献。

(四)科学研究

早在文华图专时期，学院就非常重视学术研究。文华图专的学术研究面宽，成果丰富，在多个领域都有代表性的成果问世。如皮高品先生的《中国十进分类法》(1934)是我国近代四大图书分类法之一，为多家图书馆所采用，在图书分类学史上具有重要地位。沈祖荣先生的《标题总录》(1937)被推崇为我国标题法起源之作。钱亚新先生的《索引和索引法》(1930)标志着中国现代索引理论体系的建立。为了给师生和广大图书馆工作者提供学术研讨的园地，学院于 1929 年创办了《文华图书馆学专科学校季刊》，这是我国创办最早的图书馆学专业期刊之一，影响深远，与当时的《图书馆学季刊》和《中华图书馆协会会报》被认为是最重要的三种图书馆学期刊。

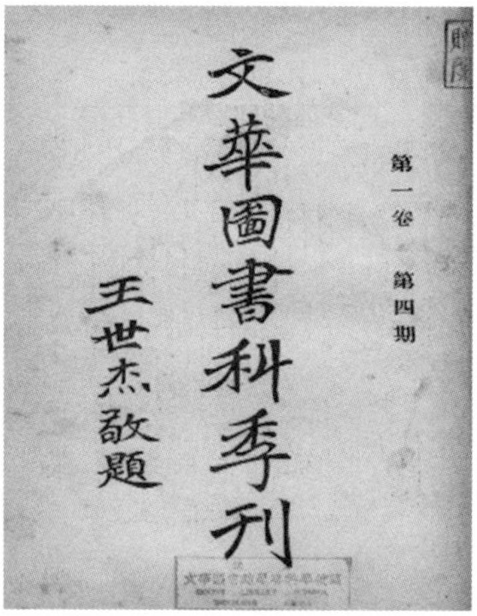

图 1-44　武汉大学原校长王世杰为《文华图书科季刊》题写刊名

在图书馆学系和图书情报学院时期，特别是 20 世纪 80 年代以后，随着学科建设和研究生教育的发展，学院在教学和科学研究方面涌现了一大批具有重要影响的研究成果。如黄宗忠教授的《图书馆学导论》、彭斐章教授的《目录学概论》、严怡民教授的《情报学概论》、张琪玉教授的《情报检索语言》、陈光祚教授的《科技文献检索》、谢灼华教授的《中国图书和图书馆史》、廖延唐教授的《图书馆古籍整理》等，都是各自领域的扛鼎之作。1985 年，由武汉大学图书馆学情报学研究所编制的《中国图书分类法索引》连同《中国图书分类法》一起荣获“国家科学技术进步成果奖”一等奖。

进入 21 世纪以来，新组建的信息管理学院以重点学科、博士学位授权点、博士后流动站为基础，以教育部人文社会科学重点研究基地武汉大学信息资源研究中心、“985 二期工程”武汉大学信息资源研究创新基地为平台，科学研究取得突破性进展，科研项目、科研成果及成果获奖无论是数量还是水平都上了一个新的台阶。

在科研项目方面，从 2001 年至 2009 年的 9 年间，全院获得国家社会科学基金重大项目 2 项、教育部重大招标项目 2 项、国家自然科学基金重点项目 1 项，以及国家级基金一般项目、青年项目 55 项，获得教育部人文社会科学研究重大项目(攻关、基地)课题 14 项，一般项目 28 项，完成其他省部级项目 10 项。与此同时，作为我校“985”“211”工程建设单位，学院承担了这两项工程的大量子课题。2010 年以来，获批国家社会科学基金重大项目 15 项；教育部重大攻关项目 5 项；国家自然科学基金重大研究计划项目 3 项，国际(地区)合作与交流项目 3 项，国家科技支撑计划项目课题 4 项；国家重点研发计划项目 2 项，重点项目 1 项；国家社科基金重点项目 11 项、一般项目及青年项目共 84 项，获得教育部一般项目及青年项目 30 余项，完成其他省部级项目及横向项目 200 余项。此外，2019 年首次获批国家自然科学基金创新群体研究项目。

图 1-45　马费成教授主持的国家自然基金重点项目和胡昌平教授、陈传夫教授分别主持的国家社科基金重大项目开题会及我院教师成果一览

改革开放 40 多年来，学院师生出版的专业著作(含教材)近千部，发表学术论文万余篇。南京大学 CSSCI 中心发布的数据显示，我院师生发表的 CSSCI 论文数量年年高居国内高校同学科之首。学院鼓励在科学研究上跟踪国际学术前沿，加强国际学术交流与合作，引领科学创新，鼓励师生在重要国际学术刊物或重要国际学术会议上发表研究成果。

学院十分重视学术研究机构建设。武汉大学信息资源研究中心是国家普通高等学校人文社会科学重点研究基地，也是本专业领域内唯一入选的重点研究机构。中心的宗旨是聚集国内外社会资源，创新学术研究机制，通过承担重大科研课题，产生重大科研成果。现设有信息资源规划、大数据治理、数据分析、信息组织等研究室，并与互联网企业在大数据应用领域设立了若干联合实验室。中心聚集国内外社会资源，创新学术研究机制，面向经济与社会信息化建设实践中的重大现实需求与理论问题，聚焦金融、医疗、安全等领域的大数据应用，承担包括 13 项国家社科基金重大项目、5 项重点项目、1 项国家自科基金重大课题、1 项重大研究计划重点课题、1 项重大研究计划培育项目、2 项国际(地区)合作与交流项目、1 项重点项目、2 项国家科技重点研发计划、3 项国家科技支撑计划、3 项教育部重大课题攻关项目、35 项重点基地重大项目等多项国家重大科研项目。在若干重点方向取得了系列具有原创价值的成果，多项国家级项目结题获评优秀。获得了包括“全国高校优秀成果(人文社科、科技进步)”一等奖等重要奖励。

中心通过主动承担来自企业和政府的委托研究课题，面向各级政府及社会各界开展咨询服务，提高了解决重大实践问题的综合研究能力和参与重大决策的能力。向国家和地方政府提交了一系列政策建议和咨询报告，在互联网空间治理、智慧城市建设、战略性新兴产业发展等方面发挥了积极的作用。受中央部委、企事业单位委托，培训各类人才 1 万余人，面向边疆民族地区、澳门和深圳特区开展定向人才培养。通过重点研究基地三轮周期的建设，中心已成为“211”“985”和“双一流”学科平台建设的重要支撑，成为在国内处于领先地位，在国际上具有较大影响和较高知名度的信息资源研究基地。中心参与教育部人文社科研究基地智库联合体建设，牵头联合七家研究机构共同发起成立“数字空间与社会治理”智库联盟，联合各个科研队伍，共同探索中国特色新型智库的组织形式和管理方式，致力于将中心建成国家信息资源管理和大数据治理领域高端智库。

其他研究机构还有：武汉大学中国科学评价研究中心、武汉大学知识产权高级研究中心、武汉大学电子商务研究与发展中心、国家信息资源管理武汉研究基地、国际图书情报合作研究院、中国教育出版研究中心、武汉大学-长江传媒出版研究中心、武汉大学出版发行学研究所、武汉大学数字图书馆研究所、武汉大学数字人文研究中心、武汉大学四库学研究所、武汉大学智慧城市研究中心、武汉大学信息系统研究中心、政务管理研究中心、信息检索与知识挖掘研究所、新闻出版总署武汉大学高级出版人才培养基地。这些研究机构在整合院内外研究力量，组织重大课题攻关研究、促进产出高水平成果方面，发挥了重要作用。

学院在科学研究方面主要通过三项重要的建设工程带动：“985 二期工程”哲学社会科学创新基地——武汉大学信息资源研究创新基地、学院“211 工程”和“双一流”建设工程。武汉大学信息资源研究创新基地是国家教育部、财政部批准建立的“985 二期工程”哲学社会科学创新基地。该基地由武汉大学信息管理学院、武汉大学软件工程国家重点实验室、武汉大学信息资源研究中心的研究力量组建而成。这是国内本领域目前获得 985 工程资助的唯一项目，基地建设总投资 3600 万元。

图 1-46　武汉大学信息资源研究中心；武汉大学信息资源研究创新基地

2002—2005 年，我院承担完成了武汉大学“十五”“211 工程”二期建设子项目“网络信息资源开发与数字图书馆”项目。2008—2011 年我院承担武汉大学“十一五”“211 工程”三期建设子项目“泛在环境下信息资源集成与服务创新研究”的建设。2017 年我院承担武汉大学“双一流”学科建设项目“图书情报与数据科学”，按照“中国特色，世界一流”要求，通过高端人才队伍建设、学科方向凝练、高水平科研成果培育以及国际化教育推进等举措，将本学科建设成为国内领先，具有较大国际影响的世界知名学科。

2017 年，学院启动“双一流”学科建设工程，紧密围绕“图书情报与数据科学”一流学科建设方案，完成本科人才培养方案修订，制定了“十三五”期间学科发展规划，并提出了新文科发展的五个方向，即数据资源管理与智慧服务，大数据智能与协同，科技计量与科技评价、科技政策，数字人文与社会计算，以及媒介融合与数字文化，深化了独具特色的学科内涵。加强面向重大战略问题的科研平台建设，整合学科和学校相关院系资源，筹建了武汉大学大数据研究院，积极响应“十三五”规划纲要中对“构建政产学研用一体的创新网络，支持一批高水平大学和科研院所组建跨学科、综合交叉的科研团队”的号召，已开展了“珞珈大数据方法训练营”和“珞珈大数据论坛”等一系列有影响的学术活动，促进人文社会科学研究方法的创新以及医疗、健康、教育等特定领域数据资源的开发利用。

(五)社会服务

从文华图专开始，创办人之一的沈祖荣先生就把“研究图书馆学，服务社会”定为宗旨。“智慧与服务”被确定为文华图专的校训。早在 1932 年上半年，文华图专学生就秉承文华公书林巡回文库的传统，自发组织巡回文库流动车，于每星期日下午服务于武昌县华林附近各商店，借阅者十分踊跃。1933 年下半年，以办理巡回文库为主要活动的“私立文华图书馆学专科学校学生服务团”成立，巡回文库服务以学生社团的形式固定下来，并有了明确分工和相应制度。1933 年，文华图专常常举办公共免费讲座，称之为“群育讨论会”，论题既有关于图书馆学的相关知识，也有时政、哲学、宗教、法学、文史、卫生等其他方面知识，听者甚众。

秉承文华图专服务社会的优良传统，适应时代发展的变化，学院在社会服务的内容和形式上不断创新，目前的社会服务形式主要有两种：学历继续教育与非学历高端培训、科研成果的推广和应用。

学历继续教育与非学历高端培训

我院学历继续教育与非学历高端培训工作开展较早，20 世纪 60 年代初开始开办函授教育，并形成了一定规模，为当时图书馆学界培养了一批具有专业素质的人才。在六十年的发展历程中，学院学历继续教育与非学历高端培训始终坚持教育服务社会的理念，不断创新教育服务社会的形式，目前办学类型涵盖网络、函授、自考、脱产、高端培训及业余等，办学层次包括高升本、专升本、高升专，各级各类在校继续教育学生共计两千余人。

函授教育是最早发展起来的继续教育形式。20 世纪 60 年代初，图书馆学系即开办了图书馆学三年制函授专修科，1960 年和 1963 年共计招收 341 人，1964 级学员共计 232 人，先后在湖北、江西、安徽、江苏、上海、浙江、湖南、广东、广西、四川、云南、贵州等地设立了函授站，开展对函授生的面授和辅导工作，为函授教育配备了相对稳定的教师队伍，积累了函授教育组织管理工作的初步经验。十年内乱结束后，经教育部批准，于 1980 年恢复了函授教育，并得到了迅速发展。1980 年招收学员 545 人，1982 年招收学员 602 人，至 1985 年，学院累计毕业函授学员 1488 人，学院分别在武汉、长沙、成都、重庆、贵阳、广州、南宁、桂林、郑州、南昌、济南、西安、杭州、福州、苏州、合肥等地设立了函授站，统一招生，统一教学计划，统一教材，统一教学进度，统一考试和统一规章制度。

继图书馆学函授教育后，函授教育专业随着国民经济发展对人才培养的需求增加不断拓展。1987 年，我院开始招收科技情报学专业专科函授生，共计招收 545 名学员，设置了郑州、洛阳、南昌、青岛、杭州、武汉等 7 个函授站。1989 年，我院开始招收图书发行管理学专业专科函授生，共计招生 343 名学员。

2002 年，武汉大学获得了国家教育部批准开展现代远程教育试点工作。我院是学校首批试办网络教育的两家培养单位之一，2002 年始招收培养网络教育学生，招生专业有电子与网络出版、信息管理与信息系统，2003 年招生专业扩充为电子商务、电子与网络出版，信息资源管理，招生层次为高中起点专科、高中起点本科。

依据学校办学政策，2000 年开始，学院招收了全日制本科助学班学员。2000 年、2001 年学院共招收信息管理与服务专业、电子商务专业试点班学生近千人，2004 级、2005 级、2006 级共招收电子商务专业、信息管理与服务专业共计 600 人。

学院积累了丰富的成人教育、网络教育办学经验，向社会培养和输送了 4 万余名信息管理科学优秀人才。

此外，为全面提升在职人员管理与核心业务水平，学院依托新闻出版总署武汉大学高级出版人才培养基地、国家保密教育培训基地武汉基地两个国家级培训基地、数个省部级培训基地以及强大的学科优势，承办非学历高端培训，还不定期举办过助教进修班、各种类型的短训班以及高级研修班，同时还接受国内外的进修人员和访问学者。学院近年承担了中宣部、文化部、教育部、国家图书馆、国家保密局、新闻出版广电总局等国家部委和省市大量的社会培训工作，培训了大批专业人才。各类高端培训包括全国出版行业领军人才高级研修班、全国数字出版千人计划培训班、省级国家保密局局长高级研修班、全国公共图书馆馆长培训班、图书发行管理学专业证书班、科技情报学专业证书班、图书馆学助教进修班等。1993—2020 年来院作访问学者或科研进修人员达 70 余人，学院给予了他们大力的支持，对于来自西部高校的学员，不仅免其学费，而且始终以最优厚的条件给予方便。

经过六十余年的发展，我院继续教育形成了函授教育、网络教育、夜大、干部专修科、专业证书班、自学考试的学历教育与各类短期研修班、培训班等非学历教育并举的多形式、多层次、多规格的继续教育体系，成为与全日制教育相互补充、协调发展的重要组成部分。

为了集中投入教学和科研资源，实现“双一流”建设工程的任务和目标，2018 年起武汉大学宣布停止了学历继续教育招生。

(六)国际交流与海峡两岸交流

文华图专历来重视国际合作与交流，积极引进西方图书馆学思想。韦棣华女士资送中国学子赴美学习图书馆学，奔走于中美两国之间争取美国对中国图书馆事业的支持，前美国图书馆协会主席，著名的圣·路易斯公共图书馆(St. Louis Public Library)馆长鲍士伟博士(Dr. Arthur E. Bostwick)被选为代表访华。韦棣华女士代表中华图书馆协会参加国际图联会议，促进中国图书馆界与国际的交流，沈祖荣先生游历欧洲八国参访数十所欧洲著名图书馆等，都是文华图专早期对外交流的生动事例。文华图书科季刊上发表大量译介西方之作，文华师生翻译了十余种国外图书馆学著作。文华图专课程和参考书籍，大量的是对于西方图书馆思想和技术的介绍和阐释。因而，文华图专的教学和研究，一开始就是与国际接轨的。

图 1-47　1923 年时任中华民国大总统的黎元洪设宴招待鲍士伟博士和韦棣华女士

中华人民共和国成立后，图书馆界积极学习苏联经验。1956 年，彭斐章先生作为国家选派的留学生赴苏联莫斯科图书馆学院研究生部学习目录学，学成归国后回到图书馆学系任教至今。1973 年，中美关系的大门刚刚开启，图书馆学系主任黄宗忠先生就作为中国图书馆代表团成员之一对美国进行了为期 38 天的参观访问，考察美国图书馆应用计算机的情况。

图 1-48　1957 年，彭斐章先生(左一)在莫斯科图书馆学院与著名的图书馆学家邱巴梁(左二)、安巴祖勉和 3 名留苏研究生合影

图 1-49　1973 年，中国图书馆代表团在美国合影留念(右一为黄宗忠先生)

1978 年以来，随着国家实行改革开放政策，学院与国外的学术交流与合作日趋活跃。1980 年 6 月，英国图书馆外借部主任莱恩·伯纳德教授、研究发展部主任格雷·约翰·克莱克门特先生等三人组成的英国图书馆代表团访问了武汉大学图书馆学系。1980 年 9 月，美国西蒙斯大学图书馆学与情报学研究院教授林瑟菲博士应邀在武汉大学图书馆学系作关于图书馆学和情报学的专题报告，并被武汉大学聘请为兼职教授。1981 年，美国西蒙斯大学图书馆学情报学研究院院长罗伯特·斯图亚特教授应邀在图书馆学系专题讲授

“图书馆管理”和“藏书建设”，并与师生代表就图书馆学系教育等问题进行了广泛的交谈。1982 年，图书馆学系主任黄宗忠副教授、孙冰炎副教授应美国西蒙斯大学图书情报学研究生院院长斯图亚特邀请、赴美进行了为期 3 个月的考察访问。1984 年 5 月，以美国国会图书馆副馆长威廉·丁·韦尔什为团长的美国国会图书馆五人代表团对我院进行了访问。代表团成员有著名的机读目录专家、美国国会图书馆助理馆长亨里埃特·D·阿夫拉姆女士、美国国会图书馆助理馆长布罗德里克先生等。代表团给全院师生近三百人作专题报告。1984 年 9 月至 1985 年 6 月，由美国富布莱特基金会提供资助，美国哥伦比亚大学伯纳尔学院图书馆顾问帕默尔教授，在学院讲学，给学院的研究生班系统讲授了“美国图书馆事业”“美国图书管理与实践”等专题。1985 年 9 月 2 日至 20 日，西德科隆大学教授、科隆大学哲学系图书馆学专业主持人、曾任国际图联图书馆理论和研究委员会主席的保尔·卡格拜因教授应学院的邀请，在汉进行了为期 19 天的学术交流活动。1986 年 10 月，美国伊利诺斯大学图书情报学研究生院原副院长劳伦斯·奥尔德副教授，应学院的邀请，来院讲学并进行友好访问。1987 年 3 至 4 月，彭斐章教授参加中国图书馆代表团先后考察苏联、保加利亚两国图书馆事业的发展情况。1987 年 10 月，美籍华人、美国匹兹堡大学东亚图书馆馆长、匹兹堡大学图书情报研究生院兼职教授郭成棠，美国著名图书情报学家、伊利诺大学图书情报学研究生院教授 F·兰卡斯特，分别应邀来学院访问和讲学。1992 年 6 月 1 日，兰卡斯特教授再次来学院进行了为期一周的学术访问和讲学活动，为全院师生作了题为“新技术与图书馆未来”“情报需求的特点与传播行为分析”等学术讲座。

图 1-50　时任武汉大学校长的刘道玉教授会见兰卡斯特教授(1987 年)

1993 年 5 月，美国肯特州立大学图书情报学院院长、教授杜蒙特博士来学院访问讲学，并给学院师生作了三个专题讲座。1995 年，学院资料室接受美国心理学家德本斯教授捐赠私人藏书2000余册，多为“文革”时期出版物，涉及心理学、人文科学、图书情报学、计算机科学等多个领域。

1978年至1999年，学院先后有黄宗忠、彭斐章、严怡民、陈光祚、王昌亚、焦玉英、马费成、胡昌平、黄凯卿、邱均平、陈传夫、刘家真、肖希明等大批优秀教师走出国门，在美国、欧洲等大学讲学、访学和交流。同时，毕业生曾蕾、秦健、徐鸿、张进、刘正福、张茵、王兵等优秀学者在国外大学任教。

图1-51　马费成教授访问美国威斯康星大学密尔沃基分校

21世纪以来，学院的国际交流与合作进入了一个新的阶段。2000年10月，由武汉大学、美国匹兹堡大学联合主办的首届“中美数字时代图书馆与情报学教育发展趋势国际研讨会”在武汉大学隆重举行，会议讨论并原则通过了指导我国图书馆学情报学教育改革和发展的《面向21世纪中国图书情报教育发展行动计划》，同年，《首届中美数字时代图书馆与情报学教育发展国际研讨会论文集》(英文版)在美国出版。2001年4月，学院成功举办了“中韩远程教育国际研讨会”。2003—2005年，学院连续举办了三届中美图书馆员高级研究班，深受好评。2005年，学院成功举办了“图书馆合作与资源共享国际学术研讨会”，其间还举办了“中国大学图书馆馆长论坛”，组织签署了《图书馆合作与资源共享武汉宣言》，在国内外产生了深远的影响。2006年10月，学院成功举办了“第二届中美数字时代图书馆学与情报学教育国际研讨会”，来自北京大学、中国人民大学、南京大学、南开大学、中山大学、美国华盛顿大学、SYRACUSE大学、台湾政治大学、香港中文大学等40余所国内外一流图书情报学院的院长、系主任、图书馆馆长、研究所所长等专家出席了会议。会议通过了《关于面向数字时代的图书馆学情报学教育方向的行动建议》，就本专业领域人才培养中的关键问题达成共识。2006年11月，“首届数字时代出版产业发展与人才培养国际学术研讨会”在武汉大学成功召开。2007年5月10日，院长陈传夫教授和德国埃尔朗根-纽伦堡弗里德里希·亚历山大大学哲学二院院长麦赫蒂尔德·哈伯曼教授在德国纽伦堡大学埃尔朗根宫正式签署《武汉大学出版科学系与埃尔朗根-纽伦堡弗里德里希·亚历山大大学图书学专业合作框架协议》和《武汉大学出版科学系与埃尔朗根-纽伦堡弗里德里希·亚历山大大学图书学专业本科生及研究生交换项目协议》。武汉大学校长刘经南院士与德国埃尔朗根-纽伦堡大学校长卡尔-迪亚特·格鲁斯克教授出席了签字仪式并当场批准了协议。2007 年 6 月，美国信息资源管理资深顾问 F. W. Horton 博士来学院访问，连续三天举行题为“信息资源管理进展”“信息素养与终身学习”“图书馆情报和信息管理课程的结构及改革“的讲座。2007 年 9 月，德国埃尔朗根-纽伦堡大学图书系师生代表团一行 16 人访问学院，并与本院 2006 级出版发行学专业研究生，围绕“中德出版教育状况”“德国图书市场概览”“美国图书市场概览”“英国图书市场概览”“法国图书市场概览”“中国台港澳出版业发展情况”展开为期五天的交流访问活动。

2007 年，学校以学院为依托，成立了“武汉大学图书馆学情报学国际合作研究院(International Collaborative Academy of Library and Information Science, Wuhan University)”。学院借助这一平台开展与国外高水平高校的合作，包括设立了咨询委员会、聘请了多位国外一流的专家学者为合作研究员等，并与欧美多家图书情报学院签订了合作研究与教学备忘录。国际合作的开展，使学院的学科建设能紧紧跟踪发展前沿，保持与国外先进水平同步。2008 年 10 月，联合国信息素养师培训班开班，联合国教科文组织(UNESCO)助理总干事卡恩访问我校，受 UNESCO 委托，武汉大学信息资源研究中心和信息管理学院成功举办了 2008 年 UNESCO 面向东亚地区的信息素养培训师培训班。2008 年 11 月“第二届数字时代出版产业发展与人才培养国际学术研讨会”在武汉大学成功召开，与会代表对数字环境下出版产业的发展趋势与对策，以及出版人才培养模式、机制、方式方法等问题进行了深入的探讨。2009 年 2 月，学院成为由国际一流信息学院组成的“信息学院联盟”(iSchools)成员，是 iSchools 的 27 个成员之一，也是来自发展中国家的唯一成员。2009 年 6 月，iSchools 联盟联络专员、美国伊利诺伊大学香槟分校图书馆与情报学研究生院院长 John Unsworth 教授代表 iSchools 核心领导小组在我校宣布接纳我院为 iSchools 成员，陈传夫院长当选 iSchools 核心领导小组成员，标志着我院的国际交流有了更宽广的平台。2009 年 10 月，由武汉大学信息管理学院和武汉大学信息资源研究中心承办的“国际信息系统协会中国分会(CNAIS)第三届全国大会”在武汉大学召开，大会主题为“新兴技术背景下中国信息系统研究的机遇与挑战”，与会代表充分地交流了近年来信息系统理论及应用等方面的研究论文、技术成果，会议内容丰富，学术领域较为广泛。2009 年 11 月，美国匹兹堡大学信息科学学院何大庆教授来访讲学，为我院师生作了主题为“Toward More Intelligent Access to Information(智能信息获取)”的学术讲座。2010 年 10 月，“第三届中美数字时代图书馆与情报学教育国际研讨会”在武汉大学召开，时逢武汉大学信息管理学院九十周年院庆，“第三届中美数字时代图书馆与情报学教育国际研讨会”的召开更具重要意义，它对促进图书情报事业的蓬勃发展起到重要作用。

图 1-52 陈传夫教授与 iSchools 领导小组(iCaucus)全体成员合影

2010 年以来，学院的国际交流工作实现了飞跃式进步，外事活动频繁，学院逐步成为国内顶尖、享誉世界的信息管理学院。

2012 年 11 月，院长方卿教授与丹麦皇家图书情报学院院长帕尔·哈尔斯(Per Frederik Vilhelm Hasle)教授、德国洪堡大学柏林图书情报学院院长代表艾尔卡·格雷芬尼德(Elke Greifeneder)助理教授签署了《武汉大学信息管理学院与丹麦皇家图书情报学院、德国洪堡大学柏林图书情报学院学术交流与合作协议》。

2013 年 4 月，美国北卡罗来纳大学教堂山分校情报与图书馆学学院院长加里·马奇奥尼尼(Gary Marchionini)教授应邀访问我院商谈合作交流等事宜，并作了一场题为"大数据环境下的数据精细化管理(Research Data Stewardship：Ensuring Data Quality to Enable New Science in iSchools)"的学术报告。同年 10 月，美国匹兹堡大学信息管理学院院长罗纳德·拉尔森(Ronald Larsen)教授、何大庆教授应邀访问我院并商谈交流合作等事宜。拉尔森教授为我院师生作了一场题为"iSchools 教育与新一代数据处理家(iSchools and Education for Data Curation)"的学术报告。同月，我院召开了"第八届科技信息资源共享促进国际会议(COINFO 2012)"，国内外 60 余位专家学者参会分享了他们在大数据时代背景下科技信息资源开放共享方面的最新研究成果。同年 11 月，"第四届数字时代出版产业发展与人才培养国际学术研讨会"在我院召开，来自美国、德国、荷兰、英国、中国等国家的 120 名专家、学者齐聚珞珈山，共同探讨出版产业和出版高等教育应对数字与网络技术的对策。

2014 年 1 月，美国威斯康星大学密尔沃基分校副校长约翰纳斯·布里茨(Johannes Britz)教授、研究生院院长大卫·余(David Yu)教授、信息研究学院代理院长郑宇燮(Wooseob Jeong)教授、迪特马尔·沃尔夫拉姆(Dietmar Wolfram)教授等一行四人访问我院，签署了信息科学领域的本科学位项目备忘录。该年 6 月，美国辛辛那提大学图书馆馆长王雪茅教授、加拿大麦克玛斯特大学图书馆馆长维维安·刘易斯(Vivian Lewis)教授、美国莱斯大学方德伦图书馆数字学术服务中心主任丽莎·斯皮罗(Lisa Spiro)教授来到信息资源研究中心进行学术访问。该年 10 月，德国埃尔朗根-纽伦堡大学博士后研究员阿克瑟·库恩(Axel Kuhn)博士及研究生一行六人来我院进行交流访问，并同我院出版专业师生一起参加了“中德两国间的出版贸易”座谈会。该年 11 月，英国谢菲尔德大学信息学院院长瓦尔·吉列(Val Gillet)教授、龙乐思(Miguel Baptista Nunes)博士和安吉拉·林(Angela Lin)博士应邀访问我院，并对其学院联合培养项目进行宣讲。

2015 年 10 月，“第四届中美数字时代图书馆学情报学教育国际研讨会”在武汉大学隆重召开，国内外专家学者共同探讨大数据时代图书馆、情报与档案管理教育的变革与创新问题。同月，“第二届国际顶级信息学院联盟亚太地区分会(AP-iConference)”在我院顺利召开，该会议是亚太地区图书情报学领域的顶级学术盛宴。

图 1-53　第四届中美数字时代图书馆学情报学教育国际研讨会在武汉大学隆重召开

2016 年 4 月，美国肯特州立大学曾蕾教授来访，并受邀举办了题为“智慧数据在数字人文领域的应用探究”的专题讲座。该年 10 月，“第五届数字时代出版产业发展与人才培养国际学术研讨会”隆重开幕，本次研讨会涉及数字出版产业发展与数字时代出版人才培养两大主题，目的是继续研讨出版产业和出版高等教育应对数字技术和网络技术的对策措施。

2017 年 3 月，由武汉大学与韩国成均馆大学共同主办的“国际顶级信息学院联盟年会(iConference 2017)”在武汉举行，这是该年会首次在亚洲举办，吸引了国内外 500 多名信息管理领域的专家学者参加。“国际顶级信息学院联盟年会”是国际图书馆学情报学领域的顶级学术盛宴，是全球顶尖信息科学学院联盟成员及其核心小组的院长和分管科研的副院长每年必须参加的学术会议，致力于通过跨学科交流不断拓展信息科学的研究视野和丰富信息科学的内涵。会议的成功召开充分体现了我国图书情报、信息管理研究与人才培养的理论自信与文化自信，也体现了武汉大学的国际担当，扩大了中国信息领域的国际影响力和知名度，对提高中国信息领域的国际学术地位、科研教学能力等方面具有重要意义。该年 6 月，法国海外科学院院士、前任院长、法国骑士勋章获得者布鲁诺·戴尔马(Bruno Delmas)院士前来我院洽谈“中法档案文献遗产研究中心”的筹建工作，并作了题为“法语

图 1-54　美国肯特州立大学曾蕾教授访问我院

档案工作者，法语国家和法语档案（Archivistes francophones，francophone et archives en langue français）”的专题讲座。该年 10 月，我院举办“第 16 届国际科学计量学与信息计量学大会”（International Conference on Scientometrics & Informetrics，ISSI），吸引了来自全球 33 个国家和地区的近 200 名计量学领域专家学者参会。

同年 11 月，“珞珈大数据论坛——面向数字人文的智慧数据建设专题研讨会”召开，参会人员接近 150 人。与会专家一致认为，数字人文已经得到普遍认可，越来越多的机构开始进行数字人文相关尝试，数字人文研究前途光明。而智慧数据这一新兴概念则是一面旗帜，将引领文化生产与记忆机构的资源组织、资源管理朝着更加先进、更加智慧、更加智能的方向发展。

图 1-55　国际科学计量学与信息计量学大会开幕式上，武汉大学副校长李斐教授作专题报告

2018 年 7 月，第六届智慧健康国际会议在武汉举办，这是智慧健康领域的又一次高质量学术会议，国内外百余名相关领域的专家学者前来参会。本届会议的主题是信息科学的进步为医疗研究和应用领域带来的新机遇和挑战。会议探讨了慢性疾病管理、健康信息

学、医疗健康大数据分析、智慧医疗、在线医疗社区、移动医疗等多个前沿议题。本次会议的召开搭建了智慧健康领域的国际交流平台，是本领域研究国际化的标志，将有力提升我国在智慧健康领域的国际影响力、知名度和学术地位，对促进武汉地区高校及科研机构在智慧健康领域的国内外合作起到推动作用。

2019 年 3 月，法国国家档案学院(École nationale des chartes，ENC)和海外科学研究院(Académie des science d'outre-mer，ASOM)代表团一行 6 人莅临我院考察并进行教学与科研合作交流，代表团成员有 ENC 校长米歇尔·布本尼克(Michelle Bubenicek)女士、ENC 国际关系和欧洲关系负责人亚历克西斯·德坎克(Alexis De Canck)先生、ENC 硕士研究生负责人蒂博尔·克莱里斯(Thibault Clérice)先生、ENC 历史与科学研究委员会主任克里斯托夫·马里恩(Christophe Marion)先生、法国海外科学研究院秘书长皮埃尔·热尼(Pierre Gény)先生以及权威研究员布鲁诺·戴尔马(Bruno Delmas)先生。双方进一步明确了在科研协作、联合培养学生、教师互换等方面的具体合作内容与方式。

图 1-56　法国国家档案学院与海外科学研究院代表团来院交流

2019 年 11 月 2 日—3 日，“第六届数字时代出版产业发展与人才培养国际学术研讨会”在我院召开，会议主旨为“5G 时代的数字出版：泛在、智联、融合”，探讨数字时代产业发展和人才培养热点议题。

2001 年以来，学院先后派出 20 多名教师赴美国、英国、法国、俄罗斯等国家的著名高校做高级访问学者。

除了注重国际交流与合作，学院还十分重视海峡两岸的学术交流。1990 年 9 月，以沈祖荣先生之子沈宝环为首的台湾图书馆学界代表团首次访问大陆，参访我院，目睹了从文华图专到图书情报学院的发展，感慨万端。1993 年 2 月，彭斐章教授与大陆其他五位图书馆学专家一道，应邀赴台湾进行为期半个月的参观访问，被称为大陆图书馆学者赴台湾交流的破冰之旅。1997 年 3 月，学院与台湾的中华图书资讯教育学会共同主办“第三届海峡两岸图书资讯学学术研讨会”主题为“图书情报(资讯)学核心课程”，为海峡两岸图书情报(资讯)学教育界同仁提供了学术交流的机会。1999 年 10 月 19—31 日，台湾大学图书资讯学研究所博士生导师胡述兆先生来学院讲学，为学院的研究生系统讲授了“图书资讯研究方法”等课程，并与师生们进行了广泛的学术交流。在讲学期间，胡先生还将一批台湾大学硕士、博士学位论文等资料赠给学院。2007 年和 2008 年，出版科学系方卿、朱静雯、黄先蓉、罗紫初教授先后赴台湾南华大学讲学，为出版与文化管理研究所的硕士生讲授“大陆出版业的发展”专题课程。2008 年，学院与台湾的中华图书资讯教育学会共同主办“第九届海峡两岸图书资讯学学术研讨会”，会议通过了《海峡两岸图书资讯学系主任联席交流会关于专业教育若干问题的共识》，在海峡两岸图书资讯界引起了很大的反响。

图 1-57　“第九届海峡两岸图书资讯学学术研讨会”在我校举行

图 1-58　参加“第九届海峡两岸图书资讯学学术研讨会”的胡述兆教授与彭斐章教授、陈传夫教授在一起

2008 年 12 月，图书馆学系主任肖希明教授与南京大学、中山大学和南开大学的信息管理系主任一道，应邀访问了台湾大学、台湾师范大学、政治大学、淡江大学、世新大学的图书资讯学系(所)，与台湾同行进行了广泛的交流。

2011 年 10 月 19 日—24 日，马费成教授应台湾大学图书信息学系邀请，赴台参加该系创立 50 周年庆典并出席“图书信息教育：趋势与前瞻”国际学术研讨会。马费成教授在研讨会上作了题为“中国大陆地区图书信息教育发展历程”的学术报告。此行，马费成教授还访问了台南大学和成功大学，就如何进一步促进两岸在信息管理和图书情报领域内的科研合作进行了交流。

2012 年 7 月 3 日—10 日，学院及信息资源研究中心教师组团参加了在台湾淡江大学召开的“第十一届海峡两岸图书资讯研讨会”，共17位师生在大会上宣讲论文。此外，与会代表考察了台湾大学图书馆、台湾政治大学图书馆和台湾淡江大学图书馆等高校图书馆。

2014年8月，学院主办了“第二十届海峡两岸信息管理发展与策略学术研讨会”，百余名来自海峡两岸的信息管理专家、学者及业界人士参会。本次会议旨在探讨与交流新兴技术环境下信息资源、信息技术以及信息服务有机融合的新问题和新挑战。

2017年4月23日—29日，受台湾财团法人李国鼎科技发展基金会邀请，我院马费成教授、范昊教授和医学院俞思伟博士赴台参加“2017海峡两岸应对老龄社会管理研究计划期中成果交流研讨会”，与海峡两岸参与老龄社会管理研究的专家学者进行了成果交流与学术研讨。此次出访增进了两岸学者之间的了解，促进了学术成果和研究方法的交流，为今后更加深入的合作研究奠定了良好的基础。

（七）党的建设和思想政治教育工作

党的建设与思想政治工作是学院全面协调可持续发展的政治保障和组织保障。长期以来，学院一直高度重视党的建设和思想政治工作，努力做到了各级组织健全、党员队伍好、工作机制好、工作业绩突出。近几年来，院党委努力做到把提高院党委的执政能力、加强和改进思想政治教育工作，体现到领导科学发展、促进学院和谐上来，落实到更好地代表和实现广大师生员工的根本利益上来，使党的工作和思想政治教育工作更加符合科学发展观的要求。2003年，学院党委被授予“湖北省高校先进基层党组织”称号；2006年，彭斐章教授被评为“湖北省优秀共产党员”；2010年，学院被评为“湖北省高校思想政治教育先进基层单位”。2014年9月，学院被国家人力资源和社会保障部、教育部授予“全国教育先进集体”荣誉称号，系学校唯一获此殊荣的单位，这是对我院人才培养工作和教育事业所取得成绩的极大认可与鼓励。

图1-59　组织党员参观革命老区红安

截至2019年6月，学院共有党员682人，其中在职教职工党员88人、离退休党员42人、学生党员552人。信息管理科学系党支部作为学校唯一，于2018年9月成功获批首批全国高校“双带头人”教师党支部书记工作室。学院党政领导班子不断加强自身建设，狠抓作风建设和党风廉政建设，认真贯彻落实学校关于党政共同负责制的要求，提高执政能力，共谋学院发展，已形成了一个团结、廉政、高效、务实的领导班子，成为推动学院各项工作又好又快和全面协调可持续发展的有力保障。2016年12月，院行政班子以优秀评价通过学校的任期考核，并以全体留任的结果圆满换届。2017年1月，学院成功召开第三次党代会，选举产生了新一届党委班子成员，现任党委班子包括书记1人，副书记2人，党委委员5人。

学院党政领导班子坚持民主办院、依法治院，制定和落实切合实际的规章制度。学院制定了《信息管理学院关于进一步加强学科建设创新的若干办法》《信息管理学院关于本科教学管理创新的若干办法》《信息管理学院科研资源配置条例》《信息管理学院财务管理规定》《信息管理学院教职工年终劳酬分配办法》《信息管理学院大学生创新学习激励办法》等一系列规章制度，编印了两册规章制度汇编，收录了33项制度，有力地维护了广大师生的权益，推动了和谐学院建设。

学生思想政治工作是学院党委工作的重心。学院党委坚持以邓小平理论、“三个代表”重要思想和科学发展观为指导，深入贯彻落实党的十九大精神和习近平新时代中国特色社会主义思想，紧密围绕学校中心任务开展大学生思想政治教育工作，为大学生健康成长成才营造良好环境。坚持信息管理学院“开拓创造 务实创业 引领创新”的办学传统，不断加强建设、创新机制、深入发展、增强能力，成功地在大学生中开展思想教育工作。学院在学生中开展理想信念教育和形势政策教育，夯实理论阵地，培育了一批思想政治理论学习骨干，我院理论研习会荣获“武汉大学大学生理论学习2010年度先进集体评比”总分第一名。2007年9月，被学校遴选为“学生骨干队伍建设基地”，成为全校10个学生工作特色基地之一。2018年，学院团委获评“武汉大学共青团工作先进单位”“优秀学生会”和“优秀研究生会”等荣誉。2018年，学院累计381人次获得校、院先进个人荣誉称号。学院累计向4期校级“青马班”推荐学员10名。

图1-60 学生工作特色基地授牌仪式

图1-61 我院学生“三创”成果展览

学院致力于服务大学生全面成长成才。学院发挥“三创”教育在思想政治教育中的作用，服务学生学习科研。学院着眼于建设优良学风、加强专业教育、培养创新能力三大方面，推行“每天课堂考勤-每周情况通报-每学期互评互改”举措，加大对寝室学风、班级学风的建设力度。2019 年 7 月，学院获评校“学风建设先进单位”。学院整合专业教师、知名企业培训师、外籍专家，开展了“学习指导日”“人才培养方案解读”“新生第一课”“系主任讲坛”“国际联合培养政策宣讲”“跨学科学术沙龙”“图书情报博士生论坛”“商务数据分析暑期学校”“京东燃系课堂”“阿里菜鸟网络互联网零售讲座”“珞珈创谷创业讲座”等各类学术交流活动。继续举办了品牌活动华中七校“创意正能量”互联网产品设计大赛，承办了“2018 中国高校 SAS 大数据分析大赛——湖北省赛”，开展了“大学生学习满意度调查”，学院学习氛围浓郁，学习成效突出。2018 年，我院各类学生每年在公开刊物上发表学术论文 300 余篇，SCI/SSCI 刊物发表论文 16 篇，国际会议收录(宣读)论文 30 余篇。学院大力支持在校生投身创新创业活动，我院学生热情高、参与面广，大学生创新创业项目立项 63 项，累计参与超过 300 人次。我院 2016 级数字出版学曹楚浛，自创传媒影视公司，2016 级、2017 级档案学《敦煌遗书漂流记》绘本团队，致力于非物质文化遗产的历史科普和文化推广。学院坚持尊重学生兴趣，广泛搭建课外科技文化活动平台，两年来，学院本科生在全国“挑战杯”“创青春”“互联网+”“全国大学生电子商务三创赛”等重大学科竞赛中频获佳绩，在大数据、信息搜索、出版档案等专业学科赛事中收获颇丰，获得省级以上荣誉近 200 人次，获得校级荣誉超过 1600 人次。不仅如此，信管学子积极走出课堂、走向社会，两年来，学院有超过 100 支队伍，近 1000 人次，参与精准扶贫，走入基层乡村，深入企业调研，在社会实践中增长才干、提升创新能力、明确责任担当，为新时代国家建设、经济发展、民族复兴，贡献青春智慧与力量。2019 年，学院获批武汉大学“第二课堂成绩单”制度试点单位，这是对我院“三创”培养成效的高度肯定。

学院加强实践活动中思想政治教育，帮助学生增长才干。2018 年暑假我院 11 名研究生积极响应学校号召，赴新疆博州、江苏昆山、湖北襄阳、湖北鄂州、上海金山等地进行挂职锻炼，理论与实践结合，为社会贡献个人价值。学院在 11 月针对全院研究生开展了一场挂职锻炼经验交流会，由参加暑期挂职锻炼的研究生做经验分享，并邀请研究生工作部老师进行挂职锻炼的政策宣讲，广泛深入动员更多研究生加入挂职锻炼队伍，通过挂职锻炼活动提升专业水平和实践能力，学以致用，回馈社会。2018 年学院积极开展社会实践和社会调研活动。学院 527 名本科生，60 支“回访母校”寒假社会实践队伍、16 支暑期“三下乡”社会实践队伍，足迹遍布全国 27 个省(自治区、直辖市)，获“校级实践风采大赛”一等奖、三等奖各 1 项，45 人获得“先进个人”荣誉称号。

学院开展就业思想政治教育，帮助学生树立正确的就业观。学院积极开展了就业政策宣讲、就业创业指导等工作，开展了就业指导月系列活动，举办新生职场第一课，组织实施“院友沙龙”“优秀学子导航”“优秀企业燃系课堂信息素养提升”等活动，帮助学生合理规划职业生涯。开展了求职经验分享会——腾讯专场、华为行业经历交流会、互联网零售就业专题讲座、当当网“阅读丈量世界——十九年文化电商独角兽的初心与远方”讲座等活动，加深了同学们对相关行业内具体岗位工作的了解，提醒同学们在校期间应准备的就业能力和素质要求。积极联系校外企事业单位，建立实习实践基地，为学院学生提供更多的实习实训机会，目前学院有本科生实习基地 33 家，研究生实习基地 9 家。成立了校外职业规划导师团，聘请企业和行业专家助力学生提前规划职业生涯。聘请武昌区科技和产业发展局总经济师和珞珈创谷联合创始人担任院创业教育示范基地导师，为同学们开展创业经验分享、创业指导讲座等活动，传授创业经验，提供更多学习和实践的机会。近年来，学院本科生和研究生毕业生就业率稳居全校人文社科学部前列，年均达 95%以上，学院多次获评“武汉大学就业指导先进单位”“武汉大学就业工作考核评估先进单位”。在就业率保持高位的同时，我院学生的就业质量也不断提升，学生创业人数逐步增加，到中央和省市级政府机关、知名互联网企业、国内重要科研院所、国内重要企事业单位就业的学生越来越多。

学院指导志愿服务活动，构筑思想政治教育新阵地。学院成立有青年志愿者协会，组织全院学生积极参与志愿服务活动。目前我院拥有 28 个志愿者小分队，注册志愿者人数 1140 名，占学院学生人数的 70%。学院大力弘扬志愿服务精神，常态化开展“学雷锋志愿服务月”活动，坚持和 2 个社区共建、深化“援之行”“暖之行”“缘之行”“绿之行”4 个品牌志愿服务项目。广泛动员青年志愿者参加“武汉网球公开赛”“国际顶尖信息领域联盟 2017 年年会”“第八届世界大学女校长论坛”“大河对话”论坛等青年志愿者服务活动，2018 年全年共参与活动 26 项，98 余次。学院组织学生积极参与“脱贫攻坚青年建功行动”，团员青年代表石中路休学一年，用电子商务信息技术支援乡村发展，信息支教视频在“iSchools 国际图书情报联盟视频大赛”中获全国唯一优秀奖；学院专职团干牵头拍摄的反映恩施精准扶贫的微电影《春到茶山》荣获“我心中的思政课”微电影大赛一等奖。学院多次获评“校十佳志愿服务集体”“十佳志愿服务项目”。

学院设立专项奖助学金，激励帮助大学生深化专业学习。学院历届院友对学院的发展也非常关注，他们通过自己的行动支持学院的发展，关心学院的学生，为激励优秀学子的专业学习，帮助家庭经济困难学生顺利完成学业，历届院友和学院教职工通过捐款，在 2003 年设立“文华奖学金”“文华助学金”。在此基础上，学院于 2019 年对有关管理办法进行修订，单设“文华奖学金”，每年奖励我院学习成绩优秀的学生，并在学院每年“华彩信管”年度学生表彰大会上进行集中表彰，营造良好氛围。学院的发展也得到了业界的大力支持，安徽宝葫芦信息科技集团股份有限公司于 2018 年设立“信息管理学院宝葫芦奖学金”。这些奖助学金每年奖励资助 15 人次，每年奖励金额逾 11 万元(11.4 万元/年)。

学院努力丰富校园文化生活，提升大学生综合素质。学院每年投入数万元专项资金邀请校内外一批专业教师为各社团和团队指导活动、训练和参赛。目前，各社团和团队已发展成员 480 余人，构成了我院校园文化活动的骨干队伍。学院每年坚持举办“五四红歌会”“华彩信管”年度表彰大会暨文艺汇演为代表的 15 场校院文艺活动。深化大学生“三走”主题课外体育锻炼活动，开展了以“东湖健康走”徒步活动、“健康身心一小时”、师生趣味运动会为代表的群众性体育活动和竞技类体育赛事，举办了“寝室文化节”寝室风采大赛、“沁心港湾”心理情景剧大赛、Miss & Mr 联谊会等，参与人数多，覆盖面广。我院踊跃参加学校组织的金秋艺术节、运动会、火炬杯排球赛、羽毛球赛、“腾飞杯”篮球赛、“振兴杯”足球赛、研究生团体风采大赛等各类文化、体育竞赛活动，并获得较好成绩。这些活动成为了广大学生提升综合素质、展现个人风采的重要平台。2018 年，学院获“金秋艺术节”各项赛事三等奖，武汉大学运动会男女团体总分第 5 名、女子团体总分第 4 名的历史最好成绩。近年来，学院多次获评“武汉大学金秋艺术节优秀组织奖”、“武汉大学阳光体育先进集体”、校运动会“体育道德风尚奖”等荣誉。

三、鲜明特色

从文华图专到信息管理学院的 100 年，信管人同心同力、砥砺前行、开拓创造、务实创业、引领创新，百年来弦歌不断，风雨兼程，积累了丰厚而优质的办学资源。学科的优势和特色日益鲜明。主要体现在以下方面。

图 1-62　严怡民教授、谢灼华教授等离退休干部、教师为学院发展献计献策

（一）继承传统，不断创新，追求传统与现代的融汇

文华图专在办学过程中形成了自己的传统与特色，比如，强调学生的综合素质、注重课程设置的中西结合、注重学生实际操作能力的培养、注重与校外学术界的联系以开阔学生的视野、重视对学生外语能力的培养等。同时也形成影响深远的文华精神，即自强不息团结奋进、兼容并蓄开拓创新、爱岗敬业服务社会。自强不息团结奋进，是文华图专几经风雨仍弦歌不辍，在战火纷飞的逆境中顽强发展的真实写照。兼容并蓄开拓创新，表现在

文华图专的办学理念方面，学习西方而不崇洋媚外，继承传统而不厚古薄今，从实际出发而敢为人先。爱岗敬业服务社会，直接反映在校训智慧与服务中，文华学子利用所学，投身图书馆和档案专业，不慕名利，以促进社会文化进步为毕生事业。

文华图专的传统与特色，在后来的办学实践中一直得到很好的传承和弘扬。同时，学院也十分注重教学与学术研究的与时俱进，学院始终把人才培养质量放在首要位置，致力于培养德、智、体、美全面发展，理论基础扎实，知识面宽广，富有创新精神和实践能力，厚基础、宽口径、复合型，适应新技术环境的信息资源管理高级专门人才。秉承文华图专"智慧与服务"的优良传统，学院通过创新学术研究，聚集国内外资源，承担重大科研课题，为国民经济和社会发展提供智力支持和咨询服务。通过编印成果简报、工作简报、研究咨询报告等上报中央网信办、教育部、工业与信息化部、文化部、商务部、国家新闻出版广电总局、国家档案局等国家部委，为政府决策部门提供咨询服务。同时，学院还积极推广科研成果，为国家图书馆、湖北省国家保密局、航天科工集团、时代出版传媒集团、高等教育出版社等各级政府和各企事业单位提供决策咨询服务。学院注重教学科研与国家信息化发展战略的对接。继承传统而又不断创新，既是学院办学的理念和宗旨，也是在学科建设上独树一帜的特色。

(二)探索理论，注重实践，实现理论与实践的结合

文华图专十分重视理论与实践的结合。沈祖荣认为"图书馆学为实用科学"，因而在教学中特别注重实际操作训练。当年的文华公书林既是学校图书馆和公共图书馆，也是文华图专的教学实习基地。今天，信息管理学院在人才培养方面，从课程设置，到教学内容、教学方法、教学模式，都十分注意培养学生应用所学理论来解决实际问题的能力。践行"创造、创新、创业"教育的新理念，以培养"厚基础、宽口径、高素质、创新型"复合人才为己任，教学模式从以"教"为中心向以"学"为中心转变，学生获得了更多的选择机会、更大的发展空间和更好的成长体验。既重视理论课程的教学，也注意对学生实践能力、动手能力的培养。

在科学研究方面，提倡、引导和鼓励教师、研究生以问题为导向开展科学研究，选择与国家重大战略需求和国际前沿问题、与图书情报档案事业发展的实际需要关系密切的研究课题，如 2016 年以来学院承担了多项国家社科基金与教育部重大项目及国家重点研发计划重点专项，如"面向国家大数据战略的政府数据开放共享对策研究"(首席专家黄如花教授，2016 年)、"提高反恐怖主义情报信息工作能力对策研究"(首席专家安璐教授，2017 年)、"中国图书馆学教育百年史及其文化影响研究"(首席专家肖希明教授，2017 年)、"边疆民族地区濒危少数民族档案文献遗产保护及数据库建设"(首席专家周耀林教授，2017 年)、主持国家社会科学基金重大项目"基于认知计算的学术论文评价理论与方法研究"(首席专家陆伟教授，2017 年)、"健全国家大数据主权的安全体系研究"(首席专家冉从敬教授，2018 年)、"长江中游城市群综合科技服务平台研发与应用示范"

(项目负责人李纲教授，2018 年)、“构建中国话语权的评价科学理论、方法与应用体系研究”(首席专家赵蓉英教授，2018 年)、“‘一带一路’沿线国家多语种、共享型经济管理数据库建设研究”(首席专家司莉教授，2019 年)、“中国古代科技文献整理与研究”(首席专家李明杰教授，2019 年)。承担若干国家及省部级项目，运用社会调查的方法、实证分析、云计算、可视化、大数据分析等方法进行研究。从近年来的研究成果可以看出，各学科既注重学科基本理论的研究，也注重面向实践的研究，许多研究成果在实践中得到应用。

图 1-63　新闻出版总署武汉大学高级出版人才培养基地揭牌仪式

(三)创新技术，弘扬人文，坚持人文传统与技术进步并重

文华图专为中国图书馆学教育奉献的不仅仅是一个新式的图书馆学教育机构，更是在办学实践中凝练的“文华精神”。1930 年，沈祖荣先生就提出将“研究图书馆学，服务社会”定为文华图专的宗旨，他说：“文华图书科同学，今日在受图书馆之教育与训练，异日将必服务于图书馆界。执事所须热烈情感、服务精神两要素，不可不于今日养成之。”这就是文华图专积淀的优秀的人文传统。今天，信息管理学院在人才培养和科学研究中，始终不渝地坚持传承这种忠诚事业、服务社会的崇高人文精神，同时注重将计算机技术、网络技术、数字信息资源组织和加工处理技术等先进的技术吸纳到教学和研究中，注意加强信息技术在学科建设和发展中的支撑作用，如董慧教授的研究成果“基于语义系统的中华史籍分析研究——中华基本史籍分析系统”在古汉语语义处理技术水平和主要技术经济指标上均达到国际领先水平，对行业的技术进步将会起到积极的推动作用，成果极具推广价值，并将产生社会经济效益。基于艺术数据与史地信息标注的文化产品创新研究、敦煌莫高窟多模态知识图谱构建研究、中文诗歌知识图谱构建研究、图文关联标注系统(DH-IIIS)、敦煌莫高窟壁画内容理解、组织与展示等一系列项目与成果问世，旨在聚集文化大数据的采集、存储、分析、更新、应用与服务的技术和模式的研究，解决当前文化领域在大数据发展和应用过程中存在的成本高、效率低等问题，加快文化科技创新体系建设，

为国家文化发展、政府的宏观决策提供科学依据和技术支撑。

图 1-64　董慧教授主持的“基于语义系统的中华史籍分析研究”成果鉴定会

(四)中国特色，国际一流，开放建设与国际合作特色鲜明

文华图专的创建者韦棣华、沈祖荣、胡庆生都是具有美国图书馆学教育背景的学者，文华图专也是仿照美国纽约公共图书馆学校的模式办学的。因此，从一定意义上说，国际化是文华图专的“基因”。今天，信息管理学院立足国内，面向国际，积极开展与国外一流信息教育机构的交流与合作，为实现世界一流学科建设目标而凝心聚力开启新征程。2007 年，成立了“武汉大学图书馆学情报学国际合作研究院”，2008 年开始连续举办“图书馆、情报与档案管理”一级学科国家重点学科论坛，2008 年举办联合国信息素养师培训班，2009 年成功加入 iSchools，2010 年夏举办国际大学生信息职业领导力夏季研习班，2010 年主办“第三届中美数字时代图书馆与情报学教育国际研讨会”，2015 年主办“第四届中美数字时代图书馆学情报学教育国际研讨会”，2016 年举办“第五届数字时代出版产业发展与人才培养国际学术研讨会”，2017 年成功主办“国际顶级信息学院联盟年会(iConference 2017)”，学院在全球顶级信息学院联盟(iSchools)的重要性日益凸显，提出的遴选全球图书情报学核心期刊列表的建议受联盟高度认可，并委托学院牵头开展此项研究。2018 年成功举办“第六届智慧健康国际学术会议”，成功获得全球数字图书馆研究领域最具影响力的国际会议——“数字图书馆联合会议(JCDL 2020)”主办权。

国际合作的开展，使信息管理学院的学科建设能紧紧跟踪发展前沿。守正创新，引领未来，筑中国特色世界一流学科，新时代信息管理学院新起点上再出发!

图 1-65　国际合作与交流组图

四、优 良 传 统

从昔日武昌昙华林到今天珞珈山，学院历经了百年岁月。几代人务实奋进，不断进取，积累了丰富的经验，形成了优良的传统：“开拓创造”“务实创业”“引领创新”。

(一)开拓创造

文华图专开中国图书馆学专门教育之先河。在创建之初，她积极引进西方先进的图书馆学教育理念、教学制度和教学方法，推动着中国图书馆学教育与国际接轨，向现代转型。作为中国现代图书馆学教育的开拓者，她不仅为中国乃至世界的图书馆事业培养了优秀的专业人才，而且开辟了中国现代图书馆学的众多研究领域。

从文华图专到信息管理学院，在百年的办学过程中，她适应社会变革，创造性地拓展学科新领域。1934 年设档案管理特种教席，开档案教育之先河；1940 年创建档案管理专科(1947 年停办)，1984 年重建档案学本科；1977 年创办我国最早的科技情报专业(1998 年按教育部学科目录调整的要求，更名为信息管理与信息系统专业)；1983 年与新华书店总店合作建立了我国第一个图书发行管理学专业(1986 年更名为出版发行学专业，1998 年按教育部学科目录更名为编辑出版学专业)；2001 年经教育部和武汉大学批准创办了电子商务专业；2012 年新增数字出版专业。

(二)务实创业

从文华图专开始，创办人之一的沈祖荣先生就把“研究图书馆学，服务社会”定为宗旨。他说：“办理图书馆的人，有一件首先要觉得的，就是以立立人。那个意思，就是我们素来的造就、熏陶、锻炼、培植所求的学问，所得的学位，不是为自己做招牌，乃是要为社会服务，为群众谋利益。”他的这一思想就是文华图专定为校训的“智慧与服务”。秉承这一传统，学院努力培养学生的务实创业的精神。

学院注重培养学生宽口径交叉复合型知识结构，发扬文华图专早期课程设置的中西结合的传统，逐步形成了重基础、重能力、重素质、重创新、鼓励冒尖的优良传统。学院一贯注重实习基地建设，以需求为向导，培养学生动手能力及创业能力。在教学和实践活动中，学院以服务社会为理念，提倡淡泊名利、甘为社会服务的精神，鼓励学生刻苦钻研，开展形式多样的社会服务实践活动。

学院培养了许多务实创业的毕业生。文华的早期毕业生参与发起了新图书馆运动，是我国现代图书馆事业的开拓者。据不完全统计，文华毕业生几乎占中华人民共和国成立前全国图书馆专门人才的大半，很多图书馆的创办都有着文华毕业生的身影。文华图专的首届学生裘开明毕业后即参与创办厦门大学图书馆，任该馆首任馆长。后他远赴重洋，就读美国，并于1931年任哈佛大学燕京学社东亚图书馆第一任馆长。毛坤、钱亚新、查修、皮高品、桂质柏、严文郁、吕绍虞等人皆出自文华图专，他们成就卓著，有功于中国图书馆学教育以及图书馆事业。

学院不仅向学生传授专业知识，更注重培养学生的素质，因此，学院毕业生综合素质高，很快就能在专业相关领域成功创业，为社会的发展进步做出贡献。如我院科技情报专业学生王怀汀，1983年毕业后进军图书馆自动化、网络化软件领域，很快创办了金盘软件公司，成为国内图书馆自动化领域的著名品牌。出版科学系的毕业生更是在全国出版发行系统占据着重要地位，全国地市级以上的新华书店经理中有很大一部分毕业于我院。校友马北海、汪林中、魏淑霞、李海舟、朱建纲等都曾经或现任职为我国各省市区出版(发行)集团主要负责人。

由于我院学生具有扎实的专业基础与良好的综合素质，我院学生也能在其他领域崭露头角，开创出属于自己的事业。如1985届图书馆学专业的著名杂文家刘洪波、1981届图书馆学专业的著名作家林白薇、1992届档案学专业的中国对外经济贸易大学法学院院长石敬霞等。

还有很多学生在国际上成就卓著。如1982届图书馆学专业毕业生曾蕾，现为美国肯特州立大学图书情报学院教授，兼任国际图书馆协会与机构联合会分类与索引部主席；1982届图书馆学专业辜学武，现为德国波鸿大学东亚政治学教授；1982届图书馆学专业秦健，现为美国雪城大学(Syracuse University)信息研究学院教授，兼任英国《信息研究：国际电子杂志》编委；1982届科技情报专业王兵，现为英国University of Hull计算机学院教授；1983届科技情报专业张进，现为美国威斯康星大学米尔沃基分校信息学院教授；1983届图书馆学专业刘正福，现任美国圣荷塞州立大学图书情报学院教授，斯坦福东亚图书馆技术顾问。

(三)引领创新

从文华图专到信息管理学院的百年历程中，学院在学科建设、人才培养、科学研究、队伍建设等方面的成就始终引领潮流，推动了本领域的创新发展。

学科建设的引领创新。最早创办图书馆学专业。百年以来，虽然学校院系多次分分合合，近年来，更是面临国内外图书馆学专业停办或改名风潮强烈冲击，但我校图书馆学专业仍然保持着旺盛的生命力，究其原因，根本在于与时俱进，勇于创新，引领发展。在百年办学进程中，学院弘扬“引领创新”传统，创下了多项“最早”和“唯一”：最早的图书馆学专业、档案学专业、科技情报专业、出版发行学专业，最早获得图书馆、情报与档案管理一级学科国家重点学科，我国最早的图书情报学院，最早的本领域国家“985 工程”项目和“211 工程”项目承建单位以及图书情报与数据科学“双一流”学科建设单位，全国本领域唯一的教育部人文社会科学重点研究基地，国际信息学院联盟(ischools)首个发展中国家成员。2003 年、2007 年、2012 年、2017 年教育部先后组织的四次一级学科评估中，我院的“图书馆、情报与档案管理”一级学科每次都名列前茅。

人才培养的引领创新。最早创办的专业必然伴随着该专业人才培养模式、课程体系、教学方法的引领创新。文华图专时期，中西结合的教学培养模式、从其他专业二年级学生选拔学生并颁发文学学士和图书馆专科证书的“双证”的入学毕业模式，在当时引领了潮流。在百年的办学进程中，学院在教学和人才培养方面能够始终与时俱进，开拓创新，坚持传统与现代的融合，坚持理论与实践的结合，坚持人文传统与技术进步并重，坚持立足国内与面向国际并重，确保人才培养的高质量。目前，我院是国内本领域招生和毕业生规模最多的教育机构，已培养(毕业)博士研究生 209 人、硕士研究生 1600 余人、本、专科生万余名。

我院教授编著的大多数教材已成为本专业的教学用书，许多专业的培养方案成为全国其他高校该专业的示范方案。图书馆学专业 2009 年被教育部评为高校特色专业，2014 年列入教育部“专业综合改革试点”项目，建有“新闻出版总署武汉大学出版发行学高级人才培养基地”。图书情报核心课程教学团队是国内本领域唯一入选的国家级教学团队。

科学研究的引领创新。文华图专历来就有重视学术研究的传统。1929 年创办《文华图书馆学专科学校季刊》，这是我国创办最早的图书馆学专业期刊之一，影响深远。文华图专的学术研究面宽，成果丰富，在多个领域都有代表性的成果问世。皮高品先生的《中国十进分类法》(1934)、沈祖荣先生的《标题总录》(1937)、钱亚新先生的《索引和索引法》(1930)都是各领域的开山之作。

20 世纪 80 年代以后，学院在教学和科学研究方面涌现了一大批具有重要影响的研究成果。黄宗忠教授的《图书馆学导论》、彭斐章教授的《目录学概论》、严怡民教授的《情报学概论》、张琪玉教授的《情报检索语言》、陈光祚教授的《科技文献检索》、谢灼华教授的《中国图书和图书馆史》、廖延唐教授的《图书馆古籍整理》等，成为各学科领域的经典著作，不仅被全国各院校作为教材广泛采用，有的还被翻译成其他文种，传播海外。1985 年，由武汉大学图书馆学情报学研究所编制的《中国图书分类法索引》，连同《中国图书分类法》一起荣获“国家科学技术进步成果奖”一等奖。

进入 21 世纪以来，信息管理学院以“图书馆、情报与档案管理”一级学科博士学位授权点和“图书馆、情报与档案管理”博士后流动站的建立为契机，以教育部人文社会科学重点研究基地武汉大学信息资源研究中心、“985 工程”武汉大学信息资源研究创新基地、“211 工程”重点学科建设项目”和“双一流”学科建设项目为平台，科学研究取得突破性进展，科学研究成果无论是数量还是水平都上了一个新的台阶。在 2010 年公布的教育部人文社会科学重点研究基地评估中，信息资源研究中心以综合排名全国第一被评为优秀。

有一支引领创新的学术团队。文华图专在创办和发展的过程中，就形成了以韦棣华、沈祖荣、胡庆生以及后期的毛坤、钱亚新等为代表的优秀团队，引领着当时中国图书馆学教育和图书馆学科的发展。在 20 世纪五六十年代，沈祖荣、徐家麟、皮高品、吕绍虞等图书馆学专业教授组成的学术团队，是引领这一时期图书馆学的杰出代表。70—90 年代，彭斐章、黄宗忠、严怡民、谢灼华、陈光祚、张琪玉、廖延唐、石渤、田光先、孙冰炎、周继良、俞君立、傅椿徽、郭星寿、王昌亚、周六炎、詹德优、毛玉姣、刘荣等成为图书情报学科团队各领域的优秀学科带头人。

进入 21 世纪以来，信息管理学院非常注重学术团队建设，打造出一支专业方向明确、研究基础扎实，年龄结构、知识结构、学历结构合理、有创新能力的学术团队。学院现有专任教师 76 人，其中，教授 43 人，副教授 30 人，教师中有武汉大学人文社科资深教授 2 人，国家教学名师 1 人，省教学名师 1 人。各类高层次人才 25 人次。

注重国际交流与合作，跟踪国际学术前沿，引领学术创新。文华图专历来重视国际合作与交流，积极引进西方图书馆学思想。文华图书科季刊上发表大量译介西方之作，文华师生翻译了十余种国外图书馆学著作。文华图专课程和参考书籍，大量的是对于西方图书馆思想和技术的介绍和阐释。因而，文华图专的教学和研究，从来就是与国际接轨的。今天，信息管理学院立足国内，面向国际，积极开展与国外一流信息教育机构的交流与合作。国际图书馆协会联合会(IFLA)主席 Claudia Lux 博士、联合国教科文组织助理总干事 Abdul · Khan 博士、美国信息资源管理资深顾问 F. W. Hortor 博士、美国 Syracuse 大学两任院长、美国北得克萨斯大学信息学院陈江平博士、美国北卡罗来纳大学教堂山分校情报与图书馆学学院 Gary Marchionini 院长、英国伦敦大学学院 Michael Batty 教授、法国海外科学院前任院长及法国骑士勋章获得者 Bruno Delmas 院士等本领域专家到我院访问讲学，推动了国际学术交流；2000 年、2006 年、2010 年、2015 年我院主持召开了首届及第二届和第三届、第四届“数字时代中美图书馆学与情报学教育创新与发展国际研讨会”、2003—2005 年，连续三年举办中美图书馆员高级培训班、2006—2019 年共举办六届“数字时代出版产业发展与人才培养研讨会”、2009 年在我院召开的“国际信息系统协会中国分会第三届全国大会”等重要学术会议，推进了相关领域教育的交流和合作，签署了若干教育发展行动计划，推动了相关专业教育的发展与创新。2007 年，以信息管理学院为依托，成立了“武汉大学图书馆学情报学国际合作研究院”，借助这一平台开展与国外高水平高校的合作，已聘请了多位国外一流的专家学者为合作研究员、与欧美多家图书情报学院签订了合作研究与教学备忘录。2009 年 6 月，国际拔尖图书情报学院联盟(iSchools)联络专员、美国伊利诺伊大学香槟分校图书馆与情报学研究生院院长 John Unsworth 教授代表 iSchools 核心领导小组在我校宣布接纳我院为 iSchools 成员，陈传夫教授当选 iSchools 核心领导小组成员，标志着我院的国际交流有了更宽广的平台。

除了注重国际交流与合作，学院还十分重视海峡两岸的学术交流。1997 年和 2008 年，学院先后举办第三届和第九届“海峡两岸图书资讯学术研讨会”。2008 年举办的“第九届海峡两岸图书资讯学术研讨会”，通过了《海峡两岸图书资讯学系主任联席交流会关于专业教育若干问题的共识》，在海峡两岸图书资讯界引起了很大的反响。

2010 年以来，学院秉承“引进来、走出去”的工作理念，以高质量学术活动为纽带，不断加强对外交流与合作。外事活动日益频繁，学院逐步成为国内顶尖、享誉世界的信息管理学院。

学院与欧美多所国际一流图书情报学院建立了教师和学生交流关系。先后邀请和接待法国海外科学院院士、前任院长布鲁诺·戴尔马(Bruno Delmas)教授、欧洲科学院院士、荷兰阿姆斯特丹自由大学弗兰克·哈默伦(Frank van Harmelen)教授、英国皇家科学院院士、英国伦敦大学学院米歇尔·巴蒂(Michael Batty)教授、连续三任 iSchools 主席与执行主席罗纳德·拉尔森(Ronald Larsen)、迈尔克·西都(Michael Seadle)、大卫·芬斯克(David Fenske)教授，著名计量学家、比利时鲁汶大学沃尔夫冈·格兰泽(Wolfgang Glanzel)教授、荷兰代尔夫特理工大学马林·詹森(Marijn Janssen)教授、美国伯克利加州大学图书馆副馆长兼东亚图书馆馆长周欣平教授、挪威国家创新、研究和教育评价中心教授、科学计量与评价中心主任奎纳尔·西韦特森(Gunnar Sivertsen)教授等国际一流信息学院的著名专家来学院授课、讲学、合作召开国际会议。同时，先后派出马费成教授、陈传夫教授、方卿教授、李纲教授、黄如花教授、陆伟教授、周耀林教授、王晓光教授、赵蓉英教授、徐丽芳教授、司莉教授、肖希明教授、吴丹教授、周力虹教授、张晓娟教授、卢龙教授等大批优秀教师赴国外和港澳台地区讲学、交流，我院的国际学术影响力和美誉度进一步提升。

学院定期主办“中美数字时代图书馆学情报学教育发展国际研讨会”“数字时代出版产业发展与人才培养国际学术研讨会”“信息资源与社会发展国际学术研讨会”和“海峡两岸图书资讯学学术研讨会”等一系列重要的学术会议，此外，学院成功获得“国际顶级信息学院联盟 2017 年会(iConference 2017)”“第十六届国际科学计量学与信息计量学大会(ISSI 2017)”“第六届智慧健康国际会议(ICSH 2018)”“数字图书馆联合会议(JCDL 2020)”等极具学科影响力的国际会议的主办权，进一步提高了学科声誉和国际影响力，提升了国际话语权。学院还与国外、我国港澳台地区高校签署了一系列合作协议，丰富了国际合作办学项目及国际合作项目。同时，依托校内外资源，聘请多名外籍教师，加大国际联合科研平台建设，推进与世界一流大学的深度战略合作，建立稳固的互动合作机制，助力“图书情报与数据科学”国际一流学科建设。

2012 年 11 月，院长方卿教授与丹麦皇家图书情报学院院长帕尔·哈尔斯(Per

Frederik Vilhelm Hasle)教授、德国洪堡大学柏林图书情报学院院长代表艾尔卡·格雷芬尼德(Elke Greifeneder)助理教授签署了《武汉大学信息管理学院与丹麦皇家图书情报学院、德国洪堡大学柏林图书情报学院学术交流与合作协议》。

2013年10月,我院召开了“第八届科技信息资源共享促进国际会议(COINFO 2012)”,国内外60余位专家学者参会分享了他们在大数据时代背景下科技信息资源开放共享方面的最新研究成果。

2014年1月,美国威斯康星大学密尔沃基分校副校长约翰纳斯·布里茨(Johannes Britz)教授、研究生院院长大卫·余(David Yu)教授、信息研究学院代理院长郑宇燮(Wooseob Jeong)教授、迪特马尔·沃尔夫拉姆(Dietmar Wolfram)教授等一行四人访问我院,签署了信息科学领域的本科学位项目备忘录。同年8月,学院主办了“第二十届海峡两岸信息管理发展与策略学术研讨会”,百余名来自海峡两岸的信息管理专家、学者及业界人士参会。

2015年10月,世界著名信息计量学家、数学家,被誉为“信息计量学之父”的比利时鲁汶大学罗纳德·鲁索(Ronald Rousseau)教授受聘为我校客座教授,并为师生带来精彩的学术讲座。同月,“第二届国际顶级信息学院联盟亚太地区分会(AP-iConference)”在我院顺利召开,该会议是亚太地区图书情报学领域的顶级学术盛宴。

2016年4月,美国肯特州立大学曾蕾教授来访,并受邀举办了题为“智慧数据在数字人文领域的应用探究”的专题讲座。该年10月隆重召开“第五届数字时代出版产业发展与人才培养国际学术研讨会”。

2017年3月,由武汉大学与韩国成均馆大学共同主办的“国际顶级信息学院联盟年会(iConference 2017)”在武汉举行,这是该年会首次在亚洲举办,吸引了国内外500多名信息管理领域的专家学者参加。“国际顶级信息学院联盟年会”是国际图书馆学情报学领域的顶级学术盛宴,是全球顶尖信息科学学院联盟成员及其核心小组的院长和分管科研的副院长每年必须参加的学术会议。会议的成功召开充分体现了我国图书情报、信息管理研究与人才培养的理论自信与文化自信,也体现了武汉大学的国际担当,扩大了中国信息领域的国际影响力和知名度,对提高中国信息领域的国际学术地位、科研教学能力等方面具有重要意义。

2017年6月,法国海外科学院院士、前任院长、法国骑士勋章获得者布鲁诺·戴尔马(Bruno Delmas)院士前来我院洽谈“中法档案文献遗产研究中心”的筹建工作,并作了题为“法语档案工作者,法语国家和法语档案”专题讲座。同年10月,我院举办“第16届国际科学计量学与信息计量学大会”,吸引了来自全球33个国家和地区的近200名计量学领域专家学者参会。

2018年7月,“第六届智慧健康国际会议(ICSH 2018)”在武汉举办,这是智慧健康领域的又一次高质量学术会议,国内外百余名相关领域的专家学者前来参会。

2019年3月,法国国家档案学院和海外科学研究院代表团一行6人莅临我院考察并进行教学与科研合作交流。2019年11月，“第六届数字时代出版产业发展与人才培养国际学术研讨会”在我院召开，会议主旨为“5G时代的数字出版：泛在、智联、融合”，探讨数字时代产业发展和人才培养热点议题。

五、任重道远

从1920年至今，武汉大学信息管理学院几代人筚路蓝缕，薪火相传，已经成为国内乃至世界上规模最大的信息管理教育机构之一，这既是一个奇迹也是中国信息管理教育的骄傲。值得指出的是，文华图专不仅是中国大陆的，也是海峡两岸的。以沈祖荣之子沈宝环先生、严文郁先生等为代表的一批文华人，秉承文华精神，在台湾地区开辟了图书馆事业与图书馆学教育的一片新天地，文华精神成为海峡两岸图书馆人共同的精神家园。文华图专也不仅是中国的，还是世界的。多少当年的文华学子，从珞珈山走向世界各地，成为国外著名图书馆的业务中坚，文华图专在海外具有广泛的影响。

2010年10月9日至11日，武汉大学信息管理学院在主办“第三届中美数字时代图书馆与情报学教育国际研讨会”期间举办了“纪念文华图专创建90周年”专场研讨会，百余位中外专家、学者和武汉大学信息管理学院的师生参加了该活动。专家学者通过演讲和交流，传承和发扬以“智慧与服务”为宗旨的文华精神，高度肯定其在中国图书馆教育史上的卓越贡献。薪火相接世代相传的文华精神是学院发展的不竭动力。

进入21世纪以来，人类社会正经历着巨大的变革，科学技术的发展正在深刻地改变着信息生产、组织、存储、传递和利用的方式，形成泛在的信息环境，图书情报事业和图书情报教育正面临着许多全新的课题。面对新环境的挑战，武汉大学信息管理学院也在谋划着未来的发展。纵观全球，近10年来图书情报学科正在深化发展，由面向传统业务流程、按专业培养人才的模式转向数据融合应用为基础的复合型人才培养模式，并在知识发现、信息组织、数据管理、媒介融合等领域形成新的学科制高点。全球100多个国家代表参加的图书情报教育协会(ALISE)2018年年会主题也确定为“拓展图书情报教育疆域”。因此，建设图书情报与数据科学，不仅代表着图书情报与档案管理学科对新兴数据环境的历史性回应，更意味着该学科在新的社会环境下深化专业视野、服务国家战略需求与公共服务，是学科内涵式建设发展的需要。

学院发展总体目标和定位是：面向数字时代和信息社会建设需要，根据国家发展战略和学校整体战略部署，抓住学院发展的历史机遇，巩固已有的学科优势，以学科创新为着力点，进行学科资源的高效合理配置，实现我院图书馆学、情报学、档案学、信息资源管理、编辑出版学、电子商务等学科协调发展；保持上述学科综合实力国内领先地位；形成新的教学与学科特色，实现学科可持续创新发展，提高我院的综合竞争力；将学院建设成为国际一流的综合性研究型信息管理学院。图书情报与数据科学“双一流”学科建设目标是：按照“中国特色，世界一流”要求，通过一流学科建设“三步走”战略，到2020年本学科国内领先地位进一步巩固，优势与特色进一步凸显，建成具有较大国际影响的世界知名学科；到 2030 年，进入国际上本学科研究的第一方阵，初步建成世界一流学科；到本世纪中叶，跻身国际顶尖学科行列，全面建成世界一流学科，成为国际上图书情报与数据科学研究的重镇，学术交流的枢纽，高水平拔尖创新人才培养的中心。

学院人才培养的定位是：通过系统的专业学习和训练，致力于培养德、智、体、美全面发展，具有历史使命感与社会责任心、富有创新精神和国际视野的信息管理类拔尖创新人才。培养具备坚实的现代信息管理学理论基础，扎实的信息技术与方法，具有适应当前社会需要和未来发展的综合素质与实践能力，面向宽广的信息领域，能在国民经济与社会各行业、各级管理部门从事信息管理与信息系统、图书情报与档案管理、编辑出版与数字出版、电子商务、数据管理与数据应用方面的研究型、复合型、引领型高级人才。

我们坚信，只要我们坚定信心，励精图治，团结一心，锐意进取，我们的目标就一定能够实现。

学院发展百年历程见附录 1 信息管理学院百年记事(1920—2020)。

（肖希明、陈传夫、司莉、肖秋会）

附：学院历年负责人名录(1920—2020)

1. 行政

表 1-1　　行政负责人名录(1920—2020)

机构名称	职务	姓名	任职时间
武昌文华大学图书科	负责人	韦棣华	1920. 3—1925
华中大学文华图书科	主　任	胡庆生	1925—1928. 11
华中大学文华图书科	代主任	韦棣华	1928—1929. 春
华中大学文华图书科	代主任	沈祖荣	1929. 春—1929. 8
私立武昌文华图书馆学专科学校(暂附华中大学内)	代主任	沈祖荣	1929. 9—1930. 11
私立武昌文华图书馆学专科学校	校　长	沈祖荣	1930. 12—1951. 8
公立武昌文华图书馆学专科学校	校　长	王自申	1951. 8—1953. 8
	副校长	甘莲笙	1951. 8—1953. 8
	副校长	沈祖荣	1951. 8—1953. 8

续表

机构名称	职务	姓名	任职时间
武汉大学图书馆学专修科	主　任	甘莲笙	1953. 8—1955. 7
武汉大学图书馆学专修科	主　任	徐家麟	1955. 7—1956
武汉大学图书馆学系	主　任	徐家麟	1956—1958
武汉大学图书馆学系	主　任	徐家麟	1958—1961
	副主任	孙冰炎	1958—1961
武汉大学图书馆学系	主　任	徐家麟	1961—1966
	副主任	孙冰炎	1961—1966
	副主任	黄元福	1961—1966
武汉大学图书馆学系	主　任	黄宗忠	1972—1977. 2
	副主任	彭斐章	1972—1977. 2
武汉大学图书馆学系	主　任	黄宗忠	1977. 2—1983. 6
	副主任	彭斐章	1977. 2—1983. 6
	副主任	孙冰炎	1977. 2—1983. 6
	副主任	严怡民	1977. 2—1983. 6
武汉大学图书馆学系	主　任	黄宗忠	1983. 7—1984. 10
	副主任	彭斐章	1983. 7—1984. 10
	副主任	严怡民	1983. 7—1984. 10
武汉大学图书情报学院	院　长	彭斐章	1984. 10—1988. 12
	副院长	黄宗忠	1984. 10—1988. 12
	副院长	严怡民	1984. 10—1988. 12
	副院长	傅敬生(兼)	1986—1988. 12
武汉大学图书情报学院	院　长	彭斐章	1988. 12—1992. 12
	副院长	傅敬生(兼)	1988. 12—1992. 12
	副院长	马费成	1988. 12—1992. 12
	副院长	乔好勤	1988. 12—1992. 12
	副院长	马大川	1988. 12—1992. 12

续表

机构名称	职务	姓名	任职时间
武汉大学图书情报学院	院　长	马费成	1992. 12—1995. 10
	副院长	乔好勤	1992. 12—1995. 10
	副院长	马大川	1992. 12—1995. 10
	副院长	傅敬生	1992. 12—1995. 10
武汉大学图书情报学院	院　长	马费成	1995. 10—1999. 4
	副院长	傅敬生(兼)	1995. 10—1997. 9
	副院长	胡昌平	1995. 10—1999. 4
	副院长	罗紫初	1995. 10—1999. 4
	副院长	王余光	1995. 10—1998. 10
	副院长	周光应	1995. 10—1997. 11
	副院长	张荣山	1997. 11—1999. 4
武汉大学大众传播与知识信息管理学院	院　长	马费成	1999. 4—2000. 12
	副院长	刘俊昌(兼)	1999. 4—2000. 8
	副院长	张　昆	1999. 4—2000. 8
	副院长	胡昌平	1999. 4—2000. 12
	副院长	陈传夫	1999. 4—2000. 12
武汉大学信息管理学院	院　长	马费成	2000. 12—2005. 4
	副院长	胡昌平	2000. 12—2005. 4
	副院长	陈传夫	2000. 12—2005. 4
	副院长	罗紫初	2000. 12—2005. 4
	副院长	张荣山	2000. 12—2003. 5
	副院长	王绍军	2003. 2—2005. 4

续表

机构名称	职务	姓名	任职时间
武汉大学信息管理学院	院　长	陈传夫	2005. 4—2012. 9
	院　长	方　卿	2012. 9—2020. 5
	院　长	陆　伟	2020. 6—
	副院长	李　纲	2005. 4—2012. 9
	副院长	方　卿	2005. 4—2012. 9
	副院长	王新才	2005. 4—2013. 10
	副院长	彭海文	2005. 4—2014. 9
	副院长	黄如花	2012. 9—2020. 6
	副院长	陆　伟	2012. 9—2020. 6
	副院长	周耀林	2013. 12—2019. 11
	副院长	李良俊	2014. 11—2019. 9
	副院长	王　华	2019. 11—
	副院长	吴　江	2019. 11—
	副院长	王晓光	2020. 6—
	副院长	周力虹	2020. 6—

2. 党组织

表 1-2　　**党组织负责人名录(1953—2020)**

机构名称	职　务	姓　名	任职时间
先后与教务处及其他系科合建一个党支部			1953—1955
中共武大图书馆学系支部委员会	书　记	张树芳	1955—1958
中共武大图书馆学系总支委员会	书　记	徐　鸿	1958—1960
中共武大图书馆学系总支委员会	书　记	黄宗忠	1960—1966. 5

续表

机构名称	职　务	姓　名	任职时间
中共武大图书馆、图书馆学系委员会	书　记	李炎荣	1972. 4—1973
	书　记	黄宗忠	1978—1981
	副书记	黄宗忠	1972. 4—1973
	副书记	傅敬生	1972. 4—1981
	第一副书记	黄宗忠	1973—1978
	副书记	曾四喜	1973—1981
中共武大图书馆学系总支委员会	书　记	傅敬生	1981—1984. 10
中共武大图书情报学院总支委员会	书　记	杨宗传	1984. 10—1985. 12
	书　记	傅敬生	1985. 12—1992. 12
	副书记	刘建设	1984. 10—1987
	副书记	王秀华	1984. 10—1992. 12
	副书记	冯举权	1987—1990
	副书记	黄泰岩	1992. 3—1992. 12
中共武大图书情报学院委员会	书　记	傅敬生	1992. 12—1995. 1
	副书记	王秀华	1992. 12—1995. 8
	副书记	黄泰岩	1992. 12—1993. 9
	副书记	关太兵	1993. 9—1995. 1
中共武大图书情报学院委员会	书　记	傅敬生	1995. 1—1997. 9
	书　记	李桂安	1997. 9—1999. 4
	副书记	孙　强	1995. 2—1998. 6
	副书记	何绍华	1995. 9—1999. 4
	副书记	夏义堃	1998. 6—1999. 4

续表

机构名称	职　务	姓　名	任职时间
中共武大大众传播与知识信息管理学院委员会	书　记	刘俊昌	1999.4—2000.8
	副书记	马费成	1999.4—2000.12
	副书记	李桂安	1999.4—2000.12
	副书记	吴爱军	1999.4—1999.9
	副书记	夏义堃	1999.4—2000.12
中共武大信息管理学院委员会	书　记	李桂安	2000.12—2005.6
	副书记	何绍华	2000.12—2005.6
	副书记	夏义堃	2000.12—2005.6
中共武大信息管理学院委员会	书　记	董有明	2005.6—2013.12
中共武大信息管理学院委员会	书　记	曾一昕	2013.12—2015.12
	书　记	傅兴荣	2015.12 至今
	副书记	夏义堃	2005.6—2008.4
	副书记	左　军	2005.6—2012.10
	副书记	姜星莉	2008.5—2010.4
	副书记	王　华	2012.10—2019.11
	副书记	江尧林	2019.5 至今
	副书记	代　茜	2019.12 至今

3. 现任学院领导班子

表 1-3　**现任学院领导班子**

职　务	姓　名
院　长	陆　伟
书　记	傅兴荣

续表

职　务	姓　名
副书记	江尧林
副书记	代　茜
副院长	吴　江
副院长	王晓光
副院长	周力虹
副院长	王　华

4. 现任党群、行政机构及科研机构负责人名录

表 1-4　　现任党群、行政机构及科研机构负责人名录

机　构	职　务	姓　名
图书馆学系	主　任	周力虹
	副主任	吴　钢
	副主任	杨思洛
信息管理科学系	主　任	陆　泉
	副主任	安　璐
	副主任	孙永强
	副主任	姜婷婷
档案与政务信息系	系主任	肖秋会
	副主任	胡吉明
	副主任	王　平
	副主任	王玉珏
出版科学系	主　任	徐丽芳
	副主任	张美娟
	副主任	姚永春
	副主任	许　洁

续表

机　构	职　务	姓　名
信息系统与电子商务系	主　任	吴　江
	副主任	张　敏
	副主任	龚艺巍
	副主任	赵　杨
保密管理系	主　任	邓胜利
	副主任	洪　亮
武汉大学信息资源研究中心	主　任	李　纲
	副主任	王晓光
	副主任	冉从敬
武汉大学信息资源研究中心办公室	主　任	查　荔
中国科学评价研究中心	主　任	赵蓉英
数字图书馆研究所	主　任	黄如花
	副主任	刘　萍
知识产权高级研究中心	主　任	陈传夫
出版发行研究所	所　长	黄先蓉
	副所长	张美娟
数字出版研究所	主　任	徐丽芳
信息检索与知识挖掘研究所	主　任	陆　伟
人机交互与用户行为研究中心	主　任	吴　丹
政务管理研究中心	主　任	周耀林
出版发行学研究所	所　长	方　卿
武汉大学数字人文研究中心	主　任	王晓光
现代服务研究中心	主　任	胡昌平
信息系统研究中心	主　任	唐晓波
武汉大学智慧城市研究中心	主　任	李　纲

续表

机　构	职　务	姓　名
武汉大学电子商务研究与发展中心	主　任	吴　江
新闻出版总署武汉大学高级出版人才培养基地	主　任	方　卿
武汉大学-长江传媒出版研究中心	主　任	徐丽芳、周艺平
中国教育出版研究中心	主　任	方卿、苏雨恒
《图书情报知识》编辑委员会	主　任	马费成
	副主任	胡昌平
	副主任	陈传夫
	副主任	邱均平
	副主任	宋恩梅
	主　编	陈传夫
	常务副主编	宋恩梅
	副主编	邱均平
《出版科学》编辑委员会	主　任	范　军
	副主任	罗紫初
	副主任	田海明
	副主任	吴　平
	名誉主编	周百义
	主　编	方　卿
	副主编	黄先蓉
Data and Information Management	主　任	马费成，Gary Marchionini
	执行主编	吴　丹
《信息资源管理学报》编辑委员会	主　任	马费成
	主　编	李　纲
	副主编	王晓光
	副主编	孙永强

续表

机　构	职　务	姓　名
信息管理学院教授委员会	名誉主任	马费成
	主　任	陈传夫
	副主任	李　纲、周耀林
信息管理学院学位委员会	主　席	方　卿
	副主席	陆　伟
信息管理学院本科教学指导委员会	主　任	陆　伟
信息管理学院老年协会、老教授协会	会　长	李建民
	副会长	孙更新
	副会长	傅西平
信息管理学院工会	主　席	王　华
	副主席	朱静雯
	副主席	钱宏宇
信息管理学院团委	书　记	陈孝禹
	副书记	张雨婷
	副书记	孙华东
	副书记	哈力哈什·哈布勒塔依
信息管理学院资料室	主　任	严　红
	副主任	寇继虹
信息管理学院实验中心	主　任	杨志峰
	常务副主任	严冠湘
	副主任	何　芳
信息管理学院党政办公室	主　任	钱宏宇
	副主任	傅　玲
	副主任	单　璐

续表

机　构	职　务	姓　名
信息管理学院外事办公室	主　任	周力虹
	副主任	余丽娟
信息管理学院研究生教育及科研管理办公室	主　任	徐　晴
	副主任	王　菲
信息管理学院本科生教学管理办公室	主　任	白小柳
	副主任	余丽娟
国家保密学院办公室	主　任	居森林

（傅玲）

第二章　学科(系)专业发展

一、图书馆学系创办与发展

武汉大学图书馆学专业具有悠久的历史和深厚的积淀。本专业创办于1920年，是中国图书馆学专业教育的发端。经过100年的薪火相传与开拓创新，图书馆学专业形成了传统与现代融汇、理论与实践结合、人文与技术并重、与国际图书馆学情报学教育初步接轨的办学特色和优势，凝练了“开拓创造、务实创业、引领创新”的办学理念，在人才培养、学术研究和社会服务等方面都取得了重要成就，在国内外享有极高声誉。

(一)创建与发展

图书馆学专业的前身为文华大学文华图书科，创办人为美国学者韦棣华女士(Mary Elizabeth Wood，1861—1931年)和中国近代图书馆学先驱沈祖荣、胡庆生。1910年，韦棣华女士募款建成文华公书林，文华公书林是位于武昌区昙华林的文华校园(Boone Compound)内建成的一座公共图书馆。1914年和1917年韦棣华先后资助沈祖荣和胡庆生两位中国学子前往美国修习图书馆学。1920年3月，沈、胡学成归国以后，韦棣华即带领二人在位于武昌昙华林的文华大学创办文华图书科(Boone Library School)，韦棣华女士担任图书科主任。文华图书科是我国第一个图书馆学教育机构，标志着中国图书馆学教育的正式兴起。

1927年政局突变，华中大学(原文华大学)大部分教职员离校，学校就此停办。而得到庚款资助的文华图书科单独照常办学，担任文华图书科主任的胡庆生与担任文华公书林馆长的沈祖荣相互扶持，维持正常的教学工作。

1929年8月，民国政府教育部准予私立武昌文华图书馆学专门学校立案，从此，文华图书科独立为“私立武昌文华图书馆学专科学校”，简称“文华图专”，成为中国第一所独立的高等图书馆学专门学校。沈祖荣为文华图专校长。华中大学1929年复校后，文华图专仍作为“文华图书科”与之合作至1930年底。

1930年在图书科外招收讲习班。讲习班招收高中毕业生入学，投考公费学额的学生需在图书馆工作两年以上。其课程包括一般图书馆经营法、图书馆组织管理和图书馆学术之切实用者，均从简要一一讲授。修满一年合格并完成指定图书馆(文华公书林及其他)实习工作和图书馆学刊物(《文华图书科季刊》及其他)学术文字撰述的学生，方可取得图书馆学讲习班证书。文华图专于1930年、1933年、1936年、1937年招收4届图书馆学讲习班学员，毕业生50余人。

1938年国难当头，武汉危急，文华图专西迁重庆，借曾家岩求精中学校舍办学。后因房舍紧张，于空地自建西式单层新屋一座，落成后命名为“韦棣华堂”，作为教室、办公室及图书阅览室之用。

1934年设立档案管理特种教席，在图书馆学专科第二学年的课程中增设“档案管理法”一课，标志着我国档案教育的开始。1939年，文华图专为适应战时各机构档案整理需要，将第五期图书馆学讲习班改为“档案讲习班”，修业期限为一年。1940年成立档案管理科，是我国最早的档案管理专业。

1941年文华图专遭敌机轰炸，师生无安身之所，故迁至江北唐家桥廖家花园自置新校舍内坚持办学。文华师生“进餐于露天之下，讲授于卧室之间”。

抗日战争胜利后，1946年初文华图专迁返武昌，以崇福山街2号作为校址，教授阵容一新。1947年秋文华图专在京沪渝汉四地扩大招生，报名人数近千，录取图书馆学专科及档案管理科各一班，共近百人。

1949年，中华人民共和国成立，文华图专获得了新的发展环境。1951年8月，中央文化部接管私立武昌文华图书馆学专科学校，并委托中南军政委员会教育部代管，任命王自申为校长，甘莲笙和沈祖荣为副校长。1953年全国高等学校院系调整，文华图专并入武汉大学成为图书馆学专修科，甘莲笙为专修科主任。原文华图专师生与设备迁入武昌珞珈山武汉大学校园内。文华图专的历史从此翻开了新的一页。

1955年，武汉大学图书馆学专修科的学制由两年改为三年，这也是唯一的一届三年制学制。1956年7月，武汉大学将图书馆学专修科改为4年制本科，正式建立图书馆学系，制定了新的教学方案与培养目标，并于当年秋季开始招收本科生，徐家麟教授任系主任，成为中华人民共和国第一批本领域本科专业(当时仅有北京大学与武汉大学两所)。武汉大学是一所综合性大学，具有悠久的历史，优良的学术环境，多学科的优势和雄厚的师资队伍，这些都为图书馆学教育的发展提供了良好的条件。

1960年开办图书馆学专修科函授班，在湖北、湖南、广东、广西、四川、贵州、云南、上海、江苏、安徽、江西、浙江等省、市、自治区招生，并设立辅导站，学制三年。1964年有230多人毕业。

1966—1971年，因“文革”武汉大学停止招生，教学秩序完全被打乱，教师大部分流失。

1972年武汉大学在停顿6年之后恢复招生，学制改为两年，同时恢复了图书馆学系，黄宗忠先生任系主任。在师资力量、教学设备和图书资料遭到严重破坏的情况下，当时办学条件极其困难。由于1971年图书馆与图书馆学系合并，故在办学体制上试行改革，采取“系办馆”的体制。1977 年学制恢复为四年制。

1975 年武汉大学图书馆学系筹办科技情报专业，1978 年招收了第一届科技情报专业本科生。1978 年开始招收目录学专业方向的硕士研究生；1978 年至 1980 年，开办了科技情报专修班，招收“文革”中 1967—1970 年毕业的理科大学毕业生，学习两年，共招收 20 人。

1981 年图书馆学专业获得硕士学位授予权，1983 年科技情报专业获得硕士学位授予权。

1983 年，为适应国家出版发行事业对专业人才的需求，在新华书店总店大力支持下，图书馆学系创办的我国第一个图书发行管理学本科专业正式招生。

1984 年经教育部批准成立我国第一个图书馆学情报学研究所，经学校批准成立武汉大学科技情报培训中心。同年，档案学专业恢复招生。图书馆学系函授教育于 1980 年恢复招生。图书馆学系已经发展成为体系完备的多学科教育机构。

1984 年 4 月，教育部批准在原图书馆学系的基础上建立武汉大学图书情报学院。是年 10 月，图书情报学院成立，彭斐章教授出任院长。这是中国第一所图书情报学院。图书情报学院下设图书馆学系、情报科学系 2 个系(系下设图书馆学、情报学、档案学和图书发行管理学 4 个专业)。图书馆学系由谢灼华教授出任系主任。至 1999 年，先后担任系主任的还有郭星寿教授和詹德优教授。

1999 年 4 月，武汉大学图书情报学院与新闻学院合并为大众传播与知识信息管理学院，图书馆学系仍为该学院一个独立的系，并继续由詹德优教授担任系主任。一年以后，院系重新调整组合，大众传播与知识信息管理学院的历史即告结束。

2001 年，组建了武汉大学信息管理学院，马费成教授出任院长。学院仍设四个系：图书馆学系、信息管理科学系、出版科学系、档案学系(2005 年改名为档案与政务信息学系)。图书馆学系由王子舟教授出任系主任。

2005 年，院系领导班子换届，陈传夫教授出任信息管理学院院长，王子舟教授续任图书馆学系主任。2006 年，肖希明教授出任图书馆学系主任。2009 年，院系领导班子换届，陈传夫教授继续担任信息管理学院院长，肖希明教授继续担任图书馆学系主任。

2013 年，院系领导班子换届，陈传夫教授担任本科生院院长，黄如花教授担任信息管理学院副院长，司莉教授出任图书馆学系主任。同年，图书馆学本科专业获评湖北省本科高校专业综合改革试点项目，并在次年获评教育部高等学校专业综合改革试点项目。2015 年，陈传夫教授担任研究生院院长。

2017 年，院系领导班子换届，黄如花教授继续担任信息管理学院副院长，吴丹教授出任图书馆学系主任。2017 年，图书情报与档案管理在第四轮学科评估中获评 A+；图书情报与数据科学入选教育部“双一流”建设学科，并于 2018 年被评为湖北省“双一流”建设学科。

2019 年，周力虹教授担任图书馆学系主任，吴丹教授出任武汉大学发展规划与学科建设办公室副主任。图书馆学教研室被评为“湖北省普通本科高校优秀基层教学组织”。

(二)特色与成就

百年风雨历程，百年砥砺奋进，从文华图专至今，图书馆学专业秉承智慧与服务的文华精神，不断拓新与发展，在学科建设、人才培养、教学科研、师资队伍建设等方面取得了令人瞩目的成就。

1. 成就

(1)学科建设 成就斐然

早在文华图专时期就非常注重学科建设，在长期教学实践中形成了明显的办学特色，如在办学模式上，注重拓展学生的知识面；在课程设置上，注重中西图书馆学的结合；在教学实习上，注重培养学生的实际操作能力；在培养学生素质方面，重视职业精神的培养等。文华图书科仿照美国纽约公共图书馆学校制度，从文华大学本科二年级以上的学生中招收学生兼修图书馆学课程，毕业时除授予文学学士外另发图书馆学专科证书。在韦棣华和沈祖荣、胡庆生等人的努力下，文华图书科逐渐走向正规化和制度化。

1932年文华图专的毕业生可直接进入美国图书馆学院校就读。文华图专得到鲍士伟博士的支持和帮助，通过美国图书馆协会教育股，取得美国方面认许，本校毕业生可直接入美国图书馆学研究院校。文华图专之前的毕业生，如裘开明、桂质柏、严文郁、徐家麟等，都曾出国留学，表现卓越。

从1955年至1984年的近30年，图书馆学系发生巨大的变化，为图书情报学院的建立与发展打下了基础，由原来单一的图书馆学专业发展为图书馆学、科技情报学、档案学、图书发行管理学四个专业，由原来单一的本科教育发展为研究生、本科与专科三个层次的教育，成为我国专业学科最齐全、规模最大、办学层次最完备的图书馆学、情报学、档案学和图书发行管理学综合化教育机构。

自1984年建院以来，武汉大学图书情报学院不断完善图书馆学学科体系。1991年，武汉大学图书情报学院招收目录学博士生。1993年12月，武汉大学图书情报学院图书馆学专业获得博士学位授予权。1993年，国家教委颁布《普通高等学校本科专业目录》和《普通高等学校文科专业目录》，图书信息档案类作为“历史学”门下的一级类目，下分图书馆学、信息学、档案学、科技档案、图书出版发行学。1997年，国务院学位委员会颁布《高等学校和科研机构指导博士和硕士学位的学科专业目录》，明确设立了“管理类”大类，下设“图书馆、情报与档案管理类”，下分图书馆学、情报学、档案学二级学科。2000年，武汉大学图书情报学院获得“图书馆、情报与档案管理”一级学科博士学位授予权。

进入21世纪后图书馆学专业发展非常迅速，取得了一系列成就。2001年图书馆学专业被教育部批准为国家重点学科。2003年国务院学位委员会批准在武汉大学设立图书馆学专业博士后流动站，形成了由硕士、博士、博士后构成的完善的图书馆学高级人才培养体系。在2003年第二届全国一级学科评估中，包含本学科在内的“图书馆、情报与档案管理”被评为全国第一。在2004年、2007年、2012年和2017年教育部公布的学科排名中，武汉大学图书馆学专业(包含在一级学科“图书馆、情报与档案管理”中)均名列全国第一；在中国管理科学研究院《中国大学排行榜》、中国科学评价研究中心《中国大学排行榜》中历次排名都将武汉大学图书馆学专业(包含在一级学科“图书馆、情报与档案管理”中)评为本专业全国第一。2007年，“图书馆、情报与档案管理”被评为一级学科国家重点学科。同年，图书馆学专业被评为“湖北省高等学校品牌专业”。2009年，图书馆学专业被评为教育部高等学校特色专业建设点。

2010年以来，图书馆学专业学科建设日新月异。2013年，图书馆学系成功申报了武汉大学哲学社会科学优势和特色学术领域建设计划项目“图书馆业态创新与学科理论发展”，并利用2014年、2015年两年时间圆满完成了计划目标。2013—2016年，成功申报并完成了教育部专业综合改革试点项目“武汉大学图书馆学专业综合改革试点”的建设目标。至此，本专业在教师培养、团队建设、教学改革、科学研究、国际交流、社会服务等方面取得了跨越性进展。2016年积极参与各项评估工作，包括教育部主持的第四轮学科评估和图书情报与档案管理一级学科学位授权点自我评估。同年，陈传夫教授牵头的图书馆学专业国际化试点基地项目顺利通过结题验收。2017年9月，教育部公布了世界一流大学和一流学科(简称“双一流”)建设高校及建设学科名单，我院图书情报与数据科学入选“双一流”建设学科。根据“金苹果中国大学本科教育专业排名”，我校本专业连续多年荣膺全国图书馆学本科专业第一名。根据最近的中国校友会“2018中国大学一流专业排行榜”，全国高校共有206个专业荣膺“2018中国八星级专业(8★)”，跻身世界一流专业、中国最顶尖专业行列，我校本专业作为全国唯一的图书馆学专业入选。2019年，图书馆学专业入选教育部认定的首批国家级一流本科专业建设点。

随着全球信息化的发展、科学技术的进步和网络技术与数字化技术的发展，本学科点确立图书馆学专业教育改革的基本思路是：面向社会信息化与数字图书馆建设，适应社会需求，拓宽专业领域，以质量为中心，以培养复合型、宽口径、高素质信息管理与服务人才为目标，为社会培养能够胜任各行各业信息资源管理的专门人才。

(2)学术研究　成果丰厚

早在文华图专时期就非常重视学术研究。1929年，创办为师生和广大图书馆工作者提供学术研讨的园地的《文华图书科季刊》(1932年改名为《文华图书馆学专科学校季刊》)，这是我国创办最早的图书馆学专业期刊之一，与当时的《图书馆学季刊》和《中华图书馆协会会报》并称为图书馆学三大期刊。文华图专的学术研究面宽，成果丰富，在多个领域都有代表性的成果问世。如皮高品先生的1934年出版的中英对照《中国十进分类法及索引》是我国近代四大图书分类法之一，直至中华人民共和国成立后还为多家图书馆所采用，在图书分类学史上具有重要地位。沈祖荣先生的《标题总录》(1937)被推崇为我国标题法起源之作。钱亚新先生的《索引和索引法》(1930)标志着中国现代索引理论体系的建立。钱亚新先生的《拼音著者号码编制法》(1928)实用性强，是当时编目时最重要的参考书之一。邢云林的《集中编目法与合作编目法》(1937)是我国最早讨论集中编目的文章，具有开先河之功。

1955年至1966年图书馆学的教学与科研从理论联系实际、解决学生的相关学科知识背景出发，1956—1958年主要落实本科教学计划，着重培养师资与编写教材。编辑《武汉大学图书分类法》(1958)，在1975年《中图法》出版以前为多家图书馆使用。1984年，编辑《中国图书馆图书分类法(第二版)索引》，由书目文献出版社出版，影响广泛，实用性较强。1961年北京大学、武汉大学、文化学院合作编写《图书馆学引论》《图书馆藏书与目录》《读者学》与《目录学》等教材，这些教材一直使用到1966年。

20世纪70年代末与80年代初，武汉大学图书馆学系与北京大学图书馆学系合编的在全国较有影响的教材有《图书馆学基础》《目录学概论》《图书馆古籍编目》，同时，图书馆学系还出版了20多种教材，纳入高等学校文科选编教材。涌现了一批具有重要影响的研究成果，如：黄宗忠教授的《图书馆学导论》(1988)、彭斐章教授等的《目录学》(1986)、谢灼华教授的《中国图书和图书馆史》(1987)、廖延唐教授的《图书馆古籍整理》(1986)等，都是各自领域的扛鼎之作。先后有20多种教材获得了各级奖励，其中《目录学概论》《中文工具书使用法》《图书馆学基础》《中国古籍版本学》获得了国家教委优秀教材一等奖。1980年，图书馆学系创办了《图书情报知识》杂志，这是由全国图书馆学、情报学教学单位主办的唯一一份专业杂志。

2000年以来，图书馆学专业始终将教材建设与教学改革放在重要位置，出版了一批高质量的教材与教学研究成果，包括5部“十一五”国家级规划教材、2部“面向21世纪课程教材”、6部“核心课程教材系列”教材等。同时，图书馆学系有13项省级及以上教学研究项目，3门国家精品课程：目录学教程(2004年)，信息资源建设(2008年)，信息检索(2010年)，40余篇教学研究论文，15项省级及以上教学成果奖。如彭斐章教授主编的《书目情报需求与服务研究》2002年获“全国普通高等学校优秀教材”一等奖；曹之教授的《中国古籍版本学》获“国家教委国家级教学成果”二等奖；本专业教师集体参与的项目《教学实践与理论研究相结合，不断探索图书馆学学科建设的新路子》2001年获“湖北省政府、湖北省高等学校省级教学成果奖”等；陈传夫教授的《高新技术与知识产权法》获“湖北省第三届人文社科优秀成果奖”三等奖；詹德优教授的《中文工具书导论》、俞君立教授的著作《文献分类学》、肖希明教授的著作《中国图书馆藏书发展政策研究》与《信息资源建设》、陈传夫教授完成的关于文献传递过程中知识产权对策的应用研究成果《NSTL知识产权对策》、黄如花教授的著作《信息检索》与《数字图书馆原理与技术》、司莉教授的著作《KOS在网络信息组织中的应用与发展》与《信息组织实验教材》、张燕飞副教授的著作《信息组织的主题语言》、孙更新副教授的著作《文献信息编目》《文献信息编目实习教程》等，都可直接指导数字环境下图书馆的文献资源建设、文献传递、分类、标引、编目、数字图书馆建设等核心业务。

在2007年11月举行的新一届教育部高等学校图书馆学科教学指导委员会全体会议上，教指委委员一致推荐，并由教育部委托，武汉大学图书馆学专业承担了“图书馆学本科教学规范”的编制任务。同年，由肖希明教授主编，以本专业教师为主编著的、由武汉大学出版社出版的《图书馆学研究进展》，全书80多万字，被我国著名图书馆学家、中国科学院国家科学图书馆的孟广均教授赞誉为“有史以来水平最高、质量最优的图书馆学巨著”。2009年陈传夫教授撰写的论文《图书馆业态的变化与发展趋势》获得“高等学校科学研究优秀成果奖(人文社会科学)”一等奖。同年，陈传夫教授获批国家社会科学基金重大项目“我国公共部门信息资源增值利用对策研究”。

图书馆学系除了多次获得国家级、省部级以上的奖励外，也获得了许多校级教学奖励和荣誉。如彭斐章教授被聘为“武汉大学人文社会科学资深教授”，曹之教授和陈传夫教授获评“武汉大学教学名师”，司莉教授被评为“武汉大学优秀导师”，黄如花教授和陆颖隽副教授获得“武汉大学青年教师教学竞赛”优秀奖。陈传夫教授、肖希明教授、黄如花教授、司莉教授等还多次获得“武汉大学教学研究论文奖”。

进入2010年以来，图书馆学系在兼顾教材建设的基础上，积极发展科研事业，并逐步向国际化方向发展。近年来，该系出版了30余部高质量、与时俱进的教材与专著，为图书馆学的专业教育和前沿发展添砖加瓦。同时，图书馆学系近十年获批科研项目30余项，其中包括8项国家社会科学基金重大项目和教育部哲学社会科学研究重大课题攻关项目：面向国家大数据战略的政府数据开放共享对策研究(黄如花，2016)、中国图书馆学教育百年史及其文化影响研究(肖希明，2017)、中国社会科学词条库(图书馆学)(陈传夫，2017)、健全国家大数据主权的安全体系研究(冉从敬，2018)、“一带一路”沿线国家多语种、共享型经济管理数据库建设研究(司莉，2019)、中国古代科技文献整理与研究(李明杰，2019)、社会数字化转型背景下图书馆发展风险规制研究(陈传夫，2019)、面向三大公共数字文化工程资源融合的多语言信息组织与检索研究(吴丹，2019)。科研论文成果累累，近年来该系教师发表的SSCI、SCI源刊及权威期刊论文达60余篇，且SSCI、SCI源刊论文比例逐年上升，表明该系在产出一流成果、走向世界一流的道路上正稳步向前。

图书馆学系教师也多次获得国家级、省部级以上或国际组织的科研奖励。如陈传夫教授获得“第六届高等学校科学研究优秀成果奖(人文社会科学)”二等奖；陈传夫教授、肖希明教授的成果分别入选《国家哲学社会科学成果文库》；肖希明教授获得“湖北省第八届社会科学优秀成果奖”三等奖；吴丹教授获“湖北省第十届社会科学优秀成果奖”二等奖；李明杰教授获“湖北省第十届社会科学优秀成果奖”三等奖；司莉教授获 Emerald Chinese LIS Research Fund Award；吴丹教授获 2019 Emerald Literati Awards；多名教师获得 Huang Tso-Ping and Wu Yao-Yu Research and Scholarship Awards。

(3)人才培养　贡献卓著

文华图专在艰难困苦的条件下，自1922年至1941年，培养本科毕业生共127人；从

1942 年至 1947 年，培养图书馆学专科毕业生 72 人，共计约 200 人。六届档案管理专科共培养毕业生 51 人，档案管理短期职业培训班结业生达 212 人，档案资料管理培训班结业生为 48 人。培养了一批对图书馆事业有着坚定信仰而又学识渊博图书馆学大师，有的甚至是世界级的图书馆学家，如曾任美国哈佛燕京大学图书馆馆长的裘开明、曾任联合国总部图书馆编目部主任的严文郁等。

至 1984 年，图书馆学系设有图书馆学基础理论、文献管理、目录学、档案学、图书发行管理学、情报理论、情报技术、图书情报现代技术等 8 个教研室，创建了图书情报实验中心，包括计算机应用、视听资料、缩微复印、图书档案保护等实验室。教职工由 1955 年的 10 余人发展为 1984 年的 100 余人，在校学生由 1955 年的 60 余人增至 1984 年的 800 余人，硕士研究生 50 多人。办学规模不断扩大，办学条件不断改善。

该专业一直重视教学改革与人才培养的质量，已形成了一支结构合理的教学团队。这其中，离不开 1986 年以来图书情报学院关于图书馆学情报学本科教学一体化的教学改革试验。该项改革内容——“图书馆学情报学教学体系的深刻变革”于 1991 年获“国家优秀教学成果”一等奖。在 1998 年新的专业目录调整之后，学院及时凝练、修改了教学大纲，图书情报核心课程体系进一步修改、确立与完善。此后，在 1999 年，图书情报学院又继续开展“教育部面向 21 世纪的信息管理类专业教学改革后续课题”的改革。

目前，图书馆学系可招收博士研究生、硕士研究生、在职研究生、本科生，建立起较完整、多层次的培养教育体系。新世纪以来，图书馆学系的人才培养目标为：适应社会发展需要的厚基础、宽口径、高素质、强能力的创造、创新、创业型复合人才。在此目标的指引下，图书馆学系注意加强科技创新与人才培养的有机结合，博士生导师为硕士研究生开课比例达到 100%，支持研究生参与或承担科研项目，在创新实践中培养他们的探索兴趣和科学精神。毕业生就业率达 100%，博士生培养数量和质量均居于国内同学科首位。获得“全国优秀博士学位论文”提名奖 2 篇，“省级优秀博士学位论文”5 篇，“省级优秀硕士学位论文”2 篇，有 4 名研究生先后获“中国图书馆学会韦棣华基金会奖学金”。博士生在校期间出版专著 3 部。肖希明、方卿、黄如花、周耀林的博士学位论文获“湖北省优秀博士学位论文奖”。方卿与周耀林的博士学位论文获得“全国百篇优秀博士学位论文”提名奖。

同时，该专业非常支持学生参与或承担科研项目，在创新实践中培养他们的探索兴趣和科学精神，如设置沈祖荣奖等各种奖励对本科生、研究生的科研创新活动进行奖励。韦棣华奖学金是图书馆学、情报学界的专项奖学金和最高级别的奖学金。我院获得韦棣华奖学金的本科生占全国本科生获得同类奖励人数的 50% 以上。图书馆学专业积极指导学生参加暑期社会实践，取得了优异的成绩。同时该专业也十分注意图书馆从业者的培训，已连续三次与加州大学伯克利分校合作举办公益性的中美图书馆员高级研究班，为西部和边远地区图书馆事业的发展培养人才，在国内外产生强烈反响。

2010 年以来，图书馆学系以培养学生信息领导能力与处理全球复杂信息能力为目标，积极汇聚优质资源，培养一流人才。首先，近年来图书馆学系在人才培养方面创造了各项有利条件。教育模式上，2014 年起实施大类招生，并于 2015 年制定了《图书馆学专业教学质量标准》。持续推进国内外合作办学，国内与上海交通大学图书馆、广东省立中山图书馆等建立了长期合作关系；在国外，与美国匹兹堡大学、美国德克塞尔大学、英国谢菲尔德大学、美国威斯康星大学密尔沃基分校、丹麦哥本哈根大学等世界一流知名大学保持长期的友好合作关系。在互联网浪潮的推动下，图书馆学系积极建设图书馆学核心课程网络，肖希明教授的《信息资源建设》和陈传夫教授的《目录学概论》获评国家精品课程。黄如花教授主讲的“信息检索”MOOC 自 2014 年在爱课程网上线以来，累计学员近 20 万人，已被大量用于相关课程的“翻转教学”素材，系全国图书馆学在线课程联盟首批推荐课程、获批首批全国精品开放在线课程，入选“学习强国”慕课。该系学生也在科研和实践方面取得了良好成绩。吴丹、司莉、冉从敬、肖希明、李明杰、洪亮所指导的学生在几年间先后获得了“湖北省优秀学士学位论文”奖励。陈传夫教授指导的罗博博士获得了“湖北省优秀博士学位论文”荣誉。我系王迪、鲜冉获得了“湖北省大学生优秀科研成果”一等奖。

作为我国图书馆学教育的发源地，该专业培养了大批高质量的图书馆业务骨干，国内许多大学图书情报学系或信息管理系的系主任、图书馆馆长和学术带头人为本系毕业生，也有的已经成为美、英等国的知名学者、教授，他们在国际图书情报界具有很大的影响。

(4) 国际交流与合作影响广泛

学院是国际图联(IFLA)机构成员。2009 年 2 月，武汉大学信息管理学院成为由国际一流信息学院组成的“信息学院联盟”(iSchools)成员，是 iSchools 的 27 个成员之一，也是来自发展中国家的唯一成员，为图书馆学专业的国际化发展提供极为有力的支持。2014 年与匹兹堡大学等合作筹建国际图书情报合作学习中心。2018 年与美国华人图书馆员协会 CALA 签署了“美国华人图书馆员协会-武汉大学信息管理学院合作意向书”。

图书馆学系非常重视国际交流与合作，先后邀请了美国国会图书馆副馆长阿夫拉姆、西蒙斯大学图书馆学情报学研究生院院长斯图亚特、副院长陈钦智和林瑟菲教授以及英国、德国、日本、澳大利亚学者来院讲学。图书馆学系还成功地举办了一些在国际上有影响力的国际会议，如 1996 年 9 月，“信息资源与社会发展国际学术研讨会”在武汉大学召开，会议的内容之一是“教育与人才培养”；1997 年 3 月，举办了第三届“海峡两岸图书资讯学学术研讨会”，主题是祖国大陆图书资讯学核心课程；2000 年 11 月，受亚洲高等教育联合董事会资助，武汉大学与匹兹堡大学联合主办了“2000 中美首届数字时代图书馆与情报学教育发展国际学术研讨会”，讨论并原则通过了指导我国图书馆学情报学教育改革和发展的《面向 21 世纪中国图书情报教育发展行动计划》。2005 年成功举办了“图书馆合作与资源共享国际学术研讨会”和“中美图书馆员高级研究班澳门地区特别班”，其间还举办了“中国大学图书馆馆长论坛”，组织签署了《图书馆合作与资源共享武汉宣言》。2006 年 10 月主办“第二届中美数字时代图书情报学教育国际研讨会”，会议期间举办了“图书情报档案学教育家与实践领导者的链接与对话”“中美大学图书情报学学院院长/系主任圆桌会议”，讨论通过了《中国图书情报与档案学类教育发展方向及行动纲要》。2008 年 7 月主办“第九届海峡两岸图书资讯学学术研讨会”，30多位图书情报学系的系主任或主任代表举办了“海峡两岸图书资讯学系主任联席交流会”，形成了关于专业教育若干问题的八点共识。2017年与韩国成均馆大学共同主办了“国际顶级信息学院联盟年会(iConference 2017)”。同年10月由武汉大学、国际科学计量学与信息计量学学会、中国科学学与科学政策研究会主办的“第16届国际科学计量学与信息计量学大会(ISSI)”在武汉举行。2018年图书馆学系成功申请到“ACM/IEEE联合国际数字图书馆会议JCDL”2020年的举办权。这些会议的召开与重要文件的签署，在国内外产生了深远的影响，既扩展了师生国际化视野，也在国际上提高了图书馆学系的知名度和影响力。

此外，图书馆学系也派出了一批优秀的教师到国外高校进修学习，如陈传夫教授1994年至1996年到美国华盛顿大学图书馆与信息研究生院做高级访问学者，并于1998年到巴黎十一大学法律与管理学院担任客座教授等。2015年，图书馆学系杨思洛教授、洪亮教授赴美国交流访问，为期一年。2017年，吴丹教授作为2017—2018学年度“中美富布莱特”高级研究学者赴美国北卡罗来纳大学教堂山分校访学一年。2018年，唐义老师获得国家留学基金委资助赴美国伊利诺伊大学香槟分校访学一年。这些学术交流活动开阔了图书馆学专业教师的国际化视野，加强了本专业与国际知名高校的交流与合作，为本专业实现成为国际一流学科的目标打下了坚实的基础。

本专业在学科开放建设与国际合作方面也具有明显的特色。建立了“武汉大学图书馆学情报学国际合作研究院”，组织中外专家联合攻关，邀请了雪城大学、华盛顿大学、辛辛那提大学、加州大学河滨分校等美国和加拿大著名大学的教授讲学或从事科学研究工作，先后邀请了美国西蒙斯大学图书情报学院Rong Tang副教授，美国亚利桑那州立大学Sharon Hsiao助理教授，美国IBM研究院Jae-wook Ahn、Bhavna Agrawal以及Sharad Sunrararajan博士，加州大学圣芭芭拉分校图书馆部门主管Jon Janblonski，台湾大学图书资讯学系黄慕萱教授、机械工程学系暨工业工程学研究所陈达仁教授，美国中央华盛顿大学图书馆Ping Fu教授，美国肯特州立大学图书情报学院曾蕾教授，美国雪城大学信息研究学院秦健教授，美国加州大学伯克利分校东亚图书馆馆长周欣平教授、技术部主任林海青，美国辛辛那提大学副教务长、图书馆馆长王雪茅等人来学院做学术报告，有利于促进我国图书馆学教育、研究与国际接轨。

图书馆学系在“引进来”的同时，也积极“走出去”。2018年，该系吴丹教授受邀在美国北卡罗来纳大学教堂山分校信息与图书馆学院、美国弗吉尼亚理工大学计算机学院，和加拿大约克大学信息技术学院做了4场关于“跨设备搜索研究”的报告，并与学院师生、相关交互式信息系统实验室、数字图书馆实验室、信息检索与知识管理实验室研究人员进行了学术交流。2019年该系陈传夫教授作为中方专家组成员参加了第二十一次中国——欧盟创新合作对话。该系师生也积极参与国际会议。在iConferece、ASIST、JCDL、SIGIR、HCII、ISSI、DCMI等一系列顶级学术会议上进行论文宣读和学术报告，培养了该系师生的国际化视野，深化了图书情报与数据科学学科前沿问题的研究与探讨。

武汉大学图书馆学专业有今天的成就离不开广大校友的极大支持，他们向“文华奖助学金”捐款，为同学举办专题讲座，介绍其创业历程和成功轨迹，与同学们交流思想、畅谈人生。校友是专业发展的宝贵资源。

2. 特色

(1)传承与发展，培育不朽职业精神

文华图专长期在艰难困苦的环境中，自强不息，薪火相传，并且凝练了“智慧与服务”的文华精神。1930年，沈祖荣先生就提出将“研究图书馆学，服务社会”定为文华图专的宗旨，他说：“文华图书科同学，今日在受图书馆之教育与训练，异日将必服务于图书馆界。执事所须热烈情感、服务精神两要素，不可不于今日养成之。”正是在这种崇高的职业精神的指引下，文华图专为我国乃至世界的图书馆事业培养了大量优秀的人才。文华精神是文华图专留给后人最宝贵的精神财富。今天的信息管理学院，继承和弘扬不朽的文华精神，并且在新的历史条件下赋予文华精神新的内涵，提出了“开拓创造、务实创业、引领创新”的办学理念，与文华精神一脉相承，是文华精神在新时代的体现。

(2)坚守与拓展，创新人才培养模式

传统上，图书馆学专业主要面向国内图书馆与信息机构，培养人才规格单一，就业主要限于图书馆，而今天信息环境发生了巨大变革，图书情报工作业务已发生变化，如何通过国际化拓展，使毕业生面向更宽广的信息职业(iProfession)，是摆在专业面前的重要任务，也是国际趋势。该专业及时把握时代脉搏，面向信息环境与信息职业需求，提出了面向全球信息职业图书馆学专业国际化建设思路，在巩固原有优势的基础上，保持图书馆学专业旺盛的生命力。

目前，该专业依托武汉大学教学研究项目“图书馆学专业国际化试点基础”，对图书馆学专业进行国际化改造，吸收iSchools的理念，使该专业毕业生具有更广的适应能力与更强的竞争力，增强本专业培养学生信息领导能力与处理全球复杂信息能力方面的能力，在保持原有优势的基础上，探索国际化人才培养模式。

(3) 继承与拓新，凝炼优势研究方向

图书馆学系在巩固传统优势的基础上，结合网络技术与数字技术的发展，将研究重点从模拟空间转变到数字空间，探求数字空间图书馆学学科发展模式。2005年专门建立了数字图书馆研究所。在建设教育部专业综合改革试点项目“武汉大学图书馆学专业综合改革试点”的过程中，明确了要保持重点研究方向为信息资源建设与服务、知识组织与知识管理、信息检索与咨询、信息资源与知识产权管理；需要培育的研究方向为图书馆学基础理论与图书馆管理、现代目录学、古籍整理、数字图书馆技术与管理、专利情报。针对几大研究方向的需要，图书馆学系在数字图书馆关键技术专业实验室进行了相应的实验设备、软件以及平台系统的建设，并开展了相应的实验项目研究，分别为数字环境下的阅读推广服务研究(吴志强)、湖北省民国文献资源的保护与开发利用(李明杰)、图书馆网站用户体验研究(陆颖隽)、专利计量、专利战略与专利竞争情报(冉从敬)、大数据环境下科研数据机构库联盟形成机制及其服务研究(司莉)、移动用户复杂信息搜索策略分析与行为建模研究(吴丹)、公共数字文化服务中的资源整合研究(肖希明)。同时，全面实施图书馆学专业综合改革试点执行方案，探索适应复合型人才培养的新课程体系与培养方式，增设了如“信息咨询与决策”“知识产权管理”“全球视野下的图书情报事业”“统计分析系统 SPSS”等适应新信息环境的课程。

大数据环境下，本系进一步凝练研究方向，使之适应时代的发展，满足国家重大战略需求。具体方向为：图书馆学与目录学基础理论研究(肖希明、彭敏慧、冉从敬、周力虹)、信息资源建设与服务研究(肖希明、唐义、吴钢)、知识组织与数据管理研究(司莉、吴丹、周力虹)、信息检索与人机交互研究(黄如花、吴丹)、古籍整理与数字人文研究(李明杰、洪亮)、大数据治理与知识产权研究(陈传夫、冉从敬、吴钢)、智慧图书馆与人工智能研究(吴志强、陆颖隽、洪亮)、信息计量与科学评价研究(杨思洛、黄颖)。

(4)开放办学，国际合作特色显著

充分利用学院搭建的平台，该专业与美国 Drexel 大学、匹兹堡大学、丹麦皇家图书情报学院等签订了合作研究与教学备忘录，并与匹兹堡大学等合作筹建了国际图书情报合作学习中心。

先后邀请了美国匹兹堡大学图书馆馆长 Rush G. Miller 教授、美国华盛顿大学信息学院院长 Harry Bruce 教授，美国 Syracuse 大学信息研究学院院长 Raymond F. von Dran 教授，副院长 Bruce Kingma 教授，美国信息资源委员会资深顾问 Forest Woody Horton 教授，伦敦政治经济学院教授 Mark Schankerman 教授，法国阿佛尔大学 Guilhen Fabre(蒲吉兰)教授，香港中文大学图书馆馆长 Anthony W. Ferguson 教授，美国加州大学伯克利分校东亚图书馆馆长 Peter Zhou 博士、美国威斯康星大学麦迪逊分校信息科学学院 Jin Zhang 教授、美国匹兹堡大学东亚图书馆馆长 Hong Xu 博士、美国 San Jose 大学图书情报学院副教授 Geoffrey Liu 博士、美国匹兹堡大学信息科学学院副院长 Martin B. H. Weiss 教授、美国伊利诺伊大学香槟分校图书馆与信息科学学院 John Unthworth 教授、我国台湾政治大学图书资讯与档案学研究所王梅玲教授、台湾大学图书资讯学系黄慕萱教授、美国西蒙斯大学图书情报学院 Rong Tang 副教授，美国亚利桑那州立大学 Sharon Hsiao 助理教授，美国 IBM 研究院 Jae-wook Ahn、Bhavna Agrawal 以及 Sharad Sunrararajan 博士，加州大学圣芭芭拉分校图书馆部门主管 Jon Janblonski，机械工程学系暨工业工程学研究所陈达仁教授，美国中央华盛顿大学图书馆 Ping Fu 教授等来开设讲座。

2004 年 10 月，举办全国博士论坛，邀请了国内外知名专家担任博士论文点评专家，同时，吸引国内著名图书馆学与情报学博士点和硕士点的研究生来本学科点交流。2005 年，美国 San Jose 大学图书情报学院副教授 Geoffrey Liu 博士率领了其所在学院图书馆学与情报学硕士生来本学科点交流，取得了很好的成效。2010 年，举办“信息素养竞赛”，邀请美国、欧洲、亚洲等十多名国外学生进行交流。2010 年成功申报武汉大学教学研究项目“图书馆学专业国际化试点基础”，探索人才培养的国际化模式。

2019年举办“新时代图书馆学教育研讨会暨全国图书馆学博士生论坛”，邀请国内知名专家学者等共计300多人参会，为国内专家学者提供了一个广阔的学术交流平台，同时加强了图书馆学教学单位间的合作，提高了研究生的科研创新能力。

近年来持续推进与国外合作培养项目的建设，目前已分别与美国匹兹堡大学信息科学院达成3+2本科/硕士联合培养协议、与美国德克赛尔大学计算机与信息学院达成3+2本科/硕士联合培养协议、与英国谢菲尔德大学信息学院达成3+1本科/硕士联合培养协议、与美国威斯康星大学密尔沃基分校信息研究院达成2+2本科生联合培养协议、与丹麦的哥本哈根大学签署了优秀本科生交流项目。此外，我系也十分注重研究生的国际化培养，黄如花、吴丹、周力虹等老师通过国际会议任职、国际会议报告交流、国外高校和研究机构的学术报告、国际教育机构的考察与交流等多种方式，积极拓展研究生教育国际化的渠道和途径。通过宣传、推荐等多种方式鼓励研究生出国交流，包括出国攻读博士学位、联合培养，参加国际学术会议和向国际期刊投稿等，使研究生的国际交流频次和质量在近十年来有稳步提升。

(三)队伍与带头人

图书馆学系非常注重学术团队建设，通过自我培养、出国进修、参加各种重要学术活动，参与产学研一体化课题研究等多种渠道培养师资队伍，发挥学科带头人的作用，优化学科梯队，成功地打造出一支专业方向明确、研究基础扎实、年龄结构、知识结构、学历结构合理、有创新能力的学术团队。具体措施有：①制定人才队伍建设实施办法：以海外引进、行业引进、人才流动、师资选留等方式，打造高素质师资队伍。②提升教师教学素质：常态化组织教学研讨、业务培训、教学观摩等活动，提升教学能力。③推进青年教师快速成长：制定培养规划，配备教学导师，以集体听课、指导讲课比赛等实现传帮带。

目前，图书馆学系已形成良好的人才梯队，年龄(55岁以上4人，40—55岁7人，40岁以下6人)、职称(教授10人、副教授7人)结构合理，学科背景丰富，研究方向多元。

(四)毕业生

图书馆学系是我国规模最大的图书馆学高等教育机构。近年来，本专业面向更宽广的信息环境，贯彻“加强基础、分类培养、通专融合、个性发展”方针，培养具有“三创”(创造、创新、创业)精神和能力，厚基础、宽口径、复合型和国际化的拔尖创新人才和行业引领型人才。

本专业的教学改革满足了社会发展和信息职业对人才需求的变化，为毕业生提供了更多选择，毕业去向呈现多元化特征。近年来，图书馆学专业本科毕业生在境内继续攻读硕士学位的比例在40%左右，出国、出境攻读学位的比例不断增加，2018届达到29.17%。选择就业的毕业生工作单位包括政府机构、各类型企事业单位。近年来，有大量毕业生在百度、腾讯、网易、新浪、华为等信息技术和互联网公司就业，地域多集中在湖北省、北京地区、长江三角洲、珠江三角洲等地。

作为我国图书馆学教育的发源地，本专业自成立以来培养了大批高素质的信息资源管理与服务业务骨干。国内许多大学系主任、图书馆馆长和学术带头人为本专业毕业生，也有的已成为国外的知名学者，在国际图书情报界具有很大影响。

毕业生中很多人担任了图书馆馆长或其他重要职务，如在公共图书馆任职的毕业生有：中国国家图书馆副馆长汪东波、前副馆长谭祥金、国家图书馆研究院院长申晓娟，广东省立中山图书馆馆长王惠君、前馆长黄俊贵，湖北省图书馆前馆长万群华、汤旭岩、副馆长谢春枝、前副馆长胡银仿，湖南图书馆前馆长常书智、张勇，湖南图书馆前副馆长、深圳南山图书馆前馆长程亚男，宁夏回族自治区图书馆前馆长丁力、前副馆长张欣毅，云南省图书馆前馆长李高远，南京图书馆副馆长全勤，深圳图书馆前副馆长卢素心，广西壮族自治区图书馆前馆长徐欣禄，等等。

在高校图书馆任职的毕业生有：中山大学图书馆前馆长赵燕群、程焕文、前副馆长罗春荣，武汉大学图书馆前馆长沈继武、燕金伟、现馆长王新才、副馆长黄鹏、张洪元，广州大学图书馆前馆长张白影，东南大学图书馆前馆长张厚生，厦门大学图书馆前馆长萧德洪，北京邮电大学图书馆前馆长代根兴，中南财经政法大学图书馆前馆长黄孟黎、胡原民，暨南大学图书馆前馆长朱丽娜，深圳大学图书馆前馆长伍宪，上海交通大学图书馆副馆长徐璟，等等。

在其他类型图书馆/信息机构任职的毕业生有：中共中央党校图书馆前副馆长田国良，中国证监会信息中心前副主任李为，深圳市委党校图书馆前馆长张钦恩，中科院文献情报中心前副主任、武汉中心前主任钟永恒，湖北省科技信息研究院前副院长汪少敏，河南省社会科学院图书馆前馆长萧鲁阳，等等。

有的毕业生从事专业教育和研究，成为重点大学相关院系的院长、系主任，如中山大学资讯管理学院前院长曹树金，南开大学商学院信息资源管理系前主任王知津、柯平，北京大学信息管理系前副主任王子舟，华中师范大学信息管理学院前院长王学东、信息管理系前主任张帆，中国科学院大学公共政策与管理学院前副院长霍国庆，南昌大学管理学院副院长龚花萍，西南大学计算机与信息科学学院前副院长邓小昭，浙江大学公共管理学院信息资源管理系主任黄萃，四川大学公共管理学院信息资源管理系前主任徐恩元，华南师范大学经济与管理学院信息管理系前主任乔好勤，湘潭大学信息管理系前主任荀昌荣、公共管理学院副院长龚蛟腾，黑龙江大学信息管理系前主任李景正，安徽大学管理学院图书馆学系前主任吴昌合等。

有的系友毕业后从政，担任了不同部门的领导职务，如中共中央党史和文献研究院副院长魏海生，国家工商行政管理总局前党组副书记、副局长甘国屏，国家民族事务委员会专职委员、中央民族大学党委书记张京泽，黑龙江省委常委、组织部部长陈安丽，深圳市人大常委会副主任彭海斌，深港发展研究院院长张克科，全国人大教科文卫委员会科技室副主任刘烈，湖南省科技厅副厅长贺修铭，广东省公路事务中心副局长吴有必等。有的系友在高校中担任了领导职务，如北京交通大学党委书记黄泰岩，厦门大学副校长邓朝晖，华中农业大学副校长吴平，湖北大学副校长钱建国，郑州大学前副校长崔慕岳，哈尔滨工业大学前党委书记王玉辉等。

有的系友留学海外，在国外发展事业，成为海内外知名学者，如美国肯特州立大学(Kent State University)信息学院教授曾蕾，美国雪城大学(Syracuse University)信息研究学院教授秦健，美国威斯康星密尔沃基大学(University of Wisconsin-Milwaukee)信息学院教授张进，美国辛辛那提大学(University of Cincinnati)副教务长、图书馆馆长王雪茅，美国圣何塞州立大学(San Jose State University)信息学院教授刘正福，美国佩斯大学(Pace University)出版系教授练小川，美国杜克大学(Duke University)图书馆副馆长、昆山杜克大学图书馆馆长徐鸿，德国波恩大学(University of Bonn)全球研究中心主任辜学武等。

有的系友自主创业，成为知名企业家，如武汉大学第八届杰出校友、宇业集团总裁周旭洲，武汉博大科技集团总裁刘建设，北京百道世纪网络信息技术有限公司董事长程三国，湖北三新文化传媒有限公司董事长宋旅黄，加拿大枫叶投资公司总经理黄冬冬等。

有的系友在新闻媒体工作，如人民日报社评论部前主任李德民、总编室高级编辑柯愈春，中央电视台文艺部前副主任王晓、纪录频道副总监周艳、国际部尹春生、少儿部梅龙，《新京报》前总编辑、网易前副总裁杨斌等。

从 1920 年到 2020 年，由文华图专到今天的图书馆学系，100 年的艰苦创业，100 年的风雨洗礼，武汉大学图书馆学专业始终坚守领地，勇于创新，注重吸纳新的学科理论、方法和技术，融入新的信息环境，结合社会与经济发展的现实需求，不断改革教学内容，拓展研究领域，得到了极大发展，保持着旺盛的生命力。相信经过不懈努力，图书馆学专业在教学、科研、人才培养等方面能够继续保持国内领先，迈入世界一流行列。

(吴丹、吴钢、杨思洛、吴志强)

二、信息管理科学系创办与发展

(一)创建与发展

信息管理科学系起源于 20 世纪 70 年代中期。当时，原图书馆学系组织师生深入社会，进行调查研究，提出了创建科技情报专业的设想与方案，通过反复论证，并经教育部批准，着手创办。创办初期的科技情报专业在很短时间内，开设了一些基础课程，通过专业培训积累办学经验，于 1978 年首次招收科技情报专业本科生，这是我国最早设立的正规科技情报专业。

1978 年至 1980 年，开办了科技情报专修班，招收“文革”中 1967—1970 年毕业的理科大学毕业生，学习两年，共招收 20 人。1983 年科技情报专业获得硕士学位授予权。1984 年经教育部批准成立我国第一个图书馆学情报学研究所，经学校批准成立国家科委武汉大学科技情报培训中心。

1984 年 4 月，教育部批准在原图书馆学系的基础上建立武汉大学图书情报学院，情报科学系作为图书情报学院下设系同时成立。

1992 年 9 月，在国家科委的一次会议上，决定把“科技情报”更名为“科技信息”，这在全国产生了广泛影响。1993 年，国家教委颁布新的《普通高等学校本科专业目录》将“科技情报”本科专业调整为“科技信息”专业，隶属于理学大类，与系统科学组合为一个一级学科，即“科技信息与系统科学”。

1998 年 7 月，教育部颁布实施新修订的《普通高等学校本科专业目录》，信息学、科技信息与经济信息管理、管理信息系统、林业信息管理共 5 个本科专业合并成新的“信息管理与信息系统”专业，归属于一级学科“管理科学与工程类”。

1990 年，经国务院学位委员会批准，武汉大学建立了我国第一个情报学博士学位授权点，1991 年招收第一届博士研究生。2000 年 9 月，国务院学位委员会批准武汉大学为“图书馆、情报与档案管理”一级学科博士学位授权点。与此同时，武汉大学在国务院学位委员会备案设立信息资源管理等博士点。

1999 年 4 月，武汉大学图书情报学院与新闻学院合并为大众传播与知识信息管理学院。情报科学系更名为信息管理科学系。2000 年 8 月，武汉大学与武汉水利电力大学、武汉测绘科技大学、湖北医科大学合并，院系重新调整组合。2001 年年初，原武汉大学图书情报学院整合了原武汉水利电力大学的信息管理与信息系统专业，更名为武汉大学信息管理学院，马费成教授出任院长。原武汉大学信息管理科学系和原武汉水利电力大学管理信息系统专业合并成为现在的信息管理科学系。2003 年获得管理科学与工程一级学科博士学位授予权。

经过 40 多年的艰苦努力，武汉大学信息管理科学系获得了较快发展，是该专业国内最早的高等教育机构和最早的硕士学位(1983 年)、博士学位(1990 年)授权单位。现有信息管理与信息系统一个本科专业；情报学、管理科学与工程两个学科的硕士点、博士点和博士后流动站；信息资源管理、数据科学的硕士点和博士点；图书情报硕士、项目管理工程硕士、软件工程硕士、工程管理硕士等四个专业学位点。

(二)特色与成就

1. 特色

信息管理科学系结合自身的专业背景、教学条件及社会适应能力，突出自己的办学特色。为了执行新的专业目录，经教育部高教司同意，由北京大学信息管理系和武汉大学信息管理学院发起，1998 年 10 月在河北大学召开了全国高校信息管理专业教育研讨会。会议就信息管理专业的主干课程达成了共识，确定了8门主干课程。它们是：管理学原理、经济学、信息管理学、数据结构与数据库、信息组织、信息存储与检索、计算机网络、管理信息系统。这8门课程与全国管理科学与工程教学指导委员会制定的信息管理与信息系统专业教学方案相衔接，涵盖了信息管理的学科基础、基本理论、核心技术和信息管理系统等几个方面，构成了信息管理专业教育和教学的核心内容，既体现了信息管理专业的内在规定性，使其以鲜明的特征区别于其他专业，同时也为专业评估提供了基本依据。

(1)适应信息环境的变化和信息职业的需要。信息资源的开发利用成为推动信息社会发展的核心要素，而在此过程中的信息组织、检索、分析、评价、服务等活动都是信息管理研究的重要内容。信息管理科学系为社会培养适应时代需要的信息管理专门人才，经过多年努力，尤其是近几年的改革与发展，在培养目标、学科建设、专业方向设置、教学管理、办学条件和人才培养等方面日益适应信息化社会对信息管理人才的要求，获得持续不断的发展动力。

(2)加强课程建设和教学内容更新。大数据带来了全新的数字信息环境，对知识信息的挖掘组织和提供利用已成为一个战略性新兴产业。在这种全新的信息环境下，信息管理人才的核心能力是能熟练利用大数据技术、人工智能技术和其他相关信息技术手段获取、分析、评价、组织、开发、管理和提供知识信息。因此，对现代化信息技术保持敏感，用信息技术改造传统课程已成为国际上图书情报教育改革的一大潮流。信息管理科学系近些年来普遍加强了数据科学、信息技术课程的开设力度，在教学内容上大大更新了传统课程。今后的任务是围绕培养目标有效地整合课程内容，使其形成一个有机整体，为学生今后工作打下良好的专业基础。

(3)培养学生的创新能力。在知识经济时代，知识创新成为社会和经济发展的主要动力，而知识创新取决于研究者和应用者的综合素质与分析解决问题的能力。因此，信息管理科学系按照知识经济时代的要求，实行创新教育，将创新的着力点放在如何针对知识经济社会的需求而培养富于创新精神和创新能力的信息管理人才上，在教育理念、学科建设、教学内容、教学模式和手段以及教学管理评价体系等方面进行全面创新，将传授知识、提高素质和培养能力三者并举，使培养出来的人才能有效地应用知识，积极参与知识创新，在市场经济和知识经济的双重挑战中脱颖而出。

总之，信息管理科学系不仅明确了情报学专业教育发展的新方向，而且按照信息管理是一种内涵广泛的横断学科的特点，与其他学科和已有专业进行了大范围的整合。这种整合体现了信息管理学科的内在规定性与本质特征，高效地配置了专业资源，顺应了社会对宽口径、厚基础、高素质的复合型信息人才的需求，从而使情报学专业教育在一个全新的视野和起点上重新塑造自身，培养适应信息时代需要的知识信息的组织与管理人才。

2. 成就

在“研究型”学院发展目标和框架下，以情报学国家重点学科为依托，通过课程体系的重构、人才培养方案的重新设计、教材的编写、与国外大学合作培养学生、聘请国内外知名专家担任兼职教授、邀请国内外知名专家讲座、实行严格的硕士生导师和博士生导师遴选制度等手段的实施，提高人才培养的质量。40 多年来，通过几代学者勤奋刻苦的努力，在兄弟院校、科研院所、政府部门和企事业单位同行的大力帮助与支持下，信息管理科学系取得了一系列成就。

(1)学科建设。自 1983 年以来，信息管理科学系始终把学科建设放在首位。1983 年科技情报学专业获得硕士学位授予权；1990 年获得了我国第一个情报学博士学位授权点；1997 年获得管理科学与工程一级学科硕士学位授权点；2000 年获得图书馆、情报与档案管理一级学科博士学位授权点，同时，在国务院学位委员会备案设立信息资源管理等博士点；2003 年获得管理科学与工程一级学科博士学位授予权；2018 年获得数据科学博士学位授予权。

2001 年情报学被教育部批准为国家重点学科。2006 年“管理科学与工程”被评为湖北省一级学科重点学科。2007 年包含情报学的“图书馆、情报与档案管理”被评为一级学科国家重点学科。2003 年国务院学位委员会批准在武汉大学设立情报学专业博士后流动站，2006 年国务院学位委员会批准在武汉大学设立管理科学与工程学科博士后流动站，形成了由硕士、博士、博士后构成的完善的信息管理高级人才培养体系。

在高等学校与科研院所学位与研究生教育评估所于 2003 年第二届全国一级学科评估中，包含本学科在内的“图书馆、情报与档案管理”总体水平排名评为全国第一。在 2004 年、2007 年、2013 年和 2017 年教育部公布的学科排名中，武汉大学情报学专业(包含在一级学科“图书馆、情报与档案管理”中)均名列全国第一。

(2)人才培养。在人才培养中，坚持核心课程建设和全程教学改革，其教学改革成果获国家教学优秀成果一等奖和二等奖。信息管理学基础、信息服务与用户、信息计量学三门课程被评为国家精品课。2007 年以来，本学科点的博士研究生 2 人获“全国优秀博士论文”，17 人获得湖北省优秀博士(硕士)论文；2 名研究生获国际学术奖；9 名研究生获“武汉大学学术之星”称号；16 名研究生获省部级成果奖；研究生在国内权威学术期刊和国外重要学术期刊发表论文 100 余篇，核心期刊和国际会议(均被 EI、ISTP 等索引)发文 850 余篇。

教材的立项与编写有利于情报学教学的开展和教育质量的保障。1978 年，教育部在武汉召开全国高等学校文科教学工作座谈会，此后，情报专业不断有教材列入高等学校文科教材规划、高等学校文科教材编选计划。长期以来，信息管理科学系教师注重教材的撰写，出版了一系列具有影响的教材，如《情报学概论》《信息管理学基础》《信息经济学》《信息管理科学导论》《现代信息管理机制》《信息计量学》等，2001 年以来，共出版教材 41 部。

(3)科学研究。长期以来，信息管理科学系在注重人才培养的同时，还致力于参加信息管理领域各种理论和现实问题的研究，重视学科的发展和开放式科研优势的整合。目前，本专业教师承担了包括国家自然科学基金重大研究计划重点项目 1 项(马费成教授)、国家自然科学基金重大项目课题 1 项(李纲教授)、国家重点研发计划重点专项 1 项(李纲教授)、国家自然科学基金创新群体项目1项(李纲教授)、国家社会科学基金重大项目7项(马费成教授、胡昌平教授、邱均平教授、李纲教授、陆伟教授、赵蓉英教授和唐晓波教授)、教育部重大专项课题1项(马费成教授)、教育部哲学社会科学研究重大课题攻关项目3项(马费成教授、胡昌平教授和安璐教授)、国家自然科学基金重点项目1项(马费成教授)、国家自然科学基金国际(地区)合作与交流重点项目1项(马费成教授)、国家自然科学基金国际(地区)组织间合作重点项目1项(马费成教授)、教育部人文社会科学重点基地重大项目16项。自2011年以来，信息管理科学系教师主持国家社科、自科、教育部及其他省部级项目69项，面向国家创新发展、企业和事业单位的横向项目109项，累积金额6091万元。这些项目具有前沿性和面向国家发展全局的意义。

(4)科研与教学奖励。为了更好地提升教学质量，本专业教师积极从事教学研究，2003年以来共发表了约40篇教学研究论文。这些论文主要集中在信息化环境下信息管理学科建设与专业教学体系变革，专业教学综合改革，专业课程开放式教学组织与平台建设，实验与实践教学改革等领域。由于本专业教师在科研及教学领域成果突出，2009年以来，共获得国家、教育部、湖北省等各类奖项50余项。其中，马费成教授2009年、2012年、2013年和2014年分别获"全国高等学校科学研究优秀成果奖(人文社会科学)"一等奖、"中国高校人文社科成果奖"二等奖、"全国高等学校科学研究优秀成果奖(人文社会科学)"二等奖、"国家教学成果奖"一等奖和"湖北省高等学校教学成果奖"一等奖，李纲教授2009年和2013年分别获"全国高等学校科技进步奖"一等奖，胡昌平教授2009年、2010年、2013年和2016年分别获得"国家教学成果奖"二等奖、"湖北省科技进步奖"二等奖、"国家教学成果奖"二等奖、"国家社科文库"一等奖和"湖北省社会科学优秀成果奖"二等奖，2019年陆伟教授获得"全国高等学校科学研究优秀成果奖(人文社会科学)"二等奖，2016年陆伟、邱均平、邓胜利教授获得"湖北省社会科学优秀成果奖"二等奖，图书情报教学改革项目获"2007年国家优秀教学团队"。

(5)社会服务。长期以来，信息管理科学系重视产学研结合，注重研究成果的社会应用和推广，获得了很好的社会效益和广泛的社会影响。如马费成教授主持完成的区域信息化示范工程——潜江区域信息化发展研究，已在潜江市得到成功应用。由于该成果突出的创新性，得到同行专家和应用单位的一致好评，获"湖北省2005年科技进步奖"二等奖。李纲教授开发的多项竞争情报系统在北京市科学技术研究院、东风汽车等数十个科研院所和企事业单位得到广泛使用，取得良好的应用示范效果和社会经济效益。陆伟教授与泰康在线财产保险股份有限公司联合开发微保智能问答系统，累计投放3亿客户。

(三)队伍与带头人

信息管理科学系教师队伍的素质和水平是决定成败的关键因素。目前，信息管理科学系教师队伍年龄结构合理，形成了良好的学术梯队；知识结构合理，大多数教师进行了系统的计算机知识和相关信息技术的训练；师资来源多元化，既有图书情报学的毕业生，又有计算机科学、管理学等学科背景的毕业生；具有博士学位的教师所占比例越来越高；建立一整套公平、合理、适用的选才和用人制度，使优秀人才能够脱颖而出，激发现有教师的敬业精神和进取精神，鼓励他们进行创造性教学改革实践。与此同时，通过加强学历教育、出国进修、参加各种重要学术活动等形式，大大提升了教师和科研人员的素质，成功地建设了一支年龄结构、知识结构、学历结构合理，有创新能力的学术梯队和创新团队。

在长期的科研和教学实践中，涌现出一批在国内学术界享有很高声誉、在国际上有一定影响的知名专家、学科带头人，同时，一批年富力强的青年专家正在快速成长。现在，本专业有专职教师 17 人，其中博士生导师 13 人、教授 13 人、副教授 3 人、讲师 1 人；教师中具有博士学位 16 人。图书情报核心课程教学团队被教育部认定为国家级教学团队。在信息管理与信息系统专业不断发展中，信息管理科学系不断加强学术队伍建设，主要是培养青年学术骨干，通过选派教师出国深造，引进优秀人才，改善队伍的学缘结构，强调多学科人才的互补，不断为学科专业的发展提供人才保证。

在科研优势整合中，结合国内外信息管理学发展的现状、趋势与社会发展需要，本专业形成了 6 个主要研究领域，即信息资源管理与规划，主要学术带头人马费成教授；竞争情报与竞争战略，主要学术带头人李纲教授；管理信息系统与企业资源规划，主要学术带头人唐晓波教授；信息分析与信息行为，主要学术带头人查先进教授；知识管理与信息计量，主要学术带头人赵蓉英教授；信息检索与 Web 挖掘，主要学术带头人陆伟教授。

(四)毕业生

随着学科专业的发展，信息管理科学系的学生培养呈现出多层次、多元化的格局。目前本科专业为信息管理与信息系统，研究生(硕士和博士)设有情报学、管理科学与工程、信息资源管理、数据科学、图书情报 5 个学科专业。2002 年以来，信息管理科学系已培养信息管理与信息系统专业本科生 906 人，硕士研究生 700 多人，博士研究生 291 人。

信息管理科学系培养的毕业生在政府、企业、高校、科研院所等部门从事信息收集、咨询与服务、竞争情报分析与预测、企业信息系统开发与利用等方面的工作，其中相当一部分毕业生已成为单位的业务骨干或高层次管理人才。还有一些在国外大学、公司任职，表现优异，业绩突出，在海外树立了本系杰出系友的良好声誉。

海外方面，如张进教授现为美国威斯康星密尔沃基大学信息研究学院教授、中国教育部/国家外国专家局高等学校学科创新引智计划“教育数字媒体与可视化创新引智基地”(简称“111 计划”)海外学术骨干；王雪茅教授现为美国辛辛那提大学副教务长；王兵教授现为英国赫尔大学计算机科学系教授；陈江萍教授现为美国北德克萨斯大学信息科学系主任。此外，还有多名系友在美国雪城大学、肯特州立大学、北德克萨斯大学等多所著名大学任教，成为本学科领域的学术中坚，且正在为中外国际学术交流发挥着重要作用。

在国内，高校、科研院所的相关学科领域分布了本系大量优秀的毕业生，如沙勇忠(兰州大学副校长)、夏立新(华中师范大学副校长)、曾建勋(中国科学技术信息研究所信息资源中心主任万方数据股份有限公司资源总监、研究馆员)、谢新洲(北京大学新媒体学院院长、教授、博士生导师)、孙建军(南京大学信息管理学院院长)、马海群(黑龙江大学信息管理学院院长、党委书记、教授)、卢小宾(中国人民大学信息资源管理学院副院长、教授、博士生导师)、刘晓敏(上海师范大学常务副校长、教授)、王伟军(华中师范大学青少年网络心理与行为教育部重点实验室常务副主任)等。

企业方面，本系毕业生在信息技术、金融、证券投资等行业都有所建树。如许晓明(南国置业房地产公司董事长、湖北新晋首富)、秦季章(招商银行总行办公室主任、总行企业文化中心主任)、辛春华(上海中博创业投资有限公司总裁、上海英硕聚合物材料有限公司总裁和上海闵行科技创业投资有限公司董事长兼总裁)、文德军(武汉国信证券营业部总经理)、姜益民(武汉蓝星信息技术股份有限公司董事长)、刘波(深圳国轩投资管理有限公司董事长)、彭喜青(深圳公司信发实业有限公司董事长兼总经理)、周勇士(东风富士汤姆森调温器有限公司总经理)、何军(深圳银雁金融配套服务有限公司总经理)、张永红(广东发展银行深圳分行副行长)、杨明(腾迅互动娱乐新领域探索运营负责人)等。

除了学术科研机构、企业之外，本系毕业生还在政府及事业单位担任重要职务，如索传军(国家图书馆研究院院长、2009 入选国家人才工程“新世纪百千万人才工程国家级人选”)、刘细文(国家科学图书馆副馆长)、杨列勋(国家自然科学基金委员会管理科学部副主任)、刘作仪(国家自然科学基金委员会管理科学部副主任)、席丹(武汉市政府副秘书长)、黎苑楚(湖北省高新产业投资集团有限公司总经理)、贺修铭(湖南省科技厅副厅长)、李必祥(深圳市统计局副局长)、部先永(公安部反恐局三处处长)等。

(陆泉、孙永强、安璐、姜婷婷)

三、档案与政务信息学系创办与发展

(一)创建与发展

武汉大学档案与政务信息学系的历史，可追溯到 20 世纪 30 年代。1934 年，武昌文华图书馆学专科学校开办了“档案管理特种教席”，为我国档案学教育之滥觞。1940 年，武昌文华图书馆学专科学校成立档案管理科，是我国最早由政府批准开办的档案学高等教育学科。档案管理科先后开办六届，共计培养学生 51 人，1947 年停办。此外，文华图专在发展档案专科教育的同时，大力开展在职档案人员培训，从 1942 至 1945 年开办了 7 届档案管理短期职业训练班，结业 212 人。1953 年，文华图专并入武汉大学，档案管理科因人员、经费等原因没有保留。

1982 年，原国家教委批准，武汉大学图书馆学系重新筹办档案学专业，经两年筹备于1984年正式招收档案学专业本科生。1984年，武汉大学成立图书情报学院，设图书馆学系、情报学系、出版发行学系，档案学专业是附属于图书馆学系的一个专业。2000年8月，武汉大学、武汉水利电力大学、武汉测绘科技大学和湖北医科大学4所高校合并组建新武汉大学，在此过程中进行了一次院系调整，档案学专业独立成为一个系，更名为档案与政务信息学系，系主任刘家真。此后，在院、系领导班子的历次调整中，王新才、朱玉媛、周耀林、张晓娟、肖秋会相继任系主任。2000年以前，本科生招生规模约为每年20名；近10年每年平均招生约40名左右。

1998年，本系获硕士学位授予权；2000年，本系获档案学博士学位授予权，成为国内继中国人民大学之后具有完整的档案学本科、硕士以及博士学位授予权的学科点。之后，本系建立了博士后流动站。至此，本系基本形成了包括博士后流动站、博士研究生、硕士研究生、本科生教育的层次分明的办学体系。

2005—2006年，本系与图书馆学系合办过高校师资班（硕士层次），招收档案专业学生。

2006—2016年，本专业开始拓展社会服务，开设项目管理、软件工程两个领域的电子政务方向硕士学位班，共计培养了400多名学生。

（二）特色与成就

1. 特色

本系在长期的教学与科研实践活动中，形成了一定的优势和特色。2010年至今，本系认真贯彻《国家中长期教育改革和发展规划纲要（2010—2020年）》、国务院办公厅《关于深化高等学校创新创业教育改革的实施意见》和教育部《关于全面提高高等教育质量的若干意见》，参照执行《图书情报与档案管理类教学质量标准》（档案学专业），以武汉大学所倡导的“厚基础、宽口径、高素质、强能力”的创新型复合人才培养为导向，根据新时期国家档案事业的发展需要，并围绕武汉大学信息管理学院“双一流”学科建设目标，立足于武汉大学信息管理学院的资源优势和平台优势，在人才培养方案等方面进行了较大的改革，培养适应新时代社会需要的新型档案专业人才。

（1）培养目标定位明确，办学理念先进

本专业在历经多次培养方案调整和改革之后，确立了明确的人才培养目标：具有系统的档案学基础知识和政务信息管理的基本知识，具备一定的文化素质和修养，掌握应用现代信息技术的基本技能，能在国家机关、企事业单位以及各种信息机构从事档案管理、信息管理和信息服务的复合型、实用型高级人才。这一目标定位明确，符合新时代社会发展的需要。近年来，本专业顺应国内外高等教育人才培养变革的趋势，秉承信息管理学院“开拓创造、务实创业、引领创新”的办学理念，着力培养学生的创造能力、创业技能、创新精神，不断探索学科建设和人才培养的新思路和新举措，使档案学专业各类学生在自主学习、科研创新等方面取得了较大成就。

随着武汉大学对本科大类招生及培养方案改革的进一步深化，2017—2018年学院对本科培养方案进行了较大力度的改革，从一级学科人才培养目标出发，全院以“社会科学试验班(信息管理学类)”一个专业进行大类招生，并且按照大类制定了面向图书情报与档案管理一级学科的人才培养方案，档案学与图书馆学等二级学科专业在人才培养方面更为深入地走向了融合发展，同时，也保留了专业方向的核心课程，体现了不同专业方向的差异性。

(2)立足于信息管理学大类培养，坚持独立而开放的办学特色

武汉大学档案教育自20世纪30年代开创及在后来的发展过程中，就与图书馆学教育保持了相互独立、相互融合、相互促进的关系。当前，在学科融合及人才培养宽口径的发展趋势下，我们坚持独立而开放的办学特色，既坚守档案学专业的独立性、科学性，又依托于武汉大学信息管理学院一级学科平台的教学与科研优势，在本科生和硕士生培养层次上分别开设平台课，通过平台课程的建设，便于与图书馆学、情报学专业在信息资源管理的交叉领域横向打通，培养宽口径、厚基础的档案专业人才，为学生的未来发展提供了更多可开拓的弹性空间。本科阶段的平台课程包括：管理学原理、信息管理学基础、Python语言、数据库原理、信息组织原理、信息检索、信息系统分析与设计、社会调查与统计分析。

(3)巩固和深化档案学核心课程内容，及时扩充新的教学内容

本专业遵循继承与创新发展的原则，在课程设置上将档案学核心理论与社会发展紧密相连，对专业结构、本科培养方案等进行了多次调整。一方面，保持、巩固和深化传统档案学的核心理论与方法；另一方面，及时增加反映学科交叉、学科创新的内容，寻找新的学科增长点和专业发展空间。随着我国社会信息化、政府信息化深入发展，以及国家大数据发展战略的实施、人工智能技术的应用，电子政务、电子商务及各类电子业务得到了全面纵深的发展，档案工作、档案事业面临新的挑战和历史发展机遇，在此过程中，电子文件归档管理与长期保存、电子政务信息资源管理、数字档案馆(室)的建设与完善、智慧档案馆及智慧档案服务的兴起等成为档案事业发展的重点，这对档案学专业教育提出了新的要求。因此，本系教师深入研究电子文件管理的基本理论与实践，持续开展政务信息资源管理的研究和教学，及时调整了专业结构和本科培养方案，将档案管理与政务信息资源管理结合，开拓和延伸了传统档案学的研究领域和教学内容。在学院大类招生及一级学科人才培养的框架下，档案学专业方向的必修课程包括：档案学基础、档案管理学、文书与秘书学、电子文件管理、中外档案事业、档案文献遗产保护、档案文献编研、档案信息描述与组织、政务信息管理、现代知识管理、信息计量学、档案法规学、企业档案管理、专门档案管理、毕业实习、毕业论文或设计。本专业在实践性教学环节安排上实行课程教学实习、社会实践和毕业实习等实践性教学环节。这些课程计划的实施，有助于培养学生的职业领导能力，提高其专业水准。

(4)学科教育体系健全，专业领域不断拓展

档案与政务信息学系已经形成了完整的本科、硕士以及博士学位授予权的教学体系。同时，还建立了博士后流动站。此外，紧随时代发展脉搏，拓展专业领域，本专业开设了项目管理、软件工程两个领域的电子政务方向硕士学位班。与图书馆学专业合办了高校师资班(硕士层次)。此外，本系参与了学院图书情报专业硕士学位档案管理方向人才的培养工作。经过多年的发展，本专业在档案学基础理论、电子文件管理、人事档案管理、档案文献保护、档案信息组织与检索、档案与文化等研究领域的研究成果厚实，具有明显的特色。

(5)毕业生职业竞争能力强、就业率高

档案学专业培养目标定位准确，课程设置合理，学校通识课、学院平台课和专业课的有机组合能够让学生拥有合理的知识结构，知识面广、视野开阔、创新能力强。同时，许多课程如档案管理、多媒体技术与应用、数据库建设、网站设计、档案文献编研等课程特别注重学生实习实验活动的开展，以培养学生的综合素质和专业技能。根据武汉大学毕业生就业办公室提供的2010—2019届档案学专业本科生和硕士研究生毕业生就业数据表明，近10年来，我院档案学本科生就业率高且较稳定，几乎每年都能实现全部就业，自主创业及出国深造人数比10年前有所增加。除了个别情况，档案学专业的硕士研究生和博士研究生就业率达到了100%。

2. 成就

2010—2019年，档案与政务信息学系师生共发表论文400多篇，其中CSSCI论文200多篇，三大索引论文20多篇，公开出版各类著作与教材30多部，主持与参加各类科研项目80多项，获得部级等不同层次的奖励20多项。

(1)档案学教材建设

教材建设是高等学校专业建设和教学改革的重要内容。自从恢复重建档案学专业以来，院系一直狠抓教材建设，取得了丰硕的成果，出版《档案学基础》《文献保护学》《档案馆管理》《电子文件管理理论与实践》《档案管理原理与方法》《电子文件管理导论》《现代人事档案管理》《档案法规学新论》《声像档案管理与保护》《文书学教程》《办公自动化实务》《档案文献遗产保护理论与实践》《档案管理概论》《电子政务信息资源管理及其实现》《政府信息公开理论与实践》《政务信息管理》《档案信息网站构建基础与实例上机实习教程》等50多种教材，形成了普通高等教育精品规划教材、高等学校档案学专业系列教材。

2010年至2019年，本系教师对原有的专业教材进行了修订或新编教材，相继出版了《电子政务原理、建设与应用》《档案信息检索》《人事档案管理原理与方法》《档案文献遗产保护》《电子文件管理概论》以及两部实验教程《档案信息组织与检索实验教程》和《多媒体技术应用实验教程》等11部教材。详见表2-1。

表 2-1　**2010—2019 年档案与政务信息学系教材出版一览**

作　者	教材名称	出版社	出版时间
周耀林等	《世界遗产与中国国家遗产》	武汉大学出版社	2010
颜海	《电子政务原理、建设与应用》	武汉大学出版社	2010
朱玉媛，周耀林	《人事档案管理原理与方法》	武汉大学出版社	2011
肖秋会	《档案信息检索》	武汉大学出版社	2011
周耀林等	《档案文献遗产保护》	武汉大学出版社	2012
颜海	《创业全程攻略》	武汉大学出版社	2013
颜海等	《文化产业概论》	北京大学出版社	2014
周耀林，王艳明	《电子文件管理概论》	武汉大学出版社	2016
肖秋会	《档案信息组织与检索实验教程》	武汉大学出版社	2016
颜海等	《文化经纪理论与实务》	武汉大学出版社	2016
王平，严冠湘	《多媒体技术应用实验教程》	武汉大学出版社	2017

“电子文件管理”课程被评为国家精品课程，“档案学基础”课程被评为湖北省精品课程。此外，“档案管理学”2018 年在中国大学 MOOC(爱课程)上线，截至 2020 年 7 月，完成了四轮授课。

此外，本专业还根据研究生教学的特点，分别为档案学专业研究生编写了专用参考教材或教学大纲，这些教材反映了档案学研究与实践的最新成果和前沿问题，为研究生学习和进行学术研究提供了重要参考。例如，朱玉媛教授、王新才教授、周耀林教授、张晓娟教授和肖秋会教授参与主编的《档案学研究进展》陆续出版了三辑，是我院《数字时代图书馆学情报学研究论丛》之一，在全国档案界产生了较大影响，许多高校的档案学专业将该研究进展系列作为本校的研究生用书。周耀林教授的著作《档案文献遗产保护理论与实践》也被部分高校作为研究生专业课程教材。

(2)档案科学研究

① 科研项目

近 10 年来，本系已完成或在研的国家、省部级、校级等科研项目达 80 多项。其中，主持国家社科基金重大项目 1 项“边疆民族地区少数民族档案文献遗产保护与数据库建设”，国际合作项目 1 项“Knowledge Transfer, Retrieval, & Innovation in the International Cooperation of Hi-tech Enterprises: Case Studies”(中国—丹麦科技部科技合作项目)，国家社科基金重点项目 1 项“非物质文化遗产信息资源分类存储研究”，国家社科基金一般项目 2 项：“非物质文化遗产档案资源建设群体智慧模式研究”“苏联解体 20 年来俄罗斯档案事业的变革与发展研究”，国家社科基金青年项目 1 项“‘资源驱动型’档案文化创意产品开发模式及其实现研究”，国家自然科学基金面上项目 2 项：“智慧城市数字信息资源安全保障研究”“基于深度学习的政务新媒体互动内容摘要自动生成与情感分析模型研究”。国家自然科学基金青年项目 3 项：“多因素融合下的微博话题可信度评估模型及实证研究”“社会网络环境下基于用户-资源关联的信息推荐研究”“协同特征 CAD 中支持多用户意图融合的关键技术研究”，教育部人文社会科学基金重大项目 3 项：“政府信息资源管理标准化研究”“我国档案安全保障体系构建的理论与实践研究”“大数据资源规划理论与统筹发展研究”，教育部人文社会科学基金规划项目 1 项“基于深度学习的公共服务政策精准推送研究”，教育部人文社会科学基金青年项目 1 项“社会网络环境下信息内容主题挖掘与语义分类研究”，教育部世界一流学科“图书情报与数据科学”资助项目 1 项“面向公共智慧服务的政策内容语义解析与精准推送研究”，教育部回国留学启动基金项目 1 项“20 世纪 90 年代以来的俄罗斯档案学高等教育与档案事业”，教育部国别与区域研究项目 1 项“互联网+背景下中外数字人文交流的策略与模式研究”。此外，本系教师还承担了国家档案局年度科技项目 5 项、湖北省社会科学研究项目 3 项、湖北省高等学校省级教学研究项目 8 项、武汉大学校级研究项目 9 项、中国博士后科学基金特别资助项目 4 项，企事业单位委托项目及其他项目若干项。

② 科研奖励

本系选择与国家档案事业发展的实际需要关系密切的研究课题进行创新性研究，2010—2019 年获得了多项奖励：“第六届中国高校人文社科研究成果”三等奖 1 项，“国家档案局优秀科技成果奖”二等奖 2 项，三等奖 2 项，“湖北省哲学社会科学优秀成果奖”二等奖 1 项，三等奖 1 项，“中国档案学会优秀论文”奖励 6 项，第一届和第二届“全国高校档案学专业大学生课外科技作品优秀指导教师奖”2 项，国家精品资源共享课程 1 项，武汉大学优秀教学成果奖一等奖 1 项(参与)，武汉大学优秀教学研究论文奖多项。

(3)档案教学研究

在教学的同时，本专业教师还积极开展教学改革研究。2010—2019 年共承担 8 项省级及校级教学研究项目，这些项目主要集中在 iSchools 联盟高校的档案学教育特色及对我国的参考与借鉴、虚拟仿真技术应用于档案专业实验教学的研究与探索、面向教学能力发展的教师教学信息系统研究、移动互联网环境下大学生自主互助学习模式与效果研究、湖北省公共文化机构公民终身教育体系建设研究等方面。

(三)队伍与带头人

1. 师资队伍

本专业在岗教师目前有 9 人，教授、博士生导师 3 人，副教授 4 人，讲师 2 人；本专业教师全部具有博士学位，绝大部分教师有海外研修经历(见表 2-2)。此外，来自武汉大学图书馆、信息管理学院图书馆学系和保密管理系的 3 名老师王新才教授、李明杰教授、董克副教授长期承担了档案学专业的本科及研究生教学活动，也列在下表中。教师队伍知识结构合理，为档案学科建设与人才培养提供了保障。其中，入选全国档案学教学指导委员会委员1人，中国档案学会保护技术副主任1人，中国档案学会档案学基础理论委员会委员1人，中国档案学会档案技术委员会委员1人，湖北省档案学会常务理事1人，中国计算机学会协同计算专委会专委1人，国际档案理事会新入职档案工作者委员会执行委员1人。2018年受聘为国家档案局首批全国档案专家2人，其中1人受聘为全国档案领军人才。青年教师1人入选“珞珈青年学者”，1人入选“楚天学子”。多位老师担任国内外重要学术期刊的同行评审专家以及iConference年会论文评审专家。

表2-2　**档案学专业教师基本信息(2019)**

序号	姓名	研究领域	职称	出国研修经历
1	程齐凯	文本挖掘、信息检索	讲师	美国匹兹堡大学
2	胡吉明	档案信息资源管理	副教授	美国肯特州立大学图书信息学院
3	王玉珏	档案学基础理论、档案公共文化	副教授	法国档案学院(取得博士学位)
4	程　媛	计算机支持的协同工作、电子文件管理	讲师	美国卡罗拉多矿业大学
5	王　平	信息系统与信息资源规划、数字管护(Digital Curation)、信息质量测度、档案信息化等	副教授	美国北卡罗来纳大学教堂山分校
6	肖秋会	档案管理、电子文件管理、数字档案资源管理	教授	俄罗斯国立人文大学历史档案学院
7	周耀林	档案学理论与方法、数字档案与现代技术	教授	法国巴黎第一大学藏品保护研究中心
8	张晓娟	政务信息管理、电子文件管理、知识管理	教授	美国布法罗纽约州立大学、匹兹堡大学
9	颜　海	政府信息资源管理	副教授	无
10	王新才	档案学、目录学、政府信息资源管理	教授	美国匹兹堡大学
11	李明杰	文献整理与保护、中国图书文化史	教授	美国威斯康星大学麦迪逊分校
12	董　克	科学计量学与信息计量学、科技政策与科技评价	副教授	美国印第安纳大学布鲁明顿分校

2. 学科带头人

本专业主要学科带头人有以下四位教授：周耀林教授，研究方向是档案学原理与方法、数字档案与现代技术。王新才教授，研究方向是政府信息资源管理等。张晓娟教授，研究方向是政务信息管理、电子文件管理、知识管理。肖秋会教授，研究方向档案管理、电子文件管理、数字档案资源管理。

（四）毕业生

本专业从1934年开办“档案特种教席”以来，为各级国家机关、企业事业单位培养了一大批人才，他们在国家党政机关、企业、事业、商业等领域做出了积极贡献。

1934年至1949年期间，文华图专开设档案教育达15年(即1934—1949年)之久，成为当时我国档案管理专业教育的最高学府，先后为档案部门输送了数百名档案专门人才。据梁建洲先生统计，在文华图专学习过档案管理课程的人员，包括图书专科和图书本科中修习档案管理课程的学生、档案管理专科生和培训班结业生，共有582人之多。绝大多数档案管理专科的毕业生和档案管理职业训练班的结业生后来都服务于各个档案管理部门，从事档案管理工作，并且在档案队伍中发挥了骨干作用。例如，毛坤先生早在1936年就提出了创办档案学校的主张，虽然这一想法没有实现，但是他对于创办档案管理专科做出了很大的贡献，开启了档案学专业教育的大门。毛坤先生任科主任时为该科规划了系统全面的讲授课目，包括中国档案通论、档案经营法、西洋档案学、档案分类法等。再如周连宽先生，毕业后在内政部从事档案管理工作，他协助内政部次长甘乃光推行文书改革运动，对文书档案工作进行大胆改革，取得了非常可观的业绩。同时，周先生还一直潜心研究档案学理论，他的《县政府文书处理法》和《县政府档案处理法》是我国现代最早将档案管理和文书处理分别论述的著作。1942年，他又写出了《公文处理法》和《档案管理法》，这两本著作1958年同时被中国人民大学历史档案系列入十三本档案学名著翻印，周先生在我国近代档案学史的地位可见一斑。又如：程长源先生也是文华图专讲习班的成员，1934年于文华图专毕业后任浙江省兰溪县政府档案室主任，在兰溪县的文书档案改革中屡立功劳，特别是他根据该县政府档案的实际经验写成的《县政府档案管理法》，在我国档案学发展史上占有十分重要的地位，该书1936年由上海商务印书馆出版，1958年被中国人民大学列为十三本档案学名著之一再次翻印。此外，文华图专还有很多优秀的校友如黄彝仲、汪长炳、梁建洲等，他们都在各自的岗位上取得了优异的成绩。

1984年档案学专业恢复招生，经过武汉大学校、院两级领导和师生员工们的共同努力，已向全国党政机关、大中型企业事业单位输送700多名高级专门人才。就业方向包括党政军机关以及各种企事业单位的综合办公部门、秘书部门、人事管理部门、档案管理部门、信息管理部门；国家各级档案行政管理机关；各级各类档案馆及教育和科研机构等，就业渠道相当广泛，他们为我国国民经济和社会发展做出了重要贡献。坚守在档案界并且成绩突出的有：蒋年平，现任广州市档案馆副馆长；曹红斌，现任广州市公安档案馆馆长；刘晓春，现任湖北省档案馆副馆长；胡媛萍，现任广州市档案馆人事部部长；张东华，现任南昌大学人文学院档案学教研室主任；吕元智，现任上海师范大学人文与传播学院信息管理系教授、系主任，硕士生导师；谭必勇，现任山东大学历史文华学院档案专业副教授，博士生导师；李海涛，现任中山大学资讯管理学院副教授，档案学教研室主任，硕士生导师；罗志勇，现任湖南郴州市档案馆馆长；崔瑞武，现任深圳市档案馆综合部主任。还有不少同学在其他领导岗位上作出了突出成就，如王振旭，现任武汉市科技局副局长；何丽君，现任湖北省政府办公厅副主任；孙建刚，现任湖北省省政府办公厅秘书四处处长；袁文清，现任中国建筑集团总部党建部副主任、直属党委专职副书记；陈胜利，现任文化和旅游部全国公共文化发展中心副主任；叶晓林，现任中共中央对外联络部《当代世界》杂志社副社长；王少飞，现任国务院国资委综合研究局副局长；黄志威，现任广东合邦律师事务所主任；黄军会，现任北京市德润律师事务所高级合伙人。有些同学在教学与科研方面做出了突出成绩，如石静霞，现任中国对外经济贸易大学法学院院长，教授、博士生导师，最高人民法院“国际商事专家委员会”首批专家委员；黄明儒，现任湘潭大学法学院教授，湖南省刑事法治研究会会长。有一些同学在企业界另辟天地，成绩显著，如宋家俊，现任深圳华侨城资本投资管理有限公司副总经理；王友富，现任广州市宏盛建筑劳务有限公司监事；刘凤喜，现任上海追得贸易发展有限公司董事长，2014 年获评汽车用品行业“十年领军人物”荣誉称号；韩凯，任云天使基金投资经理；徐学超自己创业，做出了骄人的成绩，曾为我院贫困学生捐款。还有很多优秀系友没有一一列举，我们为所有的系友感到骄傲与自豪。

（肖秋会、王平、胡吉明、王玉珏）

四、出版科学系的创办与发展

(一)创建与发展

1978 年年底，中共中央召开十一届三中全会，确定中国开始实行对内改革、对外开放的政策。随后几年中，我国出版发行事业发展迅速，对专业人才的需求猛增。在这样的时代背景下，武汉大学“图书发行学”专业应运而生，填补了我国高等教育体系中出版学专业建设的空白。发展至今，专业建设已经走过 36 年历程，形成了涵盖本、硕、博学历学位教育、博士后培养和短期培训等多层次、多规格、多模式的较为完备的出版高级专门人才培养体系。

1. 本科专业发展沿革

1982 年 2 月 8 日，中共中央书记处开会讨论出版工作时指出，要大力提高图书发行队伍的素质。1983 年，教育部以(83)教计字第 044 号文批复同意武汉大学设立“图书发行学”本科专业。新专业设在当时的图书馆学系“图书馆、情报与档案管理”一级学科下，并于同年 9 月开始招生。1987 年，由原图书馆学系升格的图书情报学院将“图书发行学”专业更名为“出版发行学”专业，以反映培养目标扩展到为出版发行全行业输送高层次人才的状况。同年11月，经原国家教委批准，武汉大学在中文系下增设“编辑学专业”。次年，该专业面向全国招收第二学士学位学生。1993年教育部颁布新的《普通高等学校本科专业目录》，将“编辑学”“图书出版发行学”并列为二级学科专业，分属文学和历史学一级学科；同时指出，在保证专业建设基本要求的同时，高校可根据人才需求变化及时设置或调整专业方向。根据这一目录，武汉大学“出版发行学”专业改名为“出版发行管理学”专业，并在此基础上成立“出版发行学系”。1998年，教育部要求全国所有出版发行管理学、编辑学等出版学相关本科专业根据新版《普通高等学校本科专业目录》，统一更名为“编辑出版学”专业。据此，武汉大学合并原编辑学专业和出版发行学专业，成立编辑出版学专业，并改系名为“出版科学系”。

进入21世纪，随着信息传播技术的深入发展，出版发行企业纷纷开始数字化转型升级，掌握数字内容生产制作、发行营销专门知识同时又熟悉计算机网络技术的复合型人才备受青睐。根据这一社会人才需求的变化，2011年武汉大学首家正式申报新增“数字出版”本科专业。次年2月14日，教育部签发文件予以批准。自此，武汉大学出版学本科教育分编辑出版学和数字出版两个专业分别招生，培养专业人才。

2. 研究生专业发展历程

硕、博士研究生是未来有能力解决综合性重大科技和社会问题的后备队伍，也是学科和行业科研的重要力量之一。目前，武汉大学出版学相关的研究生教育包括出版发行学学术型硕士、全日制和非全日制出版专业硕士以及出版发行学博士研究生教育等层次和种类。

武汉大学出版发行学研究生培养可追溯到1987年挂靠在图书馆学专业下以“文献与出版”为研究方向招收的第1位硕士研究生。1999年武大院系调整，图书情报学院和新闻学院合并为大众传播与知识信息管理学院，出版学研究方向的硕士生培养又挂靠到新学院的传播学硕士点下。随着社会和行业发展对高水平、高层次出版人才需求的不断增加，1998年武汉大学开始在图书馆学博士点下招收以“近现代出版业”为研究方向的博士研究生。这种“借鸡生蛋”的出版学硕士生和博士生培养方式一直持续到2003年教育部特批武汉大学在“图书馆、情报与档案学”一级学科目录下自主备案设立“出版发行学”硕士和博士学位授权点才得以改变。至此，武汉大学第一次正式以“出版发行学”专业方向招收硕士和博士研究生，填补了我国出版学专业教育没有独立硕士点和博士点的空白。2010年，国务院学位委员会正式批准设置出版硕士专业学位。次年，武汉大学作为首批14家获准招收出版专业硕士的高校之一面向社会开始招收专业型硕士，以更好满足行业发展对实践型高层次出版专门人才的迫切需要。

现在，武汉大学出版发行学硕、博士研究生按编辑出版学基础理论、出版管理与营销、新媒体与数字出版、版权法与版权产业、出版史与出版文化等5大方向进行培养。

3. 成人教育和非学历专业教育发展

武汉大学出版学专业最早的非学历教育可追溯至 1984 年随第 2 届图书发行管理学本科生一起招收的 65 名干部专修科学员。此后大约 10 年间，武汉大学共培养了 349 名干部专修科学员。

1989 年 8 月，武汉大学图书发行管理学专业首次招收函授学员(12 个省、直辖市书店职工)440 名。1993 年 2 月，新华书店总店以(93)总研字 11 号向全国各省市新华书店发出《关于武汉大学图书发行管理学专业(成人大专脱产班)1993 年招生的通知》。至此，成人大专脱产班代替过去的干部专修班。1993 年，武汉大学与云南省新华书店合办函授大专班。2001 年，武汉大学编辑出版学专业开始招收本科函授生(三年制专升本)。此后，武汉大学与用人单位先后建立了武汉大学湖北省新华书店函授站、武汉大学云南省新华书店函授站等多个函授教育辅导站(简称“函授站”)，专业为编辑出版学，学制 2.5 年，旨在培养掌握一定专业基础知识和技能，达到普通高等学校同层次、同专业毕业生水平的函授本科生。近年来，随着出版发行行业高学历人才比例的提升以及武汉大学人才培养层次重心的转移，出版学函授教育处于收缩状态。

而面向行业的高级研修班和短训班成为武汉大学出版科学系非学历教育和服务行业的重心。2012 年，武汉大学开始承担原新闻出版总署专项业务培训工作，开办“全国新闻出版行业领军人才研修班”并持续至今。2017 年，武汉大学和北京印刷学院承担原新闻出版广电总局“数字出版千人培训计划” 试点培训工作，取得良好成效。此外，武汉大学还积极承接中央和地方出版管理部门和出版企业的人才培训任务。迄今为止，为中南出版传媒集团股份有限公司、化学工业出版社、广东新华传媒、原云南新闻出版广电局和原广西新闻出版广电局等分别举办了 1~14 届不等的中高层管理人员培训班，极大地促进了企业与学员的业务能力和素质。

(二)特色与成就

1. 特色

武汉大学出版科学系在 30 余年的建设过程中，形成了兼容并包、实践与理论结合、政产学研结合、中外结合的科研和办学特色。

一是批判思维和实践技能并重，针对出版业的文化、商业、技术属性及其在人才需求方面的特点，培育复合型高级出版专门人才。出版业兼具文化属性和商业属性，而在近年来国家软实力竞争日趋激烈、数字技术导致的媒介融合日益深入的大背景下，行业的意识形态属性和技术属性也受到了前所未有的重视。武大的出版学人才培养历来既重视通过专业思想教育以及编辑理论、出版文化和中外出版史等课程的学习，让学生具备深厚的文化情怀和出色的文化眼光，并具备策划、生产优秀文化作品和产品的技能；又强调通过出版营销、出版企业经营管理、出版经济学等课程的修习，培养其商业意识、运营技巧；而且，自图书发行学本科专业创立之初，就提出要利用先进的计算机技术武装新一代发行人，新千年以来更是在培养目标、课程设计等方面强调数字出版与新媒体相关技术的学习和掌握。因此，目前武大根据行业需求主要培养3种人才：第一种是传统和数字内容产品策划、设计及开发人才，职业发展进阶是策划编辑、内容产品经理；第二种是面向传统和数字内容产品渠道开拓、运营、管理的销售和营销人员，其职业进阶是渠道经理、市场主管；第三种是数字出版和新媒体中的技术岗位，如系统开发、运营维护等。此外，根据学生兴趣也培养少量新媒体艺术岗位、版权运营岗位或数据分析岗位的出版人才。在重视技术、技能传授与培养的同时，武大出版学专业教育也强调理论学习以及批判思维的养成。理论学习跟人的分析思考能力的培养关系密切，因此与学生未来可能的发展高度和发展后劲有着千丝万缕的联系。

二是政产学研结合，促进出版学教学和科研活动。一直以来，武汉大学出版学专业自觉地面向党和国家发展需求，服务于出版业这一我国社会主义先进文化重要载体和国民经济重要产业，致力于培养具备鲜明政治立场和价值观念、掌握现代数字出版和文化产业管理理论与技术的创造、创新、创业型高级复合人才，致力于打造一流出版学专业。为此，出版系自觉地承担了国家和地方出版行政管理部门的咨询、研究和人才培养委托任务，参与行业发展规划、政策制定的相关支持工作；积极主动地承担出版企业的横向课题，为企业经营管理问题把脉和建言献策，为企业提供定制化人才培养培训服务；持续地与全国不同类型的出版发行企业建立紧密的合作关系，建设实习实训基地，为学生理论联系实际、进一步提高专业水平提供坚实的平台。各类政产学研合作活动，一方面推动了出版行业科研水平、研发水平和经营水平的提升；另一方面促进了专业教学质量的改善，从而最终为行业的人才队伍建设作出独特的贡献。

三是注重与海外同行的学术交流与合作，引领我国出版学高等教育发展。武大开创了中国出版学高等教育与欧美国家交流合作的先河。目前，我系与美国佩斯大学出版学系、德国埃尔朗根-纽伦堡大学图书学系、英国伦敦大学学院信息学系及斯特灵大学国际出版交流中心、荷兰莱顿大学图书与数字媒体研究系等建立了良好的学术交流与合作关系。专职教师中具有国际留学和访学背景的达到100%。自2006年11月以来，与美国佩斯大学、高等教育出版社联合举办了6届“数字时代出版产业发展与人才培养国际学术研讨会”，在学界、业界都赢得了良好的声誉与口碑。从2007年开始，我系每年派出5~6名本科生和研究生前往美国、韩国、英国、德国、荷兰等国家交流学习。近3年来，共有58名本科生赴境外学习交流。美国纽约大学出版研究中心前主任罗伯特·本奇教授；佩斯大学出版系前系主任谢尔曼·拉斯金教授、现任系主任曼莪拉·索莱丝教授、练小川教授，德国埃尔朗根—纽伦堡大学图书学系原主任乌苏拉·劳腾伯格教授、艾克赛尔·库恩博士，英国伦敦大学学院安东尼·沃特金森教授、西蒙·马尼教授，牛津布鲁克斯大学保罗·理查森教授、阿德里安·布洛克讲师，斯特林大学国际出版与传播中心安德鲁教授，澳大利亚格里菲斯大学机器人科学与游戏实验室主任 Jun Jo 博士，韩国惠泉大学李钟国教授和网络出版学院李起盛博士，台湾南华大学万荣水教授、黄昱凯副教授，世新大学图文传播暨数位出版学系主任王禄旺博士，台湾政治大学图书资讯与档案学研究所所长邱炯友教授，麦格劳·希尔教育出版集团前总裁罗伯特·艾文生，DC 漫画公司前总裁保罗·莱维茨，美国斯克里布纳出版公司编辑总监马克·弗雷茨，美国(谷歌)图书版权登记机构(BBR)执行董事、国际标准书号管理局主席、国际数字对象标识(DOI)基金会主任迈克尔·希利，哈佛商学院出版公司前执行总编柯尔斯顿 D·桑德伯格，贝塔斯曼集团兰登书屋新媒体部主任凯莉·艾伦、内容应用和数字流程开发部高级经理凯茜·桑德勒等都曾来访问或者讲学。频繁的师生互访和交流促进了中外出版学界和业界的交流，推动了出版学学术研究和教学活动向前发展。

2. 成就

在历任校、院领导的关心支持下，在全体师生的共同努力下，武汉大学出版学高等教育在学科建设、专业发展、人才培养和社会影响等各方面取得了一些成绩。

(1)学科建设

作为最早创建出版学相关专业的高校之一，武汉大学引领、参与、见证了我国出版学科从无到有、从弱小到发展壮大的进程。而且通过多年的队伍建设以及人才培养水平的提高，出版学学科知识生产能力持续增强，不断产出高水平的学术成果，为我国出版学建设贡献自己的力量。

1982 年，时任国家出版局副局长王子野同志在《韬奋与出版》序言中写到：“出版学早晚总要在众多的学科中占一席应有的位置。”1983 年，武汉大学在全国首家开设图书发行学本科专业。这同时标志着我国出版学学科建设的起点。早期为满足专业建设需要而编撰、出版的《编辑出版学概论》(叶再生，湖北人民出版社 1988 年 5 月版)、《出版学概论》(彭建炎，吉林大学出版社 1992 年 4 月版)、《出版学原理》(罗紫初，武汉大学出版社 1999 年 1 月版)等教材和著作，较早地对出版发行学的研究对象、学科性质和学科体系等基本问题进行了探讨，并在全国出版发行学界和业界产生了深远影响。此后，随着我国出版业本身的发展变化以及对其认识的不断拓宽、深入，武大的出版学研究领域从发行环节拓展到出版业乃至内容产业全产业链，从图书拓展到书刊、音像制品、数字出版物乃至所有内容产品……出版学科的边界也随之不断被拓宽，并衍生出出版营销、出版管理、出版文化、出版史、比较出版学、书评学、数字出版、版权保护与贸易等分支学科。

大学学科建设的主要任务之一是建设学科组织，以提升学科的学术生产能力与产出效率。目前，武大出版科学系下设编辑出版学和数字出版两个教研室，日常开展学术研究、教材编写和教学法探讨。此外，以系专任老师为骨干，吸收业界和学界高水平研究人员，先后成立了武汉大学出版发行学研究所、数字出版科学研究所、高等教育出版社-武汉大学中国教育出版研究中心和武汉大学-长江出版传媒研究中心等研究机构。还有，出版科学系自2006年开始承办湖北省编辑学会会刊、CSSCI源刊《出版科学》。该刊由方卿教授任主编，黄先蓉教授任副主编，徐丽芳、张美娟、朱静雯、王清、吴永贵、姚永春、许洁等教师兼任期刊编委、法律顾问、栏目责编等职。自2008年以来，《出版科学》稳居新闻传播学专业来源期刊前列，并陆续被北京大学《全国中文核心期刊要目总览》、中国社科院A刊核心、国际开放获取期刊目录DOAJ收录，在期刊转载方面也长期排位前列。2009年开始，连续多年被《人大复印报刊资料》授予重要转载来源期刊，被评为"湖北省优秀期刊"，并连续3年获得武汉大学人文社科类优秀期刊资助。期刊不断发展，成为出版科学系老师进行理论联系实际的行业实践阵地；同时，以期刊为抓手，带动我国出版学研究的学术规范、学术水准提升，引领理论和方法论层面的自觉探讨，从而极大地推动了我国出版学研究的水平。

大量高水平科研项目和充足的科研经费能够促进学科知识生产能力持续增强，从而极大地促进学科优势的形成和学术影响力的提升。迄今我系教师主持了国家科技支撑计划项目1项(方卿主持)，国家社会科学基金重大项目国家社科基金重大项目1项(方卿主持)、教育部人文社会科学重点研究基地重大项目4项，国家社科基金重点项目3项、国家社科基金项目21项(面上和青年项目)、国家自然科学基金项目8项、原新闻出版总署及新闻出版广电总局委托项目7项以及其他省部级和横向委托科研项目百余项，项目层次、数量和研究经费都位居全国高校同类专业前列。

学术专著、论文、研究报告等科研成果是科研活动最直接的体现和反映，其数量与质量很大程度上代表着一个学科影响力的高低。武汉大学出版科学系教师撰写并出版了《科学信息交流研究》《数字科学信息交流》《科技出版国际竞争力研究》《出版产业链研究》《中国出版企业集团发展研究》《书评理论研究》《中国编辑思想发展史》《中国编辑思想史》《中国百年畅销书》《著作权限制制度比较研究》《本体网络结构及其演化》等有一定影响力的专著，翻译出版了《哥伦比亚数字出版导论》《著作权限制制度比较研究》《数字人文：数字时代的知识与批判》《图书营销》《书·阅读》等国外出版学相关的经典著作。其中，《民国出版史》入选"十一五"国家重点图书出版规划项目，《数字出版概论》《数字出版产业管理》《数字资产管理》入选"十二五"国家重点图书出版规划项目。此外，本系于2002年、2006年、2010年、2017年组织编写了4本《出版学研究进展》，在学术界和业界引起了较大反响。除了专著和图书，我系师生在 *Learned Publishing*，*Journal of Scholarly Publishing* 等SSCI源刊，《出版发行研究》《出版科学》《中国出版》《科技与出版》《现代出版》《编辑学刊》《图书情报知识》等CSSCI源刊以及其他国内外报刊累计发表科研论文和文章千余篇。

(2)专业发展

从高校专业建设来看，人才培养的目标定位、课程方案、培养质量和师资队伍建设(见"队伍和带头人"部分)等十分重要。武汉大学编辑出版学专业通过在这些方面持续地努力，于2009年被评为"湖北省品牌专业"，于2014年获批"湖北省首批综合改革试点专业”，于2019年获批“国家级一流本科专业”。

从专业定位来看，任何一个专业的创建都必须考虑社会对人才的需求，并在不断满足国家建设和社会需求的过程中得到发展，出版学专业也不例外。武汉大学出版学本科专业经历了“图书发行学专业-出版发行学/编辑学专业-编辑出版学/数字出版专业”等多次专业名称的变更和专业外延的拓展，出版学研究生专业也经历了从无到有、从有到优的发展过程。武汉大学出版科学系作为我国出版学高等教育的发源地之一，很早就意识到专业定位的重要性，即在开办和建设专业时须明确到底为什么样的行业、什么样的岗位培养人才？武大图书发行学专业是1983年设立的，此后复旦大学、南开大学、中国人民大学等都设立了出版学相关专业。但是30余年的发展表明，武大出版学专业是其中发展得比较好的。这在很大程度上得益于当时的专业定位。因为时任新华书店总店总经理汪轶千先生和武汉大学校长刘道玉先生的缘故，在专业设立之初就把它定位为培养图书发行高级管理人才，即面向图书市场、发行和销售的专门人才。这个定位跟时代背景和行业发展有两大契合点：首先，20世纪80年代正是我国从计划经济向市场经济转型，出版社从事业单位向企业转型之际。在这一过程中，市场销售人才缺口巨大，而现成人才资源又极度匮乏。其次，与培养出版商务人才相比，在本科阶段培养编辑没有优势；因为很多编辑是要求有专业背景的。而作为最早获批数字出版本科专业的高校，武大早在2011年向教育部申请设立数字出版专业之前，出版系的老师们就走访、调研了国内传统书报刊出版企业及其数字出版部门，以及不同类型的新媒体企业，以了解行业对数字出版人才的需求，并在队伍建设等方面调整思路、做好了相应的准备工作。

从教材建设情况来看，早期出版了孙冰炎的高校发行学专业统编教材《图书分类学》、罗紫初的《图书发行学概论》《图书发行教程》(教育部“八五”规划教材和新闻出版总署专业系列教材重点项目)、练小川的《图书营销学》、徐春和的《图书发行企业管理》、黄凯卿的《图书发行自动化》、彭建炎的《出版学概论》、梁彦斌的《读者学》、黄先蓉的《书业法律基础》，在全国高校相关专业产生了较大影响。此后，罗紫初教授的《出版学基础》入选“十五”国家规划教材，罗紫初教授的《编辑出版学导论》、吴平教授的《图书学》、黄先蓉教授的《出版法教程》和吴永贵教授的《中国出版史》(“国家精品教材”、“2007—2008年度中南地区大学出版社优秀教材”一等奖)入选“十一五”国家规划教材。2003年苏州大学出版社推出“现代出版学丛书”，其后连续组织出版了3辑，共计4辑25种。我系教师编写了《出版法规及其应用》《现代书业企业管理学》，翻译了《编辑的伙伴》《哥伦比亚数字出版导论》《现代出版专业英语教程》(“第八届全国高校出版社优秀畅销书”二等奖)等。此外，针对实验课程，老师们编写了《编校软件应用实验教程》《书籍装帧设计实验教程》《排版软件应用教程》等专门的实验教材。目前，我系出版的教材不仅数量多，而且其中还有多部入选国家教育部规划或被推荐的优秀教材，在社会上有着广泛影响，并为国内兄弟院校同类专业广泛采用。

从专业实验室和实习实训基地来看，出版系结合专业特点和人才培养需求，持续完善实验、实践教学体系，加强实验、实训、实习，打造“社会实践金课”，努力提升本专业学生实践、实验环境，形成产学研合作育人的新机制。为提升学生专业技能、培养学生的实践能力和创新能力，出版科学系联合时代出版传媒集团、电子工业出版社、北京无极天等多家知名机构，成立了数字出版专业实验和语义出版专业实验室。目前，两个实验室拥有 InDesign、Dreamwaver、Photoshop、Flash、Adobe Reader、Xcode、Syntext Serna、JBuilder、方正飞腾、黑马校对、iBooks Author、Dspace、图书全能加工平台等多种专业软件或仪器，有效地满足我系专业教学中的实验需求。出版专业实践性强，与行业联系紧密，为了提高学生的动手能力，必须重视实践教学。截至 2019 年 3 月，本专业已建成高等教育出版社、中华书局、电子工业出版社、华中数字出版基地等 14 个实习实训基地；已经建成并正在运行的实验平台 12 个，其中国家级 1 个、省部级 1 个。

从专业排名来看，根据中国科学评价研究中心(RCCSE)、武汉大学中国教育质量评价中心联合中国科教评价网(www. nseac. com)发布的《中国大学及学科专业评价报告》显示，本专业连续 8 年全国排名第一，获评五星学科。

(3)人才培养

学生是教育和学术发展的基础。经过 36 年的建设，武汉大学出版学高等教育已经形成了涵盖本科(含主辅修和双学位)、硕士、博士阶段学历学位教育和短训班、博士后培养的较为完善的多层次、多模式且独具特色的专业人才教育和培养体系。

出版科学系历来重视学生的全面成长、成才，经过全系师生的不断努力，我系学生在学习、科研、社会实践等方面取得了喜人成绩，德、智、体、美获得全面发展。自 2008 年以来，我系本科生共获得 5 项国家级大学生研究基金项目，25 项校级大学生研究基金项目。8 名本科生获国家奖学金，9 篇本科生毕业论文获省级优秀学士学位论文奖，16 名以上本科生获得武汉大学本科生暑期社会实践一、二、三等奖。近 3 年毕业生去向跟踪调查表明，本专业毕业生就业升学比接近 1∶3，就业率 100%。境内外升学率高，在清华大学、北京大学、武汉大学等高校继续深造的毕业生比例为 38%、38%、34%；赴美国卡耐基梅隆大学、英国伦敦大学学院、伦敦政治经济学院等海外知名学府深造的比例为 23%、24%、41%。

各类奖励、表彰是对学生素质、学生培养质量的积极肯定。近年来，我系学生在学习、科研、德育、体育、美术、音乐等方面全面开花，共获得国际级、国家级、省部级、校级等各级奖励、表彰近百项。如 2011 年，蒋雪瑶、罗昕、喻琪琛、曾李等 4 位本科生参加首届“科技七社 · 图书商报杯”全国编辑出版专业大学生辩论赛，勇夺冠军。2012 年，博士生许洁、硕士生曾元祥分别获得“武汉大学首届研究生学术创新奖”一等奖。博士生丛挺、硕士生陈孝禹荣获“中国出版协会 2012 年度互联网与数字出版优秀论文奖”。2016 年，本科生王婷、张慧、钱佳佳获得“首届全国图书编辑出版能力大赛”二等奖。本科生杨静在“首届全球图书情报学院联盟视频大赛”中获得优秀奖。2017 年、2018 年，本科生邹卉、郭良靓分别获“全国大学生英语竞赛”三等奖。2018 年，博士生宋宁远、王一鸣、王涵3人分别获得“武汉大学研究生学术创新”二等奖。博士生宋宁远为第二作者(第一作者为王晓光导师)撰写的《语义出版的内容组织架构研究》获得“2018年度编辑出版学优秀论文奖”。博士生羊晚成撰写的《基于股东数据的我国传媒上市公司复杂网络分析》在“2018年中国传媒经济与管理年会”中获研究生论文奖。博士生李媛获得“2018年中国高校社科期刊青年编辑业务技能大赛”综合奖二等奖、2018年全国高等学校文科学报研究会主办的“编缘”征文比赛金奖。

2008年至今，我系学生共计获得校级集体类奖项15项，包括：2007级编辑出版学专业两年内连续获得“武汉大学2008—2009学年度先进班集体”“武汉大学2009—2010学年先进班集体标兵”，2011级出版发行学硕士班表演的《荒原与人》获得“武汉大学2011年历史剧创意表演大赛决赛”第一名、2011级编辑出版学专业获得“武汉大学2013—2014学年度先进班集体”“2014—2015年度先进集体标兵”、出版学本科生党支部获得“2018年华中七校本科生党支部风采大赛”三等奖等。除此之外，我系学生在历届“智慧杯”“未来编辑杯”“韬奋杯”征文比赛活动中取得了显著的成绩，先后有9人(次)在“智慧杯”中获奖，42人(次)在“未来编辑杯”中获奖。近年来，本专业学生参与各级各类“三创”活动比例达50%，其中25个项目获校级以上创新创业立项或奖励。

(4)社会影响

由于武汉大学出版学教育的水平和影响力，出版系教师担任了诸多学界和业界的社会兼职，如高等学校出版专业本科教学指导委员会副主任和委员，全国出版专业硕士研究生教学指导委员会委员，全国编辑出版学名词审定委员会副主任、委员，全国出版专业职业资格考试专家委员会委员，新闻出版总署重大项目咨询评审委员会委员，全国出版物发行标准化技术委员会委员，全国新闻出版信息标准化技术委员会委员，国家社科基金管理学科组评审专家，国家新闻出版广电总局出版融合发展(时代出版)重点实验室、出版融合发展(中南传媒)重点实验室、出版融合发展(南方报业)重点实验室学术委员会委员，国家新闻出版广电总局“学术期刊动态语义出版与知识服务”重点实验室、“富媒体数字出版内容组织与知识服务”重点实验室学术委员会委员，中国编辑学会常务理事，湖北省编辑学会副会长、专业委员会委员，政协武汉市委员会委员，敦煌研究院“数字敦煌”项目国际咨询委员会委员，《出版科学》杂志主编、副主编、编辑，《中国编辑》《现代出版》《出版营销》《图书与资讯学刊》(台湾)等期刊编委，《中小学数字化教学》专家委员会委员，等等。

此外，出版系多位老师参与了国家劳动人事部及总署人教司组织的全国出版专业职业资格考试的组织工作、教材编写工作，承担考试方案的设计、出题、审卷、参考书主编等工作。此外，作为组长单位承担《出版物发行术语标准》国家标准、《图书、音像制品、电子出版物营销分类法》等出版发行业标准的研制工作；承担《中国大百科全书》第三版出版卷发行分支的组织、撰写工作；牵头制定国家《编辑出版学专业教学质量标准》，并将标准及实施举措推广至全国创办同类专业的兄弟院校，推动学科发展和人才培养。2006年，经原国家新闻出版总署批准，“国际新闻出版高级人才培训(武汉大学)基地”正式成立，从而承担了为行业和管理部门培养高层次人才的任务。

(三)队伍和带头人

师资队伍是教学科研、人才培养和学科发展的重要保障，其中教师的素质和学术水平直接关系到学生的培养质量。30余年来，学校和院系都非常重视师资队伍的建设。早在武汉大学图书发行学专业创办之初，就与新华书店总店合作，采取“送出去，请进来”的办法培养师资队伍。“送出去”是指由系里组织、总店安排刚留校任教的青年教师去新华书店系统实习。总店一般派专人负责和教师一道制订具体的计划和要求，为青年教师讲授专业课打下了坚实的基础。“请进来”则是指聘请新华书店系统有丰富实践经验的老专家为兼职教师给本科生主讲专业课，如上海市新华书店的宋玉麟、湖北省新华书店的方振益、北京市新华书店的韩益谦、广西壮族自治区新华书店的陆宝琪等同志就曾被聘为这个专业的第一批兼职教师。新华书店总店原总经理汪轶千同志和湖北省新闻出版局原局长蔡学俭同志都曾被聘为武汉大学兼职教授等。

应对媒介融合和出版转型升级大趋势，出版系以“国字号”人才计划为契机，建设高水平教师队伍；以“国际化”和文化传承为抓手，培养中青年教师；以服务“三创”教育为目标，加强兼职教师队伍建设，打造了一支素质过硬、能力突出、结构合理、声誉卓著的师资队伍。所获奖项如下：吴平教授先后获得“国家教学成果奖”一等奖、二等奖，“湖北省优秀教学成果”一等奖、二等奖；方卿教授获“中国出版政府奖”优秀出版人物奖、“武汉大学教学成果奖”特等奖等；方卿教授、黄先蓉教授、徐丽芳教授获“中华优秀出版物奖”；吴平教授、吴永贵教授获“湖北省社会科学研究成果”一等奖，等等。结合国内外学界和业界发展趋势和行业、社会需求的变化，本专业形成了以下5个核心研究领域：编辑出版发行学基础理论，学术带头人吴平教授和许洁教授；出版经营管理，学术带头人方卿教授、朱静雯教授和张美娟教授；出版法律法规与宏观管理，黄先蓉教授、王清教授；新媒体与数字出版，徐丽芳教授、王晓光教授；出版史与出版文化，吴永贵教授。

目前出版系专任教师15人(高级职称14人)，其中100%拥有博士学位和主持国家级项目经历。历年聘任兼职教授柳斌杰、邬书林、张小影、聂震宁、张增顺、郝振省、朱建纲、陈锦涛、王建辉、敖然、陈伟、陈昕、苏雨恒、田海明、谢新洲、张毅君等18人；聘任李建臣、周清华、于殿利、王志刚、潘正安、杨建忠、邱菊生、周百义、方平、徐德欢、宋以超、王钊、姚磊、黄嗣、刘焰红、蒋海鸥、范正田、张才生、范军、王民、田海明、林清发、韩进、朱寒冬、卢玲、张克文、李永红、何军民、彭兆平、胡建勇、周建亚、常韶伟等业界硕士生兼职导师30余人；任用其他专业授课老师15人。这样一支专兼职教师队伍，为建设适应新时代要求的、与时俱进的一流出版学专业和培养一流专业人才提供了重要保障。

(四)毕业生情况

作为我国出版学高等教育的发源地，本专业自1983年成立以来，秉承文化为体，商业、技术为用的理念，始终服务于国家、社会和行业对复合型高级出版专门人才的需求，形成了包括本科、硕士、博士和高端在职培训在内的层次完整、各具特色的教育体系。秉承重基础、重素质、重能力、重创新的人才培养理念和传统，出版系迄今已培养毕业生9000余人。其中，本专业本科生(四年制)2000余名，博士生120余名，硕士生(含非全日制)500余人，干部专修科(两年制)350余人，函授(三年制大专)2000余名，“专业证书”教学班1400余人，原新闻出版广电总局领军人才研修班近700人、“数字千人”研修班38人，以及其他高级人才研修班和短训班2000余人。学生和学员遍及北京、天津、上海、河北、山西、江苏、山东、浙江、湖南、甘肃、宁夏、青海、新疆、广东、辽宁、吉林、黑龙江、福建、云南、广西等全国绝大多数省市自治区，为我国出版业发展培养了一大批优秀的专业人才。

武汉大学出版学专业根据社会发展需要和出版行业对人才需求的变化，不断调整人才培养目标，改革人才培养模式，改进人才培养方式，培养的人才在出版、传媒、文化领域发挥着重要作用。专业毕业的学生就业层次高，就业呈现多元化特征。出版企业管理方面，国内许多出版社社长、副社长、总编辑均毕业于本专业，如云南省新华发行集团原总经理王世钧与现任总经理彭云，湖南出版投资控股集团党委副书记、副董事长、总经理彭玻，皖新传媒总经理张克文，吉林新华发行集团原总经理魏淑霞，南方出版传媒副总经理、董事会秘书雷鹤，宁夏回族自治区新华书店总经理李海舟，广东新华发行集团董事长蒋鸣涛、总经理何宝贤，江西新华发行集团有限公司总经理助理吴忠华，河南省新华书店发行集团有限公司党委委员、副总经理王延东，山西省新华书店集团有限公司总经理助理宋少华，中华书局党委书记周清华，湖南人民出版社党委书记马北海、社长谢清风，湖南教育出版社党委副书记符亦斌，河南科技出版社社长汪林中，中国妇女出版社社长李凯声，天津大学出版社社长王云石，化学工业出版社副社长杨建忠，邮电出版社副社长李文，龙门书局总经理黄正平，长江文艺出版社总编辑黄嗣，湖北少儿出版社副社长姚磊，安徽皖新智图文化产业发展有限公司总经理李永红，华东理工大学出版社副总编丁毅、社长助理戎炜，中国书籍出版社副社长李建红，中国大百科全书出版社副社长陈义望，复旦大学出版社有限公司副总经理顾轩，江苏凤凰少年儿童出版社有限公司副总经理蒋松涛，泰勒与弗朗西斯集团(Taylor & Francis Group)中国区商务开发经理张琦，科睿唯安(Clarivate Analytics)解决方案专家黄庭颖，等等。高校教师和研究人员方面，除了留校教师外(参见教师队伍部分)，北京大学互联网发展研究中心主任田丽，浙江大学传媒与国际文化学院博士生导师吴赟，南京大学信息管理学院教授王鹏涛，武汉理工大学法学与人文社会学院新闻传播系主任刘锦宏教授，华南理工大学新闻与传播学院网络传播系主任刘银娣副教授，中国海洋大学新媒体传播与舆情中心主任、博士生导师王志刚教授等均是本专业培养的优秀毕业生代表。同时，本专业毕业生也在政府管理部门和其他行业担任重要职务，如：中宣部印刷发行局副局长王泉，中宣部规划发展司副司长李建臣，原湖南省委宣传部副部长、湖南新闻出版局党组书记、局长朱建纲；广东笑翠鸟教育科技有限公司董事长陈东，上海交大教育集团总裁常韶伟，贝拉国际教育董事长、创始人李松，熊猫格子创始人、供应链负责人李辉，武汉德芭文化发展有限公司总经理曾刚，等等。武汉大学出版科学系始终将人才培养放在十分重要的位置，重视各层次人才培养质量，毕业生广受用人单位好评，其中许多已成长为业界和学界的领军人才，为国家的新闻出版事业贡献自己的力量。

综上所述，武汉大学出版学教育拥有涵盖本、硕、博学历学位教育和短训、博士后等多层次、多规格、多模式的人才培养体系，是国内为数不多办学层次完备的编辑出版学专业学科点。作为最早成立和全国排名第一的编辑出版学专业，在教材、课程体系、师资队伍、学术研究、毕业生社会认可度等方面均走在全国前列。开启国内与荷兰莱顿大学、美国佩斯大学、德国埃尔朗根大学等国际知名学府交流合作先河，在师资、教学和科研方面日益与世界接轨。然而，所有成绩只代表过去，我们将不忘初心，百尺竿头，砥砺前行！

（徐丽芳、张美娟、许洁、姚永春）

五、信息系统与电子商务系创办与发展

电子商务是随着互联网的出现而兴起的一种商务模式，改变了人们长期以来习以为常的各种传统贸易活动内容和消费方式，已成为国民经济和社会信息化的重要组成部分。数字经济时代的到来加速了电子商务与传统行业的跨界融合，电子商务在促进创新创业、打造经济新业态中的作用日益凸显。电子商务专业立足于国民经济和社会发展中的人才需求，坚持“开拓创新、引领发展”的教学理念，积极践行理论与实践结合、技术与管理并重的办学方针，为学科建设、人才培养和行业发展作出了积极贡献。

（一）创建与发展

20 世纪 80 年代以来，经济全球化以前所未有的速度、广度和深度影响着世界各国经济、政治和社会的发展，信息技术特别是互联网及相关技术逐步成为推进全球化进程的根本动力之一。电子商务日益成为企业的重要经营模式，社会对电子商务人才的需求亦日趋迫切，人才短缺已成为全球电子商务发展过程中所面对的诸多问题中最根本、最紧迫的问题。

在美国，卡耐基梅隆大学的工业管理研究院和计算机学院在 1998 年联合创建了电子商务学院，成为国际上最早主办电子商务专业的学校。在中国，早期的电子商务专业教育伴随着一批电子商务以及管理、经济、信息技术等相关学科的学者从不同方向和不同渠道

进行的研究和推进，通过在一些高校开设公共选修、专业选修课等相关课程，讲授电子商务。部分高校在本科高年级开设电子商务方向、电子商务第二专业、第二学位、双学位、电子商务班(包括开设电子商务研究生方向)等多种模式进行电子商务的专业化人才培养。

为适应社会发展和市场需求，使电子商务专业人才的培养尽快规范化和规模化，教育部于2001年初批准了南京审计学院、华中师范大学、东北大学秦皇岛分校、云南大学、厦门大学、对外经济贸易大学、北京邮电大学、北京交通大学、华侨大学、广西大学、西安交通大学、南京理工大学、浙江大学等13所普通高等学校试办电子商务本科专业。截至2009年年底，教育部先后审批批准的开设电子商务本科专业的高校累计达到340余所。与此同时，一些高校也同时开展了电子商务专业研究生阶段的培养。2003年教育部允许有条件的高等学校招收电子商务方向的硕士和博士研究生。2006年1月，教育部正式成立了高等学校电子商务专业教学指导委员会进行电子商务专业的教学指导工作。

为了与国内外教育和行业发展接轨，信息管理学院于2001年在信息管理与信息系统专业下设置了电子商务方向，在招生的5个班级中将2个班级设置为电子商务专业方向，同时积极开展电子商务专业的申报工作，并于2002年初经教育部批准正式设立电子商务专业。同年(2002年)电子商务专业开始招收本科生，当年录取56人，2003年招收58人，2004年招收38人，2005年以后每年的招生人数在30人左右。

2005年4月学院在信息管理科学系电子商务教研室基础上成立信息系统与电子商务系，当时共有教师12名，其中教授3人，博士生导师2人。2006年经国务院学位办批准，在管理科学与工程一级学科下设立电子商务硕士及电子商务博士学位授权点。2007年开始招收电子商务专业硕士生和博士生，每年的招生规模为硕士生20名左右、博士生5名左右。

在专业建设之初我院就确立了一条既适合电子商务专业发展基础，又具有电子商务专业本身特色的道路。这里的基础就是信息管理学院的学术氛围、发展方向、师资队伍和学科基础，专业特色就是适应信息技术发展方向的商务模式。

我院电子商务专业在发展过程中与社会各界建立了广泛的联系。2005年聘请了中国电子商务协会宋玲理事长等教授专家作为电子商务专业的兼职教授，2006年聘请教育部电子商务专业教学指导委员会副主任李琪教授为兼职教授。2006年，信息系统与电子商务系主任张李义教授入选了教育部首届电子商务专业教学指导委员会成员，同年，我院申请成立湖北省电子商务学会。学会的成立为电子商务专业的师生与省内其他研究人员建立了紧密的联系，推动了他们之间的广泛交流。2006—2008年，信息系统与电子商务系承办了由教育部、商务部联合发起的“电子商务促进与推广工程”项目，为商务部发布中国电子商务年度发展报告提供详细而准确的资料。2007年由我院承办的全国电子商务专业建设会议在武汉大学召开。2018年，本系承办了“第六届智慧健康国际会议”和商务大数据分析暑期学校，在国内外引起热烈反响。

目前，学院设立的支撑电子商务专业教学与科研的机构有：

(1)信息系统与电子商务系

(2)武汉大学电子商务研究与发展中心

(3)信息系统与电子商务集成实验室

(4)电子商务开放实验室

(5)湖北省电子商务学会

其中，武汉大学电子商务研究与发展中心依托武汉大学信息管理学院和国家人文社会科学重点研究基地——信息资源研究中心的学科优势与平台资源，秉承创新服务、开放研究的理念，一直致力于以互联网和电子商务创新发展为核心，面向问题、面向社会、面向未来的研究。经过十余年发展，在特色学科培育、科学研究、人才队伍建设和社会服务等方面取得了一系列显著成效。

(二)特色与成就

1. 办学特色

电子商务专业是适应互联网和电子商务发展需要而开设的一个涉及多学科、文理交叉的专业，在发展过程中，不断有新的理论与应用模式推出，国内外学者普遍认为电子商务学科涉及 4 个主要学科，即经济学、管理学、信息科学、法学。所以国内的许多高等学校都根据自身情况将电子商务专业与这 4 个学科部分联系，形成各自的特色。武汉大学是一所综合型大学，所以我们在专业办学特色上与学校的这个背景紧密结合，形成“经济管理为基础，信息技术为核心”的办学理念，不断突出学生的互联网和电子商务信息处理分析能力，取得了非常好的成果。在教学、科研等各个方面都取得了成就。

2. 专业建设

电子商务专业建设一直将教材建设作为专业课程建设的重要基础条件。在学校教务部、学院以及相关出版社的大力支持下，本专业已出版专业教材多部(见表 2-3)。部分教材经过了多个版本和多次印刷，在全国多个高等学校应用。与此同时，本专业教师还将研究成果应用到教学中，出版了多本著作，包括《信息可视化与知识检索》《电子商务系统开发与实例分析》《现代服务管理理论与实践》《电子商务推荐系统与智能谈判技术》《中小企业信息技术采纳影响因素研究》《电子商务法》《电子商务安全》《商务管理决策模型与技术实验教程》《社会网络计算基础理论与实践》等。同时，本专业教师还积极参加和申请相关教学研究活动，主持了多个省级教学改革项目，承担了国家或学校层次的各种规划教材建设(见表 2-4)，教改项目涉及本专业的人才培养体系、实验与实践教学体系、双语和全英文教学等，规划教材更是涉及专业的核心课程。

除了学院实验中心外，我院还专门建立了电子商务专业实验室，价值 2000 万的金碟 ERP 软件已经由金碟公司免费赠送给该实验室，为学生上机实验提供了优越的环境。通过其强大的软件系统和仿真功能，既可以满足教师的教学研究需要，也为学生提供了学习和创新应用的平台。

此外，电子商务专业建立了8个专业实训基地：阿里巴巴实习基地、浙江义乌实习基地、武汉卓尔实习基地、TCL实习基地、商讯网实习基地、斯瑞康实习基地、海利实习基地、湖北省信息学会实习基地等，满足了我院电子商务专业学生实习的需要。

本专业还十分重视学生的科研能力培养，指导学生获得全国“互联网+”大学生创新创业大赛、全国大学生电子商务“创新、创意及创业”挑战赛、“海峡两岸大学生电子商务竞赛”等奖励五十余项；指导学生获批全国大学生创新创业训练计划项目四十余项。其中，2002级电子商务专业孙荣同学参加“第一届全国电子商务大赛”获全国银奖；2011级宋倩、陈娟等获得“首届海峡两岸大学生电子商务竞赛”二等奖；2016级吴蔚萌担任队长的Magic City团队获得“第九届全国大学生电子商务‘创新、创意及创业’挑战赛”一等奖。

表2-3　**电子商务专业教材与著作**

教材名称	教师姓名	出版时间	出版社	备注
《信息组织(第3版)》	周　宁	2010年	武汉大学出版社	
《信息资源数据库(第3版)》	周　宁	2010年	武汉大学出版社	
《信息资源可视化模型方法》	周　宁	2008年	科学出版社	专著
《信息组织学教程》	周　宁	2007年	科学出版社	
《信息可视化与知识检索》	周　宁	2005年	科学出版社	专著
《信息可视化与知识管理》	周　宁	2003年	湖北人民出版社	会议论文集
《电子商务概论》	张李义	2002年	武汉大学出版社	
《网络开发与管理》	张李义	2004年 2008年	高等教育出版社	
《电子商务与电子政务》	张李义	2006年	武汉大学出版社	
《电子商务系统开发与实例分析》	张李义	2007年	科学出版社	
《企业业务流程管理》	李枫林	2006年	武汉大学出版社	
《现代服务管理理论与实践》	李枫林	2010年	武汉大学出版社	专著
《项目管理》	陈　远	2002年	武汉大学出版社	
《管理咨询理论与实践》	陈　远	2009年	武汉大学出版社	
《电子商务专业英语》	孟　健	2008年	武汉大学出版社	
《电子商务系统设计》	王　林	2009年	武汉大学出版社	

续表

教材名称	教师姓名	出版时间	出版社	备注
《商务智能》	谭学清	2006 年	武汉大学出版社	
《电子商务安全与支付》	曾子明	2008 年	科学出版社	
《电子商务推荐系统与智能谈判技术》	曾子明	2008 年	武汉大学出版社	专著
《中小企业信息技术采纳影响因素研究》	聂　进	2010 年	科学出版社	
《电子商务法》	聂　进	2011 年	武汉大学出版社	
《信息推荐系统》	曾子明		科学出版社	
《电子商务安全(第 2 版)》	曾子明		科学出版社	
《电子商务安全基础实验教程》	曾子明		武汉大学出版社	
《国家创新系统中的信息资源协同配置》	赵　杨	2012 年	武汉大学出版社	专著
《移动图书馆服务质量控制研究》	赵　杨	2017 年	科学出版社	专著
《产业集群创新中的跨系统信息服务融合》	严炜炜	2016 年	武汉大学出版社	专著
《商务管理决策模型与技术实验教程》	严炜炜	2015 年	武汉大学出版社	
《社会网络计算基础理论与实践》	吴　江	2015 年	科学出版社	专著
《社会网络的动态分析与仿真实验——理论与应用》	吴　江	2012 年	武汉大学出版社	专著
《基于计算智能技术的电力负荷预测理论及应用》	胡忠义	2019 年	武汉大学出版社	
《企业架构设计思想》	龚艺巍	2017 年	科学出版社	专著
《业务流程柔性》	龚艺巍	2019 年	武汉大学出版社	专著
《用户网络健康信息行为研究》	张　敏	2017 年	科学出版社	专著

表 2-4　　**本专业教师承担的教改项目和教材建设项目**

项目名称	项目来源	教师姓名	时间
厚基础、重实践、跨学科的电子商务人才培养体系研究	湖北省教改项目	张李义	2002—2004 年
网络环境下电子商务专业开放实验体系与模拟软件开发研究	湖北省教改项目	张李义	2003—2004 年
电子商务专业综合性与创新性实验教学模式研究	湖北省教改项目	余世英	2005—2006 年

续表

项目名称	项目来源	教师姓名	时间
电子商务经济学	武汉大学“十一五”规划教材建设项目	余世英	2008—2010 年
双语教学的关键问题及其解决方法	武汉大学教改项目	聂　进	2004—2006 年
项目管理	武汉大学通识教育选修课建设项目	陈　远	2006—2007 年
网站开发与管理	教育部“十一五”规划教材建设项目	张李义	2008—2010 年
电子商务与电子政务	武汉大学通识教育选修课建设项目	张李义	2004—2006 年
电子商务系统设计	武汉大学“十一五”规划教材建设项目	王　林	2006—2008 年
研究型大学电子商务专业大学生创新能力培养体系建设	武汉大学教学改革建设项目	张　敏	2014—2018 年
电子商务专业质量标准建设	武汉大学教学改革建设项目	张　敏	2015—2016 年
“互联网+”背景下电子商务实践教学体系改革研究	湖北省教改项目	赵　杨	2016—2018 年
互联网创新与创业管理	武汉大学创新创业规划教材建设项目	张　敏	2016—2019 年
IT 与互联网创业	武汉大学“通识 2.0”课程项目	张　敏	2016—2019 年
社会网络分析	武汉大学“通识 2.0”课程项目	吴　江	2016—2019 年
创业管理与实践	武汉大学“通识 2.0”课程项目	张　敏	2016—2019 年
商务智能	武汉大学研究生全英文课程	赵　杨 王　林	2017—2020 年
构建“以学生为中心”的自适应创业教育体系：影响因素、作用途径和引导机制	武汉大学教学研究项目	张　敏	2018—2021 年

续表

项目名称	项目来源	教师姓名	时间
基于自适应学习的竞赛驱动人才培养研究	武汉大学教学研究项目	龚艺巍	2018—2021 年
武汉大学“351 人才计划”珞珈青年学者教学项目	中央高校教育教学改革专项项目	张　敏	2018—2020 年
社会网络与社会计算	武汉大学“通识 3.0”课程项目	吴　江	2018—2021 年
数字商务与创业	武汉大学“通识 3.0”课程项目	张李义	2018—2021 年
创业论坛	武汉大学“通识 3.0”课程项目	张　敏	2018—2020 年
互联网创意思维与用户体验	武汉大学“通识 3.0”课程项目	赵　杨	2019—2021 年

3. 科研情况

自 2002 年以来，与我国电子商务的发展相一致，电子商务专业教师致力于信息系统和电子商务领域的科研工作，先后承担国家自然科学基金、国家社会科学基金、教育部人文社科项目、教育部重点研究基地项目、国家商务部项目以及各种层次的企业委托项目 23 项，并在信息系统与电子商务的基础理论、相关技术、新兴模式等领域形成了稳定的研究方向。与国内许多企业进行了多种合作。

4. 获奖情况

虽然电子商务专业和信息系统与电子商务系成立的时间很短，但经过本专业教师的努力，本专业成立以来教师共获得各类奖励 10 余项(见表 2-5)。周宁教授的“信息组织学”课程于 2006 年获湖北省精品课程，主持的“信息组织学课程建设与创新”获“2009 年湖北省高校教改成果奖”(二等奖)。张李义教授主持的“国家电子商务促进与推广工程——电子商务案例调研”获 2008 年度国家商务部一等奖。张敏教授、赵杨副教授分别获 2006 年度、2012 年度武汉大学“青年教师教学竞赛”一等奖，聂进副教授获 2006 年度武汉大学“双语教学竞赛”一等奖。张敏教授还代表我校参加了“2008 年度湖北省青年教师教学竞赛”，荣获三等奖。赵杨副教授于 2006 年获“第二届全国电子商务大赛金奖”，并获国家劳动与社会保障部颁发的“全国技术能手”称号。

表 2-5　　　　**本专业教师获得的各种奖励情况**

姓　名	奖励年份	奖励名称	颁奖机构
周　宁	2006 年	湖北省精品课程	湖北省教育厅
周　宁	2009 年	湖北省高校教改成果奖二等奖	湖北省教育厅
张李义	2007 年	2007 年度宝钢优秀教师奖	宝钢教育基金会
张李义	2008 年	国家商务部一等奖	商务部
张李义	2005 年	湖北省优秀学士学位论文指导教师	湖北省人民政府学位委员会
张李义	2006 年	武汉大学优秀教学成果三等奖	武汉大学
陈　远	2006 年	武汉大学优秀教学成果二等奖	武汉大学
陈　远	2007 年	第六届全国高校电子商务研讨会议论文一等奖	教育部
陈　远	2004 年 2007 年	湖北省优秀学士学位论文指导教师	湖北省人民政府学位委员会
张　敏	2006 年	武汉大学青年教师教学竞赛一等奖	武汉大学
张　敏	2008 年	湖北省青年教师教学竞赛三等奖	湖北省教育厅
张　敏	2008 年	武汉大学学生工作先进个人荣誉称号	武汉大学
张　敏	2009 年	第八届武汉大学杰出青年(教职工)	武汉大学
张　敏	2011 年	武汉大学马克昌优秀青年教师奖	武汉大学
张　敏	2013 年	湖北省优秀学士学位论文指导老师	湖北省教育厅
张　敏	2014 年	武汉大学优秀教学研究论文一等奖	武汉大学
张　敏	2014 年 2015 年	中国人保财险“第二届电商保险创意设计大赛”优秀指导老师	大赛组委会
张　敏	2015 年	武汉大学“烛光导航工程”优秀导航师	武汉大学
张　敏	2016 年	武汉大学“本科教学工作审核评估”先进个人	武汉大学
张　敏	2016 年	武汉大学优秀教学研究论文一等奖	武汉大学
张　敏	2017 年	武汉大学“351 人才计划”珞珈青年学者	武汉大学
张　敏	2017 年 2018 年	武汉大学本科优秀教学业绩奖	武汉大学

续表

姓　名	奖励年份	奖励名称	颁奖机构
张　敏	2017 年	武汉大学优秀教学研究论文特等奖、一等奖	武汉大学
张　敏	2018 年	武汉大学优秀学士学位论文指导老师	武汉大学
聂　进	2006 年	武汉大学双语教学竞赛一等奖	武汉大学
赵　杨	2006 年	第二届全国电子商务大赛金奖、全国技术能手	人力资源和社会保障部
赵　杨	2012 年	武汉大学青年教师教学竞赛一等奖	武汉大学
赵　杨	2012 年	武汉大学学生工作先进个人	武汉大学
赵　杨	2013 年	武汉大学"烛光导航工程"优秀导航师	武汉大学
赵　杨	2016 年	武汉大学"351 人才计划"珞珈青年学者	武汉大学
赵　杨	2019 年	全国大学生电子商务 "创新、创意及创业挑战赛优秀指导教师"	全国大学生电子商务"三创赛" 组委会
龚艺巍	2016 年	武汉大学"351 人才计划"珞珈青年学者	武汉大学

5. 专业办学层次与模式

经过近 18 年的辛勤努力，目前电子商务专业形成了包括本科、硕士研究生和博士研究生教育等三个层次，形成了以大数据分析和商务智能应用为核心的特色学科。此外，我系获批 2019—2020 学年度"高校研究生"中国政府奖学金项目，成功开办了英语授课的电子商务硕士项目课程。该项目今年吸引了近 30 名来自亚洲、非洲和美国、英国、墨西哥等地的申请人，在本专业的国际教育领域中崭露头角。今后，还将继续努力，拓展专业教育的新模式，与发达国家的著名高等学校合作开展电子商务专业人才培养。

(三)队伍与带头人

1. 教师基本情况

信息系统与电子商务系教师的学科背景丰富，既有计算机专业的教师，也有经济专业和管理专业的教师，同时还有法学、工学、理学等来自不同专业的教师。特别地，电子商务专业还拥有留美的 MBA 和留日的博士。经过几年的建设发展，初步形成了一支以中青年为主的学缘结构基本合理的教师队伍。教师中博士研究生导师 5 人、教授 6 人、副教授 11 人、均具有博士学位。教育部"新世纪优秀人才计划"入选者 1 人，中组部"青年拔尖人才支持计划"入选者 1 人，楚天学子 1 人，武汉大学珞珈特聘教授 2 人，武汉大学珞珈青年学者 3 人。信息系统与电子商务系是中国电子商务协会的会员单位，并同美国佐治亚理工大学、美国亚利桑那大学、美国卡内基梅隆大学、瑞士苏黎世联邦理工大学、新墨西哥大学、西安交通大学、浙江大学、对外经贸大学等二十多所国内外知名高校建立了广泛的学术交流关系。

2. 带头人

本系在岗教授有六位：

吴江，教授，主要研究方向为商务数据挖掘、社会网络计算、智慧医疗健康、共享经济模式、网络信息计量。

张李义，教授，主要研究方向为泛在网络融合与信息系统集成、电子商务理论与应用、大数据分析、互联网金融。

余世英，教授，主要研究方向为电子商务经济理论、电子商务管理。

李枫林，教授，主要研究方向为商务信息服务、信息行为研究、服务管理理论与应用。

曾子明，教授，主要研究方向为信息推荐系统、数据分析与数据挖掘、大数据资源智能管理与决策、移动视觉搜索及应用。

张敏，教授，主要研究方向为互联网与企业商业模式创新、互联网与企业战略管理、信息心理与信息行为、互联网金融与投资决策分析、知识管理与创新扩散、

社交媒体与网络口碑。

(四)毕业生

电子商务专业创办的历史很短，目前共有毕业生 400 人左右，毕业学生主要在阿里巴巴、腾讯、华为、百度、京东、字节跳动、微软、IBM 等国内外知名企业工作，还有部分毕业生选择自主创业或继续深造，他们在各自的工作中都取得了不错的成就。部分选择自主创业的毕业生目前已经取得了很好的成绩，他们创办的企业获得了国内外风险投资。在选择继续深造的毕业生中，被推荐或考试进入的学校包括北京大学、中国人民大学、复旦大学、浙江大学、上海交通大学、南京大学等。

(吴江)

六、保密管理系创办与发展

(一)创建与发展

保密管理系成立于 2016 年 11 月。2008 年以来，根据中央保密委员会工作部署，国

家保密局在全国重点高校部署建设了11所国家保密学院，在最早获批开办保密管理方向的北京电子科技学院开设了保密管理方向本科教育，在杭州电子科技大学成立了浙江保密学院，初步形成了"11+X"的保密专业教育格局，开始向专业化、规范化、规模化、体系化方向发展。2011年9月，国家教育部正式将保密管理专业作为特设专业、国家控制布点专业增设进《普通高等学校本科专业目录(2012年)》，专业代码为120106TK，成为在管理科学与工程学科下与信息管理与信息系统并列的一个独立本科专业，自此保密管理专业的学历教育和学科建设得以正式开展。这是我国保密学历教育发展进程中的一项具有开创性的重大举措，有力地推动了国家保密人才培养和保密干部队伍建设，促进了保密工作的科学发展。

为了应对保密工作新的严峻形势，促进保密事业的科学发展，2012年11月18日，湖北省保密局和武汉大学签订合作支持协议，支持武汉大学为国家保密事业提供人才支撑；支持武汉大学为保密事业提供决策咨询与科技支撑；支持武汉大学加强学科建设，推动保密等领域的创新平台建设。2013年4月24日，武汉大学与湖北省国家保密局就筹建湖北省保密教育培训基地等事项召开了座谈会。2015年5月26日，湖北保密教育培训基地挂牌。2016年9月20日，武汉大学国家保密学院正式成立，国家保密教育培训基地武汉基地挂牌。

2017年，保密管理获得硕士研究生招生资格，开始面向全国招收第一届保密管理硕士研究生。经过近3年的发展，保密管理系获得了较快发展，是该专业国内最早的硕士学位授权单位，同时在图书情报专硕设立保密管理方向，招收专硕。

(二)特色与成就

1. 特色

随着网络信息技术、大数据和人工智能的发展和应用，信息安全和保密管理在经济社会发展中扮演着越来越重要的角色，成为确保国家和企事业单位核心竞争力的关键。很多国家都把对保密和信息安全人员的培养作为信息管理教育的重要内容，美、英等发达国家更是在大学教育中深入开展保密概念的普及以及保密能力的培训，开设信息安全等课程。在我国的许多企事业单位，包括一些保密工作任务繁重的部门，缺乏专职保密干部，大多是身兼数职，保密人员队伍也不稳定，流动性大，人员更换频繁，造成信息随人员流失，使保密工作存在许多隐患。为确保党和国家秘密安全，必须加快发展保密管理事业，大幅提高保密管理能力，把更多的专业人才充实到保密干部队伍中，优化队伍的学历年龄结构，推进保密干部队伍专业化和年轻化。应对这一形势，保密管理系立足于保密管理高端人才培养，结合信息管理学院情报学特色，定位于"三分技术、七分管理"，确立了保密管理研究生培养体系。

2. 成就

在湖北省委领导和湖北省国家保密局领导的亲自推动下，湖北保密教育实训平台建成并投入使用，同时推进资料室、实验室、办公室建设，不断加强支撑条件建设；保密管理系科学制订保密管理方向研究生培养方案；大力整合教学科研资源，打造一流的教学师资队伍，构建顶尖的科研团队与研究平台。近 3 年来，保密管理系取得了一系列成就。

(1)学科建设。自保密管理系成立以来，始终把学科建设放在首位。2017 年保密管理专业获得硕士学位授予权，2018 年在图书情报专硕设立保密管理方向，形成了由学硕、专硕构成的保密管理高级人才培养体系。此外，在信息管理大类本科教学中，开设了三门与保密相关的课程，力争从本科开始培养学生的保密意识。同时，学院在“双一流”建设过程中，把保密管理作为未来新兴专业重点建设，力求取得新的突破。

(2)人才培养。保密管理系注重保密高端人才培养，每年招收 10 名保密管理硕士研究生，精心培育。从入学之初，就让他们进入湖北省保密实训平台参与讲解，不断强化他们的保密专业知识和技能，同时，通过让他们到湖北省国家保密局、武汉大学保密办实习，进一步培养学生的保密意识及专业技能，能够学以致用，真正成为保密企事业单位需要的复合型人才。

(3)科学研究。保密管理系以学科建设为龙头，重点在保密制度、网络空间安全、大数据安全、保密技术以及保密法规等领域展开研究，在注重人才培养的同时，还致力于开展保密管理领域各种理论和现实问题的研究，重视学科的发展和开放式科研优势的整合。自成立以来，已承担国家保密局项目 2 项(邓胜利教授和席彩云研究员)，实现了湖北省国家保密局承担国家局项目零的突破，承担国家自然科学基金项目 3 项(邓胜利、陈君、董克)，与军工企业合作，承担基于军用数据的大数据存储系统技术研究“国家安全风险管理关键技术与应用”等，与企业合作，承担“反诈知识图谱构建技术研究与实现”研究。

(4)社会服务。信息化条件下，窃密与反窃密、渗透与反渗透是一场愈演愈烈的战争，加强保密人员培训与管理，实现保密管理人才队伍的创新化发展，维护信息安全事关我国政治安全、经济安全和社会稳定。从 2016 年至今，共完成 34 场保密培训，涉及西藏、新疆、广东省、海南省等 20 多个省份，共计培训超过 3000 人。湖北省保密实训平台接待湖北省内各级保密系统人员参观学习，总计 321 场，接待人数达 12371 人。保密管理系所有老师全程参与保密培训，为提升各级保密系统学员的保密意识和保密技能做出了较大贡献，获得培训单位的一致好评。

(三)队伍与带头人

保密管理系成立之初，从信息管理科学系、图书馆学系、档案与政务管理系中挑选相关老师组成现有的师资队伍。目前，保密管理系现有专职教师 5 名，全部具有博士学位，所有老师都具有海外留学经历。

在现有师资严重不足情况下，保密管理系不断进行内外挖掘潜力，进行研究方向的整合，结合国内外保密管理发展的现状、趋势与社会发展需要，本专业形成了6个主要研究领域，即现代窃密行为，主要学术带头人邓胜利教授；大数据安全与保密，主要学术带头人洪亮副教授；数据智能与内容挖掘，主要学术带头人范昊教授；网络安全与保密，主要学术带头人陈君教授；保密管理理论与方法，主要学术带头人席彩云研究员；保密制度与法规，主要学术带头人董克副教授。

（邓胜利）

第三章　师资队伍

学院师资力量雄厚，教师学科专业、学历、年龄结构合理。现有在职教师76人，其中，教授43人、副教授30人。50岁以下的中青年教师全部有博士学位，90%以上的教师有海外访学经历。武汉大学人文社会科学资深教授2人，国务院学科评议组成员3人，教育部社会科学委员1人，国家级教学名师1人，湖北省教学名师1人，享受政府特殊津贴专家5人，各类高层次人才25人，武汉大学珞珈杰出学者2人，武汉大学珞珈特聘教授12人，武汉大学珞珈青年学者17人，教育部本科专业教学指导委员会委员4人，全国图书情报专业学位研究生教育指导委员会委员2人，全国出版专业学位研究生教育指导委员会委员1人，教育部学风委员会委员1人，全国性学术组织主要负责人3人，国外期刊同行评审专家13人，国际期刊编委6人。

一、资深教授、教学名师及各类高层次人才

图 3-1　彭斐章

彭斐章，男，1930年9月生，湖南汨罗人。1961年毕业于莫斯科图书馆学院(今莫斯科文化大学)研究生部，获教育学副博士学位。自1961年起在学院任教，1983年晋升为教授。2004年被遴选为武汉大学人文社会科学资深教授。

曾任学院院长，主要社会兼职有：国家人文社会科学重点研究基地武汉大学信息资源研究中心顾问、中国图书馆学会顾问、《图书馆报》顾问。

主要研究方向为目录学、社会科学情报理论与方法的研究。出版专著、主编、参编、译著共20余部，发表学术论文100余篇，获国家和省部级奖励多项。

图 3-2　马费成

马费成，男，1947 年 8 月生，贵州贵阳人。1983 年毕业于武汉大学，获硕士学位。自 1983 年起在学院任教，1990 年晋升为教授，2007 年被评为二级教授，2012 年入选武汉大学人文社科资深教授。

曾任学院院长、教育部人文社会科学重点基地武汉大学信息资源研究中心主任，现任教育部人文社会科学重点基地武汉大学信息资源研究中心首席科学家、武汉大学大数据研究院院长。主要社会兼职有国务院学位委员会图书馆、情报与档案管理学科评议组召集人(2003—2015)，国家社会科学基金图书情报与文献学评审组组长，教育部社会科学委员会委员，教育部管理科学与工程教学指导委员会副主任(2000—2005)，中国图书馆学会副理事长(2000—2005)，中国科技情报学会副理事长(2004 至今)，中国信息经济学会副理事长(2005—2019)，国际信息系统协会中国分会(CNAIS)副主席(2005—2018)等职。

主要研究方向为情报学理论方法、数字信息资源管理与规划、大数据分析、知识网络。主持省部级以上项目 20 余项，在国内外重要期刊上发表学术论文 200 余篇，出版著作 20 余部。代表性著作有《IRM 及 KM 范式下的情报学发展模式研究》《信息管理学基础》《信息经济学》等，代表性论文有《概念地图在知识表示和知识评价中的应用》《情报学的进展与深化》《论情报学的基本原理及理论体系构建》"*Collective Dynamics in Knowledge Networks: Emerging Trends Analysis*"等。

曾获"国家级高等学校教学名师""宝钢优秀教师特等奖""国务院政府特殊津贴专家""国家级精品课程""教育部人文社会科学研究优秀成果奖"一等奖、二等奖、三等奖，"国家教学成果"一等奖、二等奖等国家及省部级教学科研成果奖 20 余项。

图 3-3　陈传夫

陈传夫，男，1962 年 5 月生，湖北人。1979 年考入武汉大学。获图书馆学文学学士、硕士学位，法学博士学位。自 1986 年起在本院任教至今。1993 年晋升为教授，2004 年被聘任为珞珈特聘教授，2007 年被评为二级教授。

美国华盛顿大学、加州大学伯克利分校研究学者，巴黎十一大学客座教授，英国东安格利亚大学合作研究学者。曾任国际图联(IFLA)教育与培训常务委员会委员等。

1999 年担任学院副院长，2005 年 5 月至 2012 年 9 月担任院长。2012 年 6 月至 2015 年 1 月担任本科生院院长，2015 年 1 月至今担任研究生院院长。曾任中国图书馆学会副理事长等职。主要社会兼职有：中国社会科学情报学会顾问委员会副主任，教育部图书馆学科教学指导委员会副主任委员，国务院学位委员会图书情报与档案管理学科评议组成员，中国大百科全书总编辑委员会委员、图书馆学科卷主编等。

主要研究方向为信息资源公共获取、图书馆发展理论、知识产权。代表性著作、论文有《信息资源知识产权制度研究》《图书馆业态的变化与发展趋势》等。在国内外发表论文百余篇。主持国家社会科学基金重大项目、国家自然科学基金、国家科技支撑计划等项目 20 余项。曾获“教育部推荐国家科技进步奖”二等奖、“中国高校人文社会科学研究优秀成果奖”一等奖。

图 3-4　方卿

方卿，男，1965 年 10 月生，湖北蕲春人。毕业于武汉大学图书馆学专业，1987 年、1990 年和 2001 年分别获学士、硕士和博士学位。自 1990 年起在学院任教，2001 年晋升为教授。曾任信息管理学院院长，现任人文社会科学研究院院长。

主要社会兼职有：中国图书馆学会副理事长、中国社科情报学会副理事长、全国科学技术名词审定委员会编辑出版学名词审定委员会副主任、新闻出版总署高级出版人才培养(武汉大学)基地主任、全国编辑出版学教学指导委员会副主任、全国出版硕士专业学位教育指导委员会委员、管理科学与工程类专业教学指导委员会保密管理专业教学指导分委员会委员、中国编辑学会常务理事、中国音像与数字出版协会常务理事、湖北省编辑学会副理事长、湖北省信息学会副理事长，《出版科学》主编、《图书情报工作》副主编、*logos* 等十余家学术期刊编委等。

主要研究方向为出版营销管理、数字出版和科学信息交流。主持科研项目 30 多项，发表学术论文 200 多篇，出版《出版价值引导研究》《科学信息交流研究》《科技出版国际竞争力研究》和《出版价值链研究》等著作 10 多部，获"中国出版政府奖""中华优秀出版物奖"和"湖北出版政府奖"等多项奖励。

图 3-5　李纲

李纲，男，1966 年 8 月生，河南信阳人。1987 年本科毕业于武汉大学科技情报专业，1990 年获理学硕士学位，1999 年获管理学博士学位。自 1990 年起在学院任教，2002 年晋升为教授。

现任教育部人文社科重点研究基地武汉大学信息资源研究中心主任，国家信息资源管理武汉研究基地主任，国家技术转移中部中心首席专家，二级教授，《信息资源管理学报》主编，国家自然科学基金"信息资源管理"创新群体负责人，兼任全国高校图书情报专业学位教学指导委员会委员兼秘书长、中国信息经济学会副理事长、中国科技情报学会常务理事、中国社科情报学会常务理事等。曾任全国高校管理科学与工程类教学指导委员会委员、湖北省电子商务学会理事长、武汉大学信息管理学院副院长、信息管理科学系主任等。致力于信息资源管理、数据组织、智慧城市等领域的研究工作，先后主持承担国家自科基金重大课题、国家社科基金重大项目、国家重点研发计划重点专项等重要科研项目，两次获得教育部科技进步一等奖。

图 3-6　陆伟

陆伟，男，1974 年 4 月生，辽宁人。1992 年考入武汉大学，1996 年获科技信息专业学士学位，1999 年获情报学专业硕士学位，2002 年获情报学博士学位。自 2002 年起在学院任教至今，2008 年晋升为教授。

2012 年开始任学院副院长，2020 年 6 月任学院院长。主要社会兼职有：中国情报学会知识组织专委会副主任委员、技术经济学会复杂科学管理分会秘书长、湖北省标准化协会副会长、教育部管理科学与工程学科教学指导委员会委员、《知识管理论坛》副主编、《情报学报》等期刊编委。

主要研究方向为信息检索与知识挖掘、情报分析与数据智能等。发表论文百余篇，主持国家社会科学基金重大项目《基于认知计算的学术论文评价理论与方法》、国家重点研发计划课题、国家自然科学基金项目等各类项目 40 余项，申请发明专利和软件著作权 10 余项，主持和参与制定国家标准各 1 项。曾获“教育部人文社科优秀成果”二等奖 2 项，“湖北省人文社科优秀成果”二、三等奖 3 项，“湖北省自然科学优秀论文奖”“湖北省科技信息优秀成果奖”“武汉市人文社科优秀成果”等。

图 3-7　孙永强

孙永强，男，1982 年 12 月生，河北人。2005 年毕业于中国科学技术大学，获管理学专业学士学位，2011 年获中国科学技术大学与香港城市大学联合颁发的管理学专业博士学位。自 2012 年起在学院任教至今，2016 年晋升为教授。

2015 年开始任信息管理科学系副系主任、党支部书记。主要社会兼职有：国际信息系统协会中国分会理事，SSCI 期刊 *Internet Research*、*Information Technology & People*、*Journal of Electronic Commerce Research* 等期刊编委，CSSCI 期刊《信息资源管理学报》副主编。

主要研究方向为知识管理、社交媒体、电子健康。代表性论文有"*User Satisfaction with Information Technology Service Delivery*: *A Social Capital Perspective*""*Understanding Sustained Participation in Transactional Virtual Communities*""*Bias Effects*, *Synergistic Effects*, *and Information Contingency Effects*: *Developing and Testing an Extended Information Adoption Model in Social Q&A*""*Location Information Disclosure in Location-Based Social Networking Services*: *Privacy Calculus*, *Benefit Structure*, *and Gender Difference*"等。发表SSCI期刊论文40余篇。主持国家自然科学基金项目《软件盗版行为的内在决策过程、外在驱动环境及软件属性的角色》、《维基情境下的治理模式、知识属性与知识整合：基于匹配理论与构型理论的视角》、教育部人文社科基金项目《开放式协同编辑平台中的用户知识整合机制研究》等省部级以上项目3项。曾获"高等学校科学研究优秀成果奖(人文社会科学)"青年成果奖、"湖北省社会科学优秀成果"三等奖、"武汉大学人文社会科学研究优秀成果"一等奖。

图3-8　吴丹

吴丹，女，1978年6月生，武汉人。2001年毕业于华中师范大学，获信息学和计算机软件及应用专业学士学位，2004年获计算机应用技术专业硕士学位，2008年获北京大学情报学专业博士学位，期间赴美国匹兹堡大学联合培养。自2008年起在武汉大学信息管理学院任教至今，2018年作为中美富布莱特高级研究学者赴美国北卡罗来纳大学访学。2014年晋升为教授。

2013年起任图书馆学系副系主任、系主任，2019年任校发展规划与学科建设办公室副主任。主要社会兼职有：*Data and Information Management* 执行主编、*Information Processing & Management* 编委、*The Electronic Library* 编委、*Library Hi Tech* 编委、《图书情报工作》编委。国际信息科

学与技术学会理事和亚太分会候任主席、国际 iSchools 联盟数据科学课程设计委员会委员、国际计算机学会数字图书馆委员会委员、国际数字图书馆联合会议筹备指导委员会委员。中国索引学会青年委员会副主任、中国图书馆学会图书馆学教育委员会以及用户研究与服务委员会委员、中国中文信息学会信息检索专业委员会委员。

主要研究方向为信息组织与检索、用户信息行为、人机交互、数字图书馆。在 *JASIST*、*IPM*、*SIGIR* 等国内外学术期刊和会议上发表论文百余篇。主持国家社科基金重大项目、国家自科基金面上项目等国家级、省部级项目十余项。曾获"教育部高校科学研究优秀成果奖"青年成果奖、"湖北省社会科学优秀成果奖"二等奖等。

图 3-9　王晓光

王晓光，男，1978 年 9 月生，河南人。2001 年毕业于武汉大学，获信息管理与信息系统专业学士学位，2004 年获情报学专业硕士学位，2007 年获管理科学与工程专业博士学位。自 2007 年起在学院任教至今，2012 年晋升为教授，2014 年获聘珞珈特聘教授。2019 年湖北省自科基金创新研究群体项目负责人，国家自科基金创新研究群体项目骨干成员。

2017 年开始任教育部人文社科重点研究基地武汉大学信息资源研究中心副主任，2020 年 6 月任学院副院长。主要社会兼职有：国际 iSchools 联盟数字人文课程设计委员会委员，中国社会科学情报学会理事，数字人文专业委员会副主任，中国科学技术情报学会知识组织专业委员会委员，敦煌研究院"数字敦煌"项目国际咨询委员会委员，《信息资源管理学报》副主编，《知识管理论坛》编委，*International Journal of Librarianship* 顾问，国家新闻出版广电总局"学术期刊动态语义出版与知识服务"重点实验室学术委员会委员，国家新闻出版广电总局"富媒体数字出版内容组织与知识服务"重点实验室学术委员会委员，美国情报科学与技术学会(ASIST)会员。

主要研究方向为信息资源管理、知识组织、语义出版、数字人文。发表论文百余篇，代表性著作、论文有《数字资产管理》《科学知识网络的形成与演化》《基于 NEViewer 的学科主题演化可视化分析》《语义出版物内容组织架构研究》《数字人文的产生、发展与前沿》等。主持国家自科基金《基于大规模开放科学知识图谱的学科新兴趋势探测研究》、教育部人文社会科学重点研究基地重大项目《大数据资源的语义表示与组织研究》、湖北省自科基金《大数据资源语义组织与管理应用研究》等科研项目 20 余项。曾获"教育部第八届高等学校科学研究优秀成果奖(人文社会科学)"二等奖。

图 3-10　吴江

吴江，武汉大学信息管理学院教授，珞珈特聘教授，2011 年进入武汉大学工作，国家重点研发计划项目负责人，曾任信息系统与电子商务系主任，现任信息管理学院副院长、电子商务研究与发展中心主任。兼任湖北省电子商务学会秘书长、《数据与信息管理》(*Data and Information Management*)杂志的学科主编、西藏自治区电子商务特聘专家。2003 年在清华大学自动化系模式识别与智能系统专业获得硕士学位，2009 年在华中科技大学管理学院管理科学与工程专业获得博士学位。曾在瑞士苏黎世联邦理工大学社会计算研究所做博士后研究，在美国卡内基梅隆大学计算机学院和亚利桑那大学管理信息系统系访问学习。长期从事信息管理与电子商务领域的研究工作，研究方向为社会网络计算、旅游信息管理、商务智能系统、共享经济模式。承担了 10 余项国家自然科学基金项目、国家重点研发计划等国家课题的研究，在 JOI、JKM、SCIM、IJHM、IJCHM、《情报学报》、《管理科学学报》等国内外高水平期刊发表学术研究论文 80 多篇，出版学术专著 2 部。

图 3-11　安璐

安璐，女，1979 年 8 月生，湖北人。2001 年毕业于武汉大学，获信息管理与信息系统专业学士学位，2004 年获情报学硕士学位，2007—2008 年在美国威斯康辛密尔沃基大学做联合培养博士生，2009 年获情报学博士学位。自 2011 年起在学院任教至今，2014—2015 年在美国德雷塞尔大学做访问学者，2016 年底晋升为教授。

2017 年开始任信息管理科学系副主任，教育部人文社会科学重点研究基地武汉大学信息资源研究中心数据管理与知识服务研究室主任。主要社会兼职有：中国仿真学会人工社会专委会委员，中国信息经济学会理事，湖北省信息学会学术教育工作委员会委员及会员代表大会理事，ASIS&T SIG-KM Special Project Officer，近二十种 SSCI，EI，CSSCI 学术期刊审稿专家，ASIS&T 年会，iConference，JCDL，ICADL，ICSH 等国际学术会议的程序委员会成员和分会场主席，国际知识组织学会(ISKO)会员。

主要研究方向为网络数据分析、应急情报、可视化知识发现。代表性著作、论文有《科研文化机构的主题特征可视化挖掘》《学术期刊主题可视化研究》等，发表论文八十余篇。主持教育部哲学社会科学研究重大课题攻关项目《提高反恐怖主义情报信息工作能力对策研究》、国家自然科学基金项目等省部级以上项目十余项，系国家自然科学基金创新研究群体核心成员。曾获"中国情报学年会优秀论文奖"一等奖等。

图 3-12　许洁

许洁，女，1983 年 7 月生，云南人。2006 年毕业于武汉大学，获编辑出版学和市场营销学双学士学位，2008 年获出版发行学专业硕士学位，2011 年赴荷兰莱顿大学人文学院图书与数字媒体专业联合培养，2012 年获武汉大学管理学博士学位。自 2012 年起在学院任教至今，2014 年入选武汉大学"351 人才珞珈青年学者"，晋升为副教授，2019 年晋升为教授。

2014 年开始担任出版系副系主任。主要社会兼职有：欧洲学术出版会议(Academic Publishing in Europe，APE)

大会组委会成员，北京大学互联网发展研究中心兼职研究员。国际学术期刊 *Malaysian Journal of Library and Information Science* 编委、*Publishing Research Quarterly*, *Learned Publishing* 等期刊审稿人。

主要研究方向为出版学基础理论、数字出版与科技传播，代表作有《出版企业国际化理论与实践研究》《基于三大领域的出版学基础理论构建探讨》、*Chinese Early-career Researchers' Scholarly Communication Attitudes and Behaviors: Changes Observed in Year Two of a Longitudinal Study* 等。主持国家社会科学基金项目、博士后基金重点项目、中国科学技术协会期刊研究项目、(原)国家新闻出版广电总局出版研究项目等省部级以上研究项目 5 项。

图 3-13　肖希明

肖希明，男，1955 年 11 月生，湖南武冈人。1983 年毕业于武汉大学图书馆学专业，1983—1999 年在图书情报学院任教，1995 年获理学博士学位，1996 年 2 月至 9 月美国俄亥俄州肯特州立大学访问学者，1999 年 4 月至 2004 年 11 月担任佛山科技学院图书馆馆长。2004 年 11 月以后在学院担任教授、博士生导师，2014 年晋升为二级教授。2006—2012 年担任学院图书馆学系主任。主要社会兼职有：曾任中国图书馆学会理事、学术研究委员会副主任委员、教育部高等学校图书馆学学科教学委员会委员、教育部高等学校图书情报工作指导委员会委员等。现任中国图书馆学会学术研究委员会资源建设与共享专业委员会主任委员、湖北省图书馆学会常务理事、《中国图书馆学报》编委。

主要研究方向有信息资源建设、图书馆学基础理论、图书馆学教育。主持国家社会科学基金重大项目“中国图书馆学教育百年史及其文化影响”、国家社会科学基金重点项目“公共数字文化服务中的资源整合”、教育部人文社会科学重点研究基地重大项目“iSchool 运动发展趋势及对国内外信息领域的影响”等国家级和省部级项目 10 余项，发表论文 220 余篇，出版《信息资源共享系统及绩效评估研究》《中国图书馆史·现当代图书馆卷》《iSchool运动与图书情报学教育的变革》等著作12部，其中《信息资源共享系统及绩效评估研究》入选“国家哲学社会科学成果文库”。2019年获“武汉大学杰出教学贡献校长奖”。

图3-14　黄如花

黄如花，1968年生，武汉人。先后于1990年、1995年、2002年毕业于武汉大学信息管理学院，获文学学士、理学硕士、管理学博士学位。1995年起留校任教，2005年破格晋升为教授，分别于2010年、2017年晋升为三级、二级教授。1999—2000年美国匹兹堡大学访问学者，2015年美国加州大学伯克利分校高级研究学者。2001年2月至2012年9月任图书馆学系副主任，2012年10月起任副院长。

主要社会兼职有：中国图书馆学会学术委员会副主任委员、教育部中国高校人文社会科学文献中心(CASHL)专家咨询组专家、文化部第六次全国公共图书馆评估专家、《中国大百科全书》第三版图书馆学科“信息检索”分支主编等，国家精品在线开放课程评审专家等。系*Government Information Quarterly*等多个SSCI刊物、《中国图书馆学报》等国内重要刊物的审稿专家，国际知识组织协会(ISKO)会员。研究领域：信息组织与检索、信息服务、开放存取、信息素养教育。

主持国家社科基金重大项目、教育部人文社会科学重点研究基地重大项目、国家社科基金项目等。以第一(通讯)作者在《中国图书馆学报》发文14篇(独立作者7篇)，SSCI检索5篇，《人大复印报刊资料》全文转载30余篇。主要奖励：“第八届高等学校人文社会科学科学研究优秀成果”三等奖、“十三五”国家重点图书、国家出版基金、国家精品课程、国家精品资源共享课程、全国大学生优秀素质教育课程、国家精品在线开放课程、湖北省优秀博士学位论文等。

主讲的“信息检索”慕课，吸引学员20余万，入选中宣部“学习强国”平台慕课。

图 3-15　张李义

张李义，男，1965 年生，安徽枞阳人，中国民主促进会会员，工学博士，武汉大学教授，管理科学与工程专业、电子商务专业的博士生导师，武汉大学珞珈学者特聘教授(2013—2015 年)、湖北省彩虹学者特聘教授(2012—2015 年)、教育部高等学校电子商务专业教学指导委员会委员(2006—2010 年、2013—2017 年、2018—2022 年)、湖北省电子商务学会会长(2017—　)、全国电子商务与法律专业联盟理事长(2015—　)，2007 年获“宝钢优秀教师奖”、2008 年入选教育部“新世纪优秀人才支持计划”。

主要从事泛在网络融合与信息系统集成、数据科学与商务大数据分析、消费者认知行为与神经机理、科技评价等领域的教学、研究与咨询工作。在各种国内外重要学术期刊或国际学术会议发表论文近 150 多篇，其中被 SCI/SSCI、EI 收录期刊论文 40 余篇，被 EI、ISTP 等国际权威检索机构收录会议论文 30 多篇。在科学出版社、高等教育出版社、武汉大学出版社等国内重要出版社出版学术著作与教材 6 部，主持或参加国家自然科学基金项目、国家社会科学基金项目(包括重大、重点项目)、教育部人文社科项目(包括重大、重点基地项目)、国家商务部委托项目 20 余项，主持企业委托项目 30 余项，获得省部级以上科技奖励 4 项。

图 3-16　黄先蓉

黄先蓉，女，湖北天门人。管理学博士，教授，博士生导师。现任武汉大学出版发行研究所所长，《出版科学》副主编，全国出版专业职业资格考试辅导教材编审委员会委员，全国出版物发行标准化技术委员会委员，中国图书馆学会图书馆法律与知识产权研究专业委员会委员，湖北省出版物审读专家，台湾南华大学出版与文化事业管理研究所客座教授，《中国编辑》《山东图书馆学刊》编委。2005—2006 年在美国纽约佩斯大学(Pace University)出版专业做访问学者。2009 年入选“教育部新世纪优秀人才支持计划”，2010 年入选“全国新闻出版行业领军人才”，2013

年获湖北省"三八"红旗手称号。获"第六届湖北省优秀期刊工作者奖"，"第六届'韬奋杯'全国出版社青年编校大赛湖北赛区优秀教练奖"，"首届'科技七社·图书商报'杯全国大学生辩论赛"冠军(指导老师)，"首届'韬奋杯'全国大学生出版创意大赛图书创意奖"一等奖(指导老师)。

主要研究方向为信息政策与法规、出版政策与法规、文化产业管理与版权贸易等。承担"出版法律与政策""出版物市场管理"等本科生课程，以及"出版法制研究""出版宏观管理专题研究"等硕、博士研究生课程。主持国家社科基金项目等各级各类科研项目20余项，出版专著和教材10余部，发表论文160余篇。先后获"国家科学技术奖(科技进步奖)"二等奖、"湖北省科学技术进步"二等奖、"第二届中华优秀出版物(论文)奖""湖北省社会科学优秀成果奖""湖北省高等学校教学成果奖""互联网与数字出版优秀论文奖"等。

图3-17　查先进

查先进，男，1967年12月生，安徽黄山人。2001年毕业于武汉大学信息管理学院，获情报学博士学位。自1995年起在武汉大学信息管理学院任教，2005年晋升为教授，2006年担任博士生导师。2006年入选教育部"新世纪优秀人才支持计划"，2013年被聘为武汉大学"351人才计划"珞珈特聘教授。

主要社会兼职：中国信息经济学会常务理事、中国科学技术情报学会理事及情报理论方法与教育培训专业委员会副主任委员、湖北省信息学会常务理事。兼任武汉大学信息资源研究中心研究员以及ASIS&T、AIS、IACMR等协(学)会会员。兼任JASIST等10余种SSCI/SCI收录国际期刊以及iConference等国际会议同行评审专家。主要研究方向：信息资源管理、信息行为、信息分析与竞争情报。在SSCI/SCI收录国际期刊发表论文近30篇，国内核心期刊发表论文70余篇，出版著作10余部。在谷歌学术上总被引2000余次。主持国家级项目5项、省部级项目3项，参加国家和省部级项目10余项。曾荣获“2018年度第十一届湖北省社会科学优秀成果”三等奖、“2016年度第十届湖北省社会科学优秀成果”三等奖、“2016年度湖北省优秀博士学位论文指导教师”、“2013年度国家级教学成果”一等奖、“2013年度湖北省高等学校教学成果”一等奖、“2005年度湖北省科学技术进步”二等奖、“2003年度普通高等学校人文社会科学优秀科研成果”三等奖等。

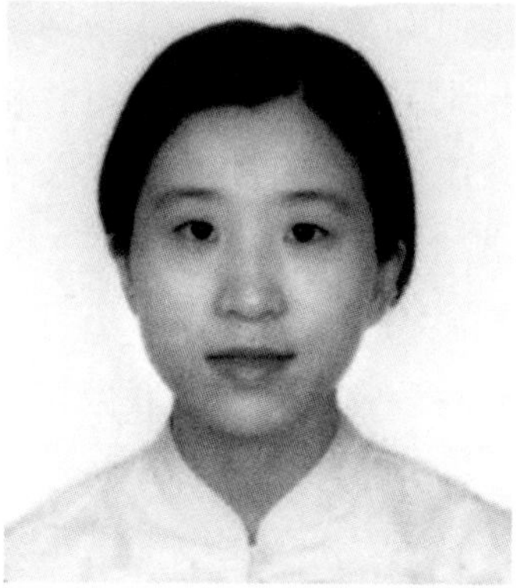

图3-18　徐丽芳

徐丽芳，教授、博士生导师，武汉大学信息管理学院出版科学系系主任，武汉大学数字出版研究所所长。2019年文化名家暨“四个一批”人才，2014年度“全国新闻出版行业领军人才”，2010年入选教育部“新世纪优秀人才支持计划”，2011年第九届“武汉大学杰出青年”，武汉大学首批社会科学“70后”学者学术团队带头人。

兼任高等学校出版专业本科教学指导委员会委员，“国家出版物发行术语标准”起草人之一，全国科学技术名词审订委员会第一届编辑出版学名词审定委员会委员，国家新闻出版广电总局出版融合发展(时代出版)重点实验室、(中南传媒)重点实验室、(南方报业)重点实验室学术委员会委员，中国图书馆学会编译出版委员会图书馆学著作编辑出版专业委员会副主任，中国图书馆学会网络与数字阅读委员会委员，中国新闻史学会编辑出版研究委员会第一届理事会常务理事、新华文轩博士后科研工作站专家库成员。

主要研究方向为数字出版、英美出版业研究和科学信息交流。历年来共主持和参与“增强现实互动关键技术研究”“数字内容管理系统开发”“科技信息用户价值模型构建与实证研究”等国家社科基金项目、国家自科基金项目、科技支撑项目、原新闻出版广电总局、科技部等部委项目和企业委托项目20余项，出版著作、教材20余部(含翻译和参编)，发表论文100余篇。

图 3-19　姜婷婷

姜婷婷，博士、教授、博士生导师。2005 年获全额奖学金赴美国匹兹堡大学留学，2010 年取得博士学位，2011 年进入武汉大学信息管理学院工作，2017 年晋升为教授。2014 年入选武汉大学“珞珈青年学者”。

2017 年开始担任信息管理科学系副主任、武汉大学信息资源研究中心信息组织与数据挖掘实验室主任。主要社会兼职包括：中国图书馆学会图书馆学教育研究委员会委员、中国科技情报学会信息行为研究专业委员会委员、*Information Processing and Management* 编委、《信息资源管理学报》编辑、*Data and Information Management* 编辑等。

主要研究方向为信息行为、用户体验、数据分析法、信息可视化。已在 IPM、JDOC、AJIM、LISR、JOI、JIS、《中国图书馆学报》《情报学报》等国内外高水平期刊和会议论文集上发表学术论文 40 余篇，出版学术专著《在线信息搜寻行为的非介入性研究》、主编《情报学研究进展》。主持国家自然科学基金面上项目《在线信息偶遇过程中趋避行为的产生规律与神经机制研究》及国家自然科学基金青年项目、教育部人文社科研究青年项目等各类科研项目 10 余项。曾获中国科学技术情报学会“2019 年度情报科学创新团队奖”“第十届湖北省社会科学优秀成果奖三等奖”“武汉大学本科优秀教学业绩奖”“武汉大学教学研究论文”一等奖、“杰出教学贡献院长奖”等奖项。

图 3-20　周力虹

周力虹，男，1983 年 5 月生，湖北人。2005 年毕业于华中科技大学，获管理学学士学位。2006、2011 年分获英国谢菲尔德大学信息管理硕士学位和信息研究博士学位。2011 年起在武汉大学信息管理学院任教至今，2017 年晋升为教授、博士生导师。2012 年入选为武汉大学“珞珈青年学者”。

2013 年开始任学院外事办公室主任，2016 年 11 月—2019 年 11 月任院长助理，2019 年 9 月起任图书馆学系主任，2020 年 6 月任学院副院长。主要社会兼职有：国际高水平期刊 *International Journal of Libraries and Information*

Studies（SSCI）、*IFLA Journal*（ESI）编委，国际图联数字人文与数字学术委员会（IFLA DH/DS）委员，多次担任国际顶尖信息学院联盟年会 iConference 最佳博士论文、研究海报等评审主席、委员。

主要研究方向为：信息资源管理、数字图书馆服务等。在国际著名 Springer Nature 出版社出版学术专著一部，发表国内外高水平期刊、会议论文 70 余篇。主持、参与梅隆基金会、国家自然科学基金、国家社会科学基金等省部级以上项目 10 余项。

图 3-21 王玉珏

王玉珏，女，1985 年 11 月生，辽宁人。2008 年获武汉大学档案学学士学位，2010 年获武汉大学档案学硕士学位，2015 年获法国国立宪章学院（École nationale des Chartes）博士学位。2015 年起在学院任教至今，2017 年晋升为副教授。

2017—2019 年任驻法使馆教育处三等秘书、二等秘书，2016 年至今任国际档案理事会新入职档案工作者委员会（New Professional Programme）执行委员、中文社交媒体负责人。

主要研究方向为档案学基础理论、公共文化服务、文化软实力与全球文化治理等。代表性著作、论文有《档案文化创意服务的理论与实践》《中国参与全球档案治理：历程、挑战与对策》等。发表中、英、法三语论文共 30 余篇。主持国家社会科学基金青年项目《“资源驱动型”档案文化创意产品开发模式及其实现研究》、国家档案局科技项目《中国参与全球档案治理的机制与模式研究》、教育部中外人文交流专项研究课题《构建人类命运共同体背景下的“中法非”三方教育合作政策研究》等省部级项目。曾获“2016 年国际档案理事会新入职档案工作者奖励（New Professional Bursary）”，“首届、第二届全国高校档案学专业大学生创新课外科技作品展优秀指导教师（2016、2018）”，“全国档案工作者年会论文”一等奖。

图 3-22　陈君

陈君，女，1980 年 10 月生，湖北人。2003 年毕业于武汉大学，获计算机科学与技术专业学士学位，2008 年获计算机应用技术博士学位。自 2008 年起在学院任教至今，2018 年晋升为教授。2008 年 8 月至 2009 年 7 月赴香港城市大学从事信息处理与数据管理系统博士后研究工作 1 年。2012 年 2 月至 2013 年 2 月在香港城市大学信息资讯系做高级访问学者。2016 年获得武汉大学"珞珈青年学者"称号。

主要研究领域：移动计算环境数据管理、网络消费者行为，互联网金融以及社会化商务用户决策。近年来已在国际权威期刊及重要会议上发表论文 30 余篇。担任 *Information Sciences*、*Internet Research*、*International Journal of Information Management* 等国际重要期刊的审稿人。先后主持国家自然科学基金项目 2 项、教育部人文社科基金项目 1 项，担任国家社科重大子课题负责人 1 项，参与多项国家自然科学基金面上项目及香港研究资助局项目。科研成果获得"湖北省自然科学优秀成果"二等奖、"武汉大学人文社科优秀成果"二等奖。

图 3-23　毛进

毛进，男，1988 年 3 月生，四川人。2009 年毕业于华中师范大学，获信息管理与信息系统学士学位，2012 年获情报学硕士学位，2015 年获武汉大学管理科学与工程博士学位。2015—2017 年赴美国，受亚利桑那大学全额资助从事博士后研究工作，2017 年 10 月起担任武汉大学信息资源研究中心重点博士后、副研究员。2018 年入选"第四届中国科协青年人才托举工程项目"和首批湖北省联合培养博士后青年创新人才。

任国际信息组织学会中国分会会员，曾担任美国 ASIST 亚利桑那分会执行主席、国际亚太数字图书馆会议 2015 年组委会成员等。*Frontiers in Research Metrics and Analytics Archive* 编委，担任 JASIST、*Journal of Information Science*、*Scientometrics* 等期刊同行评议人。

主要研究方向为信息组织、多模异构知识表示、学术大数据分析。在 JASIST、IPM 等国际高水平期刊上发表论文 10 余篇。主持国家自然科学青年基金项目、博士后面上项目一等资助、武汉大学自主科研项目等 4 项，国家自然科学基金创新研究群体成员，作为主要成员参与国家重点研发计划、国家自然科学基金重大项目课题、重点类项目以及教育部重大课题、美国自然科学基金项目等 10 余项。

二、青年教师团队

(一)青年教师概况

目前，我院共有青年教师 41 人，占全体教师人数的 53.2%，其中，教授 18 人，副教授 19 人，讲师 4 人。

(二)“70 后”团队

“70 后”学术团队计划是武汉大学助推青年学者群体性成长的重要举措。2010 年启动，我院“信息检索方法与技术”“数字科学交流研究”“网络用户信息行为研究”三个团队入选。该计划是 2009 年底推出的《武汉大学人文社会科学“70 后”学者学术发展计划实施方案》的一个重要子项目，旨在推出一批入选国家“高层次创造性人才计划”、在国内外学术界具有较大影响的学术新秀，形成一批跨学科、有活力的青年学术团队，产出一批立足前沿、面向现实的优秀科研成果。

1.“信息检索方法与技术”团队

团队成员共有青年教师 6 人，团队带头人为陆伟教授，成员有刘萍教授、曾子明教授、吴丹教授、安璐教授。团队成员拥有图书馆学、情报学、档案学、管理科学与工程和计算机等多学科的知识背景，均为已出站博士后。

信息检索是图书情报学的核心和基础研究领域之一，学院十分重视该领域的建设和发展。围绕着该领域，团队成员出版了信息检索相关著作 20 余部，发表论文 300 余篇，其中 SSCI 索引论文 50 余篇，SCI 索引论文 30 余篇，EI/ISTP 索引论文 50 余篇，国内 CSSCI 论文 200 余篇，权威期刊 80 余篇。共主持国家社科基金项目、国家自科基金项目、教育部项目、留学回国基金项目、博士后基金项目、科技部国际合作交流项目、湖北省科技攻关项目等 80 余项，为团队建设打下了坚实基础。

结合信息检索的细粒度和语义化发展趋势，团队成员将以“跨语言环境下的细粒度信息检索及可视化”为研究切入点，就细粒度信息的智能抽取、细粒度信息的语义关联属性识别、细粒度信息的跨语言检索、片段检索模型和实体检索模型的构建、细粒度信息的可视化等关键问题展开研究。此外，针对学术资源分布广泛，搜索个性化、智能化服务不够完善等问题，团队成员还将对学术文本格式化理解、学术文本语义信息检索与挖掘、跨语言智能学术搜索、学术资源知识地图构建等方面展开研究。

团队将通过项目制管理，实现团队的密切协作与实质性融合，通过承担多个国家、省部级科研项目，产出一批高质量的科研论文和学术成果，成为国内图书情报领域具有较大影响力的信息检索研究团队，并产生一定的国际影响。

2. 数字科学交流研究团队

2010 年，信息管理学院由徐丽芳教授作为学术带头人与姚永春、吴志强、王晓光、冉从敬和宋恩梅博士等共同组建的“数字科学交流研究” 团队第一批入选武汉大学人文社会科学“70 后”学者学术团队建设计划。

根据团队带头人和成员们的研究兴趣与专长，团队确定了“数字出版背景下的科学交流”这一在图书情报学科具有十分重要的理论研究价值与实践指导意义，同时又具备前沿性的研究领域。该项研究的前提是作为现代科学交流系统基石的学术出版的数字化转型，研究重点主要涉及科学交流三方面的问题，即：数字化背景下学术资源的组织、发布和长期保存问题；信息资源用户需求、行为和服务问题；以及科学交流制度问题。为此，团队设计并完成了对国内科学交流现状的大规模实证调研、分析以及对国家科学交流体系的经验研究和理论构建等研究任务。这些问题的研究意义重大，但是迄今国内与国外相比仍有不小差距。因此，该研究对于促进新技术背景下科学交流效率的提升，进而推动科学发展具有重大的理论价值与现实意义。

研究领域的确定使得团队成员拥有了共同的研究目标和任务，因此为彼此之间相互砥砺、开展高质量的科学交流和合作提供了良好条件。而且，团队这种科研合作形式可一定程度上改善科研中的单兵作战局面，有利于真正取得“一加一大于二”的团队效应，对完成单个研究人员不易胜任的研究任务提供了便利。建设期内，在团队成员的共同努力下达成了以下目标：一是提高成员的研究水平，促进成员的学术成长，扩大团员们在国内外的学术影响力。二是作为社会科学领域的研究活动，团队找到研究工作与党和国家关注问题的结合点，即如何提升我国科技期刊系统的科学交流成效。三是通过将“研讨会”“读书会”“成果报告会”等团队活动常规化、制度化，为信息管理学院和武汉大学良好学术氛围的营造和建设贡献自己的力量。第四，在团队建设过程中通过举办和参加国际、国内学术会议、出访和邀请同行学者来访等工作不断加强与国内外学术同行的联系和交流，促进团队发展并扩大团队的学术影响。

3. 网络用户信息行为研究团队

团队成员共有青年教师 6 人，团队带头人为邓胜利教授，成员有孙永强教授、陈君教授、王林副教授、王峰副教授、刘颖研究员。团队成员拥有情报学、管理科学与工程和计算机等多学科的知识背景；所有成员都具有海外留学经历。

用户信息行为是信息管理领域的核心和基础研究领域之一，学院十分重视该领域的建设和发展。围绕着该领域，团队成员出版了用户信息行为相关著作 4 部，发表论文 60 余篇，其中 SSCI 索引论文 20 篇，国内 CSSCI 论文 20 余篇。共主持国家社科基金项目、国家自科基金项目、教育部人文社科重点研究基地重大项目、横向项目等 18 项，为团队建设打下了坚实基础。成果先后获得“湖北省高等学校人文社会科学研究优秀成果奖”、“第一届湖北省高等学校人文社会科学研究优秀成果奖”三等奖、“湖北省第十五届自然科学优秀学术论文”三等奖以及“武汉大学第十三届人文社会科学研究优秀成果奖”一等奖。

结合用户信息行为数据化和多样化发展趋势，团队成员以“社交媒体用户信息行为”为研究切入点，就社交媒体用户心理、社交媒体用户信息行为划分、个性特征对用户信息行为影响、社交媒体用户行为评价、社交媒体用户信息行为预测等关键问题展开研究。团队通过任务分解及绩效奖励，实现团队的跨学科融合，通过承担多个国家、省部级科研项目，在国内外产出一批高质量的科研论文和学术成果，成为本领域具有较大影响力的用户信息行为研究团队，并产生一定的国际影响。

（三）武汉大学人文社会科学青年学者学术发展计划学术团队

我院继“70 后”团队之后，还有 5 个青年学者团队获得了武汉大学人文社会科学青年学者项目资助，分别是“人机交互与协作创新”“专利大数据研究”“商业大数据驱动下的管理创新研究”“信息计量与科学评价研究”“大数据与智能化环境下的用户信息行为研究”。

1. “人机交互与协作创新”团队

“人机交互与协作创新”青年学术团队于 2016 年 6 月成立，由 7 位核心成员组成，分别是：武汉大学信息管理学院吴丹教授、安璐教授、赵杨副教授、洪亮副教授、王平副教授、程媛博士和美国匹兹堡大学信息科学学院的何大庆教授。团队以图书情报为核心展开跨学科研究，覆盖用户视角下的人机关系、数据驱动的交互技术、多场景下的实践应用三大方面，在“面向‘互联网+’的人机关系建模与支撑技术”这一主要研究主题下取得了丰硕成果和实质性进展，已成功将理论研究成果与系统开发应用于“互联网+”信息检索、步行导航、数字图书馆、公共文化服务、社交网络、智慧城市等各个领域，团队合作发文 SSCI/SCI 39 篇，其中 JCR-1 区和 2 区论文共 21 篇，中文权威期刊 3 篇，中文核心期刊论文 94 篇；出版著作 11 部，其中 7 部在国内重要出版社出版，另外还有 3 部英文著作；申请科研项目 34 项，其中英文项目 3 个，国家级项目 7 个，教育部项目 4 个；获得 3 项中国专利和 3 项软件著作权。本团队是一支源于图书情报领域又知名于跨学科领域的优秀青年团队，在武汉大学人文社会科学青年学者学术发展计划学术团队建设验收中获评优秀。依托本团队，现已于 2019 年 10 月成立武汉大学人机交互与用户行为研究中心，吴丹教授任中心主任。

2. “专利大数据研究”团队

“专利大数据研究”青年学者团队成立于 2016 年。冉从敬教授担任负责人。团队成员主要来自武汉大学信息管理学院、计算机学院、公共管理学院和科学发展研究院等机构。其中，骨干成员包括章文副教授、曾承副教授、王少辉副教授、吴钢副教授、黄海瑛副教授、殷娜副研究员等，同时还有博士生、硕士生 20 余名的支撑研究团队。

本团队以专利大数据治理为研究对象，面向国家战略需求，展开理论突破、技术攻坚。在 3 年的建设周期中，团队共撰写及参编相关著作 8 部，发表学术论文 30 余篇，先后培育国家社科重大项目、自科面上项目、教育部人文社科重点研究基地重大项目等项目 20 余项，获批软件著作权 30 余项，专利 10 余项，完成 5 份调研报告，1 项专题数据库建设，培养博士后 2 名、博士生 5 名，硕士生 30 余名，获得多项国家级人才计划资助。团队基于“务联网”理论，开发了“知识产权生态港”平台系统，致力于推动专利转移转化，从 2017 年 3 月启动并于 2020 年底正式上线，以 Web 端系统、APP 系统、公众号系统为一体，以专利为核心，以高校为主要服务对象，涵盖企业和个人，已获软件著作权 13 项，申请专利 2 项，研究成果收到良好社会评价。

3. “商业大数据驱动下的管理创新研究”团队

“商业大数据驱动下的管理创新研究”团队成立于 2016 年 7 月，共有青年教师 12 人，由我院孙永强教授和经管院沈校亮教授担任联合负责人。成员有：许明辉教授、戴宾教授、关旭教授、高宝俊教授、陈君教授、陈文波副教授、王楠副教授、赵一鸣副教授、王峰副教授、张晋朝博士。团队成员拥有情报学、管理科学与工程和计算机等多学科的知识背景。

团队秉持学科融合、实质合作、共同成长、标志成果的核心指导思想，致力于搭建信息技术与商业管理之间的桥梁，实现技术与管理的结合。在 2016—2019 年 3 年建设期间，团队成员共发表 SCI/SSCI 期刊论文 67 篇，其中 JCR 1 区论文 37 篇；4 篇论文入选 ESI 高被引论文；2 篇论文发表于 UTD 期刊列表中的 *Production and Operations Management*；主持国家自然科学基金 11 项、教育部人文社科基金 3 项；关旭获批“国家自科基金委优秀青年科学基金”、赵一鸣入选中国科协“青年人才托举工程”人才计划；沈校亮、孙永强、高宝俊、戴宾、陈君、关旭等 6 位团队成员顺利晋升教授；团队成员担任十余本 SSCI 期刊、CSSCI 期刊编委工作；通过联合申报国际合作研究基金、合作发表学术论文等方式展开广泛的国际合作。2019 年 10 月，团队通过建设验收并获评优秀学术团队。

4. “信息计量与科学评价研究”团队

“信息计量与科学评价研究”青年学术团队成立于2019年，成员共有青年教师8人，方卿教授为团队顾问。团队负责人为杨思洛教授，成员有张琳教授、董克副教授、黄颖副教授、周力虹教授、韩瑞珍副教授、余厚强副教授、宋艳辉副教授。成员来自于图书情报、数学、科技哲学和管理学多个学科，具备跨学科背景，具有丰富的国外研究学习经历和国际组织任职经历，已产出了较多高水平的研究成果。结合信息计量与科学评价的发展趋势，经过3年的建设，实现团队的融合协作，高质量完成团队研究任务。立足湖北、面向全国、放眼世界，努力提高科研水平，多培养优秀人才、多出精品成果，力争在5年左右将本团队建设为具有一定国际影响力的学术研究团队。

5. “大数据与智能化环境下的用户信息行为研究”团队

“大数据与智能化环境下的用户信息行为研究”青年学术团队成立于2019年。团队由来自武汉大学与国内外知名高校的7名青年学者组成，负责人为赵杨副教授，指导顾问为胡昌平教授。团队立足于大数据与智能化环境下的用户信息行为研究前沿，旨在通过情报学、数据科学、神经科学、认知心理学等多学科知识交叉融合，围绕信息社会智能化发展中的用户信息行为领域关键科学问题，推进用户行为理论创新与研究范式变革，培育新的学科生长点，建设一支在大数据、人工智能与用户信息行为研究领域具有重要国际影响力的青年学术团队。团队在*International Journal of Information Management*、*MIS Quarterly*、*Information Processing & Management*、*Electronic Commerce Research and Applications*、《中国图书馆学报》、《管理学报》等国内外顶尖期刊上发表了60余篇相关论文，申请发明专利2项，软件著作权5项，提交政府咨询报告5份。

三、国家自然科学基金2019年度创新研究群体

2019年，我院“信息资源管理”研究团队受到国家自然科学基金创新研究群体项目资助，体现了我院在信息资源管理领域的整体创新实力，已在国内外本学科领域产生了重要的学术影响力。国家自然科学基金创新研究群体项目主要是支持优秀中青年科学家为学术带头人和研究骨干，共同围绕一个重要研究方向合作开展创新研究，培养和造就在国际科学前沿占有一席之地的研究群体。

以武汉大学信息资源研究中心李纲教授为学术带头人的“信息资源管理”研究群体获得国家自然科学基金2019年度创新研究群体项目资助，群体顾问为马费成教授，主要成员包括陈传夫教授、陆伟教授、王晓光教授、孙永强教授和安璐教授等。

该研究群体依托教育部人文社科重点研究基地武汉大学信息资源研究中心、武汉大学信息管理学院和“图书情报与数据科学”双一流建设学科，在信息资源组织与检索、信息

分析与挖掘、信息资源共享与服务等领域取得多项重要国际影响的成果，获得“教育部科技进步奖”一等奖2项，“教育部社科优秀成果奖”一等奖2项、“国家级教学成果”一等奖1项等奖励。近年来，群体成员出版相关著作90部，发表SCI/ SSCI论文204篇，与企业合作完成多个产业化项目。

该研究群体拟面向国家社会、经济创新发展与安全管理的战略信息需求，瞄准信息服务现代转型与创新发展的理论与实践前沿命题，基于若干行业领域的信息资源管理实践，在大数据环境下的信息关联与融合、计算驱动的信息分析与知识发现、信息服务的创新应用与拓展、数字空间与数据资源建设等方面开展创新性研究，为新时代国家创新发展与安全战略决策提供信息支持。

该研究群体的科学目标包括：构建大数据环境下信息融合框架与模型，实现多模态信息特征融合、决策层融合及知识发现，揭示基于开放创新平台的信息采纳、披露与搜寻行为规律，建立面向公共需求的大数据资源治理与协同管理机制。预期成果为：在信息组织与检索、信息分析与知识发现、信息服务创新等领域产出原创成果，为国家大数据战略研究与应用开发提供信息资源管理的理论与技术，为社会治理、公共安全以及产业发展提供决策依据和参考。

四、兼职教授

表3-1　　**兼职教授一览表**

序号	姓名	聘任时所在单位及职务
1	张晓林	中国科学院文献情报中心常务副主任
2	吴建中	上海图书馆馆长
3	宋　玲	信息化产业部信息化推进司司长
4	郝振省	中国出版科学研究所副所长
5	李　为	中国证监会信息中心副主任
6	张增顺	高等教育出版社总编辑
7	柳斌杰	国家新闻出版总署副署长
8	朱建纲	湖南出版集团董事长
9	李　琪	西安交通大学经济与金融学院副院长
10	张小影	中共中央宣传部出版局局长
11	李彦宏	百度公司总裁
12	聂震宁	中国出版集团公司总裁

续表

序号	姓名	聘任时所在单位及职务
13	詹福瑞	国家图书馆馆长
14	敖　然	电子工业出版社社长
15	陈锦涛	深圳出版发行集团董事长
16	王建辉	湖北长江出版集团董事长、总经理
17	丁　辉	北京市科学技术研究院院长
18	陈　昕	上海世纪出版集团董事长
19	周和平	国家图书馆馆长
20	贺德方	中国科学技术信息研究所所长
21	张毅君	新闻出版总署科技与数字出版司司长
22	谢新洲	北京大学新闻与传播学院副院长
23	郑双怡	中南民族大学管理学院教授
24	陈　伟	国家工业和信息化部软件服务业司司长
25	刘卫国	宇业集团副总裁
26	苏雨恒	高等教育出版社社长
27	刘延淮	北京东方灵盾科技有限公司董事长
28	邬书林	中国出版协会常务副理事长、中国图书评论学会会长
29	田海明	时代出版股份有限公司副董事长

（因资料不完全，仅列 2003 年至今）

五、离退休教职工

我院现离退休教职工名单(2019 年 11 月)

（排名不分先后）

顾文友	严怡民	邓铭康	吴幼华	齐桂芳	王昌亚	周六炎	王秀兰
林　兰	薛寿宁	赵淑云	毛玉姣	郭星寿	傅敬生	章少强	谢灼华
周绍萍	黄　葵	俞君立	雷春明	詹德优	马大川	张煜明	刘　荣
乔　静	张荣山	孙　凌	李建民	李长年	付　强	曾秀华	董　慧
黄凯卿	沈祥兴	陈历奇	张燕飞	孙更新	焦玉英	周　宁	陈传义
袁　琳	赵纪元	刘秋霞	曹　之	张玉峰	宗　建	熊传荣	刘家真
罗紫初	张　晔	梁　芸	傅西平	彭海文	胡昌平	邱晓琳	朱玉媛
邓仲华	邱均平	耿长志	彭斐章				

六、曾经在学院工作过的教职工

曾经在学院工作过的教职工名单

（排名不分先后）

沈祖荣	甘莲笙	皮高品	吴鸿志	田洪都	汤成武	陈培凤	吕绍虞
孙德安	汪柏年	张毓邨	陈庆中	张遵俭	李　廉	李　涵	邓毅生
刘传道	燕细周	李　笠	胡庆生	华玛丽	毕爱连	费　恩	毛　坤
罗　基	白　瑞	刘华锦	李继先	曾宪文	房兆楹	耿靖民	徐家璧
陶述先	周连宽	桂质柏	克若维	殷格荣	谢长发	陈晓葵	吕明德
陈　颂	袁汉勋	邹洪斌	杨锡洪	余桂林	刘治奇	刘昭芸	朱志钧
张树芳	徐　鸿	王文杰	王晋卿	樊长新	郭玉湘	荀昌荣	范应桐
卢子博	游先和	阳　光	孙明新	卢中岳	张安珍	曾四喜	潘伯善
邹华享	张　鼎	郑　锋	徐家麟	黄元福	梁银修	邹杰信	罗惠兰
钱印飞	杨建东	王远良	苏　燕	袁代惠	廖延唐	沈继武	徐启茂
陈　壮	张琪玉	刘建设	商淑珍	吴则田	罗素冰	刘　捷	吴蓓珠
钟素珍	尹　忠	刘淑芝	季惠兰	商学兵	杨励忠	吴汉成	朱丽娜
李兴昌	邓顺国	刘卫国	钱建国	胡典世	代秀丽	李海岚	朱剑平
冯举权	梁彦斌	文际平	王作梅	王大可	丰成军	关　豪	李　林
彭建炎	孟凡舟	黄泰岩	袁　勇	付　敏	蒋　松	林　蓝	乔好勤
詹新文	王秀华	关太兵	贺修铭	李桂林	周光应	宋朝阳	许先斌
严一桥	何　芸	康　强	卿家康	孙　强	邓绍琼	朱双和	何　菲
王余光	徐春和	丁汉梅	张凤英	龙　鹜	窦德灵	付立宏	李　勇
向　菲	杨　晶	李桂安	王子舟	何绍华	王绍军	夏义堃	冯大庆
程　虹	姜星莉	刘俊昌	孙向明	刘晓林	鲁秀梅	倪振华	吴爱军
谢雅维	吴　闯	蔡汉珞	赵争鸣	尹祖清	甘西平	罗治平	田　黎
朱　臻	付　平	朱汉铭	罗以澄	李卓钧	石义彬	张　昆	胡　武
李元授	李敬一	胡　欣	蔡凯如	秦志希	王志杰	强月新	单　波
夏　琼	夏冠英	王瀚东	徐志祥	苏成雪	冉　华	周光明	夏倩芳
刘　洁	刘建明	刘静慧	肖　珺	叶晓华	池　莉	张金海	姚　曦
饶德江	张　微	周茂君	程　明	郭传菁	陈捍武	刘艺琴	李小曼
聂文杞	徐梅芬	毕奂午	赵贯东	樊　凡	陈　蓉	徐章华	周永固
王　燕	姚　洁	曹光黎	吴高福	刘祖荫	胡承仁	曾　蕾	常　欣
黄　莉	贺　敏	练小川	杨珍菊	秦　健	范崇淑	王　兵	童菊明
李　明	汪贤华	卢绍君	董建华	王　刚	何　静	洪　漪	张　进

胡先媛　薛晓辉　常雪铃　邹丰忠　冯丽岩　黄晓梅　傅椿徽　范继筠
汪华明　高炳玉　马朝军　吴佳鑫　左　军　吴　平　芦　昆　彭国晖
王新才　董有明　沈　阳　王三山　曾一昕　朱晓驰　赵金利　朱华杰
姜刘非　周黎明　刘珊珊　张潘磊　祁　天　胡　伟

七、在职教职员工

我院在职教职工名单(2019 年 11 月)

(一)正高职务

1. 资深教授

马费成

2. 二级教授

陈传夫　方　卿　李　纲　肖希明　黄如花

3. 三级教授

黄先蓉　周耀林　张李义　查先进　陆　伟　赵蓉英

4. 四级教授

朱静雯　唐晓波　张美娟　徐丽芳　司　莉　吴永贵　范　昊　王　清
李枫林　张晓娟　李明杰　王晓光　曾子明　卢　龙　吴　丹　肖秋会
邓胜利　冉从敬　陆　泉　吴　江　刘　萍　安　璐　孙永强　周力虹
姜婷婷　杨思洛　张　琳　张　敏　陈　君　许　洁　余世英

5. 编审

严　红

(二)副高职务

1. 副教授

颜　海　李湘东　陆颖隽　陈　远　聂　进　孟　健　寇继虹　代　君
谭学清　姚永春　吴志强　罗　琳　宋恩梅　翁子扬　赵　杨　袁小群
龚艺巍　洪　亮　王　楠　赵一鸣　王　平　胡吉明　彭敏惠　吴　钢

王　林　李旭晖　严炜炜　王玉珏　徐　雷　董　克　黄　颖　胡忠义

2. 副研究馆员

徐　军

3. 高级工程师

何　芳　严冠湘　李书振

4. 副编审

杨丹丹

（三）中级职务及其他

程　媛　唐　义　张晋朝　程齐凯　于　媛　杨志峰　李　玮　丁　念

（四）教育职员

1. 高级职员

傅兴荣　王　华　李良俊　江尧林　白小柳　查　荔

2. 中级职员及以下

徐　晴　居森林　钱宏宇　傅　玲　王　菲　单　璐　余丽娟　陈孝禹
张雨婷　孙华东　哈力哈什·哈布勒塔依　雷　婷　尚山淞

（傅玲）

八、博士后流动站

（一）图书馆、情报与档案管理博士后科研流动站

2003年10月经国家人事部批准建站。设有图书馆学、情报学、档案学、出版发行学、信息资源管理、数据科学6个专业。图书馆学专业合作导师有陈传夫、彭斐章、肖希明、黄如花、司莉、李明杰、吴丹、冉从敬、杨思洛、周力虹、黄颖；情报学专业合作导师有马费成、李纲、查先进、唐晓波、陆伟、赵蓉英、范昊、王晓光、邓胜利、陆泉、安璐、刘萍、吴江、张琳、姜婷婷；档案学专业合作导师有王新才、周耀林、张晓娟、肖秋会；出版发行学专业合作导师有方卿、吴平、黄先蓉、朱静雯、张美娟、徐丽芳、吴永

贵、王清、王晓光、许洁；信息资源管理专业合作导师有陈传夫、王新才、张晓娟、邓胜利、冉从敬、司莉；数据科学专业合作导师有马费成、张李义、黄如花、陆伟、范昊、卢龙、吴丹。流动站还分别与深圳出版发行集团、中国出版科学研究所、电子工业出版社、安徽时代传媒集团、电子工业出版社等单位联合招收博士后研究人员。2003 年至今招收博士后 53 人，出站博士后 31 人。在站期间成果丰硕，发表论文共计 300 余篇，其中 CSSCI、SSCI 等源刊论文 100 余篇，出版著作近 50 本，主持项目近 300 项，其中国家、省部级项目百余项，获得国家、省部级奖励多项。

(二)管理科学与工程博士后科研流动站

2007 年 8 月经国家人事部、全国博士后管委会批准建站。设有管理科学与工程、电子商务 2 个专业。管理科学与工程专业合作导师有李纲、查先进、唐晓波、孙永强、曾子明、卢龙、陆泉、陈君、安璐、张琳；电子商务专业合作导师有应时、张李义、余世英、李枫林、曾子明、吴江、张敏。2003 年至今招收博士后 36 人，18 人出站。在站期间成果丰硕，发表 C 刊及以上论文共计 200 余篇，出版著作近 30 本，主持国家、省部级项目百余项，获得国家、省部级奖励多项。

（傅玲）

第四章　学院全日制本科教育

武汉大学信息管理学院肇始于1920年开办的武昌文华大学图书科。1929年，该科独立为私立武昌文华图书馆学专科学校，简称文华图专。1953年8月，文华图专并入武汉大学，成为武汉大学图书馆学专修科，1955年，学制改为3年。1956年经高等教育部批准为4年制本科，成立图书馆学系。1984年建立图书情报学院，2000年12月更名为信息管理学院。

学院现有6个本科专业即图书馆学、信息管理与信息系统、档案学、编辑出版学、电子商务、数字出版。除前述图书馆学专业外，信息管理与信息系统专业的前身是创办于1977年的科技情报学专业，1993年调整为科技信息专业，1998年调整为信息管理与信息系统专业；档案学专业的前身可追溯到1934年武昌文华图书馆学专科学校开设的档案管理特种教席，1940年设立档案管理科，1947年停止招生，1984年武汉大学设立档案学本科专业，恢复招生；编辑出版学专业由原“图书发行管理学专业”和“编辑学专业”合并而成：原“图书发行管理学专业”是1983年武汉大学与新华书店总店合作在武汉大学图书馆学系设立的，编辑学专业是1987年11月经国家教委批准在中文系增设的。2000年8月，中文系的编辑学专业与原图书情报学院的出版发行学专业合并，改称编辑出版学专业；电子商务专业是为了适应网络时代电子商务发展的需要，2002年经教育部和武汉大学批准创办的自设新专业；此外，数字出版专业于2012年获得批准招生。

2013年学院实行两个大类招生，即信息管理学类(含图书馆学、档案学、编辑出版学、数字出版)和管理科学与工程类(含信息管理与信息系统、电子商务)两个大类招生；2018年实行一个大类招生即社会科学试验班(信息管理学类)。

学院现有人文社会科学资深教授2人，国家级教学名师1人(马费成)。此外，2017年我院教师张敏获聘“351人才计划”公共基础(含通识课程)教学岗位。

图 4-1 马费成教授获高等学校教学名师奖

一、人才培养定位

学院十分重视本科教学与人才培养，本着“开拓创造、务实创业，引领创新”的办学理念，通过系统的专业学习和训练，始终将人才培养质量放在第一位，致力于培养德、智、体、美全面发展，具有历史使命感与社会责任心、富有创新精神和国际视野的信息管理类拔尖创新人才。培养具备坚实的现代信息管理学理论基础，扎实的信息技术与方法，具有适应当前社会需要和未来发展的综合素质与实践能力，面向宽广的信息领域，能在国民经济与社会各行业、各级管理部门从事信息管理与信息系统、图书情报与档案管理、编辑出版与数字出版、电子商务、数据管理与数据应用方面的研究型、复合型、引领型高级人才。

信息管理学院的办学思路是以学科建设促办学，牢固树立本科教育的中心地位，注重遵循教育规律，注重处理教学与科研、改革与建设的关系等问题，不断取得新的进展。至今，已修订了多个版本的本科人才培养方案，以适应人才培养发展的需要。学院于 2015 年入选武汉大学第一批本硕博贯通制培养试点单位。

修订和完善教学管理文件，包括《信息管理学院关于本科教学管理创新的若干办法》《信息管理学院教学工作奖励办法》《信息管理学院教职工集体活动考核管理办法》以及新进教师配备教学导师、本科生课头费补贴等。此外，成立了信息管理学院本科教学指导委员会，编印了《信息管理学院本科教育会议纪要》，形成了听课、巡视、评课、督导等制度，从师资建设、教学资源、教学过程等各个方面建立制度保障。

二、品牌专业与特色专业

学院拥有 2 个省品牌专业、1 个国家级特色专业、2 个国家级一流本科专业建设点。

图书馆学专业于 2007 年被评为湖北省高校品牌专业、2009 年被评为教育部高等学校特色专业建设点，2014 年列入教育部“专业综合改革试点”项目；编辑出版学专业获批 2009 年湖北省高等学校本科品牌专业立项建设项目。2019 年，编辑出版学专业、图书馆学专业获批教育部认定的首批国家级一流本科专业建设点。

三、课 程 建 设

课程建设实现课堂教学与实践教学、双语教学与全英文教学、线上课程与线下课程有机结合。

2005 年，在湖北省普通高校优秀多媒体教学评比中，刘家真老师的《文献遗产保护（1）（2）》获得一等奖，周宁老师的《信息组织》获得三等奖（鄂教高［2005］16 号）。

学院现有 15 门优质课程，其中国家级精品资源共享课 7 门、国家精品在线开放课程 2 门（见表 4-1）。

表 4-1　**信息管理学院优质课程一览表**

课程名称	负责人	优质课程属性	获批时间	备注
信息管理学基础	马费成	国家级精品资源共享课	2013 年 10 月	
信息资源建设	肖希明	国家级精品资源共享课	2013 年 10 月	
目录学概论	陈传夫	国家级精品资源共享课	2013 年 10 月	
信息检索	黄如花	国家级精品资源共享课	2013 年 10 月	
电子文件管理	张晓娟	国家级精品资源共享课	2013 年 12 月	
信息服务与用户	胡昌平	国家级精品资源共享课	2013 年 12 月	
信息计量学	邱均平	国家级精品资源共享课	2013 年 12 月	
信息检索	黄如花	国家精品在线开放课程	2018 年 1 月	教高厅函［2017］80 号
信息管理学基础	马费成	国家精品在线开放课程	2019 年 1 月	教高厅函［2019］1 号
信息组织原理与利用	司　莉	校级 MOOC	2016 年 5 月	爱课程网；珞珈在线
档案管理学	肖秋会	校级 MOOC	2017 年 5 月	爱课程网；珞珈在线
信息服务与用户	邓胜利	校级 MOOC	2019 年 3 月	

续表

课程名称	负责人	优质课程属性	获批时间	备注
企业竞争情报	查先进	校级 MOOC	2019 年 3 月	
信息计量学	杨思洛	校级 MOOC	2020 年 5 月	
电子支付与商务安全	曾子明	校级 MOOC	2020 年 5 月	

四、教学团队

在图书馆学专业、信息管理与信息系统专业的长期教学过程中，学院根据图书情报工作实践，围绕图书情报专业核心课程，经过长期建设，于 2007 年打造出了一支专业核心课程的教学团队，即首批立项建设的以马费成教授为负责人的国家级教学团队——武汉大学图书情报学核心课程教学团队。

2013 年开始，学院的专业平台课成立了课程组，以团队的形式进行授课。特别是 2018 年新的培养方案出台后，新增了多个课程组，课程组成员集中备课，定期进行教学研讨。例如，由资深教授马费成教授牵头、6 个系主任共同开设的“新生研讨课”课程组，深受学生欢迎。

五、教材建设

教材建设是教学建设和改革的核心，是决定教学质量的重要因素之一，因此，学院一直非常注重专业教材的建设，先后有 60 余种纳入规划教材建设，其中 24 种纳入国家级规划(见表 4-2、表 4-3)：

表 4-2　**信息管理学院规划教材一览表**

时间/背景	教材名称	作者/主编	备注
“十五”国家级规划教材	《出版发行学基础》	罗紫初	
“十五”国家级规划教材	《电子文件管理导论》	刘家真	
“十五”国家级规划教材	《文献信息编目》	孙更新	
“十五”校级规划教材	《电子商务概论》	李枫林	
“十五”校级规划教材	《网络营销》	李　纲	
“十五”校级规划教材	《公司知识管理》	程　虹	

续表

时间/背景	教材名称	作者/主编	备注
“十五”校级规划教材	《信息挖掘》	董　慧	
“十五”校级规划教材	《管理与决策信息系统》	张玉峰	
“十五”校级规划教材	《物流信息配送》	张李义	
“十五”校级规划教材	《信息系统管理学》	陈　远	
“十五”校级规划教材	《电子商务安全》	唐晓波	
“十五”校级规划教材	《数字图书馆原理与技术》	黄如花	
“十五”校级规划教材	《文献学概论》	曹　之	
“十五”校级规划教材	《图书馆管理教程》	付立宏	
“十五”校级规划教材	《文献信息源与信息服务》	袁　琳	
“十五”校级规划教材	《档案信息资源开发利用》	颜　海	
“十五”校级规划教材	《中国政治制度史》	王三山	
“十五”校级规划教材	《中外档案事业》	肖秋会	
“十五”校级规划教材	《图学基础与图学应用》	张煜明	
“十五”校级规划教材	《书业企业管理》	朱静雯	
“十五”校级规划教材	《近现代出版史》	吴永贵	
“十五”校级规划教材	《出版发行自动化》	黄凯卿	
“十五”校级规划教材	《编辑理论》	吴　平	
“十五”校级规划教材	《企业再造》	李枫林	
“十五”校级规划教材	《信息咨询与决策》	赵纪元	
“十五”校级规划教材	《出版物市场管理》	黄先蓉	
“十五”校级规划教材	《档案法规学新论》	朱玉媛	
“十五”校级规划教材	《组织战略与行为学》	何绍华	
“十五”校级规划教材	《信息组织的主题法》	张燕飞	
“十五”校级规划教材	《读者学》	徐丽芳	
“十五”校级规划教材	《网络文化概论》	王新才	
“十五”校级规划教材	《出版发行学基础》	罗紫初	
“十五”校级规划教材	《目录学(修订版)》	彭斐章	

续表

时间/背景	教材名称	作者/主编	备注
“十五”校级规划教材	《信息组织》	周　宁	
“十五”校级规划教材	《图书馆学基础教程》	王子舟	
“十一五”国家级规划教材	《编辑出版学导论》	罗紫初	
“十一五”国家级规划教材	《中国出版史》	吴永贵	
“十一五”国家级规划教材	《出版法教程》	黄先蓉	
“十一五”国家级规划教材	《图书馆知识产权侵权与抗衡》	陈传夫	
“十一五”国家级规划教材	《信息资源管理》	马费成	
“十一五”国家级规划教材	《图书学》	吴　平	
“十一五”国家级规划教材	《电子文件管理(第2版)立体化教学包》	刘家真	
“十一五”国家级规划教材	《知识管理学概论》	邱均平	
“十一五”国家级规划教材	《信息检索》	黄如花	
“十一五”国家级规划教材	《信息资源建设》	肖希明	
“十一五”国家级规划教材	《中外档案事业》	王新才	
“十一五”国家级规划教材	《信息用户与信息服务》	胡昌平	
“十一五”国家级规划教材	《网站开发与管理(第2版)》	张李义	
“十一五”国家级规划教材	《编辑学原理》	吴　平	
“十一五”国家级规划教材	《中国图书和图书馆史(修订本)》	谢灼华	
“十一五”国家级规划教材	《信息咨询理论与方法》	詹德优	
“十二五”国家级规划教材	《信息服务与用户(第三版)》	胡昌平	
“十二五”国家级规划教材	《信息计量学》	邱均平	
“十二五”国家级规划教材	《信息资源管理》	马费成、赖茂生	
“十二五”国家级规划教材	《知识管理学概论》	邱均平	
“十二五”国家级规划教材	《信息检索(第二版)》	黄如花	
2018年校级规划教材	《信息管理学基础》	马费成	核心
2018年校级规划教材	《信息资源建设》	肖希明	核心
2018年校级规划教材	《信息组织原理与方法》	司　莉	核心
2018年校级规划教材	《数字出版研究》	徐丽芳	核心

续表

时间/背景	教材名称	作者/主编	备注
2019 年校级规划教材	《信息描述》	吴　丹	核心
2019 年校级规划教材	《社会网络分析》	吴　江	特色
2019 年校级规划教材	《档案管理概论》	肖秋会	核心
2019 年校级规划教材	《企业竞争情报》	查先进	通识
2020 年校级规划教材	《出版学基础》	方　卿	核心
2020 年校级规划教材	《电子商务安全》	曾子明	核心
2020 年校级规划教材	《知识管理理论与案例》	赵蓉英	特色
2020 年校级规划教材	《档案法学基础》	王玉珏	核心
2020 年校级规划教材	《Python 语言基础及实践》	范　昊	核心
2020 年校级规划教材	《互联网创意思维与用户体验》	赵　杨	通识

表 4-3　**2010 年以来出版的 50 种教材**

教材名称	作者	出版单位	出版时间
《信息管理与信息系统研究进展》	马费成	武汉大学出版社	2010. 01
《管理学基础(第 2 版)》	胡昌平	武汉大学出版社	2010. 01
《现代服务管理理论与实践》	李枫林	武汉大学出版社	2010. 02
《信息检索(第 2 版)》	黄如花	武汉大学出版社	2010. 05
《信息资源数据库(第 3 版)》	周　宁	武汉大学出版社	2010. 09
《信息组织(第 3 版)》	周　宁	武汉大学出版社	2010. 10
《电子政务原理、建设与应用》	颜　海	武汉大学出版社	2010. 11
《信息系统分析与设计(修订)》	邓仲华	武汉大学出版社	2011. 05
《知识管理学概论》	邱均平	高等教育出版社	2011. 06
《电子商务经济学》	余世英	武汉大学出版社	2011. 06
《编辑学原理》	吴　平	武汉大学出版社	2011. 06
《经济信息检索概论》	孙更新	武汉大学出版社	2011. 08
《信息分析》	查先进	武汉大学出版社	2011. 08

续表

教材名称	作者	出版单位	出版时间
《档案信息检索》	肖秋会	武汉大学出版社	2011. 08
《电子商务法》	聂　进	武汉大学出版社	2011. 08
《信息管理学基础》	马费成	武汉大学出版社	2011. 09
《信息组织原理与方法》	司　莉	武汉大学出版社	2011. 11
《〈信息管理学基础〉案例与实验教程》	马费成	武汉大学出版社	2012. 04
《完善高校学分制的思考》	吴　平	武汉大学出版社	2012. 05
《信息经济学》	马费成	武汉大学出版社	2012. 06
《企业竞争情报》	查先进	武汉大学出版社	2012. 08
《出版法规及其应用(第2版)》	黄先蓉	苏州大学出版社	2013. 02
《公文管理教程》	周耀林	辽宁大学出版社	2013. 04
《数字出版概论》	徐丽芳	电子工业出版社	2013. 12
《期刊编辑与制作》	王晓光	武汉大学出版社	2014. 11
《出版学导论》	罗紫初	武汉大学出版社	2014. 09
《信息组织实验教材》	司　莉	武汉大学出版社	2015. 07
《电子政务》	朱晓伟、颜　海	延边大学出版社	2015. 07
《档案信息组织与检索实验教程》	肖秋会	武汉大学出版社	2015. 12
《信息描述实验教程》	吴　丹	武汉大学出版社	2016. 01
《文化经纪理论与实务》	颜　海	武汉大学出版社	2016. 03
《信息组织实验教程》	司　莉	武汉大学出版社	2016. 03
《出版物市场管理概论(第2版)》	黄先蓉	武汉大学出版社	2016. 04
《排版软件应用教程》	许　洁	武汉大学出版社	2016. 04
《电子文件管理概论》	周耀林	武汉大学出版社	2016. 08
《图书馆云的服务等级协议》	黎春兰，邓仲华，陆颖隽	科学出版社	2016. 10
《图书馆学研究进展》	黄如花，司　莉，吴　丹	武汉大学出版社	2017. 11
《情报学研究进展》	陆　伟，查先进，姜婷婷	武汉大学出版社	2017. 06
《信息资源管理研究进展》	胡昌平	武汉大学出版社	2017. 06

续表

教材名称	作者	出版单位	出版时间
《信息检索与利用实验教材》	黄如花，胡永生	武汉大学出版社	2017.03
《信息存储与检索(第3版)》	张　帆，朱红涛，吴　丹	高等教育出版社	2017.07
《信息计量分析工具理论与实践》	赵蓉英	武汉大学出版社	2017.12
Informetrics: Theory, Methods and Applications	邱均平	Springer Nature Singapore Pte Ltd	2017.12
《〈出版法律基础〉案例选编》	黄先蓉	武汉大学出版社	2018.03
《信息管理学基础(第3版)》	马费成，宋恩梅，赵一鸣	武汉大学出版社	2018.08
《档案学研究进展》	周耀林，张晓娟，肖秋会	武汉大学出版社	2018.07
《信息资源管理(第3版)》	马费成，赖茂生	高等教育出版社	2018.12
《简明古籍整理教程》	李明杰	武汉大学出版社	2018.12
《信息检索(第3版)》	黄如花	武汉大学出版社	2019.09
《情报工程学概论》	马费成，赵志耘	科学技术文献出版社	2019.10

图 4-2　学院教师出版的部分教材

六、教学改革研究

我院教师积极开展教学研究，共获批“武汉大学优秀教学研究论文奖”273 篇，其中特等奖 6 篇、一等奖 80 篇；立项的教学改革研究项目累计 69 项，其中省级 30 项(见表 4-4、表 4-5)。

表 4-4　　**"武汉大学优秀教学研究论文奖"特等奖**

作者	论文名称	获奖年份	获奖等级
胡昌平	*Construction of National High-Quality Courses for LIS in China*	2010	特等奖
黄如花、李白杨、周力虹	*Information Literacy Instruction in Chinese Universities: MOOCs Versus the Traditional Approach*	2016	特等奖
赵蓉英、郭凤娇、傅竹珩	*Investigation and Analysis of Informetrics Curriculum Education in China*	2016	特等奖
张敏、刘玉佩、严炜炜、张艳	*Users' Continuance Intention of Virtual Learning Community Services: the Moderating Role of Usage Experience*	2017	特等奖
张敏、尹帅君、罗梅芬、严炜炜	*Learner Control, User Characteristics, Platform Difference, and Their Role in Adoption Intention for MOOC Learning in China*	2017	特等奖
肖希明	《中国百年图书馆学教育与社会的互动发展》	2017	特等奖

表 4-5　　**教学改革研究项目立项**

年份	项目名称	负责人	备注
2001	高校人才培养与大学评价问题研究	邱均平	省级
2001	中国图书和图书馆史多媒体教学课件	赵纪元	
2001	合并重组后编辑出版学专业和学科体系与课程建设	黄先蓉	省级
2001	数字时代档案学专业人才培养目标与模式研究	王新才	省级
2002	厚基础，重实践，跨学科的电子商务人才培养体系研究	张李义	
2002	档案学本科专业结构调整构思	刘家真	
2002	编辑出版学实践类课程教学改革研究	姚永春	
2002	文献信息服务模式及网络课程的开发与研制	袁　琳	
2002	社会信息化对档案专业人才培养的影响与对策研究	朱玉媛	
2002	信息管理类基础课实验教学研究与设计	沈祥兴	校实践教改
2002	信息检索课网络教学实践系统的设计与实现	何绍华	校实践教改
2003	面向网络与电子出版的编辑出版学专业课程体系建设与教学方式改革研究	方　卿	

续表

年份	项目名称	负责人	备注
2003	社会信息化建设对档案专业人才培养的影响与对策研究	朱玉媛	
2003	高校学科专业评价与调整对策研究——以武汉大学为例	邱均平	
2003	网络环节下电子商务专业教学开放实验体系与模拟软件开发研究	李　纲	校实践教改
2003	文理交叉学科的实验/实践教学管理与创新研究	罗紫初	校实践教改
2004	双语教学面临的关键问题及其解决方案	聂　进	
2004	《信息组织与检索》课双语教学实践探索	何绍华	校实践教改
2004	四门图书馆学专业基础课程的多媒体课件设计与制作研究	陈传夫	校实践教改
2005	电子商务专业综合性与创新性实验教学模式研究	余世英	校实践教改
2005	档案学专业本科实践教学改革研究	张煜明	校实践教改
2005	信息管理学院基于研究型学院建设的本科课程体系与人才培养模式研究	徐丽芳	省级
2005	“知识管理”课程建设研究	张玉峰	省级
2006	信息管理学院教学管理模式创新研究与实践	王新才	省级
2006	信息管理学类学生就业能力培养与课程体系建设	夏义堃	省级
2007	信息管理类专业课程开放式教学体系构建与实现	胡昌平	省级
2007	图书情报学实验教学示范中心构建与研究	沈祥兴	省级
2007	基于国际一级重点学科背景的档案学专业建设与发展规划研究与实践	颜海	省级
2008	信息管理类专业全程教学改革研究	胡昌平	省级
2008	本科生创新能力培养模式与机制研究——以图书档案与信管专业为例	邱均平	省级
2008	电子政务环境下档案学专业定位及课程体系改革研究	肖秋会	省级
2009	iSchool 教学理念与我国图书情报人才培养模式改革探索	陈传夫	省级
2009	产业融合环境下出版人才培养与高校出版教学改革	张美娟	省级
2009	创新型人才培养与高校信息素养教育的拓展 ——以武汉大学信息素养通识课的建设为例	张晓娟	省级
2010	信息管理类课程体系改革试点基地	王新才	省级
2010	图书馆学专业国际化试点基地	陈传夫	省级

续表

年份	项目名称	负责人	备注
2010	《档案学基础》课程实践教学改革研究	朱玉媛	省级
2011	基于概念图知识模型的整合式网络教学研究与实践	寇继虹	省级
2011	E-learning 环境下图书情报学专业教学模式创新研究	司　莉	省级
2011	面向大学生创新实践的信息检索集成平台研究	陆　伟	省级
2012	信息管理类专业实践教学体系构建与改革研究	胡昌平	省级
2012	参考咨询	冉从敬	全英文教学
2013	知识管理 Knowledge Management	张晓娟	全英文教学
2013	信息管理与信息系统专业人才培养模式改革与创新影响因素实证研究	查先进	省级
2013	媒介融合背景下出版人才培养模式改革与创新研究	黄先蓉	省级
2014	融合 MOOC 的混合教学模式在信管类课程的应用研究	陈　君	省级
2014	以用户为中心设计理论与信息管理专业教学的融合研究	邓胜利	省级
2014	研究型大学电子商务专业大学生创新能力培养体系建设	张　敏	
2014	面向教学能力发展的教师教学信息系统研究	王　平	
2014	信息构建 Information Architecture	姜婷婷	全英文教学
2015	“慕课”背景下信息素质教育课程的变革研究	黄如花	省级
2015	面向出版融合发展的出版人才培养模式创新研究	王晓光	省级
2015	《知识管理》CDIO 教学模式研究	赵蓉英	省级
2015	C 语言程序设计 The C Programming Language	罗　琳	全英文教学
2016	我国大数据人才培养模式研究	冉从敬	省级
2016	iSchool 联盟高校的档案学教育特色及对我国的参考与借鉴	肖秋会	省级
2016	“互联网+”背景下电子商务专业实践教学体系改革研究	赵　杨	省级
2017	移动互联网环境下大学生自主互助学习模式与效果研 ——以信息管理类专业为例	胡吉明	省级
2017	《社会网络分析》新开专业课程建设	董　克	教师教学发展专题(B)
2017	虚拟仿真技术应用于档案专业实验教学的研究与探索	程　媛	教师教学发展专题(C)

续表

年份	项目名称	负责人	备注
2017	“互联网+”时代下基于慕课的电子商务“翻转课堂”教学模式创新研究	曾子明	信息化类（省级）
2018	“双一流”建设背景下档案学本科教学模式改革及实践研究	王 平	省级
2018	基于知识地图的《信息组织》课程教学改革研究	罗 琳	省级
2018	社科类教材语义出版与增强显示系统设计与实现——以《中外档案事业》教材为例	程齐凯	省级
2018	探究式案例教学法在图书馆学专业课程中的研究与实践	杨思洛	教学发展专题研究
2018	构建“以学生为中心”的自适应创业教育体系：影响因素、作用途径和引导机制	张 敏	创新创业教育类
2018	基于自适应学习的竞赛驱动双创人才培养研究	龚艺巍	创新创业教育类
2019	《信息检索》大类平台课程建设与质量提升研究	黄如花	校重点项目
2019	武汉大学国际组织人才培养课程体系建设研究	王玉珏	教师教学发展专题

七、教学成果

历年来，共获国家级教学成果奖一等奖 1 项，二等奖 2 项；省级一等奖 3 项，二等奖 2 项(见表 4-6、图 4-3 至图 4-7)。

表 4-6 **教学成果奖一览表**

获奖年份	项目名称	负责人	主要合作者	备注
2002 年	《信息检索》网络教学系统的开发与应用	何绍华	陆 伟、王 亮、王 非、方清华	校三等奖
2002 年	当代图书馆学教学发展趋势研究	詹德优	陈传夫、王子舟、肖秋惠、张燕飞	校三等奖

续表

获奖年份	项目名称	负责人	主要合作者	备注
2006 年	信息组织学创建	周　宁	黄晓梅	校二等奖
2008 年	信息管理类专业核心课程平台建设与全程教学改革	胡昌平	陈传夫、马费成、刘家真、王新才	校特等奖
2008 年	产学研相结合加强编辑出版学专业人才培养	黄先蓉	罗紫初、方　卿、吴　平、徐丽芳	校二等奖
2009 年	产学研相结合加强编辑出版学专业人才培养	黄先蓉	罗紫初、方　卿、吴　平、徐丽芳	省二等奖
2009 年	信息组织学课程建设与创新	周　宁	周　宁、李　纲、吴佳鑫、李湘东、罗　琳	省二等奖
2009 年	信息管理类专业核心课程平台建设与全程教学改革	胡昌平	陈传夫、马费成、刘家真、王新才	国家级二等奖/省一等奖
2010 年	创新人才系统培养模式与机制研究——以图书档案与信息管理专业为例	邱均平	唐晓波、司　莉、赵蓉英、代　君	校二等奖
2012 年	构建我国信息管理专业课程教学的新模式——“专业课程链”的建设与实践	马费成	胡昌平、肖希明、黄如花、宋恩梅	校特等奖/省一等奖
2012 年	图书情报学实验教学体系建设及实验室信息化管理的研究与实践	沈祥兴	严冠湘、司　莉、寇继虹、肖秋会	校二等奖
2014 年	“专业素质链”与“专业课程链”深度融合的信息管理专业人才培养模式构建	马费成	胡昌平、肖希明、黄如花、宋恩梅、查先进、李　纲、唐晓波	国家级一等奖
2014 年	高校院系本科教学状态评估的研究与实践	吴　平	余祥庭、黄本笑、曾德军、漆玲玲、李　黎、宋　娟、马　丹	国家级二等奖
2016 年	传统专业现代改造教学模式探索——武汉大学图书情报一流人才的培养实践	陈传夫	司　莉、冉从敬、吴　丹、陆　伟	2016 校一等奖/2017 省一等奖

续表

获奖年份	项目名称	负责人	主要合作者	备注
2017 年	“以学习者为中心”的信息素养教育的变革	黄如花	张晓娟、林　嘉、洪　亮、刘　霞	校一等奖
2019 年	信息管理学科人才培养过程国际化体系建设	方　卿	王玉珏、黄如花、周耀林、陆　伟	校特等奖

图 4-3　教学成果组图

八、实践教学

学院现有1个国家级实验教学示范中心即“武汉大学图书情报实验教学中心”、29个校级和院级实习实训基地。其中，中山舰博物馆实习实训基地获批2013年度“湖北高校省级实习实训基地”——鄂教高[2013]8号。

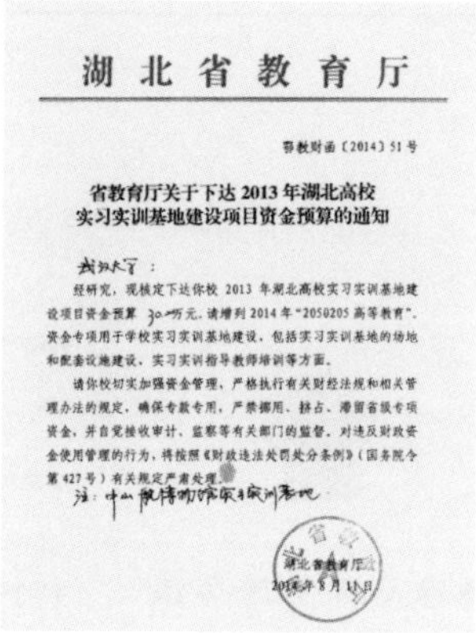

湖北省教育厅

鄂教财函〔2014〕51号

省教育厅关于下达2013年湖北高校实习实训基地建设项目资金预算的通知

经研究，现核定下达你校2013年湖北高校实习实训基地建设项目资金预算 万元，请增列2014年“2050205高等教育”，资金专项用于学校实习实训基地建设，包括实习实训基地的场地和配套设施建设、实习实训指导教师培训等方面。

请你校切实加强资金管理，严格执行有关财经法规和相关管理办法的规定，确保专款专用，严禁挪用、挤占、滞留省级专项资金，并自觉接收审计、监察等有关部门的监督。对违反财政资金使用管理的行为，将按照《财政违法处罚处分条例》（国务院令第427号）有关规定严肃处理。

图4-4　中山舰博物馆实习实训基地获批“湖北高校省级实习实训基地”组图

表4-7　　**信息管理学院实习实训基地**

序号	基地名称	级别	建立时间	截止时间	面向校内专业	地址
1	武汉大学-湖北省级档案局(馆)实训基地	省	2014年6月30日	无	档案学；图书情报等	武汉
2	武汉大学-长江出版传媒股份有限公司实习实训基地	校	2015年6月10日	2020年6月30日	编辑出版学；数字出版；图书情报	武汉
3	武汉大学-中国电力工程顾问集团中南电力设计院有限公司实习实训基地	校	2015年7月1日	2019年6月30日	档案学；图书情报	武汉
4	武汉大学-电子工业出版社	校	2013年7月1日	2016年7月1日	编辑出版学；数字出版	武汉
5	武汉大学-时代出版传媒股份有限公司	校	2013年11月1日	2016年11月1日(已续签)	编辑出版学；数字出版	武汉

续表

序号	基地名称	级别	建立时间	截止时间	面向校内专业	地址
6	武汉大学-高等教育出版社有限公司	校	2014 年 5 月 6 日	2017 年 12 月 31 日 （已续签）	编辑出版学； 数字出版	武汉
7	武汉大学-中华书局共建实习实训基地	校	2015 年 12 月 30 日	2018 年 12 月 31 日 （已续签）	编辑出版学； 数字出版	北京
8	武汉大学信息管理学院-苏州苏大苏航档案数据保全有限公司	院	无	无	档案学等	苏州
9	斗鱼直播共建实习基地协议书	院	2016 年 9 月 28 日	2019 年 12 月 30 日	数字出版； 信息管理	武汉
10	武汉大学-中山舰博物馆实习实训基地	省	2017 年 5 月 20 日	2027 年 5 月 20 日	档案学； 图书情报	武汉
11	武汉大学、MDPI 曼迪匹艾（武汉）科技服务有限公司共建实习实训基地	校	2017 年 9 月 29 日	2029 年 9 月 30 日	编辑出版学； 数字出版	武汉
12	武汉大学-加油宝合作共建学生实习实训基地	校	2017 年 9 月 29 日	2020 年 9 月 30 日	档案学； 图书情报； 电子商务	深圳
13	武汉大学-江苏睿泰数字产业园有限公司共建实习实训基地	校	2017 年 10 月 1 日	2020 年 9 月 30 日	编辑出版学； 数字出版	镇江
14	武汉大学-海豚传媒股份有限公司共建实习实训基地	校	2017 年 11 月 15 日	2022 年 12 月 30 日	编辑出版学； 数字出版	武汉
15	武汉大学-杭州卓坤科技有限公司合作共建学生实习实训基地	校	2017 年 11 月 15 日	2021 年 10 月 30 日	档案学； 图书情报； 信息管理与信息系统	杭州
16	武汉大学信息管理学院-珞安（武汉）档案服务中心	院	2017 年 12 月 6 日	2020 年 12 月 30 日	档案学	武汉

续表

序号	基地名称	级别	建立时间	截止时间	面向校内专业	地址
17	武汉大学-深圳市阳光三采文化科技有限公司共建实习实训基地	校	2018年1月22日	2022年12月30日	编辑出版学；数字出版	深圳
18	武汉大学-广州同略信息科技有限公司实习实训基地	校	2018年3月18日	2021年3月30日	档案学；图书情报	广州
19	武汉大学-福中集团湖北有限公司实习实训基地	校	2018年5月1日	2019年5月25日	信息管理与信息系统等	武汉
20	武汉大学-三新书业实习实训基地	校	2018年6月25日	2019年6月25日	图书馆学等	武汉
21	武汉大学信息管理学院-百年珞珈(武汉)文化发展中心	院	2018年9月3日	2020年12月31日	档案学等	武汉
22	武汉大学信息管理学院-武汉华星伟业科技发展有限公司	院	2018年9月3日	2020年12月31日	档案学等	武汉
23	武汉大学-北京当当网信息技术有限公司实习实训基地	校	2018年10月15日	2019年11月15日	档案学等	北京
24	武汉大学-长江少儿出版社(集团)有限公司共建实习实训基地协议书	校	2019年4月1日	2022年4月22日	编辑出版学；数字出版	武汉
25	武汉大学-武汉普利商用机器有限公司实习实训基地	校	2019年4月20日	2020年4月20日	信息管理与信息系统等	武汉
26	武汉大学-湖北广播电视台电视经济频道实习实训基地	校	2019年7月1日	2022年6月30日	编辑出版学；数字出版	武汉
27	武汉大学信息管理学院-广州双螺旋基因技术有限公司	院	2019年7月12日	2024年7月12日	信息管理与信息系统	广州
28	武汉大学-广州博疆一生物科技有限公司共建实习实训基地	校	2019年7月15日	2024年7月15日	信息管理与信息系统等	广州
29	武汉大学-湖北中文在线数字出版有限公司实习基地	校	2019年7月30日	2022年7月30日	编辑出版学；数字出版	武汉

九、教学获奖

信息管理学院十分重视本科教学，涌现了一批在教学领域表现突出、辛勤耕耘、深受学生好评的教师，他们获得了学校和学院授予的各类教学奖励：

2010—2019 年，王三山、黄如花、方卿、肖希明先后获得了武汉大学“杰出教学贡献校长奖”。

2016—2019 年，司莉、陆颖隽、张敏、姜婷婷、王晓光、邓胜利、赵杨、许洁、肖秋会共计 9 名老师先后获得了武汉大学本科优秀教学业绩奖。因本科教学(通识教育)突出，电子商务系的张敏老师受聘为武汉大学 2017 年“351 人才计划”的教学岗位。

2018 年，司莉、肖希明、张敏、邓胜利、肖秋会、张晓娟、姚永春、王晓光、黄先蓉、姜婷婷 10 名教师获得了“杰出教学贡献院长奖余宝琳奖教金”。

2019 年，范昊、张美娟、朱静雯、胡吉明、赵杨、龚艺巍、杨思洛、冉从敬、刘萍、李旭晖 10 名教师获得了“杰出教学贡献院长奖余宝琳奖教金”。

2002 年至 2016 年，共有 12 名老师先后在武汉大学青年老师教学竞赛中获奖，一等奖获得者 4 人。具体见表：

表 4-8　　**信息管理学院历届青年教师教学竞赛获奖情况**

序号	届份	年份	教师	奖项
1	第一届	2002	吴　平	一等奖
2	第一届	2002	黄如花	优秀奖
3	第一届	2002	陆颖隽	优秀奖
4	第三届	2006	张　敏	一等奖
5	第三届	2006	宋恩梅	二等奖
6	第三届	2006	聂　进	一等奖(双语)
7	第三届	2006	张晓娟	三等奖(双语)
8	第五届	2010	吴　丹	三等奖
9	第六届	2012	赵　杨	一等奖
10	第六届	2012	周力虹	二等奖
11	第七届	2014	陈　君	二等奖
12	第八届	2016	孙永强	二等奖

十、学院教学经费投入

2015 年学院提高了课头费，课头费已逐渐按学分分别提高到 1500 元、2000 元、2300 元、2600 元，年终年课头费总量达 40 多万元；给教授配备了课程助教，每年核发助教补贴 3 万~4 万元。此外，学生评教排名前五名的课程，奖励 20%教学工作量；前 10%的课程，奖励 10%教学工作量。

表 4-9　**历年助教聘请情况统计表**

学年	学期	人数(人次)	硕士	博士	酬金(元)	备注
2012—2013	1	27	15	12	17360	
2012—2013	2	28	15	13	17460	
2013—2014	1	25	17	8	15152	
2013—2014	2	22	16	6	13760	
2014—2015	1	30	22	8	19516	
2014—2015	2	23	16	7	16860	
2015—2016	1	36	23	13	21860	
2015—2016	2	25	20	5	17528	
2016—2017	1	38	30	8	22724	
2016—2017	2	34	29	5	16396	
2017—2018	1	36	29	7	20868	
2017—2018	2	28	26	2	16120	
2018—2019	1	46	37	9	26692	
2018—2019	2	32	24	8		
合计		398	295	103	215604	

十一、大学生科研立项、获奖情况

自 2005 年开始，学院共有 540 项大学生创新创业项目获批立项，其中 60 项为国家级项目。

表 4-10 **学生创新创业获批立项项目(国家级)**

项目编号	学生姓名	学号	项目名称	指导老师	立项年份
071048605	涂细亮	200532550031	移动商务用户行为特征及需求分析	张李义	2007
071048606	熊　惠	200632550009	电子商务环境下易腐物品零售分销网络优化研究	张　敏	2007
081048603	丁婉莹	200632330016	基于 Web2.0 环境下的信息自组织研究	马费成	2008
081048604	鲍　莹	200732330024	基于网络的学生学习行为研究及评价系统构建——行为、习惯与资源利用	沈祥兴	2008
091048604	司汶鑫	2008302550012	网络交易中信用评价机制研究	李枫林	2009
091048605	周丽韫	200730740022	基于 CFEI 模型的网络书店在线经营变化	沈　阳	2009
101048603	李　博	2008302330006	基于 Web 的商品评价指标抽取研究	陆　伟	2010
101048604	秦艳琴	2008300740018	基于情感分析的出版物用户评价挖掘研究	沈　阳	2010
111048605	贾文睿	2009302330055	基于 web3.0 的文学类数字出版物整合网络平台	徐丽芳	2011
1210486003	徐承辕	2011302490037	农村水质监测档案建设研究——基于海盐和资溪案例的分析	周耀林	2012
1210486004	吴延宇	2010302330028	基于多种模式信息检索的聊天机器人应用研究	沈　阳 姜婷婷	2012
1210486005	陈丹妍	2010300740002	“电子书包”在我国中小学的发展现状与前景探究	徐丽芳	2012
1210486006	胡天宇	2009302490030	跨平台云读书笔记系统设计与开发	吴　江	2012
1210486007	严　锋	2010302330039	学术文献的细粒度可视化交互共享系统的开发	姜婷婷	2012

续表

项目编号	学生姓名	学号	项目名称	指导老师	立项年份
1210486008	吴郁松	2010302550007	基于 B2B2C 的物流模式创新与实证研究	赵　杨	2012
1210486096	季良宝	2010302550002	fighting 网建设方案	赵　杨	2012
201310486007	付雅明	2011302490007	农村土地确权工作中的档案管理问题与对策研究	肖秋会	2013
201310486008	许鹏辉	2011302330009	鄂湘土家族民族文化信息的可视化组织与网络传播研究	胡昌平 胡吉明	2013
201310486009	万意意	2012302550007	基于 LBS 的实体商场购物个性化服务 APP 研究与设计	吴　江	2013
201310486111	肖建军	2010302330055	3D 打印定制与设计孵化平台	寇继虹 林杰希	2013
201410486006	刘俊飞	2013302330022	基于 NFC 的实体商场购物模式创新的研究	曾子明	2014
201410486007	张　煜	2012300740023	基于混合 API 的出版社网络形象分析	沈　阳	2014
201410486008	吴孟澍	2012302330026	基于企业形象识别理论框架的 iSchool 网站评价研究	姜婷婷	2014
201410486009	李　樵	2011302480061	可视化工具在社会科学领域的应用	陈传夫	2014
201410486010	周　琴	2012302550012	物流末端个性化配送 APP 研究与设计——基于社交媒体和互联网“打赏”	吴　江	2014
201410486126	李秀秀	2013302480005	“眼动天下”生活解决方案	夏清华 邹湉鹏	2014
201510486007	胡悦融	2013302480064	电子书情节关键信息提取及快速概览系统设计与原型实现	王晓光	2015
201510486008	汪奋奋	2013302330054	我国电子病历知识服务的需求调查	陆　泉	2015

续表

项目编号	学生姓名	学号	项目名称	指导老师	立项年份
201510486009	胡潇戈	2013302580110	基于 Web 日志分析的高校图书馆用户行为研究	姜婷婷	2015
201510486112	何焯烽	2012302180242	基于 iBeacon 技术的实体商场 APP 研究与设计	吴　江	2015
201610486009	谢子霖	2014301610003	电信诈骗预防宣传 O2O 整合传播策略研究	李　纲	2016
201610486010	和随江	2014302480042	新媒体视角下非物质文化遗产的社交娱乐产品开发——以东巴文化为例	王玉珏	2016
201610486011	李紫尘	2014302480053	我国网上自出版平台发展现状与趋势研究	王晓光	2016
201610486012	桑运鑫	2015302330063	数字环境下母婴健康信息嵌入服务研究	胡昌平	2016
201610486126	周佩婷	2014302480105	档案文化创意产品开发——以湖北省档案馆汉冶萍公司档案衍生品为例	王玉珏	2016
201710486012	崔浩冉	2015302330051	居民区与部分公共泊位的停车位共享系统的设计与构建	姜婷婷	2017
201710486013	王子叶	2014302330062	“电商+直播”平台的商业模式及服务优化研究	邓胜利	2017
201710486127	田中博	2015302480070	基于“直播+”的文化遗产生态模式	周耀林	2017
201810486005	顾恒轩	2016302330015	图书馆语音智能问答系统的研究与实现——以武汉大学校图书馆为对象	陆　伟	2018
201810486007	刘芳霖	2016302330073	面向网络信息安全的电话诈骗模式抽取及分析	洪　亮	2018
201810486013	孙书坤	2016302330050	鄂西土家文化遗产数字地图构建与应用	胡昌平	2018

续表

项目编号	学生姓名	学号	项目名称	指导老师	立项年份
201810486025	陈欣悦	2016302480105	高校图书馆为“双一流”建设服务的调查分析与对策研究	肖希明	2018
201810486123	张溪源	2015302480025	基于深度学习的小说图片素材制作与自动配图系统设计与实现	程齐凯	2018
201810486127	洪颖菲	2016302330041	《信息交流变迁简史》纪录片	赵一鸣	2018
201810486129	吴炳婷	2016302480004	基于共享理念的图书漂流平台——墨香漂流	黄先蓉	2018
201910486015	黄佳妮	2017302330035	国外议会数据平台建设与深度挖掘研究	陆　伟	2019
201910486016	吴宇晨	2017302330009	翻转社区：数据驱动的智慧社区模式构建	赵一鸣 谢　辉	2019
201910486017	徐豪帅	2017302480016	中国大学生抑郁疏导对话机器人的研究与实现	洪　亮	2019
201910486018	贺晓阳	2017302480137	“遗”脉相承档案教育绘本	王玉珏 肖秋会	2019
201910486121	吴蔚萌	2017302330069	“故影寻踪”——城市旅游 AR 游戏开发	赵　杨	2019
201910486122	陈思宇	2017302330032	POSE：基于动作捕捉手机端实现的形体类教学与评估 APP	龚艺巍	2019
202010486032	文彬晗	2018301040214	面向非正式科学交流分析的“世界一流高校”学术报告数据平台建设	李　纲 毛　进	2020
202010486033	王　睿	2018301040062	“携手澳门青年，创新思政教育”——寻访澳门青年教育成长口述档案	王玉珏	2020
202010486034	文　森	2017302480003	基于机器学习的期刊论文影响力的科学评价系统研究	杨思洛	2020
202010486132	黄楚凡	2018301040128	不一创造	胡忠义	2020

续表

项目编号	学生姓名	学号	项目名称	指导老师	立项年份
202010486133	毛　艺	2018301040182	“一时”——行李寄存的一站式服务平台	龚艺巍	2020
202010486134	王心玥	2018301040242	多源数据融合的自闭症智能诊断可视化平台	卢　龙	2020
202010486135	孙梦阳	2018301040008	“专业帮”——基于知识图谱的学科专业交叉可视化系统	赵　杨 翁子扬	2020
202010486136	刘　瑜	2018301040017	知识气泡	徐　雷	2020
202010486137	梁亦欣	2018301040104	回笔成书：语言表达能力训练社区“回溯”	张　敏	2020

表 4-11　**湖北省大学生优秀科研成果奖**

年份	成果名称及形式	获奖者姓名	等级	备注
2001	论文《图书馆学专业人才成长规律研究》	吴礼志	二	
2001	论文《〈诗经〉编辑思想研究等》	唐小兵	三	
2001	科研《档案刊物论文统计的几点思考》	吴　化	三	
2002	科研《从文化层面浅析汉、唐、宋三朝文献编纂活动》	邓　茜	二	
2002	科研《云南新华书店集团股份制进行构架分析》等两篇	唐小兵、李　洁、王莉娜	二	
2002	科研《当前我国档案信息网站建设分析思考》等两篇	吴　化	二	
2002	科研《沪宁杭等地区中小城市信息化进程调查与研究》	黄皆知等	三	
2002	科研《北京中国人民大学出版社案例分析报告》	黄阿妮等	三	
2002	科研《我国出版业网络广告初探》	周　全	三	
2002	文学作品《我的兄弟们》	江中达	三	
2002	科研《论文系列·关注法界动态》	许　力	三	
2002	科研《我国档案网站建设中的问题与建议》系列研究报告	赵　雪	三	

续表

年份	成果名称及形式	获奖者姓名	等级	备注
2002	科研《馆藏文献数字化中的图形图像文件格式选择》	吴　化	三	
2002	科研《丹江口郧阳师专图书馆管理信息化及信息资源网络化建设》	吴雄林、李星光	三	
2002	科研《中国文化企业的企业文化建设若干问题研究》	袁复生	三	
2002	小说《黄土地上的奔跑》	朱亮亮	三	
2002	科研《一份调查问卷引发的思考》	张　颖	三	
2002	文学作品《名校优先还是专业优先》等四篇	刘素莉	三	
2002	设计《核电站风险管理信息系统研究与设计》	闵　苹	三	
2003	论文《湖北期刊业现状及发展对策探析》	袁复生、杨　闯、曹海东	二	
2003	论文《网络参考咨询的现状及发展思考》	邱永萍	三	
2003	调查报告《武汉市大型零售企业信息化建设调研报告》	李杰等	三	
2004	论文《我国有声读物的市场空间》	常晓武	二	
2004	调查报告《老年出版物市场需求、供给、消费及相关服务的调查分析》	岳洋等	三	
2004	论文《中文社科工具书指南的编写体例研究》	郭沁峰	三	
2006	学术论文《信息商品的拉姆齐定价机制初探》	刘　滔、徐　静	二	
2006	学术论文《个性化搜索引擎中的用户兴趣提取技术》	胡吉明	二	
2006	科研论文《论数字图书馆门户建设》	刘　记、李鹏云	三	
2007	调查报告《北京奥运图书市场调查》	肖超等	二	
2009	科研论文 *RSS-Based Service Mechanism of the Blog Marketing*	丁婉莹、宋倩倩	二	
2009	科研论文《对 Unicom 图书馆自动化集成系统的评价——以北京大学图书馆为例》	梅丽娟	二	
2009	科研论文《口述档案信息质量评价研究》	张　恺	二	

续表

年份	成果名称及形式	获奖者姓名	等级	备注
2009	科研论文《图书馆在实施河南文化强省战略中的作用和实现途径》	刘　璐	二	
2009	科研论文《〈读者〉在大众文化期刊市场的品牌建设》	邓　敏	三	
2010	实践论文《“80 后”农民工知识需求及公共图书馆相关服务状况调查》	林若楠、李金芮、翁　欣	二	
2010	科研论文《学术关键词半衰期测度及老化研究》	陈木佩	三	
2011	科研论文《网络评论分析中的编辑智慧》	秦艳琴、朱婧婷	二	
2011	科研论文《基于域加权聚类算法的网络舆情热点话题探测》	刘　屹、孟　睿、陈英杰	三	
2012	科研论文《网络评论分析中的编辑智慧》	秦艳琴、朱婧婷	二	2008 级
2012	科研论文《基于域加权聚类算法的网络舆情热点话题探测》	刘　屹、孟　睿、陈英杰	三	2008 级
2013	科研论文《图书馆数字参考咨询服务中知识产权风险类型研究》	李　樵	三	2011 级
2014	科研论文《我国高校图书馆营销现状调查及分析》	涂志芳	二	2011 级
2014	科研论文《关于互联网运营模式的思考》	张　天	三	
2015	科研论文《以 IBM、CBC、Disney 为例浅述国外知名企业档案馆网站的特色》	明　欣	二	
2015	科研论文《用户使用移动 APP 影响因素研究》	赵海平	校二等奖	
2016	科研论文《FWG1 法在社会化问答平台答案质量评测体系构建中的应用研究》	李翔宇、陈　琨	省一等奖	

此外，2010 年以来，我院本科生在思想政治、学习科研、社会实践和文体活动等各方面都取得一系列可喜的成绩，在各级各类竞赛中展现了信管人的风采，其中荣获国家级及以上的表彰和奖励 92 项，荣获省部级的表彰和奖励 126 项。在此不一一列举。

第五章　研究生教育

一、研究生教育概况

学院目前设有8个博士学位点，分别为图书馆学、情报学、档案学、出版发行学、信息资源管理、管理科学与工程、电子商务、数据科学；设有9个硕士学位点，分别为图书馆学、情报学、档案学、出版发行学、信息资源管理、管理科学与工程、电子商务、保密管理、数据科学，其中保密管理、数据科学为近两年新增博(硕)士学位点；另有4个专业硕士学位点，分别为图书情报硕士、出版硕士、工程硕士及工程管理硕士。两个一级学科博士学位授权点，分别为图书情报与档案管理、管理科学与工程。两个博士后流动站，分别为图书情报与档案管理，管理科学与工程。学院拥有本领域全国唯一的教育部人文社科重点研究基地，有1个国家级实验教学示范中心，7门课程入选国家级精品课程。“图书馆学情报学核心课程教学团队”入选教育部国家级教学团队。2014年入选全国教育系统先进集体，所在学科在全国第四轮学科评估中获A+。近年来，学院深入贯彻落实党的十九大精神和党的十九届三中全会、十九届四中全会、全国教育大会精神，紧紧围绕“创建世界一流图书情报与数据科学”的奋斗目标，以立德树人为根本任务，以提高研究生教育质量为重点，践行以学生为中心理念，在招生录取、培养过程管理、国际化教育、师资队伍建设、学位授权点建设与发展等方面大力推进。

二、培 养 目 标

本学科博士生应德、智、体全面发展，具有坚实宽广的基础理论、系统深入的专门知识、广博的相关学科知识和较强的综合素质和能力，能胜任高等院校或专业研究机构的教学和研究工作，同时也能承担大型图书馆、档案馆、政府部门和企事业单位的信息中心等机构的运行和高级管理工作，以适应我国现代化建设和科教兴国的需要。

本学科硕士生应具有坚实的基础理论、系统的专门知识和必要的相关学科知识，能胜任高等院校或专业研究机构的教学和研究工作，同时也能承担图书馆、情报机构、档案馆、出版机构、政府部门、互联网企业和相关企事业单位信息中心和其他信息机构的运营和管理工作。

三、学位标准

硕士学位获得者应修满规定的课程及学分，成绩全部合格；完成实习实践环节；完成学位论文并通过答辩；在导师指导下至少参与一项课题研究，参加 8 次以上学术交流活动；在公开学术期刊(CSSCI、SCI、SSCI、A&HCI、EI)或高水平学术会议(论文被国际权威机构检索)以及专业指定学术期刊上至少发表 1 篇论文。

博士学位获得者应修满规定的课程及学分，成绩全部合格；根据培养方案完成学科综合考试、学术交流、经典文献阅读、实习实践等环节；申请学位资格论文应具备的条件如表 5-1 所示，资格审查时须提交正式出版的论文原件及复印件。

目前，学院正在进行研究生培养方案修订，硕士和博士学位资格申请有待调整。

表 5-1　　**申请博士学位资格论文应具备的条件**

A 类	中国社会科学
	《新华文摘》全文转载的论文
	SCI(二区以上)、SSCI、A&HCI 期刊源刊论文
	在权威出版社正式出版的学术著作(不含教材，个人字数不低于 1/2)
B 类	武汉大学认定的中文权威以上期刊
	NSFC 管理学部公布的重要学术期刊
	《新华文摘》部分转载的论文(不少于 1000 字)
	SCI(三、四区)期刊源刊论文
	被 SCI、SSCI、A&HCI 索引的重要学术会议论文
	被 EI 索引的外文期刊源刊论文
	正式出版的著作(含教材，个人字数不低于 1/2)
	经院学术委员会认定的其他高水平外文学术期刊或会议论文(不少于 6 个页面)
C 类	CSSCI、CSCD 源刊
	被 EI 索引的中文期刊论文或会议论文(同一届次只认一篇)
	经院学术委员会认定的其他期刊或会议论文

学术论文分为 A、B、C 三类，博士研究生攻博期间在国内外重要专业刊物和学术会议上发表的学术论文应不低于下列条件之一：

1. 1 篇 A 类论文　2. 2 篇 B 类论文　3. 1 篇 B 类论文和 2 篇 C 类论文

四、招 生 工 作

学院重视研究生招生工作，通过夏令营、暑期学校、博士论坛、推荐免试、入学考核等在内的招生机制改革和实施，精心组织，采取有力措施，吸引更多更好的生源。

(1)增强优质生源延揽力度。举行招生宣讲会、异地面试、网络视频面试、优秀大学生暑期夏令营活动等，加强招生宣传，增强对优质生源的敏锐度和反应力。加大对学校、学科、学位点、导师、成果的推介宣传力度，及早主动发现人才，努力吸引优秀学生。

(2)全面实施博士研究生“申请-考核”选拔制度。学院从2011年开始探索以入学考核方式招收博士研究生，2016年起在博士研究生招生工作中全面推行“申请-考核”选拔制，充分发挥专家组审查和考核作用，发挥和规范导师作用，形成客观公正的考核办法，注重对学术道德、专业素养、研究能力和创新潜质的综合考核与评价。

(3)调整优化招生结构。加大生源结构调整力度，扩大接收优秀应届本科毕业生免试攻读研究生的比例，综合采用1+4、2+3、3+3等多种形式，鼓励优秀硕士生硕博连读。树立人才培养全局观，探索本科—硕士—博士贯通制培养，贯通课程体系，汇聚、协同教育资源，优化培养环节，培育优质生源。学院大力推动接收推免生工作和硕博连读工作，不断提升推免生和硕博连读生在硕士、博士招录中的比重，进一步改善研究生的招生选拔质量。

(4)以完善的研究生奖助贷体系吸引优质生源。通过研究生新生奖学金、学业奖学金、国家助学金、国家奖学金、研究生学术创新奖、各类专项奖学金、三助岗位助学金、研究生困难补助等途径，构筑了多元化、立体化的奖助体系，使研究生的学习科研及生活条件得到一定的改善，为吸引优秀生源，以及为研究生进校后产出更多高水平科研成果提供了保障。

(5)积极应对招生政策变化。根据教育部文件，2016年12月1日后录取的研究生从培养方式上按全日制和非全日制形式区分，两者均需参加统一入学考试、统一质量标准。研究生招生由传统理解的双证(含研究生班)和单证的区分，分为全日制和非全日制的区分，各类研究生班归入非全日制范畴。新的政策给学院研究生招生目录及指标分配工作、学生管理、社会服务工作等带来了挑战，学院科学合理地统筹安排，数次专题会议讨论，做好与此相关工作，保证平稳过渡，规范非全日制学生的管理工作及教学组织。

表5-2　　**近五年学院硕博士招生工作情况一览表**

年度	硕士(全日制)	硕士(非全日制)	博士	夏令营优秀营员	接收推免生
2015	194	/	49	118	81
2016	197	/	47	116	85

续表

年度	硕士(全日制)	硕士(非全日制)	博士	夏令营优秀营员	接收推免生
2017	187	210	50	123	90
2018	196	119	49	124	86
2019	194	79	55	122	97

注：全日制统计中均含退役大学生士兵计划、少骨等专项计划；博士录取人数含非全日制，比例一般不超过10%；2016年12月1日后录取的研究生从培养方式上按全日制和非全日制形式区分。

五、研究生教育国际化

学院是国际顶级信息学院联盟(iSchools)组织的第一个发展中国家成员，也是该联盟的领导小组成员，同时是国际图书馆协会与机构联合会(IFLA)、美国图书情报学教育协会(ALISE)、美国图书馆协会(ALA)等国际权威学术组织的成员单位。学院与30余所国际知名学院建立了学术交流和人才培养合作关系，签订了合作研究与教学备忘录，包括美国伊利诺伊大学(图书馆与情报学连续在美国排名第一)、匹兹堡大学、德克赛尔大学、威斯康星大学密尔沃基分校、英国谢菲尔德大学(图书馆与情报学连续在全英排名第一)、德国洪堡大学、丹麦皇家图书情报学院、美国北得克萨斯大学、美国印第安纳大学、雪城大学等；利用与伊利诺伊大学、华盛顿大学、密歇根大学、雪城大学、加拿大不列颠哥伦比亚大学、丹麦皇家图书情报学院等7所世界一流信息学院合作建立的“武汉大学图书情报国际合作研究院”作为平台，为师生提供交流机会，举办一级学科论坛和国际会议，编辑、出版国际出版物，联合培养人才，促进研究员、合作机构之间在研究生人才培养方面的国际合作，提高研究生培养质量。

学院成功举办了“2017年顶尖图书情报学会议(iConference)”和“国际科学计量学和信息计量学大会(ISSI)”“中美数字时代图书馆学情报学教育发展国际研讨会”“数字时代出版产业发展与人才培养国际学术研讨会”“信息资源与社会发展国际学术研讨会”“海峡两岸图书资讯学学术研讨会”“第四届中美数字时代图书馆学情报学教育国际研讨会”和“第二届iconference亚太地区分会”等一系列重要的学术会议，承办联合国教科文组织(UNESCO)“信息素养培训师培训班”和“国际大学生信息素养与信息职业领导力夏季研究班”等国际夏令营活动，为研究生开展学术交流提供了良好的条件，搭建了广阔的平台。

近年来，共有300余名国际知名专家学者来院交流讲学，包括欧洲科学院院士、荷兰阿姆斯特丹自由大学网络学院院长Frank van Harmelen教授，英国皇家科学院院士、英国伦敦大学学院Michael Batty教授，法国海外科学院院士、前任院长Bruno Delmas教授，连续三任iSchools主席与执行主席Ronald Larsen、Michael Seadle、David Fenske教授等。这些专家的来访不仅带来了国际前沿的研究理念与方法，创造了国际合作科研的机遇，开阔了学生的研究视野，同时为研究生培养模式改革与机制创新带来了新思路。聘请奥地利籍著名学者 Dominik Wurzer 为全职教师，著名科学计量学家、cientometrics 主编、比利时鲁汶大学 Wolfgang Glänzel 教授、英国伦敦大学学院信息学院前院长 Dave Nicholas 为兼职教授，提升学院研究生教育师资国际化水平。

学院设立国际交流资助基金，鼓励师生出国出境交流和参加学术会议。每年百余名师生分赴美国、英国、荷兰、法国、瑞士、新西兰、日本等国家或地区参加 iConference、SIGIR、IFLA WLIC、JCDL、ASIS&T、ICIS 等高端国际学术会议，做大会主旨报告或大会宣读论文。

学院推动留学研究生的培养工作，设立面向国际学生的硕士研究生全英文项目，新增了图书情报全英文和电子商务全英文留学硕士研究生培养项目。学院每年招收港澳台地区学生及留学生，从 2011 年开始，为促进澳门与内地文化教育交流，学院与澳门业余进修中心合作招收硕士研究生，累计招收了 80 名澳门学生。目前，学院在籍留学生 12 人，在籍港澳台地区学生 45 人。

积极组织研究生申报“国家建设高水平大学公派研究生项目”“博士研究生短期出国(境)研修资助项目”“研究生出国参加国际学术会议”等项目。近两年通过公派研究生项目和短期研修项目，选派研究生分赴美国北卡罗来纳大学教堂山分校、美国印第安纳大学、荷兰-阿姆斯特丹自由大学、丹麦-哥本哈根大学、美国-亚利桑那大学、荷兰-莱顿大学等高校交流学习；通过出国参加国际学术会议资助项目，多名研究生选派参加国际计量学会议、欧洲学术出版会议、iConference 会议、国际信息管理会议、数字图书馆联合会议、国际档案大会、AERI 等学术会议，口头宣读论文。近五年通过国家留学基金委项目、研究生参会出国资助项目及博士研究生短期研修项目三种途径出国出境学习交流的研究生达 150 余人次。近年来，学院研究生国际交流规模和覆盖率有所扩大，但主要还是依赖国家公派留学等项目，经费投入力度仍有限，下一步将多渠道鼓励和引导研究生通过校际交流项目、导师科研和国际合作项目等，积极参与国际会议和访学活动，提高研究生，尤其是博士生赴国(境)外学习交流和合作研究经历的覆盖率，建立本学科短、中、长期结合的研究生国际化培养体系。

六、导师队伍建设

学院通过培养、进修、引进、参加各种重要学术活动、参与产学研一体化课题研究等多种渠道不断提升师资质量，优化学科梯队，打造一支专业方向明确、研究基础扎实、年龄结构、知识结构、学历结构与学缘结构合理，能适应研究生培养需要的师资团队。

学院研究生导师共计 79 人，其中教授/研究员 48 人，副教授/副研究员 31 人。教师中有人文社会科学资深教授 2 人，国务院学科评议组成员 3 人，教育部社会科学委员 1 人，国家级教学名师 1 人，湖北省级教学名师 1 人，长江学者特聘教授 3 人，长江学者青年学者3人，享受政府特殊津贴专家5人，国家“千人计划”青年人才入选者1人，中组部“青年拔尖人才支持计划”入选者6人，教育部“新世纪优秀人才支持计划”入选者10人，武汉大学珞珈杰出学者2人，武汉大学珞珈特聘教授10人，教育部本科专业教学指导委员会委员4人，全国图书情报专业学位研究生教育指导委员会委员2人，全国出版专业学位研究生教育指导委员会委员1人，教育部学风委员会委员1人，全国性学术组织主要负责人3人，国外期刊同行评审专家13人，国际期刊编委6人。3个青年教师团队入选武汉大学“70后”学术团队。导师中具有博士学位的有67人，占94%；45岁及以下的有37人，占52.1%。聘任20名业界、学术界知名学者为兼职教授、客座教授，其中长江学者讲座教授1人，欧洲科学院院士1人，英国皇家科学院院士1人。

学院重视导师选聘、培训及考核。按需动态上岗，按照“总量控制、按需设岗、择优上岗、严格考核、进退有序”的原则进行，实行“评聘分离”制度。制定导师上岗标准，在确定上岗导师及招生数时向科研成果突出、在国内学科领域中有重要影响力的导师以及研究生培养质量突出的导师、承担国家重大科研项目的导师倾斜。对无科研项目、无科研成果、无研究经费的导师停止招生，对于师德师风存在问题的导师实行“一票否决”，对存在学术不端行为者实行“零容忍”。统一组织新遴选的研究生导师参加“武汉大学新遴选研究生导师培训会”，提升新增导师的指导能力和责任意识。实施青年骨干教师出国研修计划，予以配套的经费资助。以文华下午茶、专题讲座等形式，定期组织导师之间的交流与学习，提升指导能力。学院目前在岗博士生导师及专业(研究方向)见表5-3。

表5-3　**在岗博士生导师及指导专业(研究方向)**

姓 名	招生专业名称	研究方向
彭斐章	图书馆学	图书馆学教育、现代目录学
马费成	情报学、数据科学	情报学理论方法、信息资源管理与信息经济、大数据分析与应用、数据管理与知识网络
肖希明	图书馆学	图书馆学基础理论、信息资源建设
赵蓉英	情报学	信息计量与科学评价、知识管理与竞争情报
吴　平	出版发行学	编辑理论研究、中国编辑思想史
陈传夫	图书馆学、信息资源管理	图书馆发展研究、信息资源公共获取、信息资源知识产权、大数据管理理论与方法
唐晓波	管理科学与工程、情报学	数据分析与智能信息系统、管理信息系统
李枫林	电子商务	商务信息服务、信息行为研究、服务管理理论与应用等
朱静雯	出版发行学	媒体经营与管理、期刊产业研究、书业企业战略管理
张晓娟	档案学、信息资源管理	管理信息系统、数字资源信息管理、知识管理、信息素养等

续表

姓 名	招生专业名称	研究方向
黄先蓉	出版发行学	出版政策与法规、文化产业管理与版权贸易
司 莉	图书馆学、信息资源管理	科学数据管理、知识组织与知识管理
应 时	电子商务	大数据挖掘与分析、机器学习与智能交互、云计算与大数据处理
余世英	电子商务	电子商务经济理论、电子商务管理
周耀林	档案学	档案学原理与方法、数字档案与现代技术
王 清	出版发行学	出版法、知识产权法
张李义	电子商务、数据科学	商务行为与大数据分析、用户认知行为与神经科学
王新才	档案学、信息资源管理	档案学、目录学、政府信息资源管理
方 卿	出版发行学	出版营销管理、数字出版
张美娟	出版发行学	出版经济与出版产业、数字出版经济、出版电子商务、版权贸易与信息化评价
李 纲	管理科学与工程、情报学	信息管理与信息系统、数据集成与分析，信息组织、信息分析与竞争情报系统
查先进	管理科学与工程、情报学	信息分析与竞争情报、信息系统与信息资源管理
黄如花	图书馆学、数据科学	信息检索与服务、数据科学
吴永贵	出版发行学	近现代出版史、阅读史与阅读文化
李明杰	图书馆学	文献整理与保护（含古籍数字化）、中国图书文化史（含出版史、藏书史、阅读史）
徐丽芳	出版发行学	数字出版与新媒体研究、欧美出版产业研究
刘 萍	情报学	智能信息检索、知识管理、数据挖掘、社会网络分析
范 昊	情报学、数据科学	信息内容分析与挖掘、知识管理与知识服务
肖秋会	档案学	档案管理、电子文件管理、数字档案资源管理
陆 伟	情报学、数据科学	信息检索与数据挖掘、文本理解与可视化、机器阅读与数据智能、图像语义理解与建模
陆 泉	管理科学与工程、情报学	大数据分析与挖掘、知识组织与知识服务
卢 龙	管理科学与工程	大数据分析与应用、生物医学信息学
曾子明	管理科学与工程、电子商务	商务数据分析与数据挖掘、大数据资源智能管理与决策
冉从敬	图书馆学、信息资源管理	大数据治理、知识产权、专利竞争情报
吴 丹	图书馆学、情报学	信息检索、用户信息行为

续表

姓 名	招生专业名称	研究方向
张 敏	电子商务	互联网与企业商业模式创新、互联网与企业战略管理、信息心理与信息行为
王晓光	情报学、出版发行学	信息组织与知识表示、信息资源管理、语义出版理论与技术、新媒体信息管理
吴 江	电子商务、情报学	商务数据挖掘、社会网络计算
邓胜利	情报学、信息资源管理	网络用户行为、数字化信息服务
安 璐	情报学、管理科学与工程	可视化知识发现、网络数据分析
杨思洛	图书馆学	文献计量与科学评价、数字图书馆建设与服务
陈 君	管理科学与工程	移动计算环境数据管理、电子商务、知识管理理、虚拟社区用户行为研究等
张 琳	情报学	信息计量与科技评价、科学学与科技政策
姜婷婷	情报学	信息行为(信息搜寻、偶遇、规避行为)、用户心理、数据分析法、信息可视化
孙永强	管理科学与工程	信息系统、知识管理
周力虹	图书馆学	知识管理、图书馆管理与服务、信息系统和项目管理
许 洁	出版发行学	科学交流、出版营销管理、文化产业管理、儿童出版与儿童阅读
黄 颖	图书馆学	专利计量、文献计量、技术管理与技术预测、科技评价与科技政策

学院先后出台了《信息管理学院关于研究生指导教师遴选及指导人数限额的实施办法》《信息管理学院博士研究生指导教师岗位管理实施细则》《信息管理学院关于副教授遴选博士研究生指导教师的实施意见》等有关导师队伍建设的文件，强化导师岗位意识与责任意识，调动导师指导学生、从事科研的积极性和工作热情。为保证培养质量，对导师指导人数实行限额，2016 年至 2018 年，每年每位导师指导的硕士生答辩总人数(双证和单证硕士生之和)不得超过 15 名(每年 5 月和 11 月答辩硕士生之和)；从 2019 年开始，每年每位导师指导的硕士生答辩总人数不得超过 12 名。

牢固树立导师是研究生培养教育“第一责任人”的观念，形成立德树人、因材施教、保证研究生培养质量是导师的基本职责的氛围，大力倡导“教书育人”的教育理念。马费成教授、邱均平教授、李纲教授、方卿教授先后荣获“研究生教育杰出贡献奖”(个人奖)，情报学专业荣获“研究生教育杰出贡献奖”(集体奖)。

导师为致力于研究生成长成才，在课堂教学之外，面向研究生定期开展了有组织、有计划、特色性的育人活动，如专题研讨会(seminar)、学术工作坊、跨学科培养、跨校联合指导、校企合作培养、中外联合培养、实践育人(专业实践、社会调查、创新创业)等。以德施教，倾心育人，深化育人方式方法改革创新，不断提高研究生培养质量。在首届武汉大学研究生导师育人方式创新项目立项建设中，吴丹、洪亮、邓胜利三名导师申报成功。

在导师精心指导下，学院人才培养成效突出，多篇博士论文分获“全国百篇优秀博士学位论文奖”“全国百篇优秀博士学位论文提名奖”“湖北省优秀博士学位论文奖”；学子在国内外大赛中屡获大奖，众多毕业生成长为本领域学术带头人和行业领军人才。获优秀博士学位论文情况如表5-4、表5-5、表5-6所示。

表5-4　**获“全国百篇优秀博士学位论文奖”一览表**

获选年度	学科门类	一级学科、专业名称	作者姓名	指导教师姓名	论文题目
2007	管理学	图书馆、情报与档案管理(情报学)	杜　佳	马费成	中国国家信息政策法规体系构成研究——基于“国家信息政策法规数据库”的实证分析
2013	管理学	图书馆、情报与档案管理(信息资源管理)	杨思洛	邱均平	基于网络引证关系的知识交流规律研究

表5-5　**获“全国百篇优秀博士学位论文提名奖”一览表**

获选年度	学科门类	一级学科、专业名称	作者姓名	指导教师姓名	论文题目
2003	管理学	图书馆、情报与档案管理	方　卿	彭斐章	基于网络的科学信息交流载体整合与过程重构研究
2004	管理学	图书馆、情报与档案管理	张美娟	邱均平	中、外版权贸易的比较研究
2008	管理学	图书馆、情报与档案管理	周耀林	彭斐章	可移动文化遗产保护策略研究
2009	管理学	图书馆、情报与档案管理(情报学)	宋恩梅	马费成	IRM共同体与情报空间构建——IRM视角下的情报学发展模式研究

续表

获选年度	学科门类	一级学科、专业名称	作者姓名	指导教师姓名	论文题目
2010	管理学	图书馆、情报与档案管理(信息资源管理)	任全娥	邱均平	我国人文社会科学研究成果评价体系研究
2011	管理学	图书馆、情报与档案管理(图书馆学)	唐　琼	陈传夫	图书馆数字资源选择标准研究
2012	管理学	图书馆、情报与档案管理(图书馆学)	吴　钢	陈传夫	国家信息资源保存制度研究

表 5-6　　**获"湖北省优秀博士位论文奖"一览表(2008 年至今)**

获选年度	学科门类	一级学科、专业名称	作者姓名	指导教师姓名	论文题目
2008	管理学	图书馆、情报与档案管理(情报学)	宋恩梅	马费城	IRM 共同体与情报空间构建——IRM 视角下的情报学发展模式研究
2008	管理学	图书馆、情报与档案管理(情报学)	赵蓉英	邱均平	知识网络及其应用研究
2009	管理学	图书馆、情报与档案管理(信息资源管理)	任全娥	邱均平	我国人文社会科学研究成果评价体系研究
2009	管理学	图书馆、情报与档案管理(情报学)	裴　雷	马费成	基于 EA 的政府信息资源规划研究
2009	管理学	图书馆、情报与档案管理(信息资源管理)	刘高勇	胡昌平	基于 Web2.0 的信息服务研究
2010	管理学	图书馆、情报与档案管理(图书馆学)	唐　琼	陈传夫	图书馆数字资源选择标准研究
2011	管理学	图书馆、情报与档案管理(图书馆学)	吴　钢	陈传夫	国家信息资源保存制度研究
2011	管理学	图书馆、情报与档案管理(图书馆学)	费　巍	彭斐章	搜索引擎检索功能的性能评价研究
2011	管理学	图书馆、情报与档案管理(情报学)	马瑞敏	邱均平	基于作者学术关系的科学交流研究

续表

获选年度	学科门类	一级学科、专业名称	作者姓名	指导教师姓名	论文题目
2011	管理学	图书馆、情报与档案管理(情报学)	赵　杨	胡昌平	国家创新系统中的信息资源协同配置研究
2012	管理学	图书馆、情报与档案管理(情报学)	望俊成	马费成	网络信息生命周期模型及规律研究
2012	管理学	图书馆、情报与档案管理(信息资源管理)	杨思洛	邱均平	基于网络引证关系的知识交流规律研究
2013	管理学	图书馆、情报与档案管理(信息资源管理)	胡吉明	胡昌平	社会网络环境下基于用户关系的信息推荐服务研究
2014	管理学	图书馆、情报与档案管理(情报学)	杨冠灿	李　纲	基于多重关系整合的专利网络结构分析研究
2015	管理学	图书馆、情报与档案管理(情报学)	牛奉高	邱均平	数字文献资源高维聚合模型研究
2015	管理学	图书馆、情报与档案管理(情报学)	徐　雷	董　慧	本体网络结构及其演化研究
2015	管理学	管理科学与工程(管理科学与工程)	陈璟浩	李　纲	突发公共事件网络舆情演化研究
2016	管理学	图书馆、情报与档案管理(信息资源管理)	陈　果	胡昌平	基于领域概念关联的网络社区知识聚合研究
2016	管理学	图书馆、情报与档案管理(情报学)	张晋朝	查先进	信息需求调节下社会化媒体用户学术信息搜寻行为影响规律研究
2016	管理学	图书馆、情报与档案管理(图书馆学)	罗　博	陈传夫	网络公共信息服务社会信任的影响因素研究

七、人才培养

1. 课程建设

构建了由公共必修课、学科通开课、研究方向必修课和研究方向选修课四大板块构成的课程体系；注重研究方法类、学术前沿类课程的开设，鼓励按一级学科开设课程，信息管理国际学术前沿、图书情报与档案管理研究方法论、信息系统工程、计算机网络理论与技术、数据库技术与应用等五门课程为一级学科通开课。建设一批与培养创新精神和实践能力相适应、富有创新特色和示范效应的精品课程。先后有多门课程进入武汉大学研究生精品课程建设项目、武汉大学全英文教学示范课程建设项目等见表 5-7。

表 5-7　　研究生课程建设情况一览表

课程名称	课程负责人	课程类型	获批年份
信息资源规划	马费成	研究生精品课程	2010
管理科学与工程	唐晓波	研究生精品课程	2010
图书馆学研究方法论	陈传夫	研究生精品课程	2011
网络用户信息行为	邓胜利	全英文研究生课程	2013
信息搜寻行为	姜婷婷	全英文研究生课程	2013
数据组织与数据挖掘	安　璐	全英文研究生课程	2013
信息资源管理原理	胡昌平	研究生精品课程	2013
信息组织	司　莉	专业学位研究生精品课程	2013
出版物营销	方　卿	专业学位研究生精品课程	2014
信息资源建设	肖希明	专业学位研究生精品课程	2014
出版法制研究	黄先蓉	研究生精品课程	2014
信息计量与科学评价	赵蓉英	研究生精品课程	2014
出版经济与出版产业	张美娟	研究生精品课程	2015
信息描述研究	吴　丹	研究生精品课程	2015
出版企业人力资源管理	姚永春	研究生精品课程	2017
数据信息集成与分析方法	李　纲	博士生研究学分课程	2017
科学数据管理专题研究	司　莉	博士生研究学分课程	2017
信息服务	邓胜利	研究生精品课程	2018
商务智能	赵　杨	全英文研究生课程	2018
知识管理	张晓娟	全英文研究生课程	2018
出版基础理论	许　洁	研究生精品课程	2019

2. 学术训练

鼓励研究生参与各类科研项目，在项目实施过程中受到规范的科研训练。设立学科通开课“图书情报与档案管理前沿进展”，组织导师轮流进行学术报告，邀请国内外知名学者来院讲学；开展研究生学术报告大赛、博士论坛、博士沙龙、大家讲座等，近年来，平均每年举办各类研究生学术讲座、行业前沿讲座五十余场次。邀请了包括欧洲科学院院士 Frank van Harmelen 教授，英国伦敦大学学院(UCL)、英国科学院院士 Michael Batty 教授，英国谢菲尔德大学信息学院院长 Valerie Jane Gillet 教授，世界著名的情报计量学家、数学家罗纳德·鲁索教授等在内的专家学者为研究生带来精彩的报告与讲座。

连续多年组织不同主题的全国图书情报与档案管理研究生暑期学校及博士论坛，近两年成功举办了“首届全国图书馆学博士生学术论坛”“第八届全国情报学博士生学术论坛”“2018 商务数据分析暑期学校”“数据驱动的情报学研究方法暑期学校”等，这些活动为全国本学科专家学者和研究生搭建了高水平的学术交流平台，推进研究生在理论与实践方面的学习、思考与创新，推动其学术研究和实践能力的提升。

博士研究生在攻读博士学位期间至少要阅读 150 篇国内外重要专业学术文献(其中国外学术文献不少于 70%)，对其中的 15 篇左右文献进行研读交流与讨论，并由本专业所在系组织在学术研究进展汇报和学科综合考试中进行考核。部分必须研读的文献由本专业所在系公布，所有研究生需定期参加学校组织的“学术道德规范讲座”和其他专题讲座、学术报告、研究生论坛等学术研讨活动。

3. 教学研究

积极参与研究生课程教学研究，近年来，陆伟、孙永强、邓胜利、肖秋会等多位导师获批多项学位与研究生教育教学改革研究项目、深化专业学位研究生教育综合改革项目等。

4. 分流淘汰

健全中期考核制度，强化分流与淘汰。发挥中期考核的筛选作用和质量约束作用；根据《武汉大学研究生学籍实施细则》及相关规定，对超过最长学习年限的研究生进行学籍清理，对符合条件者办理结业手续。

(1)硕士生分流：每年在第三学期对所有研究生进行中期考核，考核优秀和良好的研究生，优先推荐硕博连读。近年来，学院每年有 15~20 名左右硕士生通过 1+4、2+3、3+3 等形式成为硕博连读博士研究生；考核合格以上的研究生继续攻读硕士学位。考核不合格者，将终止培养，作肄业处理，或申请延期重新考核，第二次考核仍未通过，做退学处理。

(2)博士生分流淘汰：在第三学期对进入“1+4”硕博连读培养程序的学生进行博士生

资格考核，不合格者转入硕士研究生培养程序；对超过最长学习年限(硕士四年，博士六年)的研究生，引入清理淘汰机制，予以退学或结业(符合相关规定者)处理。

5. 教学质量管理

学院强化培养质量意识和过程意识。规范课程教学、中期考核、实习实践、学术交流、综合考试、开题等过程管理，严格把关预答辩、资格审核、论文评审、答辩等环节，平均每年度共计开设各类研究生课程200余门。

新入学研究生根据培养方案，与导师或导师组讨论培养计划，录入个人培养计划并据此进行选课学习，未完成个人培养计划者，不得申请毕业答辩；采取讲授、研讨、实地调查、实验等多种教学形式，安排部分自学内容进行灵活教学，自学学时不超过课程总学时的1/3；充分发挥学院研究生培养指导委员会的教学监督指导作用，检查评估研究生课程教学管理执行情况，包括课堂教学、授课质量、教学管理、考务工作与档案管理；采用随堂听课、网上教学评价、座谈会、问卷调查等不同形式，了解研究生对课程教学的反馈意见，改进和提高教学质量。

先后出台了《关于实施博士研究生培养质量工程的决定及相关规定》《关于硕士研究生学位论文评阅的暂行规定》《信息管理学院研究生资格审查及答辩相关事宜规定》《信息管理学院关于研究生学位论文重复率检测的意见》《信息管理学院研究生答辩流程》等文件。所有研究生学位论文都必须通过网上查重系统审查，方可进行论文送审；所有博士生学位论文提交至教育部网站实行全盲审，合格后方可进入答辩流程，并在研究生院网站公布答辩时间、地点。本学位点至今未出现过学位论文抽检不合格的情况。2019年开始，学院全面实行全日制学术硕士论文通过信息平台开展双盲评阅。

6. 在学期间成果

我院研究生科研绩效突出。根据研究生院最新的年度统计，我院博士研究生在校期间发表学术论文数居全校第四，人文社科第一，生均论文数居全校第一，达到4.26篇。研究生均绩点测算结果为9.6，居全校第三，人文社科第一。

研究生科研创新能力不断提升，多人次获得“教育部学术新人奖”“研究生国家奖学金”“研究生学术创新奖”“十大学术之星”等荣誉称号，表5-8为近年来研究生学术创新奖获奖情况。

表5-8　**近年研究生学术创新奖获得者一览表**

姓名	学号	获奖等级	获奖年度
吕鹏辉	2012101040002	一等奖	2014
楼　雯	2012101040015	一等奖	2014

续表

姓名	学号	获奖等级	获奖年度
张晋朝	2012101040018	一等奖	2014
吕　红	2012101040017	二等奖	2014
张晋朝	2012101040018	一等奖	2015
余厚强	2013101040014	一等奖	2015
张芳源	20131040010	二等奖	2015
郝　婷	2012101040029	二等奖	2015
李立睿	2014101040028	二等奖	2015
李　阳	2014101040024	一等奖	2016
完颜邓邓	2014101040015	一等奖	2016
李白杨	2014101040016	二等奖	2016
梁少博	2014201040044	二等奖	2016
魏明坤	2015101040023	一等奖	2017
巴志超	2016101040002	一等奖	2017
陈　一	2014101040013	一等奖	2017
宋雅倩	2015201040054	二等奖	2017
陈　烨	2015101040002	二等奖	2017
李立睿	2014101040028	二等奖	2017
刘玲武	2014101040039	二等奖	2017
周　知	2016101040009	二等奖	2017
徐志武	2015101040038	二等奖	2017
彭　鑫	2015201040002	二等奖	2017
石　宇	2015201040003	二等奖	2017
程　磊	2016201040041	二等奖	2017
陆柳杏	2016281040172	二等奖	2017
梁少博	2017101040017	一等奖	2018
魏明坤	2015101040023	二等奖	2018
李　樵	2017101040012	二等奖	2018
魏绪秋	2015101040025	二等奖	2018
黄　永	2014101040030	二等奖	2018

续表

姓名	学号	获奖等级	获奖年度
罗梅芬	2015201040033	二等奖	2018
曾敏讷	2015201040035	二等奖	2018
宋宁远	2016101040043	二等奖	2018
巴志超	2016101040002	二等奖	2018
丁　恒	2014101040029	二等奖	2018
马磐昊	2014201040031	二等奖	2018
霍朝光	2016101040015	二等奖	2018
蔡婧璇	2017101040010	二等奖	2018
王一鸣	2015101040032	二等奖	2018
赵栋祥	2017101040018	二等奖	2018
王　涵	2015101040033	二等奖	2018
王　旭	2017101040029	二等奖	2018
周　知	2016101040009	二等奖	2018
叶　艳	2016101040004	一等奖	2019
巴志超	2016101040002	二等奖	2019
王一鸣	2015101040032	二等奖	2019
王　迪	2016101040045	二等奖	2019
全　薇	2015101040024	二等奖	2019
郭　倩	2016201040002	二等奖	2019
曾粤亮	2016101040013	二等奖	2019
文　璇	2015101040006	二等奖	2019
霍朝光	2016101040015	二等奖	2019
王春迎	2017101040015	二等奖	2019
崔　程	2016201040043	二等奖	2019
赵栋祥	2017101040018	二等奖	2019
张　瑞	2017101040002	二等奖	2019
邓支青	2017101040048	二等奖	2019
周利琴	2016101040016	二等奖	2019
刘春香	2017201040040	二等奖	2019

八、专业学位教育

学院注重专业学位教育发展，研究推进专业学位综合改革。制定了《加强专业学位研究生教育工作的若干意见》等文件，2016 年获批“深化专业学位研究生教育综合改革项目”，专业学位在教育管理体系、联合培养实践基地、案例库与课程建设、多元化考核评价体系等各方面推进综合改革，取得了一定的理论成果和实践成果。学院申报了泰康在线-武汉大学研究生联合培养工作站，新增了山东省农业科学院科技信息研究院、福中集团湖北有限公司、上海交通大学图书馆、泰康在线财产保险股份有限公司等多个专业学位研究生实习实践基地，新增多名图书情报硕士、出版硕士校外兼职导师。申报了示范性实践基地，经材料审核、现场答辩和专家评审、公示等环节，我院“上海交通大学图书馆”实践基地被评选为“武汉大学示范性专业学位研究生实习实践基地”。

学院组织教师参加中国专业学位教学案例中心举办的“案例教学与写作培训会”，推进案例教学师资队伍建设。学院引导和鼓励开展教学案例库建设，在 2017 年全国图书情报专业学位研究生教育指导委员会秘书处组织的首届案例大赛上，我院教师撰写的案例共计 6 个进入到大赛评审环节，主题涉及信息资源建设、信息系统分析与设计、信息服务、图书馆管理与公共文化服务等多方面，最终，肖希明教授的《信息市场为信息资源建设带来活力——中国科学院武汉文献情报中心案例分析》获得了大赛一等奖，《武汉大学图书馆特色资源库建设》获得了大赛优秀奖。学院依托图书情报与档案管理国家一级重点学科的优势，聘请了来自图书馆、档案馆、科技信息中心、标准化与质量研究、互联网企业等多领域行业专家来学院开办行业发展前沿讲座，促使专业学位研究生尽早接触行业，增进学生、导师与行业高级管理专家、技术专家的密切接触和交流，帮助他们开拓视野，激发他们对行业前沿重大应用问题的研究兴趣。

根据教育部和学校关于开展专业学位研究生教育自查自纠工作的通知，针对多年工程硕士办学，学院成立了工程硕士(单证)自查自纠工作小组，推进落实自查自纠各项工作任务，从招生录取、财务收支、培养管理、学位授予、发现问题及处理结果、整改措施六大方面开展自查自纠并形成报告。通过自查自纠工作，对前期工程硕士的办学进行了梳理，进一步端正了专业学位办学指导思想，纠正办学中的逐利倾向，切实履行好人才培养的职责使命。

1. 机构设置

由院长、书记领导，一名专职副书记和一名兼职副院长分别主管研究生思政、研究生业务教育工作；设有研究生教学与管理办公室；设有“学位评定委员会”，履行与授予学位相关的职责与权限，以及导师遴选、新增学位授予权学科专业的申报等。设有“研究生培养指导委员会”负责研究生教育相关政策的制定和监督执行；系主任分别负责各专业研究生培养各环节的实施。

2. 学位授权点建设

根据学位办、教育部、学校相关文件精神和工作要求，学院近年开展了多项研究生学位授权点评估与建设工作。2015—2016 年度，我院图书情报硕士、出版硕士、工程管理硕士(与土木建筑学院等多家单位共同完成)分别接受了合格评估检查。合格评估由国务院学位办委托各专业学位教指委组织实施，学院成立专班，认真组织，准备了大量的教学文档、联合培养基地材料、规章制度办法、各类导师信息及教师任课信息、招生及学位授予数据、毕业生论文数据、重要专题讲座统计及实习实践课程执行等材料，均顺利通过合格评估检查。

2016 年，我院接受图书情报与档案管理一级学科授权点合格评估，学院组织精干力量，完成了近五年来各方面共计二十多项材料的收集、汇总与整理，形成了八本自我评估资料汇编，其中学位点自评报告与发展规划，数易其稿，力求客观真实地呈现学院的成绩与特色，同时不回避问题，借学位授权点评估为手段，梳理学位点发展现状，找出学位授权点在学科建设和人才培养方面存在的问题与不足。在图书情报与档案管理一级学科授权点评估中，评估专家一致认为，学校高度重视本授权点的建设与发展，人才培养目标明确，培养体系完备，培养成效显著，达到评估指标要求，结论为优秀。

完成各类有关学位授权点建设的调研、数据上报、信息收集工作，包括图书情报与档案管理学科评议组组织的《图书情报与档案管理学科发展情况调查问卷》和《图书情报与档案管理学科研究生核心课程调查问卷》、全国图书情报教指委组织《图书情报专业学位教育发展状况调查》以及国务院学位办组织的《学位授权点基本状态信息表》(含图情档一级学科、图书情报硕士、出版硕士)的填报等相关工作。

着眼需求，突出学科特色和优势，开展新增学位授权点申报工作。依托图书情报与档案管理一级学科，学院成功申报了保密管理专业，列入 2018 年研究生招生目录，开展研究生招生与培养。同时，学院联合计算机学院以及信息资源研究中心，自主设置交叉学科“数据科学”，列入 2019 年硕博士招生目录。

第六章　学科建设与社会影响

一、办学历史悠久，学科结构完备

我院学科建设历史悠久，从1920年武昌文华大学图书科创办以来，经过百年薪火相传，学科在继承和弘扬传统的同时，注重吸收新的学科理论、方法和技术的营养，深化专业视野，拓展研究领域，借助新的信息环境获得旺盛的生命力，学科建设从小到大，从弱到强，社会影响持续扩大，学科声誉不断提升。2000年，学院获得“图书馆、情报与档案管理”一级学科博士学位授予权，2007年“图书馆、情报与档案管理”被评为一级学科国家重点学科。在教育部学位中心组织的前三轮学科评估中，学院图书馆、情报与档案管理一级学科位列第一，第四轮学科评估位列A+。图书情报与数据科学于2017年入选国家“双一流”建设学科。

图书馆学专业的历史最为悠久，该专业于1981年获得硕士学位授予权，1993年经国务院学位委员会批准建立博士点。2001年，图书馆学被批准为国家重点学科，2009年被教育部确定为高等学校特色专业建设点。2019年，图书馆学专业获批国家级一流本科专业建设点。

情报学专业创建于1977年，1979年开始招收研究生，1990年经批准建立我国第一个情报学博士点。1997年获得管理科学与工程一级学科硕士学位授权点。2001年，情报学被批准为国家重点学科。2003年获得管理科学与工程一级学科博士学位授予权；2006年，管理科学与工程被评为湖北省一级学科重点学科。

档案与政务信息学专业创办于20世纪30年代。1940年，武昌文华图书馆学专科学校成立档案管理科，是我国最早由政府批准开办的档案学高等教育学科。1982年，获批重新筹办档案学专业，1984年恢复招生，招收档案学专业本科生，1998年获硕士学位授予权，2000年获博士学位授予权。

编辑出版学专业创办于1983年。当年开始招收本科生，1984年开始招收干部专修生，1987年开始招收研究生，1993年获批在图书馆学硕士点增加“出版发行研究”硕士研究生方向，2002年在“图书馆、情报与档案管理”一级学科下，获批设立出版发行学博士学位授权点。2019年，编辑出版学专业获批国家级一流本科专业建设点。

电子商务专业是适应互联网和电子商务发展需要开设的一个涉及多学科、文理交叉的专业。2001年在信息管理与信息系统专业下设置了电子商务方向，2002年初正式设立电子商务专业。2006年在管理科学与工程一级学科下设立电子商务硕士及电子商务博士学位授权点。2007年开始招收电子商务专业硕士生和博士生。

2000年，在“图书馆、情报与档案管理”一级学科博士学位授权点下，备案设立了信息资源管理硕博点；2017年，为深入研究并解决现代信息环境下各类社会系统中的保密管理问题，学院申报并获批保密管理硕士点；2018年，随着信息存储和传输技术的快速发展，大数据环境的形成，数字信息成为社会信息资源的主体，依托图书情报与档案管理、计算机科学与技术、管理科学与工程三个一级学科，学院成功申报获批“数据科学”交叉学科硕博点。

至此，经过历代师生共同努力，学院拥有2个一级学科博士学位授权点：图书情报与档案管理、管理科学与工程。设有8个博士学位点，分别为图书馆学、情报学、档案学、出版发行学、信息资源管理、管理科学与工程、电子商务、数据科学。设有9个硕士学位点，分别为图书馆学、情报学、档案学、出版发行学、信息资源管理、管理科学与工程、电子商务、保密管理、数据科学。另有4个专业学位点，分别为图书情报硕士、出版硕士、工程硕士及工程管理硕士。设有2个博士后流动站：图书情报与档案管理、管理科学与工程；1个一级学科国家重点学科：图书情报与档案管理，涵盖3个二级学科国家重点学科：图书馆学、情报学、档案学；1个省级重点学科：管理科学与工程。1个本领域唯一的教育部人文社会科学重点研究基地：武汉大学信息资源研究中心；1个国家级教学团队：图书情报教学团队。

学院深入贯彻落实党的十八大、十九大精神和全国高校思想政治工作会议、全国教育大会等重要会议精神，在学校领导、各级部门及社会各界的大力支持下，紧紧围绕创建世界一流学科的奋斗目标，制定和实施了“十三五”学科发展规划，深化学科内涵，凝练研究方向，坚持立德树人和科教融合育人的理念，在努力实践科学成果转化新发展路径的过程中，服务社会发展，拓展学科外延。

二、凝练重点方向，优势特色明显

本学科定位于信息资源的开发利用与管理，结合时代与学科发展趋势，形成以信息资源为核心、特色鲜明的研究方向，探索信息管理重大理论和关键科学问题，培养信息管理高级人才，努力建设成为本领域的世界一流学科。

根据学科发展趋势，结合时代要求，凝练出4个重点学科方向：(1)信息管理理论。主要包括信息管理理论与方法、信息资源管理和知识产权、信息资源规划与开发利用、信息计量等研究领域。(2)信息组织与检索。主要包括面向大数据的知识组织、语义检索、多语言信息检索等领域。(3)信息传播与服务。主要包括信息传播与服务理论技术、信息生产与消费、政策法规等研究领域。(4)大数据分析与挖掘。主要包括竞争情报理论方法与技术应用、语义分析与数据挖掘、泛在网络融合与信息系统集成、大数据分析等领域。

经过多年建设与发展，本学科形成了鲜明的优势与特色。学科优势体现在：(1)师资队伍强大。形成由资深教授、国家名师、长江学者、拔尖人才等优秀中青年学科带头人组成、知识结构与年龄结构合理的学术群体，并获批为图书情报核心课程国家级教学团队；(2)科研实力雄厚，2017 年进入一流学科建设以来，学院共获批国家社科基金重大项目 7 项、重点项目 3 项，教育部重大科技攻关项目 3 项、重大专项课题 1 项，国家自科基金重大项目 1 项、重大研究计划项目 2 项，国家重点研发计划项目 2 项；16 项成果获"教育部人文社科优秀成果奖"；14 项成果获"湖北省社会科学优秀成果奖"；(3)二级学科完备。涵盖图书馆学、情报学、档案学、出版发行学、信息资源管理、管理科学与工程、电子商务、保密管理、数据科学等专业，逐步形成以信息资源为核心的研究方向，交叉融合，均衡发展；(4)人才培养质量高。迄今 2 人获"全国百篇优秀博士学位论文奖"，10 人左右获"全国百篇优秀博士学位论文提名奖"，20 多人获"湖北省优秀博士学位论文奖"，学子在国内外大赛中屡获大奖，众多毕业生已成长为本领域学术带头人和行业领军人才。(5)国际交流深入广泛。学院是全球 iSchools 联盟核心领导小组(iCaucus)成员，国际图书馆协会与机构联合会(IFLA)会员单位，美国图书馆协会(ALA)的国际成员单位，与联合国教科文组织、国际图联、美国图书馆协会、亚联董等国际组织建立了长期稳定的合作关系，同美国、日本、加拿大、法国、英国、德国等 10 多个国家和地区的图书情报学院、信息管理学院建立了良好的学术交流关系，为学科建设提供了丰富的国际化平台。(6)支撑条件好。拥有本领域唯一的教育部人文社科重点研究基地，一个国家级实验教学示范中心，是 2011 协同创新中心"国家领土主权与海洋权益创新中心"的参与单位，主办四种学术期刊；先后有七门课程入选国家级精品课程。"图书馆学情报学核心课程教学团队"入选教育部国家级教学团队，多个教改项目荣获国家和湖北省优秀教学成果奖。

本学科特色体现在：一是注重瞄准国家重大现实需求与国际理论前沿，强调一级学科群建设与各学科协调发展；二是强调一级学科层面核心理论问题和关键方法技术的研究，既重视基础理论又强调实际应用；三是强调学科交叉，在信息管理理论、信息组织与检索、信息分析与计量、数字图书馆、数字出版、知识产权等领域具有比较优势；四是强调学科的开放建设与国际合作，所在学院是 IFLA、ALISE、iSchools、ALA 等国际机构成员，与 30 余所国际知名学院建立了学术交流合作关系，与 7 所国际拔尖学院合作建立了武汉大学图书情报国际合作研究院，不断探索学科国际化发展新机制，面向亚洲及全球招收留学生。

伴随着学科的建设与发展，学科影响力不断提升，国内领先地位进一步巩固，优势与特色进一步凸显，初步建成具有较大国际影响的世界知名学科。近年来有效整合国内外社会资源，承担国家科技支撑计划、社科重大等各类课题 300 余项；通过编印成果简报、研究咨询报告等将学科的研究成果上报教育部、文化部、国家新闻出版广电总局、国家档案局等国家部委，为政府决策部门提供咨询服务；受中央有关部委、政府部门和企事业单位委托，承担和举办各类高层次培训班；二十余人次担任国内外重要期刊编委，十余人次担任国务院学科评议组成员，教育部社科委委员，科学技术奖励监督委员会，教育部本科专业教学指导委员会副主任委员、委员，教育部专业学位研究生教育指导委员会副主任委员、秘书长，国家社科基金、自科基金评审组组长、专家等；主持或参与各类学科建设发展规划，积极参与师资队伍建设与培训，参与各类科研评审与监督，服务学科建设和科研发展。

三、立德树人为本，优秀人才辈出

根据社会需要，学院树立了科学的人才培养目标，即培养适应当前和未来发展的、科研能力强、具有国际化视野的复合型信息管理高级人才。(1)培养基础扎实、创新能力强的拔尖型人才。出台措施引导、激励学生参与国家重大实践工程、发表高水平学术论文、参加重要学术会议，增强学生科研、创新与实践能力，培养学生的社会责任感。(2)打造国际化的人才培养模式。以 iSchools 等为平台，鼓励出国交流，师生互换，联合举办国际学术会议，促进人才培养国际化。(3)交叉培养复合型人才。细化人才培养目标，切实加强跨学科交流，吸引更多跨学科和顶尖学校生源，拓宽研究领域，使学生适应更宽广的信息职业需求。

学院围绕一流学科建设，坚持立德树人为本，人才培养成效显著，不断强化师资、教材、实验室、实习实训基础建设，注重将优质科研资源与人才培养过程整合，构建科教结合、协同育人新局面。推动 1 个国家级实验教学示范中心、1 个省级实习实训基地、1 个校级专业学位示范性实习实践基地、32 个校级实习实训基地的建设，出台教学实验项目奖励方案，鼓励科研成果转化为教学，积极引导学生参与科研项目，WHU-ROBOT、NEVIEWER、ICE-TEA 等数十项科研成果转化为实验平台和教学内容，学生积极参与国家社科基金重大项目、自科基金重大课题等各类科研项目的研究，能力提升明显。2017 年以来，新增全英文课程项目 9 项，新增全英文电子商务和图书情报硕士学位项目；在校生获 21 个国家级、142 个校级大学生创新创业项目，研究生科研发文量在武汉大学人文社科学院中名列前茅，4 人获学校十大学术之星，133 人获国家奖学金，51 人获学术创新奖，本科生在高水平期刊上发文数量逐年递增，获省级以上奖励百余项。学生就业率、升学率与出国率显著提升，本硕博近四年综合就业率分别为 98%、99%、99%、95%，升学率分别为 57%(出国率 18%)、55%(18%)、63%(25%)、64%(19%)。

本学科的人才培养质量得到教育部和其他政府部门高度认可。马费成教授获“国家级教学成果”一等奖，吴平和强月新教授获“国家级教学成果”二等奖。2 篇博士学位论文获得“全国百篇优秀博士学位论文奖”，2014 年，学院荣获国家人社部和教育部联合表彰的全国教育系统“先进集体”。学院毕业生中已有多人成长为学科带头人和行业领军人才，为本学科赢得了良好的社会声誉。

四、紧跟国际前沿，研究成果丰硕

围绕一流学科建设目标，学院紧跟图书情报与数据科学国际前沿，在健康医疗和公共文化等特定领域的资源库和共享资源平台建设、基于多源与海量数据分析的知识服务方面产出具有重大应用价值的标志性成果。

2010—2019 年，本学科教师发表 SSCI、SCI 索引论文 400 余篇，在 Springer Nature 等国际知名出版社出版全英文著作 4 部。其中，陈传夫教授主编的 *Information and Library Science：Trends and Research* 获得国内外本领域专家一致好评，截至 2017 年 6 月 20 日下载总数达 7.8 万次。3 部著作入选《国家哲学社会科学成果文库》，多部著作入选国家“十二五”“十三五”重点图书。

本学科多项研究成果荣获国际奖项。吴丹教授在 2013 年作为欧美地区外首位学者在国际会议 iConference 上获得“优秀论文奖”，2017 年又再度在 iConference 上获得“优秀论文奖”；周力虹教授 2016 年获“第 11 届 iConference 会议最佳论文”提名奖。张潘磊拍摄的视频作品获“iSchools 视频大赛”优秀奖等。司莉教授获“Emerald 中国图书情报学研究基金奖”。

开展“双一流”建设以来，在学校对科学研究工作和跨学科平台建设的大力支撑下，学院充分调动教师科研的积极性与创造性，科研提质增效，高层次项目和高水平论文再创新高，获得国家重大重点项目 31 项，发表高水平论文 259 篇，获省部级优秀成果奖 12 项；“《中华人民共和国公共图书馆法(草案)》几点修改意见”等一批资政成果被政府采纳，产生了很好的学术、文化与经济效益。积极推进武汉大学大数据研究院建设，牵头组建了学科智库联盟，成立了时空大数据联合实验室等校企合作研究平台。此外，还举行了“珞珈大数据方法训练营”和“珞珈大数据论坛”等一系列有影响的学术活动，促进了医疗、健康、教育等特定领域数据资源的开发利用。

五、科研服务社会，发挥智库作用

(一)积极融入社会，服务国民经济建设和行业发展

主持和参与数项国家标准的制定，面向行业和领域需求开展科学研究，承担横向项目近百个，研发各类软件工具 20 余个，申请专利和软件著作权 10 余项，成果为华为、腾讯、阿里巴巴、泰康人寿、百度等百余家科研院所和企事业单位提供了理论、技术和方法支撑，取得了显著的社会效益和经济效益。

学科跟踪信息采集、信息组织、信息分析与处理等领域的前沿发展趋势，使应用性科研成果服务经济社会发展。针对乡村振兴计划，承担“乡村文化旅游云服务技术集成与应用示范”项目；针对重大区域发展规划，承担“长江中游城市群综合科技服务平台研发与

应用示范”项目；围绕文化强国战略，承担并完成“基于语义的动态数字出版服务系统研发与应用示范”“面向科技教育领域的动态数字出版标准规范研究”等项目，获国家发明专利多项，成果在出版行业得到应用，获得很好的经济和社会效益；围绕提升情报服务能力，主持并完成“南方电网情报需求智能表达、预测及高级应用功能研发”项目，开发出高效的电网情报需求挖掘和自适应服务系统平台；围绕竞争情报、网络情报挖掘、突发公共卫生语料库建设等主题领域展开研究，主持网点智能配送与监控地理空间综合信息服务平台、日志数据挖掘、口碑动态监测、突发公共卫生事件网络信息传播模式分析、文本抽取数据、语料库建设等应用项目，开发企业竞争情报系统、产业竞争力智能评价系统、基于网民的口碑分析系统等信息服务系统。此外，文本的格式化理解和语义功能识别技术、基于知识图谱的电话诈骗识别技术等分别在国家计算机网络与安全中心和中国科技信息研究所得到应用。

(二)推动学术发展，引领学科“走出去”

学科秉承开放与融合、智慧与服务精神，积极探索国际化发展之路，承担引领本学科争取国际话语权的责任。成功举办 4 届“中美数字时代图书馆学情报学教育国际研讨会”，联合举办第 8—10 届“科技信息资源共享促进国际会议”，2015 年举办“国际顶尖图书情报会议(iConference)亚太地区分会”。2017 年举办了“iConference 年会 2017 年国际科学计量学和信息计量学大会(ISSI)”。在国际会议中获各类奖项并宣读论文，产出高水平学术成果，先后获得 iConference2012、2015 最佳论文奖，iSchools 视频大赛优秀奖，2012 Emerald 中国图书情报学研究基金奖等。与 Springer 等国际知名出版社合作出版多部英文学术专著，发表 SCI/SSCI 收录论文的数量比肩诸如北卡大学教堂山分校等国际顶尖 iSchool。与美国匹兹堡大学、英国谢菲尔德大学、丹麦哥本哈根大学等 16 所欧美国际一流 iSchool 签署合作协议，为学院教师、研究人员以及在校生创造了出国访学、合作科研和联合培养的机会，每年吸引近 40 位国际知名专家来校访学。获批 2 项国际合作研究课题，搭建国际交流多元平台，作为 iSchools 首个发展中国家成员、核心小组成员（iCaucus)，积极履行协调职能；依托武汉大学图书情报学国际合作研究院，广泛开展国际合作。2014 年，学院组织十余位国内外知名专家撰稿并出版了英文版丛书 *Information and Library Sciences*(LIS)：Trends and Research(《图书情报学研究趋势》)。近年来，学院先后有数十位教师在 iSchool、IFLA 等国际会议，伊利诺伊大学香槟分校、北卡大学教堂山分校等国际知名高校开设学术讲座、学术报告近百余场次。

(三)聚焦行业领军人才培养，支援边疆地区文化发展

承担国家部委高端培训任务，为四大行业领域培养领军人才。一是培养国家专业技术领军人才，承担人力资源和社会保障部“国家专业技术人才知识更新工程”，以信息时代知识产权、网络营销为主题，举办高级研修班，培养企业总裁和高级专业技术人才近 200

人。二是为地方培养“两化”融合领军人才，承办工业和信息化部“中小企业经营管理领军人才高级研修班”，为近300名企业总裁和高管提供高端培训。三是依托国家新闻出版广电总局武汉大学出版高级人才培养基地，举办新闻出版领军人才培训班。四是建立湖北保密教育培训基地，培养保密事业领军人才，为全省保密事业培训管理干部与技术骨干300余人。同时，响应中央号召，用文化和智力援边、援疆，助力边疆少数民族地区文化事业大发展、大繁荣，连续承担教育部新疆文化艺术人才定向培养和培训计划，培训学员100余人，占内地高校培训总人数的20%；对口支援新疆大学学科建设，先后派出4位教师5次赴疆支教，成效显著；受云南省、广西壮族自治区新闻出版广电局、广西公共图书馆等单位委托，举办多期高级研修班，培训学员数百人。培训学员涵盖了汉族、维吾尔族、蒙古、回族、哈萨克族、俄罗斯族、锡伯族、壮族、瑶族、苗族、黎族、白族等多个民族。极大缓解了新疆、广西、云南等边疆少数民族地区图书情报事业高层次专业人才缺乏的现状，有力促进了现代文化传播与民族大团结。

(四)发挥智库作用，平台建设与成果转化渐入佳境

积极参与2011国家协同创新中心建设，参与《公共图书馆法》、全国数字出版行业“十三五”发展规划、数字出版技术标准等的起草和编制，信息资源知识产权相关成果得到NSTL等采纳，多项成果选编《成果要报》《专家建议》送国家领导参阅。在《人民日报》《光明日报》等权威媒体发文近10篇，受邀参加中国—欧盟领导人会晤配套活动——第四次中欧创新合作对话，20余位教师在各级组织任职，发挥智囊作用。联合多领域中坚团队，推动大数据研究院建设，与国家计算机安全网络中心、百度、阿里、腾讯、泰康、四维图新等机构开展合作研究。参与教育部人文社科研究基地智库联合体建设，牵头发起成立“数字空间与社会治理”智库联盟，共同探索中国特色新型智库的组织形式和管理方式、实现研究机构向高端智库转型路径。为文化和旅游部、国家新闻出版广电总局、湖北省人民政府等省部级以上单位提供采纳建议近20项，参与国防某领域“十四五”和中长期发展规划的制订。2门MOOC精品课程入选“学习强国”平台。参与各类学术会议，宣讲研究成果，通过交流推动研究成果服务转化。推动“智慧专利港湾”“文化遗产图像资产智慧管理系统”“知融智能金融大数据平台”及“智能问答机器人”等平台的落地，努力实践科学成果转化新发展路径。此外，面向全球开设3门慕课课程，选课人数超16万人；在新冠疫情中，提交多份建议报告，发表多篇智库型论文，为抗疫做出积极贡献。

六、依托学科优势，传承先进文化

本学科注重传承先进文化，促进学术传播。依靠自身雄厚的师资队伍、突出的专业能力和深厚的学术积淀，投身于国家重大文化战略工程，积极参与国家公共文化服务体系建设，为我国文化传承与创新贡献力量。

(一)参与编撰《中国大百科全书》第三版

《中国大百科全书》第三版是体现我国科学文化水平、传承民族优秀文化、提升文化软实力和构筑社会主义核心价值体系的重大基础文化工程，全面反映了科学文化发展的最新成就，全面覆盖人类文明成果及其基本知识，为我国加强社会主义核心价值观体系建设、提高文化软实力提供重要支撑。《中国大百科全书》第三版情报学卷、图书馆学卷编撰的条目同时被纳入"中国社会科学词条库"。教育部下发的文件指出：中央决定全面建设体现党和国家意志、内容权威准确、有效引导网上舆论和社会的"中国社会科学词条库"，该词条库是正面宣传中国特色社会主义道路、理论和制度的重要途径，也是抵制和纠正当前网上乱象的有效抓手，事关网络舆论的话语权和主导权，事关国家文化安全和意识形态安全。我院专家组织编撰的条目表能纳入"中国社会科学词条库"，说明了该项工作得到了党和国家的认可，在弘扬先进文化、传播主流声音、增进共同认识方面发挥了重要的社会作用。

本学科陈传夫教授、马费成教授担任其中《图书馆学卷》《情报学卷》的主编，组织全国专家编纂。《图书馆学卷》共包含条目数 2416 条，14 个分支，我院肖希明、方卿、黄如花、司莉四位教授分别担任其中四个分支的主编；《情报学卷》共包含条目数 2145 条，11 个分支，我院马费成、李纲、胡昌平、邱均平四位教授分别担任其中四个分支的主编。《图书馆学卷》《情报学卷》编撰的条目同时被纳入到"中国社会科学词条库"，表明该项工作得到了党和国家的认可。全书的编纂对于图书情报学的教学科研、学术传播、文化传承有重要意义。

(二)整合期刊资源，放大学术传播效应

学院成立期刊社，公开出版面向国内外发行的学术期刊《图书情报知识》《出版科学》《信息资源管理学报》和全英文《数据与信息管理》(*Data and Information Management*)四种学术期刊，作为我院学术交流的重要阵地，在学科建设和人才培养方面发挥着重要作用，为图书情报学、编辑出版学和信息资源管理科学的学术成果发布和传播提供了良好平台。

关注现实、突出教育、密切国际合作与交流是期刊的特色。多次组织聚焦重大领域现实问题的学术研讨，如图书情报学科建设与发展"十三五"规划，"数字资源长期保存"等；创设"教育"栏目，传播教学最新理念。如《图书情报知识》专设"专业教育"特色栏目，《出版科学》专设"多媒体出版 · 数字出版"栏目；与国际图联、联合国教科文组织、国际著名图书情报出版传播等机构建立密切的合作交流机制，开设"学科前沿 · 海外""港澳台出版 · 国外出版"栏目，与国际学界同步探讨、共同关注学科前沿与热点问题，引领学术发展，促进学术传播。

(三)参与国家公共文化服务体系建设

加强在“文化观念创新，文化内容创新，文化业态创新”方面的研究，在文化遗产数字化传承与保护中发挥本学科独特作用。通过承担数字人文、数字文化、数字出版等相关重大项目，取得具有国际影响的创新高水平成果，为我国文化传承与创新贡献力量。提出5个新文科发展方向，支撑第六次全国公共图书馆评估定级；成立数字人文专业委员会，举办“敦煌文化遗产数字化国际研讨会”“面向数字人文的智慧数据建设专题研讨会”等活动，推动“文化遗产图像资产智慧管理系统”建设；承担国家社科基金重大重点项目“学术出版体制机制创新研究”“延安时期印刷文化史料整理与研究”“边疆民族地区濒危少数民族档案文献遗产保护及数据库建设等”。

七、强化党建引领，建设一流师资

紧紧围绕学科建设开展党的各项工作，注重师德师风，建立思政工作长效机制。加强教师党支部建设，落实全面从严治党要求，实施教师党支部书记“双带头人”培育工程，定期开展教师党支部书记轮训，信息管理科学系党支部入选全国高校首批“双带头人”教师党支部书记工作室。健全教师政治理论学习制度，坚持开展每周四政治学习活动，引导教师深入学习领会习近平新时代中国特色社会主义思想。把政治标准作为教师聘用、考核的基本标准，把好教师的入口关、培训关、考核关。大力开展师德师风宣传教育，打造先进典型，创设辐射效应。学院共有2名教师荣获“武汉大学研究生教育杰出贡献校长奖”，1人获评湖北省“楚天园丁奖”。

培养引进并兴举，优化师资结构。通过国际联合培养、交流、引进等手段，进一步优化师资队伍学科与学缘结构，建立起了一支包括资深教授、全国教学名师、长江学者特聘教授、珞珈特聘教授、教育部新世纪优秀人才、全国新闻出版行业领军人才等在内的，适应高层次创新型人才培养的师资队伍。加强学术创新团队建设，积极培育国家自然科学基金创新群体。

近两年来，在学校具有前瞻性和国际视野的人才政策推动下，学院积极贯彻落实学校人事改革精神，进一步形成高端师资汇聚效应。通过加速引进海外、国内其他高校的高端人才，同时加强现有师资队伍的优化培育，人才梯队建设得以巩固和优化。学院45岁以下青年教师31人，现有国字号人才12人(入选17人次)，具有博士学位76人，具有海外经历68人，分别占教师总人数39.7%、15.4%、97.4%、87.2%，已经形成一支年龄结构合理、知识背景均衡的一流师资队伍。

八、国际交流广泛，彰显全球影响

学院国际学术地位逐步得到同行认可，是国际顶级信息学院联盟(iSchools)组织的第一个发展中国家成员，也是该联盟的领导小组成员。与国内外兄弟院校一起，共同承担着推进图书情报学科迎接大数据新环境的挑战、促进学科发展创新的责任，学院同时是国际图书馆协会与机构联合会(IFLA)、美国图书情报学教育协会(ALISE)、美国图书馆协会(ALA)等国际权威学术组织的成员单位。与伊利诺伊大学香槟分校、密歇根大学等联合建立了武汉大学图书情报学国际合作研究院。与30余所国际知名学院建立了学术交流和人才培养合作关系，包括美国伊利诺伊大学(图书馆与情报学连续在美国排名第一)、匹兹堡大学、德克赛尔大学、威斯康星大学密尔沃基分校、英国谢菲尔德大学(图书馆与情报学连续在全英排名第一)、德国洪堡大学、丹麦皇家图书情报学院、美国北得克萨斯大学、美国印第安纳大学、雪城大学等；2017年3月，我校与韩国成均馆大学合作主办了本领域全球顶尖学术会议 iConference 2017，得到国内外同行的大力支持和高度评价，27个国家(地区)的525位学者参会，陈传夫教授当选全球顶级信息管理学院联盟教学交流委员会主席，学院担任主席单位，委员单位包括匹兹堡大学、加州大学伯克利分校、谢菲尔德大学、日本筑波大学等7所知名大学，成员包括20多个国家的近百所大学，有力彰显了我国图书情报与信息管理学科的国际影响。近两年，学院获国际性科研奖项8项，国际组织任职22人次，国际刊物任职77人次，国际会议特邀报告91篇，高水平国际合作论文22篇。

搭平台，引进来，国际合作日趋深入。近年来，共有300余名国际知名专家学者来院交流讲学，包括欧洲科学院院士、荷兰阿姆斯特丹自由大学网络学院院长 Frank van Harmelen 教授，英国皇家科学院院士、英国伦敦大学学院 Michael Batty 教授，法国海外科学院院士、前任院长 Bruno Delmas 教授，连续三任 iSchools 主席与执行主席 Ronald Larsen、Michael Seadle、David Fenske 教授等。这些专家的来访不仅带来了国际前沿的研究理念与方法，创造了国际合作科研的机遇，同时为人才培养模式改革与机制创新带来了新思路。

设基金，走出去，交流人数再创新高。设立国际交流资助基金，鼓励师生出国出境交流和参加学术会议。每年百余名师生分赴美国、英国、荷兰、法国、瑞士、新西兰、日本、中国香港、中国台湾等国家或地区参加 iConference、IFLA WLIC、JCDL、ASIS&T、ICIS 等高端国际学术会议、做大会主旨报告或大会宣读论文。据统计，近5年通过国家留学基金委项目、研究生参会出国资助项目及博士研究生短期研修项目三种途径，就有百余名研究生出国出境学习交流。为扩大学科国际影响力，学院每年招收港澳台学生及海外留学生，目前在籍留学生和港澳台学生达57人。

毕业生在国际上本学科领域产生较大影响。如张进、曾蕾、秦健、刘振福、陈江萍和张英等已成为美国知名高校信息管理学院教授，程焕文当选为国际图联(IFLA)管理委员会委员，曾蕾当选国际图联(IFLA)知识组织分会和国际知识组织协会(ISKO)主席，蒋旻昊被美国图书馆协会(ALA)评为最具潜力的未来领导者。

九、比照学科标杆，探索改进举措

教育部一级学科水平评估，于2002年首次在全国开展，至今已完成四轮，我院在前三轮学科评估中“图书馆、情报与档案管理”一级学科均获第一，第四轮学科评估我院评估结果为A+。

1205 图书馆、情报与档案管理（2007年）

本一级学科在全国高校中具有“博士一级”授权的单位共4个，本次参评4个；具有“博士点”授权的单位共6个，本次参评2个。

还有4个具有“硕士一级”授权和6个具有“硕士点”授权的单位也参加了本次评估。参评高校共16所。

排 名	学校代码及名称	整体水平得分
1	10486 武汉大学	100
2	10002 中国人民大学	87
3	10001 北京大学	85
4	10511 华中师范大学	80
5	10284 南京大学	79
6	10055 南开大学	71
7	10027 北京师范大学	70
8	10075 河北大学	69
	10459 郑州大学	
10	10610 四川大学	68

2012年全国高校学科评估结果

1201 管理科学与工程
1202 工商管理
1203 农林经济管理
1204 公共管理
1205 图书情报与档案管理

1205 图书情报与档案管理

本一级学科中，全国具有“博士一级”授权的高校共6所，本次有5所参评；还有部分具有“博士二级”授权和硕士授权的高校参加了评估；参评高校共计28所。注：以下得分相同的高校按学校代码顺序排列。

学校代码及名称		学科整体水平得分
10486	武汉大学	96
10284	南京大学	86
10002	中国人民大学	85
10001	北京大学	79
10511	华中师范大学	76
10558	中山大学	
10055	南开大学	74
10183	吉林大学	
10269	华东师范大学	70
10280	上海大学	
10610	四川大学	

第四轮学科评估高校评估结果

1201 管理科学与工程
1202 工商管理
1203 农林经济管理
1204 公共管理
1205 图书情报与档案管理

1205 图书情报与档案管理

本一级学科中，全国具有“博士授权”的高校共11所，本次参评10所；部分具有“硕士授权”的高校也参加了评估；参评高校共计39所。（注：评估结果相同的高校排序不分先后，按学校代码排列）

评估结果	学校代码及名称	
A+	10284	南京大学
	10486	武汉大学
A-	10002	中国人民大学
B+	10001	北京大学
	10055	南开大学
	10511	华中师范大学
	10558	中山大学
B	10183	吉林大学
	10212	黑龙江大学
	10280	上海大学
	10673	云南大学
	91001	国防大学（原由南京政治学院申报）

图6-1 教育部历次学科评估情况组图

本学科的发文数、被引总次数在国内外同类学科中居于前列(见表6-1)。根据QS的各项指标，我校H指数指标则超过海外高校位居第一(见表6-2)，但学术声誉表现尚存不足。根据最新版软科ARWU各指标表现(见表6-3)，我校在六所高校中名列第2，全部高校第12位，与2018年排名第30名相比，取得了较大进步，各指标优势主要体现在发文量和论文标准化影响力，国际合作论文比、顶尖期刊论文数则有待进一步提高。

表6-1 **2016—2019年各校WOS本学科科研论文表现**

高校	论文数/排名	学科规范化的引文影响力/排名	被引次数/排名	被引论文比例/排名
武汉大学	202/1	1.55/2	598/1	57.43%/4
华盛顿大学	109/2	1.58/1	331/2	60.55%/2
南京大学	90/3	0.74/6	167/4	44.44%/6
谢菲尔德大学	84/4	1.46/3	211/3	70.24%/1
不列颠哥伦比亚大学	78/5	1.36/5	211/3	74.36%/
北京大学	48/6	1.38/4	154/5	56.25%/5

(来源：https：//incites.clarivate.com/#/explore/0/organization/)

表6-2 **2019年各校QS本学科各指标表现**

高校	2019排名	2018排名	总分	学术声誉/排名	雇主声誉/排名	篇均被引/排名	H指数/排名
不列颠哥伦比亚大学	1	4	95.4	100/1	84.2/4	85.6/4	82.9/1
谢菲尔德大学	2	1	92.7	93.9/2	94.8/1	92.6/1	81.6/2
华盛顿大学	7	7	87.4	88.3/3	93.5/2	88.1/2	71.3/5
南京大学	26	34	66.8	64/4	69.8/6	76.2/5	71.4/4
北京大学	35	30	64.1	56.8/5	93.2/3	75.3/6	75.1/3
武汉大学	47	—	61.6	53.4/6	71.5/5	86/3	82.9/1

(来源：https：//www.topuniversities.com/university-rankings/university-subject-rankings/2019/library-information-management)

表 6-3　　**2019 年各校 ARWU 本学科各指标表现**

高校	2019 排名	2018 排名	总分	论文总 数/排名	论文标准化 影响力/排名	国际合作 论文比/排名	顶尖期刊 论文数/排名
华盛顿大学	6	5	203. 2	77. 6/2	69. 6/1	53. 8/5	46. 6/1
武汉大学	12	30	191. 8	94. 7/1	69/2	68/4	8. 4/5
不列颠哥伦比亚大学	20	29	183. 5	77. 4/3	64. 7/4	74. 1/1	27. 7/2
谢菲尔德大学	40	38	169. 9	72. 4/4	67. 6/3	70. 7/3	20. 5/3
南京大学	51—75	76—100	—	65. 8/5	62/5	73. 8/2	14. 5/4
北京大学	—	—	—	—/6	—/6	—/6	—/6

（来源：http：//www. shanghairanking. com/Shanghairanking-Subject-Rankings/library-information-science. html）

总体来看，我院学科建设工作在百年历程中取得了显著的成绩，不断回应新的社会环境，深化专业视野，拓展学科疆域，服务国家战略需求与公共服务，学科实力逐步得到国家和社会认可，学科声誉和国际影响力进一步提升。但也存在着重大标志性成果不足、学科牵引力有待进一步扩大、为国家发展提供理论资源、智力支持和决策咨询的贡献不足、科研成果转化与应用还有待进一步提升等问题。本学科将继续进行适应中国特色、世界一流学科发展需要的体制机制改革，从人才培养、科学研究、社会服务、文化传承创新、师资队伍建设、国际合作与交流等诸多方面开展国际一流学科建设。

百年风雨，文脉长存。在全球，图书情报学科正在深化发展，由面向传统业务流程、按专业培养人才的模式转向数据融合应用为基础的复合型人才培养模式，并在知识发现、信息组织、数据管理、媒介融合等领域形成新的学科制高点。百年学科开启新征程，需要对新兴信息和数据环境进行历史性回应，在新的社会环境下守正出新，主动作为，按照“中国特色，世界一流”要求，实施“三步走”战略，将我院建设成为国际上图书情报与数据科学研究的重镇。

第七章　科学研究

教学与科研是学校的两项基本职能。高效的科研工作和高水平的科研成果是促进和提升教学水平的重要保障。“文华图专从建校起，就十分重视学术研讨”。文华先辈，以“智慧与服务”之精神，筚路蓝褛，开疆拓土，首开我国图书馆学、档案学教育与研究之先河。1929 年 1 月创办的《文华图书科季刊》(后改名为《文华图书馆学专科学校季刊》)，“以提倡图书馆学，研究实际问题，解决运用方法为目的”，树立起研究之风气，汇聚了科研之队伍，交流了研究之成果，成为民国时期我国图书馆学术研讨的重要园地。该季刊“对我国图书馆学理论与实践的探讨与发展，起到了较大的推动作用，把我国近现代图书馆学的研究推向了高潮”。百年来，学院秉承重视科研之传统，立足现实，面向未来，放眼世界，将先辈们奠定的图书馆学基业不断发扬光大。

由于时间跨度长，相关资料匮乏，我们难以对百年来学院的科研工作进行全面系统的回顾与总结。我们仅对近年来学院科研工作的几个主要方面进行简要概述，其中，一些重要项目、成果与获奖以附表的形式予以列举。

一、科研项目

本学科在建设过程中逐渐形成以教育部人文社会科学重点研究基地为支撑的多层次的科研平台，有力地促进了高水平研究工作。2012 年至今，学院共获批各级各类项目 300 余项，其中，国家社科基金重大项目、重点项目，国家自科基金重点研发计划及重点项目、国家社科基金重大专项项目、教育部重大攻关项目以及教育部人文社会科学重点研究基地重大项目的数量稳居全国高校同学科前列。与此同时，学院还是学校“双一流”学科建设单位，承担了大量相关课题，积极加强共享资源库和平台建设。近十年来，学院年均获批各级各类科研项目近百项，教师年均科研经费超过 10 万元。高级别的科研立项与充足的经费支持为学院科研创新提供了不竭的动力。

附录 2 是学院教师获批的部分重要科研项目。

二、科研成果

高水平成果丰硕。发表 SCI/SSCI/EI 期刊论文 300 余篇。在 Springer Nature 等国际知名出版社出版全英文著作4部。其中，陈传夫教授主编的 *Information and Library Science: Trends and Research* 获得国内外本领域专家一致好评，截至2017年6月20日下载总数达7.8万次。3部著作入选《国家哲学社会科学成果文库》，多部著作入选国家"十二五""十三五"重点图书。

本学科积极承担传统文化传承、典籍整理、古籍保护与数字化等方面的研究服务工作。马费成教授和陈传夫教授分别担任《中国大百科全书》"情报学卷"和"图书馆学卷"主编，董慧教授研发的"中华基本史籍分析系统"，陈光祚教授等研制的《国共两党关系通史》电子出版物，方卿教授承担的国家科技支撑计划项目"文化遗产知识本体构建存储可视化技术研究"等，在国内外数字人文、文化遗产数字保存领域产生了重大影响。

附录3是2010年至今学院教师出版的部分代表性著作；附录4是2010年至今学院师生发表的重要中文学术论文；附录5是学院师生2010年至今发表的重要外文学术论文。

三、成果奖励

学院教师的研究成果屡获国家及省部级奖励。20世纪80年代，张琪玉教授因在《中国图书馆图书分类法》和《中国分类主题词表》编制工作中的突出贡献，曾获国家科学技术进步奖一等奖和国家优秀科技信息成果奖二等奖。马费成教授、陈传夫教授等先后获教育部高等学校人文社会科学研究优秀成果奖一等奖。李纲教授两次获得全国高等学校科学技术进步一等奖。2010年至今，研究成果获教育部高校人文社会科学研究优秀成果奖16项，一等奖2项；省部级社会科学研究优秀成果奖30余项，一等奖3项，特别荣誉奖1项。研究成果在国内外产生重要学术影响。附录6是学院教师获得的重要奖项。

四、科研特点

回顾近年来学院科研工作所取得的成就，总体上呈现出如下几个突出的特点：

第一，牢固确立科研导向，以科研促学科建设与人才培养。学院高度重视科学研究工作，以科研创新促学科建设和人才培养。21世纪初期，学院确立了建设高水平研究型信息管理学院的办院指导思想，通过高水平、创新型科研活动带动学院的科学发展。围绕这一指导思想，学院制定了按科研绩效配置科研资源的制度，在教师与科研人员的业绩考核、奖励与职务晋升，学生的评优、奖励等方面都充分体现了这一导向。

第二，聚焦社会发展中的重大现实问题，开展创新研究。百年来，学院始终秉承"智慧与服务"之精神，针对社会发展中的重大现实问题开展创新型研究。近年来，学院针对创新型国家建设中的信息保障问题、国家信息政策问题、信息知识产权问题、智慧城市、健康大数据治理开发等领域所开展的研究工作就是直接服务于当前国民经济社会发展中的重大现实问题而展开的。

第三，跟踪国际学术前沿，加强国际学术交流与合作，引领科学创新。正如文华时期与国际图书馆学界就有着广泛联系与合作一样，长期以来，学院始终关注本学科国际学术前沿动态。近年来，学院一方面通过常规的人员交流及互访与发达国家高水平大学建立密切的学术联系，另一方面则通过加入 iSchools 联盟、成立武汉大学图书情报国际合作研究院，主办 iconference2017、ISSI2017、ICSH2017、JCDL2020，通过加入国际组织、举办国际会议等机制谋求更深层次的合作。正是由于这些举措，我们得以跟踪国际学术前沿，引领科学创新。

第四，强化科研队伍建设。只有高素质的研究团队，才能产出高水平的科研成果。近年来，为建设好一支高素质的科研团队，学院建立起了一整套教师的选留、培养、考核与激励政策，特别是为青年教师的成长创造良好条件。

第八章　教育部人文社会科学重点研究基地武汉大学信息资源研究中心

武汉大学信息资源研究中心(以下简称中心)是在原图书馆学情报学研究所(1984 年建立)的基础上于 1999 年经改制后建立的新型科研机构，2000 年 9 月入选教育部第二批普通高等学校人文社会科学重点研究基地建设计划，也是本专业领域内唯一入选的重点研究机构。

本中心是集研究、教学、培训和咨询为一体的非盈利机构，实行学校领导下的主任负责制。现设有信息资源规划、大数据治理、数据分析、信息组织等研究室，并与互联网企业在大数据应用领域设立了若干联合实验室。中心现有 18 名专职研究人员，以及来自海内外科研机构的 20 余名兼职研究人员，成立有学术委员会。

中心聚集国内外社会资源，创新学术研究机制，面向经济与社会信息化建设实践中的重大现实需求与理论问题，聚焦金融、医疗、安全等领域的大数据应用，承担包括国家社科基金重大项目 13 项、重点项目 5 项，国家自科基金重大课题 1 项、重大研究计划重点项目 1 项、国际(地区)合作与交流项目 3 项、重点项目 1 项，国家科技重点研发计划重点专项 1 项、国家科技支撑计划项目 2 项，教育部重大课题攻关项目 5 项、重点基地重大项目 35 项等多项国家重大科研项目，总经费近亿元。在若干重点方向取得了系列具有原创价值的成果，多项国家级项目结题获评优秀。获得了包括全国高校优秀成果(人文社科、科技进步)一等奖等重要奖励。2017 年，“图书情报与档案管理”一级学科在第四轮学科评估中获评 A+，“图书情报与数据科学”入选“双一流”建设学科，学科建设取得优异成绩。中心通过承担重大科研课题和其他课题，锻炼出了一批具有创新能力、在国际上有一定影响的学术带头人和一批优秀青年学术骨干。

中心重视学术团队建设，形成良好的学术氛围和人才成长环境，着力打造高水平人才梯队，成效显著，先后入选国家教学团队、国家自科基金创新群体、湖北省自科基金创新群体。

中心注重高层次人才的培养，正在成为信息资源管理领域高级人才培养中心。依托信息管理学院，在图书馆、情报与档案管理和管理科学与工程两个一级学科，以及图书馆学、情报学、档案学、出版发行学、信息资源管理、管理科学与工程、电子商务等二级学科培养硕士和博士，在图书馆、情报与档案管理一级学科和二级学科接受博士后科研人员，并特别重视培养质量。2篇博士学位论文获得全国百篇优秀博士学位论文奖、5篇博士学位论文获全国百篇优秀博士论文提名奖、13篇博士学位论文被评为湖北省优秀博士论文。多年来，毕业生中已有多人成长为学科带头人和行业领军人才，为本学科赢得了良好的社会声誉。

中心国际交流合作频繁，是国际顶尖信息学院联盟(iSchools)首个发展中国家成员和核心领导小组(iCaucus)成员、国际图书馆协会与机构联合会(IFLA)会员单位、美国图书情报学教育协会(ALISE)、美国图书馆协会(ALA)的国际成员单位，与联合国教科文组织、国际图联、美国图书馆协会、亚联董等国际组织建立了长期稳定的合作关系，同美国、日本、加拿大、法国、英国、德国、丹麦、澳大利亚、韩国等10余个国家(地区)的信息管理学院和研究机构建立了良好的学术合作与交流关系。中心不断探索创新合作机制，联合国际同行成立图书情报学国际合作研究院，以推动国际图书情报学研究与创新。每年派遣研究人员赴国外和港澳台地区留学、访问，并接受外国来华留学生和港澳台地区学生。常年不定期邀请外国和港澳台地区专家来中心授课或举办学术讲座。

中心通过主动承担来自企业和政府的委托研究课题，面向各级政府及社会各界开展咨询服务，提高了解决重大实践问题的综合研究能力和参与重大决策的能力。向国家和地方政府提交了一系列政策建议和咨询报告，在互联网空间治理、智慧城市建设、战略性新兴产业发展等方面发挥了积极的作用。受中央部委、企事业单位委托，培训各类人才1万余人，面向边疆民族地区、澳门和深圳特区开展定向人才培养。

通过重点研究基地三轮周期的建设，本中心已成为“211”“985”和“双一流”学科平台建设的重要支撑，成为在国内处于领先地位，在国际上具有较大影响和较高知名度的信息资源研究基地。中心参与教育部人文社科研究基地智库联合体建设，牵头联合七家研究机构共同发起成立“数字空间与社会治理”智库联盟，联合各个科研队伍，共同探索中国特色新型智库的组织形式和管理方式，实践研究机构向高端智库转型，致力于将中心建成国家信息资源管理和大数据治理领域高端智库。

中心“十三五”期间主攻方向、建设目标和发展思路是：围绕领域导向的大数据智能化组织与服务的主攻方向，瞄准并长期关注国家重大需求，使中心成为支撑国家大数据战略的高水平智库，力争把本基地打造成国际化研究中心，为我国信息管理学科成为国际一流学科提供研究平台与支撑。围绕“一条主线”，实现“三个面向”，加强“三个常态化建设”。“一条主线”是：瞄准国家重大需求，聚焦大数据环境下的基础科学问题。“三个面向”是：面向三个重点领域(文化、公共安全、医疗健康)开展大数据相关研究。“三个常态化建设”是：人才建设、国际化建设、智库建设。

现任中心首席科学家马费成教授，中心主任李纲教授，副主任王晓光教授、冉从敬教授。

表 8-1 **历届负责人**

	职　务	姓　名	任职时间
第一届	主　任	马费成	2000. 09—2017. 01
	副主任	胡昌平	2000. 09—2017. 01
	副主任	李　纲	2012. 10—2017. 01
第二届	主　任	李　纲	2017. 01—
	副主任	王晓光	2017. 01—
	副主任	冉从敬	2017. 01—

（查荔）

图 8-1　教育部人文社会科学重点研究基地武汉大学信息资源研究中心

图 8-2　国家信息资源管理武汉研究基地

图 8-3　“数字空间与社会治理”智库联盟签约仪式

第九章　其他研究机构

一、武汉大学中国科学评价研究中心

武汉大学中国科学评价研究中心(Research Center for Chinese Science Evaluation，简称RCCSE)成立于2002年，由武汉大学信息管理学院、教育科学学院、学校图书馆、社科部、科技部等单位组建而成，是一个多学科交叉、跨院系联合，集科学研究、人才培养和评价服务于一体的实体性学术研究机构，也是我国高校中第一个综合性的科教评价研究中心。中心围绕"科技评价与管理""社科评价与管理""大学及学科专业评价""期刊评价与管理"等四个方向开展全面系统的研究工作，同时承担人才培养、大学诊断、企业评价、社会咨询等任务，较好地满足了社会各界对于评价的需求。

在教育部、湖北省教育厅和武汉大学的大力支持下，中心秉承"创新研究，评价服务"的宗旨，按照"立足湖北、面向全国、走向世界"的思路，凝聚国内外社会资源，创新学术研究机制，加强评价人才培养，改善评价咨询工作，为科技管理和教育管理的科学化、规范化、高效化，为落实科教兴国战略和科学发展观，为实现教育、科技、经济、社会的协调和可持续发展，做出了应有的贡献。2007年，中心被评为"湖北省人文社会科学重点研究基地"。目前，"武汉大学中国科学评价研究中心"已经成为国内领先、国际知名的科教评价研究基地、评价人才培养基地以及学术交流中心和咨询服务中心，在国内外享有较高的声誉。

中心人力资源丰富，科研实力雄厚。自成立以来，所承担的科研项目数量和所获得的项目经费屡创新高。以这些重要项目为依托，中心充分发挥多学科交叉的特色，致力于"情报、计量、评价、管理"等领域的综合研究工作，并将文献计量学、科学计量学、信息计量学、知识计量学、网络计量学(简称"五计学")和高等教育学的理论、方法、指标、模型应用于科技评价、教育评价、企业评价等领域，开展综合的科学研究和广泛的评价服务，取得了令人瞩目的成绩。中心先后承担各类科研项目50余项，其中，国家级及省部级项目30余项，出版著作60余部，发表论文600余篇，获得各级学术奖励30余项，在科学研究、学术交流、人才培养、咨询服务、体制改革等各个方面都取得了丰硕的成果。2017年10月，经过为期4年的不懈努力，中心成功举办"第十六届国际科学计量学与信息计量学大会

(ISSI2017)”，产生了巨大的学术影响，推动了我国科学计量学与信息计量学的发展。

中心现有专兼职研究人员30余人，其中90%以上具有高级职称或博士学位，特聘兼职研究人员均来自国内外著名大学和相关研究机构，已经建立了一支专业背景丰富、知识结构合理、年龄层次均衡的优秀学术团队。除专、兼职研究人员以外，中心还有40多名在校硕博士研究生参与科研和评价工作，成为学术团队中不可或缺的新生力量。目前赵蓉英教授担任中心主任，全面负责中心的研究、教学和评价工作。

中心主任：赵蓉英

二、武汉大学知识产权高级研究中心

武汉大学知识产权高级研究中心于2002年3月27日成立，是在武汉大学管理学、法学、经济学、信息科学等学科相关研究力量的基础上建立的。中心整合武汉大学研究资源，实现知识产权研究的交叉研究。中心的基本力量由一批具有法学、经济学、管理学博士学位的教授、副教授研究人员组成，并聘请国内外多名知名专家担任客座研究人员。同时具备学术研究、人才培养和社会服务的多重功能。强调聚焦新技术领域、开展跨学科合作、面向国际战略需求导向进行研究。在研究方面强调知识产权制度与理论创新，知识产权战略，多学科的协同研究，成果丰硕。针对发展中存在的现实问题及时开展研究，提供解决方法及对策建议。在人才方面强调培养跨学科的硕士、博士等高级创新型复合人才。

中心是“中国(武汉)知识产权维权援助中心”成员单位，为武汉市知识产权提供实务支撑。中心与我国知识产权主管部门、司法机关建立了密切联系，与英国、法国、美国、加拿大、德国的多家知识产权高级研究机构建立了学术合作交流关系。中心研究人员已经承担国家社会科学基金重大项目、国家自然科学基金项目、国家社会科学基金项目、教育部人文社会科学重点研究基地重大项目、“欧盟—中国”高等教育合作项目等20多项，涉及法学、经济学、生物学、信息管理等多个学科。中心承担了“湖北省版权战略”研究工作，高标准完成了战略的起草制定工作，为湖北省的政策制定发挥了作用。中心参与了国家中长期科学和技术发展规划战略研究等工作。中心承担了百度公司、南方电网公司、中国科技信息研究所等企事业单位的知识产权委托项目，为社会提供了专业服务。中心聚焦大数据、人工智能、云计算、物联网等领域的知识产权问题开展研究工作，在高新技术知识产权领域形成研究与人才培养特色。

中心研究成果《我国网络信息资源知识产权问题及对策建议》被全国哲学社会科学规划办公室编入《成果要报》。应用研究成果《NSTL知识产权对策》《CSDL知识产权风险分析》《CSDL知识产权工作手册》分别被国家科技图书文献中心、中国科学院国家科学数字图书馆工程等国家大型数字图书馆项目采纳。咨询报告获“中国高校人文社会科学研究优秀成果”三等奖。中心研究成果获教育部“国家科学技术奖科技进步奖”二等奖、“湖北省科学技术奖(科技进步奖)”二等奖，“教育部高等学校科学研究优秀成果奖(人文社会科学)”一等奖。

中心主任：陈传夫

三、数字图书馆研究所

20世纪90年代以来，随着Internet的迅猛发展，美国科学家首次提出数字图书馆(Digital Library，简称DL)这一概念，其定义虽未界定，但从其作用上看，它是通过数字化与网络化，把浩如烟海的信息与知识加以收集、存储、处理，形成一个系统工程，向用户提供便捷、高效的检索和查询服务，从而使图书馆现代化的进程提高到一个崭新的具有跨时空规模的水平。学院按照有利于整合资源、凝练方向、汇聚队伍、学术交流和凸现优势的原则，于2005年3月30日正式建立了武汉大学数字图书馆研究所。

研究所的基本力量由一批具有图书馆学、情报学、计算机科学博士学位研究人员组成，其中教授7人、副教授1人，并聘请国内外多名知名专家担任客座研究人员。研究所围绕数字信息资源的管理与服务开展研究，主要研究方向有数字信息资源建设、数字信息组织与检索、数字信息资源开放存取、数字图书馆建设、信息计量、信息素养教育、数据开放与共享、用户信息行为、人机交互、多语言信息处理、数据挖掘等，这些都是图书馆学研究的核心领域。

研究所自建成以来，积极开展与国内外同行和其他学科领域学者间的研究合作与学术交流，与美国加州大学伯克利分校、匹兹堡大学、威斯康星大学等建立了科研合作关系。研究所承担了30多项科研项目，已出版著作20部，在国内外学术刊物发表论文300余篇，其中SCI/SSCI收录论文50余篇，并在美国、德国、加拿大、新加坡等国举办的重要国际会议如SIGIR、ASIS&T、CIKM、iConference、CSCW、JCDL上发表主题演讲。研究所注重将研究最新成果充实于硕士与博士生教学内容中，引导其开展专题研讨。在承担科研项目、强化科学研究的同时，根据国际一流学科建设与培养国际一流人才的需要，招收优质研究生，鼓励与支持研究生到国际一流iSchools交流与深造。

目前研究所瞄准社会经济信息化中的重大理论与实践问题，面向数据强国战略和国际科技与技术前沿，积极承担重大科研项目，开拓大数据环境下的图书馆学前沿领域，围绕作为国家基础性战略资源的数据的全生命周期管理，研究挖掘学术文献数据、如何通过开放关联数据汇聚图书馆的数据与其他数据、开展数据驱动的科研服务、决策支持服务和智慧服务，以创新的图书馆学理论和技术研究成果，服务于数据强国战略。

所长：黄如花，副所长：刘萍

四、武汉大学电子商务研究与发展中心

“武汉大学电子商务研究与发展中心”成立于2005年，由武汉大学信息管理学院和中

国电子商务协会共同发起组建，是一个专注于电子商务创新发展的研究机构。中心成立的目的是为了适应网络经济发展需求，推动电子商务理论研究与广泛应用，实现产学研深入合作与协同创新。中心的宗旨是服务国家电子商务创新发展战略，着力解决电子商务发展中的关键性、前瞻性问题，推动电子商务理论创新、技术创新和产业发展，进一步激发电子商务的创新动力、创造潜力和创业活力，为电子商务学科建设、人才培养和行业发展做出积极贡献。

中心依托武汉大学信息管理学院和国家人文社会科学重点研究基地——信息资源研究中心的学科优势与平台资源，秉承创新服务、开放研究的理念，一直致力于以互联网和电子商务创新发展为核心，面向问题、面向社会、面向未来的研究。经过十余年发展，在特色学科培育、科学研究、人才队伍建设和社会服务等方面取得了一系列显著成效。

中心不断推进科研成果向国家标准、行业政策和应用产品的转化，努力实现“政、产、学、研、用”紧密结合，先后与阿里巴巴集团、京东集团、百度公司、义乌国际商贸城等国内著名的电子商务和互联网公司进行战略合作，共建电子商务创新创业基地和专业实验室，实现资源共享、优势互补。同时，中心还承担了湖北省政府、武汉市政府、义乌市政府、信阳市政府的多个委托项目，参与了湖北省电子商务行业发展意见、武汉市电子商务发展战略、义乌市电子商务规划等重要政策的制定工作。通过产学研协同合作，中心先后发布了《中国移动商务市场报告》《热点事件影响下的消费者网络购物行为报告》《互联网+时代数字经济报告》《电子商务大数据生态报告》等一系列有社会影响力的研究成果，为电子商务行业发展和国家相关政策制定提供了重要参考依据。

中心主任：吴江

五、国家信息资源管理武汉研究基地

该机构是信息产业部在武汉大学信息管理学院设立的重点研究基地，是国家信息产业部、国家信息化工作推进办公室在全国设立的 3 个信息资源管理研究基地之一。

2001 年，经信息产业部和国家信息化推进工作办公室批准，国家信息资源管理武汉研究基地在武汉大学信息管理学院正式挂牌成立。该基地根据国家信息化建设的方针、政策和原则，按照领域信息化、区域信息化及企业信息化的思路，依托武汉大学信息管理学院和武汉大学信息资源研究中心的优势，深入开展信息资源开发利用的科研工作。

该基地已与国家信息中心和中国科技信息研究所建立了协作关系，并与湖北信联集团、国信贝叶斯等信息企业建立了广泛的合作关系，初步建立了资源共享、优势互补、产学研一体化模式，并积极开展国际学术交流，多次派人出国开展合作研究和其他学术活动。此外，基地学者还长期得到了富布赖特计划、亚洲基金计划和欧盟计划资助，赴国外进行学术访问和开展合作研究。基地先后举办了“信息资源管理高级研讨班”“信息资源管理研究生班”，接受国内外学者进行学术交流，同时，还与湖北省国家贸易技术服务中心、中国国际电子商务中心湖北代表处联合举办了数期电子商务培训班。

成立 18 年来，该基地在信息资源管理、大数据治理、智慧城市建设等方面开展了系统持续的研究工作。研究成果包括：国家信息政策法规体系建构、国家大数据治理构架、智慧城市顶层设计、区域性社会经济信息化推进、传统企业信息化改造、企业信息资源战略、企业信息化竞争力评估、社会经济信息化指数测评等领域，并筹建了“基于 Internet 的信息资源组织与开发实验室”，积累了研究成果，为我国信息资源管理研究贡献了力量。

基地主任：李纲

六、武汉大学图书情报国际合作研究院

武汉大学图书情报国际合作研究院(International Collaborative Academy of Library and Information Science，Wuhan University)于 2008 年 6 月 4 日在武汉大学成立。国际合作研究院的成立，是信息管理学院走向国际、学科发展国际化的重要举措，其主要职能是对“图书情报与档案管理”一级学科的前沿课题进行合作研究，为图书情报学领域的专家和领军人才提供交流平台，举办一级学科论坛和国际会议，编辑、出版国际出版物，共同培养人才，促进研究员、合作机构之间在研究生人才培养方面的国际合作。

国际合作研究院设立咨询委员会(Advisory Board)。由国际知名 iSchool 院长或其他专家组成。目前海外咨询委员由美国雪城大学、伊利诺伊大学香槟分校、华盛顿大学、密歇根大学、加拿大不列颠哥伦比亚大学、美国威斯康星-密尔沃基大学等院校专家组成。研究院将“面对变化与探索未来”，汇集图书馆、情报与档案管理领域的学术、教育与职业领导者，面向新型泛在信息环境，对图书馆、情报与档案管理领域面临的需求、技术、管理与政策等进行国际合作探索。

研究院先后聘请荷婷教授(美国长岛大学)、张进教授(美国威斯康星大学密沃基分校)、秦健教授(美国雪城大学)、胡晓华教授(Drexel 大学)、何大庆教授(美国匹兹堡大学)等多名优秀学者开展合作研究；先后邀请了 14 批国内外知名专家、学者来院讲学、交流，还与丹麦皇家图书情报学院签订了双边合作框架协议。国际合作研究院将新信息环境下图书情报理论与技术的创新作为未来的研究重点，定期举办“图书情报与档案管理”一级学科国家重点学科论坛，出版《图书情报趋势》，与国际上的研究生培养机构建立伙伴关系。

负责人：陈传夫

七、出版发行研究所

武汉大学出版发行研究所成立于 1998 年，现有成员 12 人，均为武汉大学信息管理学

院在职教师。其中，教授6人，副教授5人，讲师1人。在职研究人员研究方向涉及出版发行基础理论、编辑理论与实务、出版营销管理、出版企业管理、书业物流组织与管理、出版法制、出版物市场管理、版权理论及版权贸易、科学信息交流、出版经济、学术出版、出版企业人力资源管理、网络编辑、童书出版、多媒体开发、移动互联网、中国出版史、域外出版业等领域；承担国家社科基金重大项目、国家社科基金一般项目、国家社科基金后期资助项目、国家科技支撑计划项目、教育部人文社科项目等省部级以上科研项目30多项，承担横向课题30多项；出版教材与专著30余部；发表SSCI、SCI、CSSCI等各级别论文共计500余篇。本所依托武汉大学信息管理学院出版科学系，致力于出版领域前沿研究和学科发展，并与国内外知名出版科研机构建立了广泛而深刻的学术联系。本着“为教学和科研服务”的目标，本所协助武汉大学信息管理学院和美国佩斯大学出版系举办了六届“数字时代出版产业发展与人才培养国际学术研讨会”，在国内外出版学界和出版业界产生了较大影响。本所还举办了系列学术讲座、专题研讨和网络学术交流等活动，实现与兄弟科研院所的互联共通、优势互补，为研究所成员营造了良好、活跃的学术氛围和学术环境。同时，本所成员积极参与国家新闻出版署组织的全国出版专业技术人员职业资格考试教材的审定、编写、修订及命题等相关工作，并与国内著名出版传媒集团通过科研合作、授课考察、咨询服务等活动，在科技创新、人员培训、企业战略规划等方面展开产学研合作，推进了学界与业界的深度融合，为出版业提供了强有力的人才支持与智力保障。在国家政策指引下，本所充分整合所内研究力量和研究资源，紧跟出版领域前沿问题，积极将科研成果以咨询报告或意见建设的形式提交政府相关部门，为出版业发展提供理论支撑与咨询服务，为建设一流高端出版智库贡献自己的力量。

所长：黄先蓉，副所长：张美娟

八、武汉大学数字出版研究所

武汉大学数字出版研究所(Wuhan University Digital Publishing Research Institute)成立于2010年，是依托武汉大学建设的数字出版与新媒体研究基地。研究所围绕出版产业数字化转型升级、媒介融合、数字叙事以及数字阅读等前沿、热点和关键问题开展了一系列研究，现有专兼职研究人员近20人。

武汉大学数字出版研究所组建了以出版科学系中青年教师和博硕士研究生为主的核心科研团队，积极开展数字出版与新媒体相关的跨学科交叉研究。研究人员作为原新闻出版广电总局和原湖北省新闻出版广电局的专家，长期承担国家和地方关于出版业数字化转型升级等产业重大发展问题的咨询、顾问任务；担任国家新闻出版广电总局出版融合发展(时代出版)重点实验室、(中南传媒)重点实验室、(南方报业)重点实验室的学术委员会委员；参与起草“国家出版物发行术语标准”“出版物AR技术应用规范”等国家和行业标准。研究所主要研究领域如下：(1)数字教育出版，特别关注混合现实(Mixed Reality)技术在教育领域的应用及其效能。(2)学术出版与科学交流、学术传播，探究语义出版、学术出版生态、科研伦理以及科学交流和学术传播模式等问题。(3)数字阅读，重点关注国内外网生代等人群的数字阅读偏好、行为和效果，以及战略阅读、远距离阅读等新型阅读形态。(4)数字出版商务问题，着重探讨数字出版领域的商业智能、数据分析等。(5)数字叙事，探讨数字叙事基础理论、媒介可供性、数字叙事策略等问题。

武汉大学数字出版研究所迄今承担并完成了与数字出版相关的科技部科技支撑计划项目子课题、自科基金项目、社科基金项目等国家级、省部级和横向课题10余项。出版了《数字出版概论》《数字出版案例研究》(“十二五”国家重点图书出版规划项目“数字出版理论、技术和实践”丛书)等专著和教材；在国内外核心期刊发表论文60余篇，其中自2013年以来在《出版参考》开设“数媒前沿”专栏，累计发文40余篇，其中多篇被人大报刊复印资料转载。在“科学网”开设的“数字科学交流团队”博客累计访问量达20余万人次。协办和参加“数字时代出版产业与人才培养国际研讨会”“第15届菲耶索莱馆藏开发研修会”、iConference等一系列学术和行业会议，在数字出版和新媒体研究领域建立了广泛的国际和国内学术联系，同时也在我国出版业界和学界产生了广泛影响。

所长：徐丽芳

九、武汉大学信息检索与知识挖掘研究所

武汉大学信息检索与知识挖掘研究所是武汉大学校级研究中心。该所成立于2010年，依托武汉大学首批70后“信息检索方法与技术”学者学术团队，研究主要聚焦信息检索、知识挖掘与可视化、竞争情报方法与技术、数据智能与应用等。研究所现有专兼职研究员11人，其中长江学者计划入选者2人，中组部“青年拔尖人才支持计划”入选者2人，教育部“新世纪优秀人才计划”入选者2人，武汉大学珞珈特聘教授3人，博士后5人，在读博硕士研究生40余人。

研究所先后主持和承担过国家社科基金重大项目、教育部社科基地重大项目、国家重点研发计划课题、国防科技项目、国家自科基金、国家社科基金等各类纵向项目20余项；与国家计算机网络与信息安全管理中心、百度、科大讯飞、中国科技信息研究所、泰康在线财产险保险股份有限公司、湖北省标准化与质量研究院、西藏民族大学等企事业单位开展研究合作，承担各类横向项目50余项。自成立以来，研究所承担各类型科研项目经费达1500余万元，先后发表SSCI/SCI/EI/ISTP等各类论文100余篇，成果获“教育部人文社科优秀成果”二等奖，“湖北省人文社科优秀成果”二、三等奖，“湖北省自然科学优秀论文”二、三等奖，“湖北省科技信息成果奖”等各类奖励等10余项。

研究所自主设计研发了智能问答机器人平台WHU-ROBOT、网络大数据信息自动采集平台WHU-REAPER、互联网舆情信息跟踪平台WHU-POMS、专家检索系统WHU-ES、多元数据融合前沿分析平台WHU-MSFAS以及主题时序演化工具NEVIEWER等各类软件10

余个，申请专利和软件著作权 10 余个，服务于相关学者和研究人员，产出了一批高质量的研究成果，并广泛应用于数十家科研院所和企事业单位，产生了良好的社会影响；中心还积极参与智库和决策咨询服务，先后为多家单位提供了咨询建议，获厅局级以上批示多项。

研究所十分重视国际交流与合作，不断提升研究工作的国际化。已与美国匹兹堡大学、印第安纳大学、北得克萨斯大学、丹麦哥本哈根大学、英国伦敦城市大学和荷兰阿姆斯特丹大学等多国研究机构及专家建立了实质性的交流合作关系，与北得克萨斯大学合作建立了数据智能国际联合实验室，共同致力于高水平人才的培养和科研成果的产出。

所长：陆伟

十、人机交互与用户行为研究中心

武汉大学人机交互与用户行为研究中心是武汉大学校级研究中心，该中心在武汉大学 70 后“人机交互与协作”学者学术创新团队的基础上，于 2019 年 10 月成立，吴丹教授任中心主任。

中心成员来自美国匹兹堡大学(University of Pittsburgh)、武汉大学等海内外知名高校，成员学科背景多元。成员现有教授 4 人，副教授 4 人，讲师 1 人；中心成员在信息检索、人机交互、用户行为、科学知识图谱、移动信息服务、大数据分析与挖掘等方面拥有丰富的研究经验，主持过多个重要的研究项目，包括国家自科基金项目；国家社科基金项目；教育部哲学社会科学重大攻关项目、一般项目；教育部人文社会科学重点研究基地重大项目等。

本中心围绕国家重大战略需求，开展学术研究、项目实践、教学与科研成果转化。新一代信息技术与经济社会各领域的深度融合，“互联网+智能服务”从个人、学术社交网络等领域，扩展到电子商务、交通、能源等商业领域，以及图书馆、教育、医疗健康等公共领域。人工智能、大数据与物联网、云计算等新技术的深度集成与应用背景下的用户与系统交互行为的改变，产生了新的行为。这样的背景下，人如何与新技术和谐共存已成为不同学科领域关注的问题，新的人机交互与用户行为研究大有可为。本中心以我国《中华人民共和国国民经济和社会发展第十三个五年规划纲要》《促进大数据发展行动纲要》《公共数字文化工程融合创新发展实施方案》等文件精神为指引，重点开展数据驱动的用户行为分析、多通道交互行为融合建模、预测与推荐、人机交互界面创新优化设计等方面的研究，精准感知用户需求，促进基于数据和知识的创新设计，实现多元信息需求、便捷信息获取、智慧信息服务的智慧服务生态。特别是在公共文化服务领域，实现创新智慧的公共数字文化服务业态，促进公共文化工程转型升级和服务效能提升，为我国实现网络化、智能化、服务化、协同化的“互联网+”产业生态体系贡献力量。

中心主任：吴丹

十一、武汉大学政务管理研究中心

武汉大学政务管理研究中心成立于2014年，主要从事政务管理理论、政务智能化技术及政务信息资源管理开发等课题的研究、培训与咨询。中心旨在应用现代智能技术与组织机构流程再造相关技术，研究推动面向智能时代和大数据时代的智慧政务、智慧流程和企业机构管理智能化。中心成员来自于档案学、情报学、公共管理、保密学多个相关学科，从多学科视角共同开展课题研究和实践应用，已在多个领域取得了阶段性突破。中心拥有教授5人、副教授6人，其他各类研究人员4人。近年来，武汉大学政务管理研究中心积极推动相关理论、技术与软硬件的研发和应用实践，承担国家社科重大项目、教育部研究基地重点项目、国家自科基金面上项目、国家社科基金面上项目等纵向项目30余项，承担各类横向项目20余项，中心专家在国内外重要期刊发表论文200余篇，研发各类软件10余种，合作对象包括湖北省政府、国家电网、南方电网、华为公司等多种政府企事业单位。

中心主任：周耀林

十二、武汉大学-长江出版传媒研究中心

武汉大学-长江出版传媒研究中心(Wuhan University-Changjiang Publishing & Media Research Center)成立于2013年12月，是由武汉大学和长江出版传媒集团(股份)有限公司(以下简称“长江传媒”)联合创办的出版传媒研究机构，现设立于武汉大学信息管理学院，共有兼职研究员和助理研究员近20人。

研究中心秉承“校企共建、共同发展”的原则，在充分发挥武汉大学出版科学系和长江传媒在出版理论和实践方面优势的基础上，开展合作科研、人才培养和社会服务等产学研合作活动，致力于为包括长江传媒在内的出版企业和全行业管理提供智库服务。中心研究人员多次作为专家参与长江传媒及其下属出版社和子公司的人才选拔、项目评审、数字出版顾问以及发展规划制定等工作。

研究中心依托双方的平台和资源，不断加快创新型、实用型和复合型人才培养，深化校企合作关系。依托武汉大学优质的师资资源和深厚的文化与学习氛围，研究中心参与“长江传媒编辑营销骨干培训班”等活动，开设策划编辑、数字营销、融合出版、历史文化和社会热点等课程，促进长江传媒的骨干员工掌握新知识、熟悉新领域、开拓新视野，切实增强其“脚力、眼力、脑力、笔力”。研究中心还为湖北省编辑学会、原湖北省新闻出版广电局等政府和出版相关机构做“数字大众出版：挑战与机遇”“国际数字出版现状与趋势”等数字出版前沿讲座。

此外，研究中心充分发挥桥梁作用，促成“武汉大学-长江传媒实习实训基地”“武汉

大学-长江少年儿童出版社(集团)有限公司实习实训基地”等学生实习实训基地的建成，并不断向长江传媒输送编辑出版学、数字出版、出版发行学、图书情报学、电子商务等多个专业的优秀毕业生。研究中心协办了第四届、第五届“数字时代出版产业发展与人才培养国际学术研讨会”，借此推进数字出版产业的健康发展，推动新时期出版高等教育的改革和进步，扩大国内外出版产业界与出版教育界的交流与合作。

中心主任：徐丽芳　周艺平

十三、中国教育出版研究中心

中国教育出版研究中心(National Research Center for Education Publishing)成立于2013年11月，是武汉大学和高等教育出版社联合设立的研究机构，主要开展教育出版领域的研究、教学、培训和咨询工作，创建了教育出版领域产学研结合的新模式。研究中心现设立于武汉大学信息管理学院，共有兼职研究员7人，助理研究员12人。

中心研究方向包括教育出版数字化转型升级、数字教材设计与开发、开放教育资源以及VR/AR技术在教育出版中的应用等教育出版领域的重要和热点课题。在研项目包括“开放教材及其对教育出版的影响研究”“混合现实(MR)出版研究”等。迄今发表了《基于增强现实技术的教育游戏研究》《国外VR教育出版发展现状与趋势》等论文。2015年，研究中心正式出版《中国教育出版研究报告(2015)》。该书立足国际视野，总结国内教育出版产业整体状况，系统梳理了不同教育阶段、教育类型的教育出版活动，重点研究了数字教育出版和相关技术的应用、教育出版管理等相关问题，并且进行了深入的国内外教育出版案例分析。

研究中心通过定期发布研究报告和运营新媒体等两种方式向学界、业界传递研究成果和行业资讯。2014年6月，研究中心创建了《中国教育出版研究中心简报》，旨在为教育出版机构和从业人员提供行业新闻、数据统计和深度分析等专业内容。每期《简报》设有热点追踪、论点摘登、数据报告等栏目以满足不同类型的专业阅读需求。《简报》每月26日出刊，严格遵守三审三校制度，并实行“专人专岗”的编辑人员配置和管理制度，累计参与编辑活动的研究人员近60人。截至2019年7月，《简报》共发行61期，邮箱订阅人数达426人，受到业内广泛赞誉。2015年，研究中心开通微信公众号“E出版”，主推国内外数字教育出版行业创新和转型相关内容，并与CSSCI源刊《出版科学》进行内容合作。公众号目前已有超过1600名活跃用户。

研究中心致力于教育出版人才的培养，多次资助出版科学系的本科生和硕博士研究生参加教育出版相关学术会议。作为桥梁和中介，中心促成了“武汉大学-高等教育出版社实习实训基地”的建成，自成立以来每年协助武汉大学出版科学系派送10余名编辑出版学、数字出版和出版发行学的学生前往高等教育出版社参加实习、实训。

中心主任：方卿 苏雨恒

十四、武汉大学信息系统研究中心

武汉大学信息系统研究中心成立于2013年。研究中心的宗旨是依托武汉大学信息管理学院，从国家、组织、群体与个人层面对信息系统与管理、决策支持系统与知识管理、数据挖掘与商务智能这三大领域展开研究，产出重大科研成果，使本研究机构成为国内领先、国际知名的信息系统研究基地。

随着信息技术的高速发展，信息系统不断迸发出新的活力。信息技术与管理实践之间的关系实现协同演化，信息系统的研究内容不断丰富。信息系统研究中心致力于运用大数据、人工智能技术展开专题研究，研究成果被应用于金融、医疗、商务、科技和社会管理等领域。研究中心具有团队合作、人才培育、成果展示、引资引智及科技孵化五大职能。自信息系统研究中心成立以来，瞄准社会经济信息化的理论和实践问题展开研究，取得了丰硕成果。由团队成员主持的研究项目共20余项，经费共计约600万元。团队成员累计发表学术论文和著作200余篇(部)。

研究中心目前有研究人员5名，均为管理信息系统领域具有丰富教学与科研经验的教授。中心主任唐晓波教授曾任武汉大学信息管理学院信息管理科学系主任，现任国际信息系统协会中国分会理事、湖北省信息学会常务理事；中心副主任陆泉教授现任武汉大学信息管理学院信息管理科学系主任、武汉大学大数据研究院健康大数据研究中心副主任；中心副主任孙永强教授现任国际信息系统协会中国分会理事。

中心主任：唐晓波，副主任：陆泉、孙永强

十五、武汉大学智慧城市研究中心

随着网络通信技术的长足发展和万物互联在城市物理空间的逐步实现，新一代智慧城市建设益发重视数据化、智能化的理念升级和内涵挖掘，构建城市虚拟空间场景，以满足现代城市治理体系建设的新要求。

武汉大学智慧城市研究中心是依托信息资源研究中心和信息管理学院成立的专门研究机构，旨在通过数据规划与治理、数据分析与预测、数据空间建模等专业技术方法，开展基于城市信息、城市数据的城市分析科学与城市空间科学研究。

中心拥有一支跨情报学、数据科学、计算机科学、管理科学与工程、社会学等多个学科的研究团队，以问题为导向凝练研究方向，面向智慧城市治理需求开展课题研究，主张以三元世界为视角构建城市数字空间，与国内领先的位置服务商共建时空大数据联合实验室，通过人才培养和科学研究将中心的研究理念和研究路径落地，初步形成了一定的社会及行业影响力。

中心结合现代智能技术与国家智慧城市发展的相关政策，研究推动智慧政务、智慧企业、智慧民生领域的信息资源与知识管理，研发政务大脑、企业大脑与家庭大脑的专用智能设备，并取得阶段性突破。同时致力于城市智能化信息化，领域大数据及知识库的研究、培训和咨询。

基于数据科学的视野，中心形成了城市分析学、城市信息学、城市数字空间构建等学术团队，从事理论研究并撰写高水平论文；以时空大数据联合实验室为基础，分析和挖掘城市大数据，面向“一带一路”倡议，搭建关键城市数字空间雏形；针对城市治理中的具体问题，研发城市交通热力分布、城市安全保障体系等平台和系统，为智慧城市和数字中国建设提供理论和技术支撑，为新型智慧城市研究提供路径，为国家相关机构和部门提供政策建议。

中心主任：李纲

十六、武汉大学数字人文研究中心

武汉大学数字人文研究中心创建于 2011 年，是中国大陆首个数字人文研究机构，centerNet 亚太联盟 5 个创始成员之一。中心是一个跨学科研究平台，致力于探索各种数字信息技术在人文学科知识生产、传播与教学中的创新性应用路径与方法，以及数据驱动的人文社科研究范式创新。

中心首任主任是武汉大学人文社科资深教授马费成先生，现任主任是中组部“青年拔尖人才”、湖北省自科基金创新群体项目负责人王晓光教授。中心现有兼职成员 15 名，其中博士生导师 5 人，硕士生导师 13 人，分别来自武汉大学的多个机构，包括教育部人文社科重点研究基地武汉大学信息资源研究中心、测绘遥感信息工程国家重点实验室、信息管理学院、计算机学院、文学院、历史学院、国家文化发展研究院等。

中心成员在数字资产管理、语义信息组织、知识图谱构建、文本挖掘、机器学习、文化数据建模、文化遗产本体设计、文化遗产 3D 建模、计算机图像识别与理解等方面拥有丰富的科研经验。先后主持和承担了国家自然科学基金重大项目、重点项目、面上项目、国家社科基金重大项目、一般项目、教育部人文社科重点研究基地重大项目、科技部“973”项目、科技支撑计划项目、重点研发项目等 20 多项数字人文相关的科研项目。在 JIS、JKM、JOD、IEEE *Transactions on Visualization and Computer Graphics*、IEEE *Transactions on Image Processing* 等国内外高水平学术期刊和 DH、JCDL、ASIST 等顶级学术会议上发表了 30 多篇数字人文相关主题的研究论文，曾获得多项省部级奖励。

中心自成立伊始就以推动中国数字人文研究共同体的发展和学术创新为己任，十分注重开放合作与国际交流，被国内外同行誉为中国数字人文研究领域的一面旗帜。2018 年 5 月，中国社会科学情报学会数字人文专委会成立，聘请信息管理学院院长方卿教授担任主任，中心主任王晓光教授担任副主任。2019 年 2 月，国际 iSchool 联盟数字人文教育委员会委员成立，聘请中心主任王晓光教授担任首届委员会委员。除此之外，中心还与国际图联数字人文特别兴趣小组、英国伦敦大学学院数字人文研究中心、美国辛辛那提大学数字人文与数字学术中心、台湾“中研院”数位文化研究中心、中国敦煌研究院等国内外知名学术机构建立了长期稳定的交流与合作关系。2019 年 7 月，中心又代表武汉大学，与敦煌研究院、中国知网等单位合作，成功举办了中国社会科学情报学会数字人文专委会第一次学术年会。

面对数字中国、中国特色哲学社会科学话语体系以及教育部“新文科”建设重大现实需求与历史契机，中心聚焦人文社科数据资产管理、文献和文化遗产资源的数字化、数据化、语义化处理，知识图谱和智慧数据，数字工具与数字学术平台建设等研究主题，愿与各界共同努力，推动中国数字人文研究的发展以及图情学科的拓展与创新。

中心主任：王晓光

十七、新闻出版总署武汉大学高级出版人才培养基地

2006 年 3 月 6 日原国家新闻出版总署发布文件(新出人[2006]209 号)批准在武汉大学设立新闻出版总署武汉大学高级出版人才培养基地。基地揭牌仪式于 2007 年 3 月 29 日在武汉大学举行，原新闻出版总署副署长柳斌杰出席并被聘为该基地兼职教授。批文中明确了基地的主要职能有七个方面，具体内容为：(1)根据我国新闻出版产业的发展趋势，培养符合产业需要的高层次出版发行专业人才。(2)探讨并尝试现代出版领域复合型人才的培养模式。(3)开展出版专业在职研究生学位教育，承担出版专业硕士、博士以及出版方向高级工商管理硕士培养工作，申办出版发行专业博士后流动站。(4)承担新闻出版系统委托的人才培养项目，并提供师资和学习条件支持。(5)开展出版发行产业政策研究和技术研发，为政府部门提供专家咨询。(6)定期组织出版发行或人才培养学术论坛、学术研讨活动，建立出版行业产学研交流平台。(7)推进出版专业学科建设，承担编辑出版学和图书发行学骨干课程教材和干部培训教材的编写工作。批文还明确了基地由武汉大学负责管理，在业务上接受国家新闻出版总署人事教育司的指导。

自 2006 年基地成立以来，在国家新闻出版总署及其相关行政管理部门、武汉大学和信息管理学院各级领导的正确领导和大力支持下，在全体出版科学系师生的共同努力下，基地的特色优势不仅体现在成立早、层次高，而且体现在雄厚的师资力量、丰硕的科研成果以及优质的教学质量，备受业界赞赏。

在科学研究方面，教师们先后主持有国家科技支撑计划项目、国家社科基金重大项目、国家社科基金重点项目、国家自然科学基金项目和国家文化产业发展专项等各类重要

课题，在新闻出版理论与实践研究上均取得丰硕成果。在此基础上，基地出色地履行了其各项职能。尤其是在人才培养方面，近年来，基地每年承接原新闻出版广电总局的新闻出版业领军人才高级研修班、国家人力资源与社会保障部的新闻出版业从业者技能提升培训班以及各省出版发行集团的相关培训，很好地满足了新时期新闻出版业数字化转型升级与融合发展的人才需求，为我国新闻出版事业的健康发展做出了积极贡献。

基地负责人：方卿

第十章　重要建设工程

一、“世界一流大学和一流学科”—— 图书情报与数据科学学科建设

2017 年，“武汉大学图书情报与数据科学”入选世界一流大学和一流学科建设高校及建设学科名单，该学科涵盖图书情报与档案管理、管理科学与工程以及新闻传播学一级学科，包括图书馆学、情报学、档案学、出版发行学、信息资源管理、数字出版、保密管理、数据科学、电子商务、信息管理与信息系统、新闻学、传播学等二级学科。这一建设有利于提升武汉大学的综合实力和国际竞争力，为实现“两个一百年”奋斗目标和中华民族伟大复兴的中国梦提供有力支撑。

按照“中国特色，世界一流”要求，通过一流学科建设“三步走”战略，本学科的建设目标如下：到 2020 年，本学科国内领先地位进一步巩固，优势与特色进一步凸显，建成具有较大国际影响的世界知名学科；到 2030 年，进入国际上本学科研究的第一方阵，初步建成世界一流学科；到本世纪中叶，跻身国际顶尖学科行列，全面建成世界一流学科，成为国际上图书情报与数据科学研究的重镇，学术交流的枢纽，高水平拔尖创新人才培养的中心。

在“双一流”建设中，本学科拥有坚实的建设基础，具有办学历史悠久，学科结构完整；师资阵容强大，人才梯队合理；科研平台丰富，研究实力雄厚；国际交流广泛，影响不断扩大等优势与特色。本学科将在利用已有资源，整合相关学科和社会资源的基础上，以建立中国特色、世界一流学科发展需要的体制机制为改革突破口，从人才培养、科学研究、社会服务、文化传承创新、师资队伍建设、国际合作与交流六个方面开展国际一流学科建设，加强保障体系建设，在人才培养国际化、科研成果顶天立地、一流师资队伍建设、学科议题设置能力等关键环节取得突破。

通过“双一流”建设，预期达到以下目标：(1)学科水平。学科整体水平进一步提升，对相关学科的牵引作用进一步扩大。(2)人才培养。拔尖创新人才培养能力显著提升，国际化人才培养体系进一步完善。(3)科学研究。建成一流科研与服务平台，产出

一流科研成果，具备设置学科研究议题的能力。(4)国际影响。建立中国特色、世界一流的学科理论体系，拥有相关学术领域的国际话语权，对国际优质生源与师资有较强的吸引力。

二、“985二期工程”哲学社会科学创新基地
——武汉大学信息资源研究创新基地

武汉大学信息资源研究创新基地是国家教育部、财政部批准建立的“985二期工程”哲学社会科学创新基地。该基地由武汉大学信息管理学院、武汉大学软件工程国家重点实验室、武汉大学信息资源研究中心的研究力量组建而成。这是国内本领域获得“985工程”资助的唯一项目，基地建设总投资3600万元。基地面向国民经济信息化的实际需要，重点进行信息资源规划与管理、信息服务与保障、信息资源法律等方向开展科学研究和学科建设。

信息资源研究创新基地建设期间(2004—2008)，承担国家社会科学基金重大项目2项、国家自然科学基金重点项目1项、教育部重大课题攻关项目2项，其他国家级项目及横向项目多项。基地面向国民经济与社会信息化建设实践中的重大现实需求与理论问题，在信息资源规划与管理、信息服务与保障、信息资源法律等重点方向取得了系列具有原创价值的成果。其中2项成果分别获得“教育部高等学校科学研究优秀成果奖(人文社会科学)”一等奖、1项成果获“高等学校优秀科研成果奖(科技进步)”一等奖、1项成果获“国家优秀教学成果”二等奖、1项成果获“教育部推荐国家科技进步”二等奖。这些项目和成果在信息资源的规划、深度开发与利用理论、创新型国家建设中信息保障、平台与数据库、企业竞争情报、信息服务创新路径与知识产权保护等方面取得了重大突破。这些成果分别在国家“十二五”规划、国家科学数字图书馆等工程、有关企业中得到了采纳应用。培养了多名学科带头人和一批优秀青年学术骨干和优秀博士毕业生，其中，1篇论文获全国优秀博士论文，1名教授荣膺国家教学名师称号，图书情报核心课程教学团队入选国家级教学团队。通过“985二期工程”建设，我院形成了一批有影响的研究成果，取得了很好的社会效益和学术效益。在2009年度教育部重点研究基地评估中，通过专家组严格评审，武汉大学信息资源研究中心再次被评为优秀基地。

通过本项目建设，基地所涉及的学科群实现了跨越式发展，在人才培养、队伍建设、学科会聚和交叉、科学研究、社会服务、学术交流和国际合作、条件建设等方面取得显著进展，实现了预期的目标。本创新基地接受学校预评估，被评为全校第一。

图 10-1　信息管理学院“985 工程”二期建设推进暨《数字时代图书馆学情报学研究丛论》出版工程启动大会

三、“211 工程”项目建设

2002—2005 年我院承担完成了武汉大学“十五”“211 工程”二期建设子项目“网络信息资源开发与数字图书馆”，项目总投资为 485 万元。2008—2011 年我院承担完成了武汉大学“十一五”“211 工程”三期建设子项目“泛在环境下信息资源集成与服务创新研究”，项目总投资 700 万元。

我院“十五”“211 工程”建设瞄准国际上数字化信息资源理论发展的前沿，立足我国国民经济和社会信息化的实际需要开展科学研究、人才培养与社会服务，牢牢抓住学科建设核心目标，大力加强学科建设。“十五”期间，成功获批“图书馆学”“情报学”国家级重点学科，“信息资源管理”和“编辑出版”两个专业的硕、博士点，“图书馆、情报与档案管理”“管理科学与工程”一级学科博士学位授权点，“图书馆、情报与档案管理”博士后流动站。以“211 工程”建设为契机，我院学科地位不断提升，并得到学术界公认。在 2003 年进行的第二届全国一级学科评估中，“图书馆、情报与档案管理”一级学科总体水平被评为全国第一。在 2004 年和 2009 年进行的教育部人文社会科学重点研究基地评估中，武汉大学信息资源研究中心两次被评为优秀基地。同时，校级重点研究基地武汉大学知识产权高级研究中心和中国科学评价研究中心顺利创建并取得实质性进展。中国科学评价研究中心 2007 年被批准为湖北省人文社会科学重点研究基地。

项目建设充分利用武汉大学的学术与信息资源优势，形成以图书馆学、情报学为基础，涉及信息管理、管理科学与工程、电子商务、档案学、数字出版等学科在内的交叉学科群，凝练出5个具有较强创新能力的研究方向，即数字信息资源开发与管理、数字化信息资源组织与检索、数字图书馆关键技术、数字信息资源服务与保障以及数字信息资源知识产权与权利管理系统，5个重点研究方向在关键领域取得突破，实现了学科群的整体和谐发展。在学科群建设思想指导下，一批国家自然科学基金、国家社会科学基金、教育部哲学社会科学研究重大课题攻关项目、教育部人文社会科学基金、教育部博士点基金、教育部人文社会科学重点研究基地重大项目等获得资助，“中美图书馆员高级研究班”“数字时代图书馆合作与服务创新”“大学评价与科研评价”等一系列有较大影响的国际、国内学术会议顺利召开，一批高质量的科研成果被各级决策部门采纳，取得明显的经济效益和社会效益。

通过学科交叉，培养和造就出一支以中青年学术骨干为代表的创新团队，扩大了高级专业人才培养的规模，提高了人才培养的质量。2007年，我院情报学专业1篇论文获全国优秀博士论文。

通过项目建设，锻炼出一批具有创新能力、在国际上有一定影响的学术带头人，使创新研究队伍的知识结构、年龄结构、学科结构具有明显优势。项目建设实现了预期目标，形成了一套规范的计划执行和管理体系，产生了一批达到国际水平的标志性成果，基础设施、教育和科研保障条件日益完善。2007年，武汉大学“图书馆、情报与档案管理”被批准为一级学科国家重点学科。2005年该项目整体验收被评为优秀。

图10-2　武汉大学信息管理学院“十一五”“211工程”项目申报论证会

“十一五”“211工程”三期子项目“泛在环境下信息资源集成与服务创新研究”着重研究泛在环境下信息资源集成与服务、深度开发的理论、技术与政策问题，促使目前孤立的图书馆、信息中心、学科网络、数据中心演变为社会数字基础设施（Cyberinfrastructure），促进“图书馆、情报与档案管理”在泛在信息环境下的学科创新。“211 工程”三期建设期间，根据本项目建设的目标，围绕项目研究主题，凝炼出 3 个具有较强创新能力的研究方向，取得一批达到国际水平的标志性研究成果。以促进学科群发展为目标，以图书情报与档案管理学科为龙头，促进图书情报与信息资源管理学科群协调发展。学科适应数字化环境能力增强，创新能力增强；进一步优化了研究队伍结构，增强了研究实力，造就了一批具有创新能力、在国际上有较大影响的学术带头人，青年学术群体得到较快成长。武汉大学图书馆学、情报学学科在整体上达到国际同类学科专业的前 8 名水平，步入可持续发展轨道。基础设施建设加强，环境建设优良。为实现建设综合实力、创新能力、人才培养能力突出的研究型学院奠定了坚实的基础。研究成果获得“教育部高等学校科学研究优秀成果奖(人文社会科学)”一等奖两项、科技进步奖一等奖一项。在教育部组织的学科排名与重点研究基地评估中均排名第一。获得全国优秀博士论文奖 1 篇，提名奖 3 篇。学院成为发展中国家第一个领先信息学院联盟(iSchools)成员。

(查荔)

第十一章　学历继续教育与非学历高端培训

学历继续教育与非学历高端培训是高等教育发展的重要组成部分，是人才培养的重要途径。开展学历继续教育与非学历高端培训既是学院自身发展的需要，也是服务社会的重要内容，更是一种社会责任。我院学历继续教育与非学历高端培训工作开展较早，20世纪60年代初开始招收函授教育，并形成一定规模，为当时图书馆学界培养了一批具有专业素质的人才。在近60年的发展历程中，学院学历继续教育与非学历高端培训始终坚持教育服务社会的理念，不断创新教育服务社会的形式，以人为本，依法办学，强化规范建设，使教育在形式上有了新的变化、内容上有了新的扩充、思路上有了新的突破、发展上有了新的前景。学历继续教育办学类型涵盖网络、函授、自考、脱产及业余等，办学层次包括高升本、专升本、高升专。非学历高端培训时长一般为一周，最长为3个月。

一、发展历程

（一）函授、成教、自考学历教育

我院一直重视继续教育和培训，把它作为人才培养体系的一个组成部分。早在1957年3月，为适应当时“向科学进军”的形势发展，满足图书馆在职馆员急需提高专业素质和科学文化水平的需求，文化部社会文化事业管理局与武汉大学、北京大学等6个单位，在南京联合举办全国省市图书馆工作人员进修班。

20世纪60年代初，继北京大学图书馆学系创办图书馆学函授班，招收三年制专科生后，武汉大学图书馆学系办起了图书馆学三年制函授专修科，1960年和1963年共计招收341人。1964级学员共计232人，先后在湖北、江西、安徽、江苏、上海、浙江、湖南、广东、广西、四川、云南、贵州等地设立了函授站，开展对函授生的面授和辅导工作，为函授教育配备了相对稳定的教师队伍，积累了函授教育组织管理工作的初步经验。1966年始，受“文化大革命”冲击，高等学校停止了招生工作，图书馆学系相继停课，停止招生，函授教育也停顿下来。

“文革”后，图书馆在职干部的培养和提高显得尤为迫切。学院在教学与科研任务繁重、师资力量紧张的情况下，经教育部批准，于1980年恢复了函授教育，函授教育开始得到了比较迅速的发展。80 级共计招收学员 545 人，分别在武汉、长沙、成都、重庆、贵阳、广州、南宁、桂林、郑州、南昌、济南、西安等地设立函授站，统一招生，统一教学计划，统一教材，统一教学进度，统一考试和统一规章制度。1982 年春又招收学员 602 人，并增设了杭州、福州、苏州、合肥四个函授站。这些函授学员入学前大多数是高等学校图书馆、科研单位图书馆、公共图书馆的在职干部，也有大型厂矿图书馆工作人员。20 世纪 80 年代中期，图书馆学专业函授教育达到一个高峰，至 1985 年，学院累计毕业函授学员 1488 人。

继图书馆学函授教育后，函授教育专业随着国民经济发展对人才培养的需求增加不断在拓展。1987 年，我院开始招收科技情报学专业专科函授生，共计招收 545 名学员，设置了郑州、洛阳、南昌、青岛、杭州、武汉等 7 个函授站。1989 年，我院开始招收图书发行管理学专业专科函授生，共计招生 343 名学员。

2018 年，根据教育部和学校相关发展要求，我院停止招收函授班学员。

(二)学历网络教育及全日制本科助学班

2002 年，武汉大学获得国家教育部批准，开展现代远程教育试点工作。我院是学校首批试办网络教育的两家培养单位之一，2002 年始招收培养网络教育学生，招生专业有电子与网络出版、信息管理与信息系统，2003 年招生专业扩充为电子商务、电子与网络出版、信息资源管理、招生层次为高中起点专科、高中起点本科。

2002 级、2003 级两届网络教育招生是按照教育部教高厅[2000]10 号文件规定执行的，当时国家为推进网络教育试点，规定可办全日制脱产班，可申请国家计划内招生指标，招生计划是经湖北省发改委和省教育厅联合下文批准并报教育部备案，按照普通高考的录取批次招生，达到二本、三本录取分数线。2004 年 2 月，教育部下发了教高厅[2004]9 号文件，对网络教育在政策上进行了大的调整，网络教育定位为在职继续教育，不允许举办网络教育的全日制脱产班。2006 年，教育部再次下文，明确规定网络教育的分段教育，定位网络教育的业余性质，并以 2004 年 3 月 1 日为分界线，凡 2004 年 3 月 1 日后进校的学员执行 9 号文件。学院严格执行教育部、学校网络教育办学的政策文件，网络教育逐步定位于以在职从业人员的学历教育和岗位培训为主，采用非全日制的学习形式。2018 年，根据教育部和学校相关发展要求，我院停止招收网络教育学历教育。

依据学校办学政策，2000 年开始，学院招收了全日制本科助学班学员。全日制本科助学班是个人自学、学校助学和国家考试相结合的高等学历教育形式，将普通高校的全日制教学与自学考试开放、灵活的机制相结合。2000 年、2001 年学院共招收信息管理与服务专业、电子商务专业试点班学生近千人，2004 级、2005 级、2006 级共招收电子商务专业、信息管理与服务专业共计 600 人。2007 年，根据教育部教高 9 号文件规定，我院从当年秋季开始停止招收成人脱产班和全日制本科助学班。

(三)非学历高端培训

在大力发展函授、网络教育、成人教育等学历教育的同时，学院还不定期举办过助教进修班、各种类型的短训班以及高级研修班，同时还接受国内外的进修人员和访问学者，为我国的信息化建设承担了大量的社会培训工作，培训了大批专业人才。

1989年2—12月，武汉大学第一届图书发行管理学《专业证书》校内脱产班开班，共计59人。1989年9月—1991年3月，学院举办了半脱产性质的图书发行管理学《专业证书》大学出版社班，学员均来自国家教委直属高校及各部委院校出版社，共计91人。除校内脱产班外，学院还举办了黑龙江、吉林、辽宁、河北、甘肃、湖南、浙江、广东、深圳等校外半脱产性质的班。1989年4月—1990年8月，第一届科技情报学《专业证书》班也顺利开班，共计招收129人。

1982年，教育部转发了《关于举办高等学校图书馆学专业干部进修班的暂行规定》，1984年教育部又下发了《关于进一步办好图书馆学专业干部进修班的几点意见》。为响应教育部要求，武汉大学图书馆学系于1985—1986年举办了第一届助教进修班。此后学院举办多届进修班，专业也有所增加，学习期限通常为1~2年。

学院一直承担着国内外各高校及相关职能部门外派人员的进修与访问任务，1993—2020年来院作访问学者或科研进修人员达70余人，学院给予了他们大力支持，对于来自西部的高校，如新疆大学的进修人员，不仅免其学费，而且始终以最优厚的条件给予方便。每年都有来我院进行课程进修的高校教师，以图书馆学专业、情报学(信息管理与信息系统)专业、编辑出版学专业为主。参加进修的人员以青年教师或新开专业的任课教师为主，进修的目的是提高自身的授课水平，或是前来感受和了解课程设置的关系与授课方式方法。课程进修生入学后根据所选课程随堂听课，多以全日制普通本科生课程为主。

经过60余年的发展，我院继续教育形成了函授教育、网络教育、夜大、干部专修科、专业证书班、自学考试、各类短期研修班、培训班等学历教育与非学历教育并举的多形式、多层次、多规格的继续教育体系，成为与全日制教育相互补充、协调发展的重要组成部分。

二、特色成绩

我院继续教育在60余年的发展历程中形成了鲜明的特色，取得了较好的成绩，主要表现在：

一是培训质量高，社会影响好。学院作为新闻出版总署武汉大学高级出版人才培养基地和国家保密教育培训基地武汉基地，依托两个国家级培训基地、数个省部级培训基地以及强大的学科优势，承担了中宣部、文化部、教育部、国家图书馆、国家保密局、新闻出版广电总局等国家部委和省市大量的社会培训工作，培训了大批专业人才。各类高端培训包括全国出版行业领军人才高级研修班、全国数字出版千人计划培训班、省级国家保密局局长高级研修班、全国公共图书馆馆长培训班、图书发行管理学专业证书班、科技情报学专业证书班、图书馆学助教进修班等。培训的学生涵盖了全国内地所有的省份，为学院学校赢得了良好的社会声誉。

二是合作单位众多，学员数量较大。我院继续教育的发展一直与各函授站点、校外学习中心的建立与发展紧密相连。20 世纪 60 年代发展函授教育，就设立了十余个函授站。随着国家经济和教育事业的发展，办学点高峰时曾达到 25 个，覆盖各省(市)的图书馆研究辅导部(培训中心)、科技情报所、新华书店集团、出版发行学校等。自开办网络教育以来，学院积极与学校各网络教育学习中心联系，拓展网络教育办学，先后与上海、安徽、江西、广西、广东等地学习中心建立了合作关系，基本上形成了全国性、地区性和系统性的继续教育网络。50 年来，我院各级各类继续教育学员(包含函授、自考、网络、夜大，培训进修等)共计 40000 余人，为国家培养了大批的图书情报、信息管理、电子商务、出版发行、保密管理人才。

三是学历教育和非学历教育并举，形成多学科、多形式、多层次、多规格的办学模式。目前学历教育办学层次包括专科、本科；学习形式包括函授、网络、夜大等；先后招生的办学专业包括图书馆学、图书发行管理学、科技情报学、电子商务、信息管理与信息系统、出版发行、编辑出版、信息资源管理、网络与电子出版等。同时，为适应继续教育从专业为基础、学历学位为目标转变为以应用为基础、职业培训为目标，学院一直非常重视推进非学历教育，发挥学院在行业和职业中的作用，不定期举办各类进修班、干部培训班、高级研修班等。

四是不断改革和完善适应时代要求的继续教育管理体系和运行机制。学院根据不同办学类型的需要，建立了以学校为中心，各函授站、校外学习中心为基地的继续教育管理网络体系；建立了学院、函授站、学习中心之间良好的沟通协调机制；针对全日制类型的继续教育学生，建立了全院齐抓共管的运行机制，保证我院继续教育工作的顺利运转和持续发展。

五是强化教学管理，牢固树立质量意识，以质量促效益，赢声誉。学院在长期的继续教育办学实践中，始终坚持“视质量为生命，以质量求发展”的办学方针，牢固树立品牌意识，建立了包括培养方案、师资配备、教学管理、学籍管理、教材管理等内容的一整套制度。学院依照普通本科生的培养方案，根据继续教育学生的实际情况设置了继续教育的教学计划和课程安排，学院近 80 名在职教师是继续教育的基本教学队伍，他们中大部分在承担繁重的本科、研究生教学及科研任务外，仍担负着继续教育的教学工作；学院实行辅导员跟班听课制度，填写考勤表及教学情况测评表；学院积极推动网络教育的网上导学、助学与咨询，加强对教师网上导学、答疑和学生网上学习的监督与指导，注重网络课程建设质量，切实推动网上教学信息的采集和整理，为学生提供丰富的知识信息；学院结合网络教育的实际情况，创新教学组织，对部分课程采取课程小组的形式开展教学，受到学生的普遍欢迎。

六是坚持以学生为本，以服务强素质，促进学生全面成长成才。为实现教学育人、管理育人、服务育人的目标，学院主要从“政治上关怀、学习上关心、生活上关照、心理上关注”四个方面开展工作，充分发挥学生组织和学生骨干的“自我教育、自我管理、自我服务、自我约束”作用，不断总结继续教育学生工作经验，加强学生的思想政治教育，规范日常管理，确保继续教育教学工作的顺利进行和学生思想的稳定。学院成立了继续教育党支部，按照继续教育的特点理顺和落实了组织建设关系。2000 年以来，共推荐 500 多名继续教育学生参加入党积极分子培训班学习，百余名优秀学生经过组织培养和考察，不少入党积极分子光荣加入中国共产党。

七是不断加大对继续教育的投入，完善办学条件。学院资料室和期刊阅览室为全国同学科领域最大的图书资料中心，学院实验中心国内一流，设施先进，一次能容纳 200 多人上机实习，学院拥有“图书馆、情报、档案与出版集成实验室”和“信息系统与电子商务集成实验室”等教学研究实验室，以及多功能报告厅 2 个，这些办学设施均向继续教育学生开放，为顺利开展继续教育教学活动创造了良好的条件；为鼓励教师参与继续教育课程教学，针对继教学生特征因材施教，学院多次调整继续教育类课酬标准；为配合学校做好网络教育课件建设工作，学院对制作课件的教师提供了配套经费，鼓励教师积极开发网络课件。

半个世纪来，继续教育工作加强了学院与社会的联系，扩大了学院与学科的社会影响，扩充了学院的办学资金，逐步形成了鲜明的办学特色和优质的办学品牌，为国家和社会培养了一大批高层次管理人才和专业技术人才，取得了良好的社会效益和经济效益。学院将始终坚持教育服务社会的宗旨，进一步创新发展模式，扩展办学规模，以科学的发展理念、明确的办学方向、优秀的教学师资、规范的管理模式，培养多层次的有用人才，为建设全民学习、终身学习的学习型社会履行更多职责。

第十二章　国际交流与合作

一、国际交流概况

(一)文华图专时期

学院自创办之初就十分重视国际交流。韦棣华女士先后于1914年和1917年资送沈祖荣和胡庆生两位先生前往美国修习图书馆学。沈祖荣(Samuel Tsu-Yung Seng，1884—1977年)于1914年前往美国纽约公共图书馆学校求学，1916年毕业并获美国哥伦比亚大学理学士学位，为华人获得图书馆学学位第一人。胡庆生(Thomas C. S. Hu，1895—1968年)，于1917年赴美修习图书馆学，就读于哥伦比亚大学，1919年毕业并获得学位。

图12-1　中间为韦棣华女士，右四为沈祖荣，左四为胡庆生

1923年，韦棣华女士将150名中国著名人士和65名有影响力的在华美侨的两份联名请愿书，提交美国政府，为将美国第二次退还庚款用于发展图书馆事业奔走，竭力争取美国国会议员的支持。此后，前美国图书馆协会主席，著名的圣·路易斯公共图书馆(St.

Louis Public Library)馆长鲍士伟博士(Dr. Arthur E. Bostwick)被选为代表访华。

1927 年 9 月，韦棣华女士代表中华图书馆协会参加了在英国爱丁堡举行的英国图书馆协会 50 周年大会。为了促进国际图书馆界的相互了解、交流、合作、研究和发展，大会组织了一个委员会专门讨论发起成立国际图书馆协会联合会有关事宜，来自英国、法国、德国、意大利、荷兰、挪威、瑞典、瑞士、奥地利、比利时、捷克、丹麦、美国、加拿大和中国 15 国图书馆协会代表 21 人与会，联合倡议并签署了协议，正式成立“国际图书馆和书目委员会”(International Library and Bibliographical Committee, ILBC)。后该组织改名为“国际图书馆协会联合会”(International Federation of Library Associations and Institutions, IFLA)简称“国际图联”。

会议结束后，沈祖荣受中华图书馆协会委托，在欧洲进行了长达两个月的图书馆事业考察，游历欧洲意大利、德国、荷兰、英国、法国、瑞士、俄国、奥地利 8 个国家，参观访问了数十所欧洲著名图书馆，三所图书馆学校以及和图书馆事业有关的图书出版和销售机构。归国后，其报告书《参加国际图书馆第一次大会及欧洲图书馆概况调查报告》刊载于《中华图书馆协会会报》。

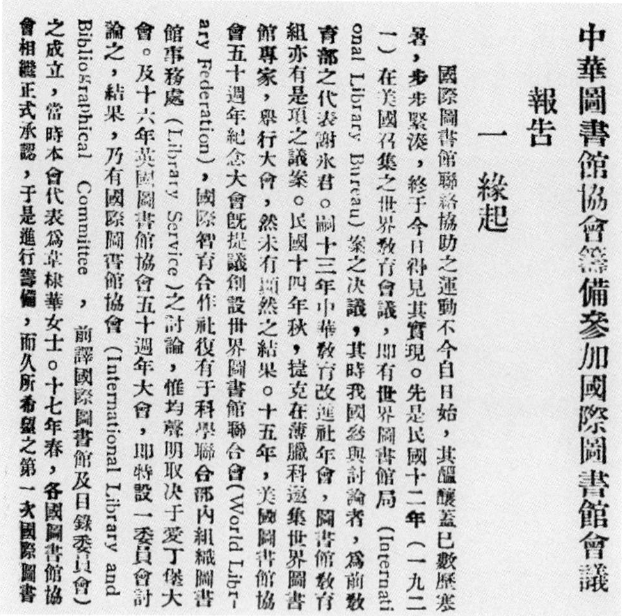
中華圖書館協會籌備參加國際圖書館會議報告

一 緣起

國際圖書館聯絡協助之運動不今自日始，其醞釀蓋已數歷寒暑，步步緊湊，終于今日得見其實現。先是民國十二年（一九二一）在美國召集之世界教育會議，即有世界圖書館局（International Library Bureau）案之決議，其時我國參與討論者，爲前教育部之代表謝氷君。嗣十三年中華教育改進社年會，圖書館教育組亦有是項之議案。民國十四年秋，捷克在薄臘科邀集世界圖書館專家，舉行大會，然未有顯然之結果。十五年，美國圖書館協會五十週年紀念大會既提議創設世界圖書館聯合會(World Library Federation)，國際智育合作社復有于科學聯合部內組織圖書館事務處（Library Service）之討論，惟均聲明取決于愛丁堡大會。及十六年英國圖書館協會五十週年大會，即特設一委員會討論之，結果，乃有國際圖書館協會（International Library and Bibliographical Committee，前譯國際圖書館及目錄委員會）之成立，當時本會代表爲韋棣華女士。十七年春，各國圖書館協會相繼正式承認，于是進行籌備，而久所希望之第一次國際圖書

图 12-2 《中华图书馆协会会报》关于韦棣华女士作为代表参加国际图联发起的报道

文华图专的许多优秀毕业生留学海外，如文华图书科第一班毕业生桂质柏，就留学美国芝加哥大学(University of Chicago)，成为我国第一位图书馆学博士。一些毕业生服务于国外图书馆，如裘开明筹建美国哈佛燕京学社汉和图书馆(Harvard-Yenching Library)，并担任首任馆长 34 年。文华图专还有许多校友服务于国外，备受好评。

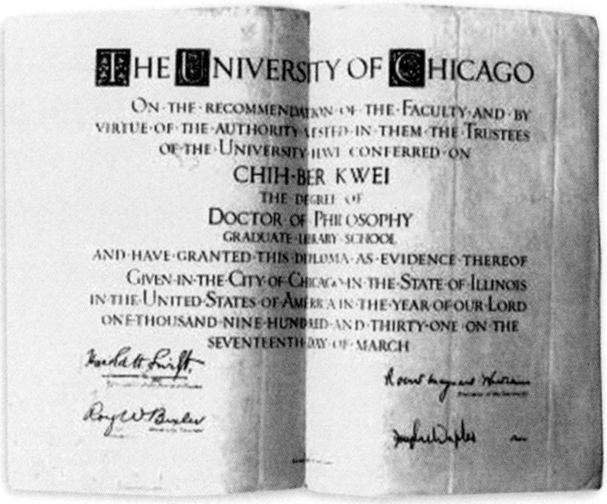

图 12-3 我国第一位图书馆学博士桂质柏的学位证书

文华图专常聘请外籍教师前来授课，如李伯登夫人(曾任职美国依阿华州立大学图书馆和州立儿童图书馆多年)、格拉赛(Glatzer，Konrad 德国籍、德国哈勒大学毕业、历任德国林斯德罗克实验语言学校、武昌方言学堂、高等师范商科大学、中山大学、武汉大学教授)、周爱德(美国籍，华盛顿大学图书馆学士，曾任华盛顿大学图书馆参考部主任)、蒋美德(美国，美国纽布雷埠护士专科学校毕业)、彭悦义(美国)、安德生女士(美国)、郝女士(Ruth A. Hill，美国威廉梅第大学文学学士，华盛顿大学图书馆学士，曾任西班牙马德里山洛利塔图书馆馆长，巴黎美国图书馆小说部及儿童部主任等职)、华玛丽(Miss Mary Hamilton Watts)、毕爱莲(Miss E. Eleanor Booth)、费锡恩女士(Miss Grace D. Phillips)、殷格荣女士(又名颜格兰，Miss Ingram)、达丽安(Madamoiselles D' Halluin)等。许多图书馆学专业著作和论文通过文华师生译介到中国，成为文华图专丛书的重要组成部分。文华图专藏有通过捐赠、交换和购买所得的图书馆学和各科图书，为教学和科研提供了良好的平台。许多关心文华图专的外国组织与友人以捐赠图书的方式支持文华图专的办学。

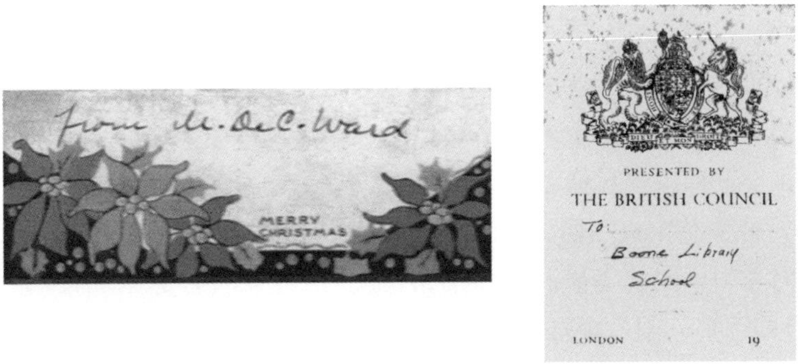

图 12-4 华德女士所赠图书扉页一角组图

1931 年韦棣华女士逝世后又由她的好友在国外募捐成立“韦棣华基金会”(Miss Mary Elizabeth Wood Foundation)，以募集资金，维持办学。这就是今天我国图书馆学情报学领域内“韦棣华奖学金”的来源。1996 年，韦棣华基金会和中国图书馆学会就韦棣华奖学金在中国大陆的实施签署了《谅解备忘录》后，从 1997 年韦棣华奖学金计划开始实施。这项奖学金不再仅仅资助一所学校，而是面向全国范围。韦棣华奖学金平均每年对 30 余名图书馆学、情报学专业品学兼优、生活贫困的学生给予资助，惠及 400 余名学生、30 余所大学。

韋棣華女士遠道來華不辭勞瘁居武漢中心心施實際工作尤致力於圖書館舍俾作
灌輸智識之用誌欽仰今年五月諸君子為韋女士舉行來華服務三十年及文華公書
林成立二十年文華圖書科成立十年三重紀念大會為曠典說泱泱稱盛圖書關係學
術至為密切承先哲之緒餘開後來之途徑讀用處備細大不遺實惟圖書是賴集合數
圖書於一處予民衆以閱覽之便利輔助文化進步實惟圖書館之功我國人天性最喜
聚書自漢之天祿隋之觀文宋至清之所謂四庫以帝王之力廣搜秘籍暨先儒士大
夫聞風興起亦往往縹緗萬卷坐擁書城明清之際尤為顯著絳雲天一踵而芳椒殆難
悉數清代學術之盛良非無因惟此等藏書皆為貴族所專有僅絕少數人始得閱覽又
管理之法不良不保守之力有限卒之或付劫灰或致流散深為可惜至於為平民謀便
利而設圖書館則最近數十年學制革新以後始有之而韋女士之創辦公書林恰當其
時以多量之熱心作相之助力購置中外書籍部居分別燦然秩然招引觀衆予以閱讀
便利及鼓勵其興趣又以圖書館為專門之學設科講習遠道之來諸益者日衆此其裨
補學界有潛滋暗助之功正吾人所當感謝者學術本無國界求知人性所同故辦理教
育為積極有趣之事終身由可以忘疲韋女士來華服務已三十年閱時不可謂不久然
其精心毅力實觀三十年如一日倘再閱多時亦無絲毫倦怠可以斷言近來國內圖書
館逐漸增多本愛好書籍之天性有自由閱覽之處所瀏覽浸潤得所憑藉正如昔人所
謂用之而不敝取之而不竭者學術前途方興未艾文華公書林於衆圖書館中乃如老
成先進羅負重望樂觀國內學術循循序發展韋女士之所熱心期望者在此吾國人之
所以慰韋女士者亦即在此爰書數語以為異日之證

蔡元培

图 12-5　蔡元培为韦棣华女士撰文纪念

(二)1953—1978 年

韦棣华女士筹建的文华图专，于 1953 年并入武汉大学，成为武汉大学图书馆学专修科，1956 年改制为图书馆学系。

中华人民共和国成立后，图书馆界也积极学习苏联经验。文华图专毕业后留校任教的彭斐章先生，1956 年由国家选派到国立莫斯科图书馆学院(今国立莫斯科文化艺术大学)研究生部学习，师从著名目录学家艾亨戈列茨(А. д. Эйхенголец)教授，1961 年 3 月获教育学副博士学位毕业回国返校任教，孜孜不倦工作至今。

1973 年 8 月经中共中央、国务院批准，周恩来总理亲自签阅，由 9 人组成的中国图书馆代表团访问美国。团长是原北京图书馆馆长(历任原教育部副部长、上海市副市长、山东省委书记)刘季平，团员来自北京图书馆、中国科学院图书馆、上海图书馆、北京大学、武汉大学、国家文物局及中央有关部委。武汉大学图书馆学系系主任黄宗忠教授为代表团成员。代表团于 1973 年 9 月 27 日至 11 月 4 日对美国进行了为期 38 天的专业访问。

图 12-6　艾亨戈列茨

代表团抵达美国之后，由美国国家安全委员会、美国学术交流委员会有关人员一路陪行，基辛格在白宫会见代表团，美国科学院院长举行招待会。代表团重开了中美图书馆界交流的大门，回国后黄宗忠教授重点报告了美国图书馆应用计算机的情况，对后来的发展起到了深远的影响。

图 12-7　1973 年，黄宗忠(右一)先生在美国参观学习图书馆应用计算机

(三)改革开放以来(1979 —)

改革开放以来，学院的国际交流更加活跃。先后有彭斐章教授、严怡民教授、陈光祚教授、王昌亚教授、焦玉英教授、马费成教授、胡昌平教授、黄凯卿教授、邱均平教授等大批优秀教师走出国门，在美国、欧洲等大学讲学、交流，同时，也邀请了美国伊利诺伊州立大学兰卡斯特教授、艾斯布鲁克教授、安斯沃斯教授，西蒙斯大学林瑟芬教授、斯图

亚特教授、陈刘钦智教授，华盛顿大学布鲁斯教授、匹兹堡大学拉尔森教授等国际一流信息学院的教授来学院授课、讲学、合作召开国际会议。彭斐章任团长率领中国图书馆代表团成功访问德国、陈传夫教授任团长率领中国图书馆代表团成功访问美国。同时，毕业生曾蕾、秦建、徐鸿、张进、刘正福、张茵、王兵等大批优秀学者在国际大学任教。改革开放以来，武汉大学信息管理学院的国际交流逐渐呈现出多层次多渠道的繁荣发展局面。

来院访问交流的部分国外专家学者掠影：

林瑟菲

美国西蒙斯大学图书情报学研究生院林瑟菲教授 1978 年、1980 年、1982 年 3 次到武汉大学讲学，介绍欧美图书馆学的研究情况。英国图书馆莱恩·莫里斯·伯纳德教授等也于 1980 年来校访问和讲学。

图 12-8　美国西蒙斯大学图书情报学研究生院林瑟菲教授(右二)来院访问交流

罗伯特·D·斯图亚特

1981 年美国西蒙斯大学图书馆情报学研究生院院长罗伯特·D·斯图亚特教授来我院进行学术访问。1987 年 9 月 12 日至 16 日，斯图亚特教授在时隔 6 年之后，对武汉大学图书情报学院进行了第二次学术访问。在此期间，他向来自武汉地区的 200 多名图书馆人员作了题为“美国图书馆与情报服务的自动化”的学术报告。

Frederick Wilfrid Lancaster

美国著名图书情报学家、伊利诺大学图书情报学研究生院教授 F·W·兰卡斯特，于

1987 年 11 月 11 日至 11 月 28 日，应邀来武汉大学图书情报学院访问和讲学。兰卡斯特教授讲学的内容为“图书馆学与情报学的发展及国外图书情报教育”“词表的构造与使用”“情报系统服务评价”等。

图 12-9　F·W·兰卡斯特

应武汉大学邀请，兰卡斯特教授于 1992 年 6 月 1 日再次来武汉大学图书情报学院进行了为期一周的学术访问和讲学活动。在这期间，他为全院师生作了题为“新技术与图书馆未来”“情报需求的特点与播求行为分析”“图书馆学、情报学课程结构”的三场学术讲座，受到师生们的欢迎与好评。

Anthong Debons

1995 年，80 岁高龄的美国心理学教授安东尼·德本斯(Anthong Debons)，将其毕生的私家藏书从大西洋海岸的美国匹兹堡大学运往中国，无偿地捐献给了我院。

这批珍贵的外文原版书时间跨度从 19 世纪初到 20 世纪末，涉及美国政治、伦理、经济、统计、天文、商业、地理、人文、医学、生物、语言、计算机通讯、管理学、图书馆学等，有以下几大特色：(1)数量大，总计 2000 余册；(2)年代跨度长(1890—1990 年)，达一世纪；(3)涉及面广，但以心理学为主；(4)有不少在国内是孤本，填补了“文革”期间国内收藏国外藏书的断代。这批图书大多是 20 世纪 60—70 年代的英文原版书，以心理学为主线，有当代心理学研究方法、实验心理学、计算机程序心理学、心理分析、社会心理学、统计心理学、环境心理学、产业心理学、成人心理学、儿童心理学、语言心理学、人类心理学。说其特别珍贵，是因为时逢“文革”期间，进口外文书被视作崇洋媚外，而这批书弥补了这段时间的空白。

图 12-10　美国心理学教授安东尼·德本斯(左二)向我院捐赠图书

Raymond F. von Dran

美国雪城大学(Syracuse University)信息管理学院前任院长(1995—2007)Raymond F. von Dran 博士，于 2006 年 6 月 5 日到 7 日来武汉大学信息管理学院访问，并作了题为“The Convergence of Information Field”的学术报告。

图 12-11　美国雪城大学信息管理学院前任院长 Raymond F. von Dran 博士访问我院

F. W. Horton

美国信息资源管理资深顾问 F. W. Horton 博士于 2007 年 6 月 4 日—10 日访问我院，

连续三天进行讲座，题目分别为：“信息资源管理进展”“信息素养与终身学习——信息时代重要的技能和习惯”“图书馆情报和信息管理课程的结构及改革”。

图 12-12　美国信息资源管理资深顾问 F. W. Horton 博士访问我院

Liz Liddy

2008 年 6 月 4 日，“武汉大学图书情报学国际合作研究院(International Collaborative Academy of Library and Information Science，Wuhan University)”揭牌仪式在信息管理学院学术报告厅举行。美国雪城大学信息研究学院院长 Liz Liddy 教授代表合作机构致辞，并受聘为国际合作研究院咨询委员会委员。揭牌仪式后，Liz Liddy 院长作了题为“iSchool and iSchool at Syracuse”的学术报告。

图 12-13　美国雪城大学信息研究学院院长 Dr. Liz Liddy 教授(左一)受聘为国际合作研究院咨询委员会委员

Abdul W. Khan

2008 年 10 月 22 日，校党委书记顾海良在行政楼贵宾室会见了来访的联合国教科文组织助理总干事卡恩(Abdul W. Khan)博士一行。10 月 20 日至 22 日，我院和联合国教科文组织在我校联合举办“信息素养培训师培训班”，这是联合国教科文组织在全球开展的第 7 次信息素养提升活动。参加本次培训班的有来自日本、菲律宾、泰国、斯里兰卡、印度尼西亚、巴基斯坦及中国内地和港澳地区的 90 多位学员。卡恩是联合国教科文组织助理总干事，负责交流和信息技术的运用。作为联合国教科文组织的代表，卡恩专程来我校参加了本次培训班的开班仪式。

图 12-14　原武汉大学党委书记顾海良会见来访的联合国教科文组织助理总干事卡恩博士(左三)一行

Claudia Lux

2008 年 10 月 29 日，校长刘经南院士在行政楼贵宾室会见了来访的国际图书馆协会联合会(IFLA)主席克劳迪亚·卢克斯(Claudia Lux)博士。卢克斯主席于 10 月 28—29 日访问我校，受到我校及湖北省图书馆界的热烈欢迎。10 月 29 日上午，她与学院和中心、湖北省图书馆界的专家进行了交流座谈，并作了题为“世界图书馆：发展与挑战”的学术报告。她还参观了《图书情报知识》编辑部并给予高度评价，尤其对我校高度重视图书情报学科的发展给予了高度赞赏。

John Unsworth

应我方邀请，国际拔尖图书情报学院联盟(iSchools 联盟)联络专员、美国伊利诺伊大学香槟分校图书馆与情报学研究生院院长 John Unsworth 教授于 2009 年 6 月 15—17 日访问我校。副校长周创兵教授会见了 John Unsworth 教授并与美国客人进行了愉快交谈。

John Unsworth 教授代表 iSchools 核心领导小组宣布接纳武汉大学信息管理学院为 iSchools 成员，陈传夫当选 iSchools 核心领导小组成员的消息。院长陈传夫向 John Unsworth 教授颁发了聘任他为武汉大学图书情报国际合作研究院咨询委员会委员证书。John Unsworth 愉快接受聘任并与学院师生举行了座谈。国家教学名师、信息资源研究中心主任马费成教授、国际交流部李慧副部长等参加了座谈。院长陈传夫教授与 John Unsworth 教授签署了两校合作意向书。John Unsworth 教授随后为师生作了题为“机遇与挑战：促进交流与合作”的学术报告。

图 12-15 John Unsworth 教授(右一)受聘为武汉大学图书情报国际合作研究院咨询委员会委员

Joseph J. Branin

2008 年 10 月 23 日，美国俄亥俄州立大学图书馆馆长约瑟夫·布郎宁(Joseph J. Branin)教授应邀访问，并为青年教师、研究生作学术报告“图书馆员竞争力挑战”。

图 12-16 Joseph J. Branin 教授

（四）2010—2020 年

2010 年以来，学院秉承“引进来、走出去”的工作理念，以高质量的学术活动为纽带，不断加强对外交流与合作。随着国家明确将“推进国际交流合作”列为“双一流”建设的十项重点任务之一，深化新时期“教育对外开放”和教育界共建“一带一路”的倡议陆续出台，学院积极融入全球教育国际化大潮，国际交流工作实现了飞跃式进步，外事活动日益频繁，学院逐步成为国内顶尖、享誉世界的信息管理学院。

学院是国际拔尖信息学院联盟（iSchools）的成员单位，国际图书馆协会与机构联合会（IFLA）会员单位，美国图书馆协会（ALA）的国际成员单位，与联合国教科文组织、国际图联、美国图书馆协会、亚联董等国际组织建立了长期稳定的合作关系，同美国、日本、加拿大、法国、英国、德国等 10 多个国家和地区的图书情报学院、信息管理学院建立了良好的学术交流关系。学院不断探索合作机制创新，联合国际同行成立图书情报学国际合作研究院，以推动国际图书情报学研究与创新。

学院与欧美多所国际一流图书情报学院建立了教师和学生交流关系。先后邀请和接待法国海外科学院院士、前任院长布鲁诺 · 戴尔马（Bruno Delmas）教授、欧洲科学院院士、荷兰阿姆斯特丹自由大学弗兰克 · 哈默伦（Frank van Harmelen）教授、英国皇家科学院院士、英国伦敦大学学院米歇尔 · 巴蒂（Michael Batty）教授、连续三任 iSchools 主席与执行主席罗纳德 · 拉尔森（Ronald Larsen）、迈尔克 · 西都（Michael Seadle）、大卫 · 芬斯克（David Fenske）教授，著名计量学家、比利时鲁汶大学沃尔夫冈 · 格兰泽（Wolfgang Glanzel）教授、荷兰代尔夫特理工大学马林 · 詹森（Marijn Janssen）教授、美国伯克利加州大学图书馆副馆长兼东亚图书馆馆长周欣平教授、挪威国家创新、研究和教育评价中心教授、科学计量与评价中心主任奎纳尔 · 西韦特森（Gunnar Sivertsen）教授等国际一流信息学院的著名专家来学院授课、讲学、合作召开国际会议。同时，先后派出马费成教授、陈传夫教授、方卿教授、李纲教授、黄如花教授、周耀林教授、王晓光教授、赵蓉英教授、徐丽芳教授、司莉教授、肖希明教授、吴丹教授、周力虹教授、张晓娟教授、卢龙教授等大批优秀教师赴国外和港澳台地区讲学、交流，我院的国际学术影响力和美誉度进一步提升。

学院定期主办“中美数字时代图书馆学情报学教育发展国际研讨会”“数字时代出版产业发展与人才培养国际学术研讨会”“信息资源与社会发展国际学术研讨会”和“海峡两岸图书资讯学学术研讨会”等一系列重要的学术会议，此外，学院成功获得国际顶级信息学院联盟 2017 年会（iConference 2017）、第十六届国际科学计量学与信息计量学大会（ISSI 2017）、第六届智慧健康国际会议（ICSH 2018）、数字图书馆联合会议（JCDL 2020）等极具学科影响力的国际会议的主办权，进一步提高了学科声誉和国际影响力，提升了国际话语权。学院还与国外、港澳台高校签署一系列合作协议，丰富国际合作办学项目及国际合作项目。同时，依托校内外资源，聘请多名外籍教师、加大国际联合科研平台建设，推进与世界一流大学的深度战略合作，建立稳固的互动合作机制，助力“图书情报与数据科学”国际一流学科建设。

来院访问交流的部分国外专家学者掠影：

加里·马奇奥尼尼(Gary Marchionini)

美国北卡罗来纳大学教堂山分校情报与图书馆学学院院长加里·马奇奥尼尼(Gary Marchionini)教授于2013年4月应邀访问我院并商谈交流合作等事宜。双方探讨了教师互访、学生交流、合作研究等各方面合作的意向，就一些基本问题达成共识。洽谈结束后，马奇奥尼尼教授为我院师生作了一场题为“大数据环境下的数据精细化管理(Research Data Stewardship：Ensuring Data Quality to Enable New Science in iSchools)”的学术报告。

图12-17 加里·马奇奥尼尼教授(左一)受聘为武汉大学国际图书情报合作研究院咨询委员会委员

约翰纳斯·布里茨(Johannes Britz)

2014年1月13日，常务副校长冯友梅教授等在行政楼二会议室热情会见了美国威斯康星大学密尔沃基分校副校长约翰纳斯·布里茨(Johannes Britz)教授及该校访问团，并签署了信息科学领域本科学位项目合作备忘录。协议签署后，布里茨教授为我院师生作了一场题为“大数据与道德反思(Big Data-an Ethical Reflection)”的学术报告。

图 12-18　约翰纳斯·布里茨教授访问我校

池永硕(Youngsuk Chi)

2015 年 4 月，爱思唯尔公司(Elsevier)董事长池永硕先生受我院邀请做客“武汉大学珞珈讲坛”第 97 讲，带来题为“为科技医学出版注入新活力”的精彩演讲。原国家新闻出版广电总局副局长邬书林教授，励德爱思唯尔集团中国区政府事务总监张玉国、总裁黄有堃，武汉大学党委副书记骆郁廷教授、社会科学研究院院长沈壮海教授、信息管理学院院长方卿教授等领导和嘉宾出席。讲座结束后，池永硕一行来到我院，参观了院史陈列室，对我院的学科发展表示肯定。最后，李晓红校长在珞珈山庄会见了池永硕一行。

图 12-19　爱思唯尔公司(Elsevier)董事长池永硕先生做客“珞珈讲坛”

布鲁诺·戴尔马(Bruno Delmas)

2017年6月1日，法国海外科学院院士、前任院长、法国骑士勋章获得者布鲁诺·戴尔马(Bruno Delmas)院士前来我院洽谈“中法档案文献遗产研究中心”的筹建工作，并作了题为“法语档案工作者，法语国家和法语档案(Archivistes francophones, francophone et archives en langue français)”的专题讲座。6月2日，戴尔马院士就“中法文献遗产研究中心”项目落地实施的具体细节与我院进行进一步洽谈与商定，包括研究方向凝练、教学与科研人员定期交流、国际会议的联合举办等。会后，戴尔马院士又饶有兴致地参观了我院院史陈列室并热情地评论道：“我惊异于武汉大学信息管理学院的悠久历史，也惊异于这里保存的每一件珍贵文物，建院以来教师们的丰厚著作也给我留下了极为深刻的印象。我期待再次来到武汉，再次来到信息管理学院。”2019年3月，戴尔马教授再次率代表团访问我院。

图12-20　布鲁诺·戴尔马院士在我院作专题讲座

沃尔夫冈·格兰泽(Wolfgang Glänzel)

2018年12月13日，比利时鲁汶大学教授、比利时佛拉芒政府研发监测中心主任、德国洪堡学者、国际科学计量学和信息计量学学会(ISSI)总理事长、著名国际科学计量学和信息计量学高影响力期刊*Scientometrics*主编沃尔夫冈·格兰泽(Wolfgang Glänzel)为我院师生作了一场题为“科学计量学2.0——以及超越？背景、承诺、挑战和局限(Scientometrics 2.0—and Beyond? Background, Promises, Challenges and Limitations)”的学术讲座。

二、国际会议

(一)96 信息资源与社会发展国际学术研讨会

经中国国家教育委员会批准，中国国家自然科学基金委员会、国家教育委员会、王宽诚(香港)基金会资助，由武汉大学、上海师范大学、中国图书进出口总公司、中国图书进出口总公司上海公司共同主办的“96 信息资源与社会发展国际学术研讨会”于 1996 年 9 月 3—6 日在武汉大学隆重举行。分别来自美国、日本、韩国、约旦等国家和地区及中国 25 个省、市、自治区的 218 名代表参加了会议；既有高等院校著名学者、教授，又有实际工作部门的专家和管理人员；具有高级职称的代表占 60%以上。湖北省省长助理王少阶教授、武汉大学校长陶德麟教授、中国国家自然科学基金委管理科学部常务副主任楼兆美教授、美国 Prof. A. DebonS、Prof. Hwa-WeiLee 等领导和著名学者出席会议，并作了重要讲话和学术报告。主题包括：关于信息资源与社会发展的关系问题；关于现代信息技术的发展对图书馆、信息服务业、学科建设和专业教育的影响与发展趋势问题；关于信息资源共享和国际合作等问题，以及关于图书情报档案和出版发行专业教育与学科建设问题。

(二)首届中美数字时代图书馆与情报学教育发展国际研讨会

2000 年 11 月 6 日至 10 日，首届中美数字时代图书馆与情报学教育发展国际研讨会在武汉大学隆重举行。这是一次层次较高、规模较大的会议。参加会议的代表 102 人，其中中方代表 96 人，美国代表 6 人。院长和系主任 31 人。会议收到论文 34 篇，并编辑成中英文论文预印本。会议由武汉大学和匹兹堡大学共同主持。

本次会议特邀国内外图书馆学情报学教育界的国际知名专家担任主讲人。美国特邀主讲人包括：得克萨斯大学奥斯订分校图书情报学院前院长 Brooke E. Sheldon 荣誉教授，伊利诺伊大学图书馆学情报学研究生院院长 Leigh Estabrook 教授，圣何塞加州大学图书情报学院院长 Blanche Wolls 教授，匹兹堡大学图书馆馆长、信息科学学院 Rush Miller 教授，加州大学伯克利分校图书馆馆长、Peter Zhou(周欣平)先生；中方主讲人包括：北京大学信息管理系教授、博士生导师、国务院学位委员会图书馆、情报与档案管理学科评议组成员吴慰慈先生，中国科学院文献信息中心研究员、教授、博士生导师、国务院学位委员会图书馆、情报与档案管理学科评议组成员孟广均先生，中国科技信息研究所教授、博士生导师、国务院学位委员会图书馆、情报与档案管理学科评议组成员梁战平先生，武汉大学大众传播与信息管理学院教授、博士生导师，国务院学位委员会图书馆、情报与档案管理学科评议组成员彭斐章先生，武汉大学大众传播与信息管理学院院长、教授、博士生导师、国家社会科学基金评委马费成先生，武汉大学大众传播与信息管理学院副院长、教授、博士生导师、国家社会科学基金评委胡昌平先生，武汉大学大众传播与信息管理学院副院长、教授、国务院学位委员会图书馆、情报与档案管理学科评议组秘书陈传夫先生。参加这次会议并在大会发言的还有许多我国图书情报领域的知名专家、学者，如国家图书馆孙蓓欣副馆长，上海图书馆王世伟副馆长，中山大学图书馆程焕文馆长，以及范并思、柯平、谢阳群等在图书情报学领域活跃的中青年教授、博士。

图 12-21　首届中美数字时代图书馆与情报学教育发展国际研讨会召开

本次会议讨论的主题涉及非常广泛，包括数字化时代图书馆与信息科学课程设计，21世纪图书馆学与信息学教育的发展趋势，信息人才的知识结构与图书馆学信息学核心课程，师资素质与教学方法，因特网资源与数字化图书馆教育研讨，国家信息基础设施建设与图书馆学信息科学教育问题研讨，图书馆数字化技术的应用与专业教育，数字化时代美国图书馆学信息学教育的变革，美国图书馆学与信息学研究生课程发展，信息管理与信息系统专业教育研讨，中美图书馆学与信息学学位制度的比较，数字化时代国家图书馆学与信息科学教育政策问题研讨等。

本次会议还穿插了“文华图专 80 周年纪念活动”和“系主任圆桌会议”，使会议更加丰富多彩。会议最后讨论并原则上通过了指导我国图书馆学情报学教育改革和发展的《面向 21 世纪中国图书情报教育发展行动计划》。

（三）第二届数字时代中美图书馆与情报学教育国际研讨会

2006年10月9日—10日，“第二届数字时代中美图书馆学情报学教育国际研讨会”在武汉大学召开。来自国内外多所大学的信息管理学院院长（或系主任）、图书馆馆长、档案馆馆长120余人齐聚一堂，共商图书馆学情报学学科发展事宜。本次研讨会由武汉大学主办，武汉大学信息管理学院、信息资源研究中心、图书馆与情报学国际合作研究中心共同承办，是继首届“数字时代中美图书馆学与情报学教育创新与发展国际研讨会”之后，6年来中美图书馆学、情报学教育专家在珞珈山的再度聚首。本次研讨会旨在进一步探讨数字时代我国图书馆学、情报学、档案学面临的挑战与发展机遇，探讨学科的变革与创新问题。

图12-22　第二届数字时代中美图书馆与情报学教育国际研讨会

开幕式由武汉大学信息管理学院院长陈传夫主持，武汉大学副校长黄进教授出席了开幕式。武汉大学资深教授彭斐章，中国科学院国家科学图书馆研究员孟广均，北京大学信息管理系资深教授吴慰慈，美国华盛顿大学信息学院院长 Harry Bruce 教授，香港大学图书馆馆长 Anthony W. Ferguson 博士，美国雪城大学信息研究院副院长 Bruce Kingma 教授，吉林大学工商管理学院院长靖继鹏，国家自然科学基金委管理科学部杨列勋处长，台湾政治大学图书资讯与档案学研究所所长王梅玲教授，北京大学图书馆副馆长朱强教授，中国图书馆学会秘书长汤更生女士，以及武汉大学相关职能部门领导出席了开幕式。

中国图书馆学会秘书长汤更生代表中国图书馆学会在开幕式上发言，呼吁图书馆学、情报学教育者对国家颁布的相关职业标准和我国图书馆员职业资格认证制度和体系的研究与构建给予更多关注，为行业培养更多具有社会责任感和职业精神，符合行业需求的高层次人才。

在接下来的会议中，Harry Bruce 教授、Anthony W. Ferguson 博士、孟广均研究员、吴慰慈教授、马费成教授等十三位中外专家学者分别作了专题报告。

图 12-23　Harry Bruce 教授，华盛顿大学信息学院院长

会议还安排了“图书馆学、情报学与档案学教育者与领导者之间的对话与链接”“大会论文交流”“图书馆、情报与档案学院长(系主任)圆桌会议”“图书馆、情报、档案管理学科建设与研究发展学术研讨会”4 个分会场。其中“图书馆、情报与档案学院长(系主任)圆桌会议”，是由本次大会和中国图书馆学会教育与培训专业委员会联合举办的，30 余位图书馆、情报与档案学院长(系主任)就草拟中的《数字时代图书馆学情报学教育发展方向及行动议程》进行了坦诚而热烈的讨论。

本次研讨会进一步探讨了数字时代我国图书馆学、情报学、档案学面临的挑战与发展机遇，探讨了学科的变革与创新问题。会议在强调促进图书馆学教育与图书情报实践间联系的基础上，重点探讨了图书馆学与情报学发展方向等问题。

(四)首届数字时代出版产业发展与人才培养国际学术研讨会

2006 年 11 月 2 日，“首届数字时代出版产业发展与人才培养国际学术研讨会”(The 1st International Conference on Publishing Industry and Publishing Education in the Digital Age)在武汉大学隆重开幕，来自美国、英国、德国、中国等国家和地区的出版研究教育机构、企业、政府主管部门的100多位专家、学者和官员参加了这一学术盛会。本次研讨会旨在对数字化环境下出版产业发展趋势和出版教育、人才培养进行深入探讨，促进数字时代出版产业的健康发展，推动新时期出版高等教育的改革与进步，扩大国际出版产业界、教育界的交流与合作。

新闻出版总署人教司副司长孙文科先生代表新闻出版总署对本次会议的召开表示热烈祝贺。美国佩斯大学出版系主任谢尔曼·拉斯金教授也为大会致辞。湖北省新闻出版局王光泰副局长代表湖北省新闻出版局对本次研讨会的举办表示祝贺。出席开幕式的还有：麦格劳-希尔教育出版集团前总裁罗伯特·艾文森先生，武汉大学人文社会科学资深教授彭斐章先生，湖北长江出版集团前董事长、总经理、武汉大学兼职教授王建辉先生，湖北省新闻出版局原局长蔡学俭先生，湖北长江出版集团总编辑、湖北省编辑学会会长周百义先生，德国埃尔朗根-纽伦堡大学图书学系主任乌苏拉·劳腾伯格教授，美国贝塔斯曼集团兰登书屋新媒体部主任凯莉·艾伦女士，英国斯特灵大学出版研究中心孙赫男主任，北京印刷学院党委书记崔文志教授，北京印刷学院副院长乔东亮教授以及来自国内外出版教育研究界、产业界的100多位与会代表。

在为期3天的会议中，与会代表将对数字环境下出版产业的发展趋势与对策，以及出版人才培养模式、机制、方式方法等问题进行深入探讨。

图12-24　首届数字时代出版产业发展与人才培养国际学术研讨会

(五)第二届数字时代出版产业发展与人才培养国际学术研讨会

2008年11月15日，由武汉大学与美国佩斯大学共同主办的“第二届数字时代出版产业发展与人才培养国际学术研讨会”在丰颐酒店召开，来自中、美、德等国家和地区出版业界的 150 多名专家、学者、官员与会。

研讨会由武汉大学信息管理学院、美国佩斯大学出版系共同承办，旨在对数字环境下出版产业发展趋势和出版教育、人才培养进行深入探讨，为出版业的发展提供更有力的理论基础和智力支持，推动新时期出版高等教育的改革与进步，扩大国际出版产业界与出版教育界的交流与合作。

图 12-25　第二届数字时代出版产业发展与人才培养国际学术研讨会

(六)信息系统协会中国分会(CNAIS 2009)

2009 年 10 月 23 日—25 日，由武汉大学信息管理学院和武汉大学信息资源研究中心承办的“国际信息系统协会中国分会(CNAIS)第三届全国大会”在武汉大学召开。

国家自然科学基金委管理学部常务副主任、哈尔滨工业大学教授李一军，国际信息系统协会主席、新加坡国立大学教授 Bernard Tan，信息系统协会中国分会主席、清华大学经管学院教授陈国青，武汉大学副校长蒋昌忠教授等领导和专家出席了 24 日上午的开幕式。

会议于 24 日与 25 日上午共进行 3 场大会报告和 8 场学术前沿与学科建设专题报告，24 日与 25 日下午进行分组报告和讨论。本次会议共分 4 个分会场，讨论主题包括“决策支持与商务智能”“电子商务与电子政务”“信息管理与知识管理”“图书情报”“信息系统架构、集成及信息产业”“信息系统应用”“IT/IS 战略与管理”“信息系统学科建设”“信息化与 IT/IS 采纳模式”“信息系统设计、开发与项目管理”，共有 148 位代表作了研究报告。

图 12-26 信息系统协会中国分会(CNAIS 2009)

(七)第三届中美数字时代图书馆学情报学教育国际研讨会

2010 年 10 月 8 日—11 日，由武汉大学与美国伊利诺伊香宾大学、匹兹堡大学、美国图书馆与情报学教育协会联合会(ALISE)、iSchools 领导小组(iCaucus)合作主办，武汉大学信息管理学院、武汉大学信息资源研究中心、武汉大学图书情报国际合作研究院承办的“第三届中美数字时代图书馆与情报学教育国际研讨会(The 3rd International Symposium on Library and Information Science Education in the Digital Age)”在武汉大学隆重召开。来自国内外数十所大学的图书情报学院院长(系主任)、图书馆馆长出席了会议。

10 月 9 日上午，研讨会在武汉大学人文馆主厅开幕。开幕式由武汉大学信息管理学院陈传夫教授主持，武汉大学副校长周创兵教授，美国合作方代表匹兹堡大学信息科学学院院长罗纳德·拉尔森(Ronald Larsen)教授，中国图书情报学界资深专家孟广均研究员，中方合作方代表武汉大学信息资源研究中心主任马费成教授出席了开幕式。

本次会议的召开，对明确新环境下图书情报学教育的发展方向，创新学科教育，深化国际范围的教育合作交流起到了积极的推动作用。

(八)第三届数字时代出版产业发展与人才培养国际学术研讨会

2010 年 10 月 19 日—20 日，“第三届数字时代出版产业发展与人才培养国际学术研讨会(The 3rd International Conference on Publishing Industry and Publishing Education in the Digital Age)”在武汉大学举行。本次研讨会由武汉大学、美国佩斯大学联合主办，武汉大学信息管理学院、美国佩斯大学出版系、武汉大学信息资源研究中心、国家新闻出版总署、武汉大学高级出版人才培养基地承办，中国出版科学研究所、龙源期刊网、湖北省新闻出

图 12-27　第三届中美数字时代图书馆学情报学教育国际研讨会

版局、湖北长江出版传媒集团、湖北省编辑学会、武汉大学出版社、荆楚网等协办。来自美国、德国、荷兰和国内各高校的专家，围绕推进数字出版产业链健康成长、培养现代出版业急需人才、促进出版产业可持续发展等主题，分析了数字时代给出版产业带来的变化，研讨了出版教育发展，以有效促进理论与实践相结合，为中国乃至世界出版产业和出版教育的发展提供更有力的理论基础。

图 12-28　第三届数字时代出版产业发展与人才培养国际学术研讨会

我校党委副书记骆郁廷、美国佩斯大学出版系主任谢尔曼·拉斯金(Sherman Raskin)教授和湖北省新闻出版局副局长黄国钧分别在开幕式上致辞。

开幕式后的主题报告会上，美国(谷歌)图书版权登记处(BBR)执行主任、美国佩斯大学大卫·派克(David Pecker)特聘荣誉教授、国际标准书号管理局主席、国际数字对象标识(DOI)基金会主任、前美国书业研究会执行主任迈克尔·希利(Michael Healy)，德国埃尔朗根-纽伦堡大学图书学系主任乌苏拉·劳腾堡(Ursula Rautenberg)教授，上海世纪出版集团董事长、总裁、武汉大学兼职教授陈昕等与会学者和专家，分别就本次研讨会的主题进行了发言。

研讨会还举行了“数字时代出版产业发展”和“数字时代出版教育与人才培养”等分会场报告。中外学者围绕出版管理、出版经济、出版法制、出版技术、出版教育等多个议题进行深入探讨。其中，电子书及电子阅读器的发展、数字时代读者的行为消费观以及出版企业和教育数字化等议题引起了广泛关注。

(九)第八届科技信息资源共享促进国际会议(COINFO 2013)

为深入探讨大数据时代下信息资源共享问题，“第八届科技信息资源共享促进国际会议(COINFO 2013)”于2013年10月26日—27日在湖北武汉召开。本届大会由中国科学技术信息研究所、武汉大学和澳大利亚南昆士兰大学共同主办，湖北省科技信息研究院、国际数据管理协会和国际信息与数据质量学会协办，中国科技信息研究所资源共享促进中心、武汉大学信息管理学院、中国记忆与数字保存协同创新中心承办。

图12-29　第八届科技信息资源共享促进国际会议(COINFO 2013)

会议开幕式由中国科学技术信息研究所乔晓东总工主持，科技部郑国安副秘书长出席了开幕式。中国科学技术信息研究所贺德方所长，武汉大学党委常委、党委副书记、纪委书记蒋昌忠教授，湖北省科技厅副厅长周爱清出席开幕式并致辞。武汉大学人文社科资深教授、信息管理学院马费成教授主持大会主题报告。来自中国、美国、澳大利亚、荷兰等国家的 200 多名专家、学者和学生出席了会议。

(十)第四届数字时代出版产业发展与人才培养国际学术研讨会

2013 年 11 月 23 日,“第四届数字时代出版产业发展与人才培养国际学术研讨会(The 4th International Conference on Publishing Industry and Publishing Education in the Digital Age)”开幕。来自美国、德国、荷兰、英国、中国等国的 120 名专家学者齐聚珞珈山,共同探讨出版产业和出版高等教育应对数字和网络技术的对策。武汉大学党委副书记黄泰岩、美国佩斯大学出版系主任谢尔曼·拉斯金(Sherman Raskin)教授、湖北省新闻出版广电局副局长陈锋等出席开幕式并致辞,信息管理学院院长方卿教授主持会议。

本次研讨会涉及数字出版产业发展、数字时代出版人才培养两大主题,涵盖数字时代出版企业、数字出版理论、数字出版教育等多个议题。美国佩斯大学兼职教授、DC 漫画公司前总裁保罗·莱维茨(Paul Levitz),武汉大学兼职教授、高等教育出版社社长苏雨恒,德国埃尔朗根-纽伦堡大学图书学系主任乌苏拉·劳滕堡(Ursula Rautenberg)教授,国家新闻出版总署信息中心副主任刘成勇,台湾淡江大学信息与图书馆学系、出版中心主任邱炯友教授,时代出版传媒股份有限公司总编辑林清发,荷兰莱顿大学人文学院图书与数字媒体系阿德里安·范德韦尔(Adriaan van der Weel)教授,英国伦敦大学学院兼职教授、CIBER 研究公司首席顾问安东尼·沃特金森(Anthony Watkinson)等特邀嘉宾带来精彩报告。

图 12-30　第四届数字时代出版产业发展与人才培养国际学术研讨会

本次国际研讨会由武汉大学、美国佩斯大学、高等教育出版社有限公司联合举办,会期两天。

(十一)第九届科技信息资源共享促进国际会议(COINFO 2014)

为了使科技信息资源更好地服务于企业创新，“第九届科技信息资源共享促进国际会议”于 2014 年 10 月 26 日—27 日在苏州召开。大会由中国科学技术信息研究所、苏州市科技局、武汉大学和澳大利亚南昆士兰大学共同主办，国际数据管理协会和国际信息与数据质量学会协办，中国科技信息研究所资源共享促进中心、武汉大学信息管理学院、中国记忆与数字保存协同创新中心承办。

图 12-31　第九届科技信息资源共享促进国际会议(COINFO 2014)

本届会议以“科技资源共享与服务创新”为主题，探讨了科技信息资源如何更好地服务企业创新。中国工程院院士孙九林、中信所所长贺德方、苏州市科技服务中心主任赵玮芳、日本富士通公司高级研究员西野文人、澳大利亚南昆士兰大学杰弗里·索尔(Jeffrey Soar)教授等在大会上作了精彩主题报告。来自国内外的 140 多名专家、学者出席了会议。

(十二)第四届中美数字时代图书馆学情报学教育国际研讨会

2015 年 10 月 25 日—27 日，“第四届中美数字时代图书馆学情报学教育国际研讨会(The 4th International Symposium on Library and Information Science Education in the Digital Age)”在武汉大学隆重召开。会议由武汉大学与全球顶尖信息学院联盟 iSchools、美国图书情报学教育联合会(ALISE)合作主办，武汉大学信息管理学院、武汉大学信息资源研究中心、教育部图书情报专硕教育指导委员会、美国加州大学伯克利分校东亚图书馆、上海交通大学图书馆、武汉大学图书情报学国际合作研究院承办。本次会议规模盛大，来自国内外数十所大学的图书馆情报学院院长(系主任)、图书馆长齐聚一堂，包括世界顶尖信息学院联盟 iSchools 主席、德国洪堡大学图书情报学院院长迈尔克·西都(Michael Seadle)教授，美国图书情报学教育协会会长暨系主任联合会合作主席、加拿大多伦多大学图书情报学院院长谢默斯·罗斯(Seamus Ross)教授，美国北卡罗来纳大学教堂山分校信息科学学院院长加里·马奇奥尼尼(Gary Marchionini)教授，国内知名图书情报院系领导、国内部分重点高校图书馆馆长等出席了本次会议。

开幕式由武汉大学信息管理学院院长方卿教授主持，武汉大学副校长李斐教授，世界顶尖信息学院联盟 iSchools 主席、德国洪堡大学图书情报学院院长迈尔克·西都教授，美国合作方代表加州大学伯克利分校图书馆副馆长暨东亚图书馆馆长周欣平(Peter Zhou)教授先后致辞。

图 12-32　第四届中美数字时代图书馆学情报学教育国际研讨会组图

会上，国内外专家学者共同探讨大数据时代图书馆、情报与档案管理教育的变革与创新问题，旨在进一步加强我国图书情报和档案教育界与 iSchools 联盟等国际机构的交流与合作，深化全球范围的合作与研究，促进学界和业界之间的联系。

(十三)第二届 iConference 亚太地区分会

2015 年 10 月 24 日，“第二届国际顶级信息学院联盟亚太地区分会(The Second Asian Pacific iConference)”在武汉大学信息管理学院顺利召开。本届会议由武汉大学信息管理学院主办，南京大学信息管理学院和中山大学资讯管理学院联合承办。

本届会议由主题会议、院长会议和博士论坛三部分组成。武汉大学信息管理学院院长方卿教授和亚太 iSchools 联盟主席、韩国成均馆大学图书情报学院院长吴三均(Sam Oh)教授分别代表 iConference 2017 会议主办方——武汉大学和韩国成均馆大学主持了本次会议的开幕式暨欢迎仪式。主题会议共分为两个环节。第一环节由武汉大学人文社科资深教授马费成教授主持。全球顶尖信息学院(iSchools)联盟主席迈尔克·西都(Michael Seadle)教授首先作了题为“完整性研究技术(The Technology of Research Integrity)”的主题报告。新加坡管理大学信息系统学院院长史蒂文·米勒(Steven Miller)教授、武汉大学计算机学院副院长彭智勇教授、亚太 iSchools 联盟主席、韩国成均馆大学图书情报学院院长吴三均教授分别发表了题为“SMU 信息系统学院分析和智慧国家研究项目(Research Projects on Analytics and Smart Nation at the SMU School of Information Systems)”“一种面向复杂数据管理的对象代理数据库系统(An object deputy database system for complex data management)”“数据分析：价值、风险与挑战(Data Analytics：Value，Risks，and Challenges)”的主题演讲。主题会议第二环节中，日本筑波大学杉本茂雄教授、韩国首尔大学李仲石(Joong Seek Lee)教授、武汉大学信息管理学院陆伟教授和韩国延世大学罗伯特·艾伦(Robert Allen)教授的报告主题分别为“亚太地区信息学院的国际合作(International Collaboration for Information Schools in Asia-Pacific)”“数据流体验：在物联网环境下的用户行为(Data Stream Experience：user behavior in IoT environment)”“学术文献的结构提取与功能分析(Structure Extraction and Function Analysis of Academic Literature)”和“基于结构化语义表示的知识库(Repositories Based on Direct Structured Semantic Representations)”。该环节由武汉大学信息管理学院副院长黄如花教授主持。

亚太地区 iSchools 学院院长共同出席了院长会议。会议由吴三均教授主持。各位院长就推动传统图书馆学、信息科学院与其他学院(如计算机学院)的合作，亚太地区 iSchools 成员学院的合作与发展，下一届 iConference 亚太地区分会的组织工作，下一届会议的在线博士论坛的组织工作等议题进行了深入探讨。

图 12-33　第二届 iConference 亚太地区分会组图

本届会议还举办了博士生论坛，以加强博士生创新科研能力为宗旨，为博士研究生提供高水平的学术交流平台。论坛的两个环节分别由中山大学张靖教授以及南京大学陈雅教授主持。来自韩国成均馆大学、首尔大学、中山大学、上海大学、南京大学及武汉大学等国内外 6 所高校的 14 名博士生分别在论坛上进行了发言。

(十四)第五届数字时代出版产业发展与人才培养国际学术研讨会

2016 年 10 月 22 日，由武汉大学、美国佩斯大学、高等教育出版社有限公司联合举办的“第五届数字时代出版产业发展与人才培养国际学术研讨会(The 5th International Conference on Publishing Industry and Publishing Education in the Digital Age)”隆重开幕。

本次国际研讨会会期两天，由武汉大学信息管理学院、美国佩斯大学出版科学系、武汉大学信息资源研究中心、国家新闻出版广电总局武汉大学高级出版人才培养基地承办，长江出版传媒股份有限公司、湖北省编辑学会、武汉大学出版社、武汉大学数字出版研究所、武汉大学出版发行学研究所、武汉理工大学文法学院协办。

开幕式由武汉大学信息管理学院出版科学系主任徐丽芳教授主持。武汉大学党委副书记、副校长王传中、美国佩斯大学出版系主任谢尔曼·拉斯金(Sherman Raskin)教授、湖北省新闻出版广电局副局长胡伟分别致辞。

图 12-34　第五届数字时代出版产业发展与人才培养国际学术研讨会

本次研讨会涉及数字出版产业发展与数字时代出版人才培养两大主题，分别涵盖数字时代出版企业、数字出版理论、数字教育出版、数字学术出版、数字大众出版、电子书报刊、数据库出版、移动出版、网络游戏出版、Apps 出版，开放存取出版、数字版权、数字发行、网络广告、数字出版人才培养、数字时代出版高等教育发展、出版企业人力资源、中外数字出版人才培养比较等多个议题，目的是继续研讨出版产业和出版高等教育应对数字技术和网络技术的对策与措施。

与前四届研讨会相比，本次会议新增“大学生数字作品展”，通过微信投票和专家评审的方式确定参展优秀作品，并为优秀作品和研讨会优秀论文颁奖。

(十五)第二届信息获取与知识服务国际会议暨第七届搜索行为与用户认知研讨会(IAKS 2016)

2016 年 10 月 21 日—23 日，“第二届信息获取与知识服务国际学术会议暨第七届搜索行为与用户认知研讨会(IAKS 2016)”在武汉大学顺利召开。

本次会议由教育部人文社科重点研究基地武汉大学信息资源研究中心和武汉大学信息管理学院共同主办，发起单位包括美国匹兹堡大学信息科学学院、北京大学信息管理系、南京大学信息管理学院、南京理工大学经济管理学院、武汉大学信息资源研究中心、西南大学计算机与信息科学学院、中山大学资讯管理学院、华中师范大学信息管理学院和上海师范大学人文与传播学院等中、美 9 所大学信息管理学院(系)，会议得到了中国科技信息研究所等机构的支持。

图 12-35　第二届信息获取与知识服务国际会议暨第七届搜索行为与用户认知研讨会(IAKS 2016)

来自中、美、英、韩等国家的 30 多所大学和研究机构的 130 余名专家学者与 5 家国内重要学术期刊主编出席了会议。本次会议在互联网信息服务多元化发展的背景下，探讨大数据环境下的信息获取和有效利用问题，交流面向用户的知识服务研究成果，旨在推进服务于“互联网+”的知识组织与服务平台建设。

(十六)国际顶级信息学院联盟 2017 年会(iConference 2017)

2017 年 3 月 22 日—25 日，由武汉大学与韩国成均馆大学共同主办的“国际顶级信息学院联盟年会(iConference 2017)”在武汉举行，这是该会议首次在亚洲举办，充分体现了我国图书情报、信息管理研究与人才培养的理论自信与文化自信，也充分体现了武汉大学信息管理学院的国际影响力。

本次与会的国外学者主要有 iSchools 主席、美国匹兹堡大学信息学院院长罗纳德·拉尔森(Ronald Larsen)教授，iSchools 继任主席、韩国成均馆大学情报科学与数据科学系吴三均(Sam Oh)教授，iSchools 执行主席、德国洪堡大学图书情报学院院长迈尔克·西都(Michael Seadle)教授，iSchools 前任执行主席、美国德雷赛尔大学信息学院荣誉院长大卫·芬斯克(David Fenske)教授，美国华盛顿大学信息学院院长哈利·布鲁斯(Harry

Bruce)教授，美国北卡罗来纳州大学教堂山分校信息与图书馆学学院院长加里·马奇奥尼尼(Gary Marchionini)教授，美国雪城大学信息研究学院院长利兹·利迪(Liz Liddy)教授，iSchools 亚太地区主席、日本筑波大学图书馆、信息与媒体研究院杉本重雄(Shigeo Sugimoto)教授，美国肯特州立大学图书情报学院院长肯德拉·奥尔布赖特(Kendra Albright)教授、曾蕾教授(兼任国际图书馆协会与机构联合会分类与索引部主席)、美国雪城大学信息研究学院秦健教授等。同时，我国内地(大陆)及港澳台地区也有 30 多位图书情报学院院长(系主任)出席了本次大会。

围绕会议主题，与会代表提交了 400 余篇学术论文在多个领域进行了多种形式的深入探讨，包括完整论文报告、早期成果论文报告、小型研讨会、iSchools 最佳实践论坛、院长论坛、早期职业生涯交流、互动与启迪论坛、中文论文论坛、博士生论坛等多种形式的交流。作为此次 iConference 会议的创新之举，中文论文论坛与 iSchools 最佳实践也成为此次会议的亮点。

图 12-36　国际顶级信息学院联盟 2017 年会(iConference 2017)

会议主题与当下图情科学的发展息息相关，国内外的先进理念在此碰擦出火花。本届会议不仅为国内外专家、学者、同行提供了展示、交流与合作的平台，其广泛而深入的探讨内容亦为我国图书情报教育事业未来发展提供了理论指导。此次会议的成功召开极大地促进了学院与世界高水平大学信息学院的学术交流与合作，扩大了中国图情领域的国际影响力和知名度，对提高中国图情学科的国际地位、科研教学能力等具有重要意义。

(十七)第十六届国际科学计量学与信息计量学大会(ISSI 2017)

2017 年 10 月 17 日，由武汉大学、国际科学计量学与信息计量学学会、中国科学学与科学政策研究会主办，我校中国科学评价研究中心承办的"第16届国际科学计量学与信息计量学大会(International Conference on Scientometrics & Informetrics，ISSI)"在武汉举行，吸引了来自33个国家和地区的近200名计量学领域的专家学者参会。

此次大会的论文和报告的主题涵盖了计量学理论体系、数据科学理论与方法、知识图谱与可视化、专利分析、科学学与科技政策、共现分析等主题，会议共收到稿件300余篇。大会以及分会场报告充分展现了当前国际计量学研究的前沿，并为国内外相关领域研究人员提供了知识交流与互动的良机。

开幕式上，武汉大学副校长李斐教授，ISSI学会主席、美国印第安纳大学卡西迪·杉本(Cassidy R. Sugimoto)教授，中国科学学与科技政策协会名誉主席方新研究员，ISSI 2017大会执行主席邱均平教授分别致辞，中国科学评价研究中心主任赵蓉英教授，北京市科学技术情报研究所李梦辉研究员在大会分别作了主题报告。

图12-37　第十六届国际科学计量学与信息计量学大会(ISSI 2017)

据悉，国际科学计量学和信息计量学大会是国际文献计量学、信息计量学、科学计量学、网络计量学、知识计量学领域学术水平最高、影响最大的国际会议。大会的成功召开表明我校在计量学领域的研究已经获得国际学界的充分认可。

(十八)面向数字人文的智慧数据建设专题研讨会

2017年11月30日，"珞珈大数据论坛——面向数字人文的智慧数据建设专题研讨会"在武汉市召开。研讨会开幕式由武汉大学信息资源研究中心副主任王晓光教授主持，武汉大学人文社科资深教授、信息资源研究中心首席科学家马费成教授，长江学者特聘教授、武汉大学信息管理学院院长方卿教授出席开幕式并致辞。本次研讨会由教育部人文社科重点研究基地武汉大学信息资源研究中心和武汉大学数字人文研究中心共同主办。武汉大学信息管理学院期刊中心和武汉大学信息检索与知识挖掘研究所协办。此次会议还得到了《图书情报知识》《信息资源管理学院》《图书馆论坛》《图书情报学刊》等学术期刊和《中国社会科学报》的支持。

为期一天的研讨会围绕智慧数据、数字人文共举行了10场主题新颖、内容丰富的报告。研讨会的最后举行了圆桌论坛环节，讨论议题从参会者中征集而来。根据议题，来自国内外智慧数据、数字人文相关研究领域的10余位专家代表对征集而来的数字人文的实现技术、语义标注工具的选择、图博档机构的数据化、数字人文研究者的责任与担当等议题进行了深入讨论。

图12-38　面向数字人文的智慧数据建设专题研讨会

(十九)2017年中国科技信息资源管理与服务年会(COINFO 2017)

2017年12月1日，由中国科学技术信息研究所和武汉大学信息管理学院、信息资源研究中心联合主办的“2017年中国科技信息资源管理与服务年会(COINFO 2017)”在北京召开，本次会议主题是“科技资源共享与现代服务业”，共设大会主会场和“医学人工智能与大数据”“智能制造与工业互联网”两个分论坛，吸引了100余名代表参会，深入研究探讨科技资源共享与现代服务业的最新理论与实践。

武汉大学信息资源研究中心主任李纲教授作了题为“资源集成与城市数据画像”的主题报告，重点介绍了城市数据画像方面的研究，从目前城市所面临的问题、城市空间模式的转变和CPS下的城市大数据等城市数据画像的背景，到城市数据画像模型及意义等多个方面展开。武汉大学信息管理学院副院长陆伟教授主持了“医学人工智能与大数据”分论坛。

(二十)第六届智慧健康国际学术会议(ICSH 2018)

2018年7月1日—3日，“第六届智慧健康国际会议(The 6th International Conference

图 12-39　2017 年中国科技信息资源管理与服务年会(COINFO 2017)

for Smart Health，ICSH 2018)”在武汉举办。这是智慧健康领域的又一次高质量学术会议。国内外百余名相关领域的专家学者前来参会。据悉，ICSH 是国际智慧健康领域的顶级学术盛宴，旨在为日益增长的智慧健康研究提供学术交流的平台，讨论与智慧健康相关的前沿理论、技术、实践、经济、行为和社会问题，促进理论与应用成果在医疗健康领域的应用。

图 12-40　第六届智慧健康国际学术会议(ICSH 2018)

此次会议由武汉大学信息管理学院和信息资源研究中心联合主办，武汉大学电子商务研究与发展中心承办，华中科技大学同济医学院医药卫生管理学院、武汉大学全球健康研究中心、*Data and Information Management* 国际期刊编辑部协办。武汉大学信息管理学院院长方卿教授，美国亚利桑那大学管理信息系统系、清华大学“千人计划”陈炘钧教授，中国科学院自动化所曾大军教授担任大会联合主席。

本次会议的召开，搭建了智慧健康领域的国际交流平台，是本领域研究国际化的标志，将有力提升我国在智慧健康领域的国际影响力、知名度和学术地位，对促进我国高校及科研机构在智慧健康领域的国内外合作起到推动作用。

（二十一）2018年国际数字图书馆联合会议(JCDL 2018)

2018年6月3日—6日，“2018年国际数字图书馆联合会议(Joint Conference on Digital Libraries，JCDL 2018)”在美国得克萨斯州沃斯堡市召开，会议主办方为北得克萨斯大学信息学院，武汉大学信息管理学院为合办方，会议主题为：“从数据到智慧：跨社会、学科和系统的有机结合(From Data to Wisdom：Resilient Integration across Societies，Disciplines，and Systems)”。JCDL由美国计算机协会(ACM)和电气电子工程师协会(IEEE)联合举办，与“欧洲数字图书馆会议(ECDL)”和“亚洲数字图书馆国际会议(ICADL)”并称为全球数字图书馆研究领域的三大国际学术会议。

作为会议的合办方，我院共14名师生参加了本次大会，通过大会报告、论坛组织、论文展示、海报张贴等多种形式，进一步扩大了我院的国际影响力。

图12-41　2018年国际数字图书馆联合会议(JCDL 2018)

副院长黄如花教授作为合办方代表在开幕式致辞，向国际同行介绍了学院的历史沿革、地位、科研与国际交流成就，彰显了学院的实力与国际影响力。

副院长陆伟教授组织了专题为“图像集合：构建，组织，获取和运用(Image Collections：Creation，Organization，Access，and Use)”的研讨会，围绕图像集合构建、组织、获取与运用的相关理论、方法、技术展开研讨。尤值一提的是，陆伟教授入选 JCDL 录用论文数最多的前 10 位专家。

在 JCDL 指导委员会(JCDL Steering Committee)会议上，吴丹教授作为该委员会委员，代表学院正式提出 JCDL 2020 的主办申请。指导委员会肯定了学院的学术影响和前期工作，经过审核和无记名投票，通过我院的申请，确定我院为 JCDL 2020 的主办方。

(二十二)第六届数字时代出版产业发展与人才培养国际学术研讨会

数字技术的发展带来了全球出版产业和出版学高等教育的数字化转型。从世界范围看，数字出版产业规模持续扩大，传统出版不断升级，资本市场对数字出版热度不减。在国家的大力推动下，数字出版产业规模持续增长，传统出版业转型升级迈上新高度，版权运营水平大幅提升，人才培养得到有力推进。在此背景下，武汉大学、美国佩斯大学、新闻出版总署武汉大学高级出版人才培养基地和高等教育出版社共同举办的“第六届数字时代出版产业发展与人才培养国际学术研讨会”将于 2019 年 11 月 2 日—3 日在武汉大学举行，会议主旨为“5G 时代的数字出版：泛在、智联、融合”，将探讨数字时代产业发展和人才培养热点议题。

(二十三)2020 年数字图书馆联合会议(JCDL 2020)

我院成功获得全球数字图书馆领域最具影响力的国际会议——数字图书馆联合会议(JCDL 2020)主办权，由于新冠肺炎疫情影响，该会议于 2020 年 8 月 1 日—5 日线上举行。该会议的召开彰显了学院在国际学术界取得的成绩与影响力，将进一步促进我国图书情报事业的蓬勃发展。

三、重要国际合作项目和合作平台

(一)富布莱特项目(Fulbright Program)

美国富布莱特项目是中美两国唯一的政府间的正式教育交流项目。该项目创建于 1946 年，以倡议者美国富布莱特(James William Fulbright)参议员的名字命名，项目旨在通过教育和文化交流促进国家间的相互了解。目前，全世界有 100 多个国家和地区参与该项目。1985 年中美教育协定正式将该项目纳入教育交流范畴。信息管理学院接受了帕尔默(PARLMER)、美国加州大学圣巴巴拉分校叶步岚(Jon Janblonski)教授等多位美国富布莱特学者前来访问、讲学。通过该项目，我院教师张晓娟教授和吴丹教授分赴美国纽约州立大学布法罗分校图书情报学院和北卡罗来纳大学教堂山分校情报与图书馆学学院研修。

(二)中国—欧盟高等教育合作项目

在欧洲方面，学院教师成功参与中国—欧盟高等教育合作项目计划。陈传夫、张晓娟教授获批"欧盟计算机软件与数据库法律保护政策及其对国际知识产权制度的影响""信息网络环境中的欧盟信息立法""欧盟一体化版权保护十年(1990—2000)：措施与评价"等研究项目。

(三)亚联董项目(United Board for Christian Higher Education in Asia)

为了缩小我国与发达国家之间的"数字鸿沟"，促进经济欠发达地区特别是我国西部民族地区、师范院校图书馆事业的快速发展，武汉大学信息管理学院、信息资源研究中心与美国亚洲基督教高等教育联合董事会合作，于2003—2005年连续成功举办了三届"中美图书馆员高级研究班"(Sino-U. S. Advanced Training Program for Librarians and Library Professionals)。美国加州大学伯克利分校图书馆副馆长周欣平(Peter Xingping Zhou)教授、匹兹堡大学图书馆馆长Rush Miller教授等多位海内外专家共同努力，积极争取国际资助，为研究班的成功举办做出了贡献。武汉大学也给予了大力支持。研究班先后培训了来自祖国各地的200多位图书馆业务骨干、馆长。并在此期间召开了图书馆与情报学教育的研讨会，反响很好。

图12-42　亚联董项目(United Board for Christian Higher Education in Asia)

(四)国际图联(IFLA)

中国是国际图联的15个创始国之一，文华图专是1927年11月在爱丁堡举行的国际图联成立大会的创始成员代表。1932 年中国图书馆协会正式申请加入国际图联，成为最早的非欧美协会会员之一。中华人民共和国成立后的一段时期，图书馆界与国际图联一度中断关系，直到 1981 年在“一个中国”的原则下，中国在国际图联的合法席位才得以恢复。我院在 1981 年成为中国加入国际图联的七个机构会员单位之一，从此与国际图联建立了长期稳定的合作关系。

2008 年 10 月 28 日—29 日，国际图书馆协会联合会(IFLA)主席克劳迪亚・卢克斯(Claudia Lux)博士应邀访问我校，受到我校及湖北省图书馆界的热烈欢迎。校长刘经南院士在行政楼贵宾室会见了来访的卢克斯主席。卢克斯主席与我院及湖北省图书馆界的专家进行了交流座谈，并作了题为“世界图书馆：发展与挑战”的学术报告，对我校高度重视图书情报学科的发展给予了高度赞赏。2009 年陈传夫教授当选国际图联教育与培训委员会常务委员。

图 12-43　原武汉大学校长刘经南院士会见访问我校的国际图书馆协会联合会主席克劳迪亚・卢克斯博士

(五)图书情报国际合作研究院

由我院倡导成立的“武汉大学图书情报学国际合作研究院”于 2008 年 6 月 4 日上午在我院学术报告厅举行揭牌仪式。黄进副校长致辞，并与美国雪城大学信息研究学院院长 Dr. Liz Liddy 教授共同为合作研究院揭牌。国际合作研究院的成立，是信息管理学院走向国际、学科发展国际化的重要举措。

为了推动图书情报领域的国际交流，由我院倡导，经与伊利诺伊大学图书馆信息学研究生院、锡拉丘兹大学、威斯康星大学等有关信息学院院长协商，成立“武汉大学图书情报学国际合作研究院”。合作研究院的主要职能是对“图书馆、情报与档案管理”一级学科的前沿课题进行合作研究，为图书情报学领域的专家和领军人才提供交流平台，举办一级学科论坛和国际会议，编辑、出版国际出版物，共同培养人才，促进研究员、合作机构之间在研究生人才培养方面的国际合作、提高研究生培养质量。图书情报国际合作研究院的成立，也是我院推进重点学科建设国际化的尝试。

图 12-44　武汉大学图书情报国际合作研究院揭牌仪式

研究院设立咨询委员会。咨询委员会由知名图书馆与信息学院院长或其他专家组成。目前海外咨询委员有：美国雪城大学信息研究学院、美国伊利诺伊大学香宾分校图书馆信息学研究生院、美国华盛顿大学信息学院、美国密歇根大学信息学院、加拿大不列颠哥伦比亚大学图书馆、档案与信息研究学院及美国威斯康星-密尔沃基大学信息研究学院的数位院长组成。

研究院实行研究员聘任制。目前正在加强队伍建设，招聘在国际高水平大学图书情报学和相关学科领域取得博士学位、在图书情报领域取得重要学术成就的一流学者担任研究员。截至目前已经在国际上聘请了 4 位研究员。

（六）iSchools 联盟

2009 年 6 月，在美国举行的 iSchools 联盟成员大会上，经投票表决，武汉大学信息管理学院正式成为 iSchools 联盟成员。从此，武汉大学成为发展中国家第一个、全亚洲第二个加入 iSchools 联盟的成员单位。

应我院邀请，国际拔尖图书情报学院联盟（iSchools 联盟）轮值主席、美国伊利诺伊大学香槟分校图书馆与情报学研究生院院长 John Unsworth 教授于 6 月 15 日—17 日访问我校。6 月 16 日上午，John Unsworth 教授在我院四楼报告厅为我校师生作题为“机遇与挑

图 12-45　John Unsworth 教授受聘为武汉大学图书情报国际合作研究院咨询委员会委员

战：促进交流与合作”的学术报告，并宣布目前 iSchools 联盟的成员已经达到 25 个，武汉大学信息管理学院已成为 iSchools 的一员，也是迄今为止发展中国家唯一加入此组织的教育科研机构，院长陈传夫教授也是 iSchools 联盟领导小组的成员之一，希望双方能够充分利用好这一平台开展广泛的合作。学术报告结束后，John Unsworth 教授与我校师生在信息管理学院五楼会议室就如何进一步加强交流与合作进行座谈。副校长周创兵出席座谈会，对 John Unsworth 教授来访表示热烈的欢迎，并为 John Unsworth 教授颁发武汉大学图书情报国际合作研究院咨询委员会委员聘任证书。在座谈会上，陈传夫与 John Unsworth 教授签署了信息管理学院与美国伊利诺伊大学香槟分校图书馆与情报学研究生院的合作意向书，标志着两院之间的深入合作将进一步展开。

图 12-46　John Unsworth 教授访问我校并作学术报告

2010 年来，学院不断加强与 iSchools 联盟的合作，除积极举办“国际顶级信息学院联盟亚太地区分会(AP-iConference 2015)”、“国际顶级信息学院联盟年会(iConference 2017)”外，我院教授深度参与 iSchools 联盟各项分支组织和委员会：2017 年，陈传夫教授担任国际顶级信息学院联盟师生交换教育委员会主席(The iSchools Commission on Faculty & Student Exchanges)；2018 年，吴丹教授和王晓光教授受邀分别担任国际 iSchools 联盟数据科学课程设计委员会(Curriculum Design Committee for Data Science)和数字人文课程设计委员会(Curriculum Design Committee for Digital Humanities)委员；同年，黄如花教授受邀担任 iSchools 联盟核心学术期刊列表制定委员会主席(The iSchools Commission on the Development of Core Journal List)。

(七)联合国教科文组织

2002 年 9 月，我院获批成立“联合国教科文组织信息软件推广培训中心”，开启了我院与联合国教科文组织的实质性友好合作。

2008 年 10 月 20 日至 22 日，我院和联合国教科文组织在我校联合举办“信息素养培训师培训班”，这是联合国教科文组织在全球开展的第 7 次信息素养提升活动。参加本次培训班的有来自日本、菲律宾、泰国、斯里兰卡、印度尼西亚、巴基斯坦及中国内地和港澳地区的 90 多位学员。联合国教科文组织助理总干事卡恩(Abdul W. Khan)博士作为联合国教科文组织的代表，专程来我校参加了本次培训班的开班仪式。10 月 22 日，校党委书记顾海良在行政楼贵宾室会见了来访的联合国教科文组织助理总干事卡恩(Abdul W. Khan)博士一行。双方就我校与联合国教科文组织的交流与合作交换了意见。卡恩表示，很高兴看到联合国教科文组织能与我校实力雄厚的信息管理学院合作开展培训班，并将与中国政府及以武汉大学为代表的中国高校开展更广泛、深入的合作。

(八)“图书馆、情报与档案管理”一级学科论坛

2008 年 4 月 23 日，“图书馆、情报与档案管理”一级学科国家重点学科论坛开坛仪式在我院四楼学术报告厅隆重举行。论坛由我院、武汉大学信息资源研究中心、武汉大学图书情报国际合作研究院联合设立。

论坛的主旨是“面对变化与探索未来”，旨在打造一个高水准、高层次、前沿性平台。目标是汇集图书馆、情报与档案管理领域的学术、教育与职业领导者，针对图书馆、情报与档案管理领域面临的需求、技术、管理与政策等理论进行探讨与交流。

论坛设置“海峡两岸论坛”“国际论坛”“职业论坛”三个模块。“变化与未来”是学科论坛的主题和核心。论坛强调变化、机遇、未来与发展，关注“图书馆、情报与档案管理”学科正在进行的变化，更关注学科的未来。目前已经邀请海内外知名学者开设了 17 期一级学科国家重点学科论坛，在本学科领域受到广泛关注和好评。

图 12-47 “图书馆、情报与档案管理”一级学科论坛组图

(九)国际夏令营

图书馆学情报学研究生夏令营

2005 年夏，美国 San Jose 大学图书情报学院副教授 Geoffrey Liu 博士率领其所在学院图书馆学与情报学硕士生来我院交流访问，与我院图书馆学、情报学研究生展开广泛的学术交流，取得了很好的成效、增进了彼此的了解。

图 12-48 图书馆学情报学研究生国际夏令营

出版学大学生夏令营

2007 年 9 月 4 日，德国埃尔朗根大学图书系师生一行 16 人来到武汉大学，开始与我院师生为期五天的访问交流活动。我院出版系师生与德国埃尔朗根大学图书系的师生就“中德出版教育”这一主题展开了广泛的学术交流，分专题举行多场学术报告会，并举行

了市场调研、参观、联欢会等一系列活动，促进了彼此的沟通与了解。

图 12-49 出版学大学生国际夏令营

国际信息素养与信息职业领导力夏季研究班

2010 年 7 月 12 日—18 日，武汉大学隆重举办“首届学生社团国际交流营”。在此期间，武汉大学信息管理学院除承办交流营的重要活动之一“信息素养能力邀请赛”外，还主办了信息职业领导力夏季研究班(iProfessional Leadership Development Summer Program)。该研究班邀请了来自欧洲、亚洲、美洲多所大学和我国港澳地区及国内著名高校的 30 名学生参加。

当前，全球信息环境正在快速变化，iSchools 运动就是应对这些变化的产物。在 2010 年 2 月伊利诺伊大学香槟分校召开的 iSchools 联盟年会上，武汉大学信息管理学院院长陈传夫教授向 iCAUCUS 介绍了武汉大学拟举办信息素养邀请赛的想法，得到了参会院长的积极响应和支持。大会形成决议，由 iCAUCUS 支持与所在学院匹配资金的方式，资助 iSchools 成员大学的学生来武汉大学参赛。除了 iSchools 成员外，来自欧洲、亚洲、美洲的多所大学均精心选拔了参赛选手。

学院邀请了多名国际信息素养教育领域权威专家和本院知名学者为此次信息职业领导力夏季研究班学员授课，通过听课、撰写论文、讨论、信息素养能力邀请赛、信息素养户外体验等活动，围绕信息素养、领导力和信息职业的未来进行深入学习和探讨，旨在培养大学生信息素养能力，为今后寻找信息职业的工作，推动信息职业、iProfession 发展提供一些帮助。

在国际大学生信息素养能力邀请赛中，来自美国华盛顿大学的 Jason Phelps 和我院研究生熊惠霖等 11 名参赛选手分获一、二、三等奖。信息职业领导力夏季研究班 30 名学员完成全部课程后，学院为他们颁发了结业证书。

(十)美国图书情报教育协会(ALISE)

2017 年，我院成功加入国际组织美国图书情报教育协会(The Association for Library and Information Science Education，ALISE)，进一步彰显了我院在国际图书情报领域的影响力。

该协会面向全球图书情报学科的教育机构和科研人员，围绕数据管理、数据科学、人机交互与设计、信息组织与检索、信息实践、信息服务和信息专业人才培养教育等议题开展研究，旨在不断提高全球图书情报学教育机构和人员的教学水平。加入该协会有助于我院与国际知名图书情报教育机构更密切地开展本科和研究生教育合作、课程体系建设探讨和培养模式的交流，在国际舞台上宣传学院，发布招聘信息以吸引国外高水平人才，提升学院的国际影响力。同时，学院师生也有机会参加 ALISE 设置的杰出教学奖、优秀博士论文奖等多个奖项的评选。

(十一)合作项目、合作协议和备忘录一览

表 12-1　　**我院与国外、境外大学签署合作协议和备忘录一览表**

序号	签署时间	合作单位	协议内容
1	2002. 1. 24	美国纽约大学出版系	《武汉大学出版系与美国纽约大学出版系合作备忘录》
2	2006. 2	美国佩斯大学	《武汉大学信息管理学院与美国佩斯大学共同促进出版学科发展合作交流备忘录》
3	2006. 10. 21	美国俄亥俄州立大学图书馆	《武汉大学图书馆/信息管理学院和美国俄亥俄州立大学图书馆资深馆员/教授互访交流协议》
4	2007. 5. 10	德国埃尔朗根-纽伦堡弗里德里希·亚历山大大学	《武汉大学出版科学系与埃尔朗根-纽伦堡弗里德里希·亚历山大大学图书学专业合作框架协议》《武汉大学出版科学系与埃尔朗根-纽伦堡弗里德里希·亚历山大大学图书学专业本科生及研究生交换项目协议》
5	2008. 4. 18	台中技术学院	《台中技术学院—武汉大学学术交流协议书》
6	2008. 12. 10	台湾大学图书资讯学系	《武汉大学信息管理学院—台湾大学图书资讯学系学术交流合作协议书》

续表

序号	签署时间	合作单位	协议内容
7	2009. 6. 16	美国伊利诺伊大学香宾分校图书馆信息学研究生院	《武汉大学信息管理学院与美国伊利诺伊大学香宾分校图书馆信息学研究生院合作备忘录》
8	2009. 9. 18	美国德克赛尔大学	《德克赛尔大学与武汉大学合作备忘录》《中国武汉大学与美国德克赛尔大学关于开展“信息系统科学硕士双学位合作项目”的协议》
9	2009. 12. 28	丹麦皇家图书情报学院	《丹麦皇家图书情报学院与武汉大学信息管理学院合作备忘录》
10	2012	美国匹兹堡大学	《3+2 学生联合培养项目协议》
11	2012. 11. 6	丹麦皇家图书情报学院、洪堡大学柏林图书情报学院	《武汉大学信息管理学院与丹麦皇家图书情报学院、洪堡大学柏林图书情报学院学术交流与合作协议》
12	2013	美国德克赛尔大学	《3+2 学生联合培养项目协议》
13	2013	美国威斯康星大学密尔沃基分校	《本科生联合培养谅解备忘录》《2+2 本科学位项目协议》
14	2013	英国谢菲尔德大学	《本科生 3+1 联合培养项目》
15	2014	法国国立工艺学院	《项目管理与业务工程专业硕士学位教育项目》《信息管理(大数据)专业博士学位教育项目》
16	2017	美国佩斯大学	《武汉大学与美国佩斯大学出版发行学交换生协议》《武汉大学与美国佩斯大学出版发行学研究生合作协议》
17	2018	美国北得克萨斯大学	《武汉大学与美国北得克萨斯大学合作谅解备忘录》《武汉大学与美国北得克萨斯大学国际联合实验室合作协议》
18	2019	美国查塔姆大学	《武汉大学与美国查塔姆大学合作谅解备忘录》
19	2019	美国雪城大学	《武汉大学与美国雪城大学 3+2 学生联合培养项目协议》

第十三章　两岸四地交流

一、“破冰之旅”，开启我院与台湾地区学术交流之先河

中华人民共和国成立40多年来，海峡两岸图书馆界处于隔绝、封闭的状态。1990年9月2日—20日，应中国图书馆学会的邀请，以台湾师范大学王振鹄教授为团长的台湾地区图书馆界赴大陆参观团一行14人，自1949年之后首次访问北京、天津、武汉、上海、杭州等地，此行拉开了两岸图书馆界正式交流的序幕。受时任我院院长彭斐章先生的邀请，代表团顺访我院并开展学术交流，增进了相互了解，开启了我院与台湾地区学术交流之先河。

1993年2月19日—3月4日，受台湾大学邀请，彭斐章、王振鸣、史鉴、周文骏、庄守经、陈誉一行6人首次赴我国台湾地区访问，开启了大陆图书馆学界赴台湾学术交流的“破冰之旅”。大陆代表团除参加“图书馆学与资讯科学研讨会”和“图书资讯学教学研讨会”外，还在台北、台中、高雄等地参观访问了14所文教机构、29个图书馆，参加座谈会7次。这次访问，使大陆学者对台湾地区的图书馆及文化事业有了更进一步的了解。

二、随着港澳的回归，我院与港澳台地区的学术交流日益频繁

随着香港、澳门地区的回归，祖国大陆与港澳台地区的联系更加紧密。在这一大环境下，我院与港澳台地区的学术交流与合作逐步展开，并呈现出友好往来越来越频繁、学术交流与合作的程度越来越深广的良好态势。

应武汉大学邀请，台湾大学名誉教授、台湾大学图书资讯学研究所博士班导师胡述兆先生于1999年10月19日—31日到我院讲学。胡先生为学院的研究生系统讲授了“图书资讯研究方法”等课程，并与师生进行了广泛的学术交流。在讲学期间，胡先生还将一批台湾大学硕士、博士学位论文等资料赠予学院。胡先生此行为促进两岸学术交流作出了积极贡献。

台湾南华大学出版与文化事业研究所所长万荣水博士于2008年1月3日至2008年

1月15日来我院交流访问。台湾南华大学出版与文化事业研究所组织师生10人于2008年1月6日至2008年1月13日来我院交流访问。交流访问期间双方共同举办两岸出版产业发展的小型研讨会，我院出版科学系教师还给来访台湾学生讲授相关课程。

台湾政治大学图书信息与档案学研究所杨美华教授应邀于2008年4月1日至2008年5月25日来我院交流访问。其间，杨美华教授与我院学者展开广泛的学术交流，并为我院师生举办8场专题讲座，对促进海峡两岸图书馆事业发展的相互了解、促进海峡两岸图书信息学的研究与合作起到积极的推动作用。

图13-1　万荣水博士访问我院

图13-2　杨美华教授访问我院

国立台湾大学黄慕萱教授、陈达仁教授于2008年4月21日至2008年4月25日来我校顺访，并为我校师生讲授“海峡两岸图书资讯教育专题”和“智慧财产权评价专题”。

台中技术学院教师代表团于2008年4月17日至2008年4月20日来我院访问，该代表团由台中技术学院副校长谢俊宏带队，一行十人。在我校顺访期间，台中技术学院与我校签订《台中技术学院—武汉大学学术交流协议书》。

我院陈传夫、李纲、方卿、王新才、黄先蓉、徐丽芳、黄凯卿、姚永春、周黎明、赵金利等教职工应台湾台中技术学院校长邀请，于2008年12月16日—22日赴台参加两岸“语言、符号、叙事与故事论文研讨会”，与台湾地区的专家学者展开广泛的学术交流。

2010年4月19日，国际著名图书馆学专业期刊*Library Management*(LM)(《图书馆管理》)的主编——香港理工大学图书馆馆长欧书亭先生(Steve O Connor)受邀来我院交流讲学，并为我院师生开设了“研究方法训练营”培训班，传授如何撰写优质的图书馆学学术文章及如何在国际学术刊物上发表论文的经验。

台湾政治大学王梅玲教授多次来院交流访问。2010年7月，王梅玲教授应我院邀请担任国际信息职业领导力夏季研究班比赛评委和授课老师，为研究班学员作题为“How to Develop Information Literacy Competencies for Undergraduates in the Digital Age”的专题讲座。

图 13-3　王梅玲教授访问我院

图 13-4　香港理工大学图书馆馆长欧书亭先生为我院师生开设“研究方法训练营”培训班

2012 年 6 月 9 日，香港城市大学林开教授受聘我校客座教授仪式在信息管理学院举行。仪式上，常务副校长冯友梅教授为林开教授颁发了聘书。聘任仪式后，林开教授为我院师生作了一场题名为“顶级期刊需要什么？亚洲和中国信息系统研究的研究议程(What Do Top-Tier Journals Want? A Research Agenda for Asia and China-Focused Information Systems Research)”的学术讲座。

2018 年 5 月 17 日上午，香港理工大学方识华(Patrick S. W. Fong)副教授受邀访问我院并做学术报告，题名为“知识管理：发展与进化之旅(Knowledge Management：A Journey of Development and Evolution)”。在讲座中，方识华副教授向我院师生展示了组织或团体如何利用他们的知识管理能力在不断变化的环境中进行改造和创新等内容。

图 13-5　香港城市大学林开教授受聘为我校客座教授

图 13-6　林开教授为我院师生作学术讲座

2018 年 8 月 21 日，香港城市大学林开教授再次莅临我院，在学院 205 会议室为我院师生带来了一场精彩的学术讲座。讲座主题为“电子市场卖家的基于平台的功能库、声誉和销售业绩(Platform-Based Function Repertoire，Reputation，and Sales Performance of E-marketplace Sellers)”。

我院与澳门图书馆暨资讯管理协会有着长期友好合作关系。2010 年 1 月 25 日，澳门图书馆暨资讯管理协会蔡志龙先生访问我院并代表协会向我院捐赠学生奖学金 5000 元。2010 年 5 月 26—30 日，我院陈传夫、陆伟、赵金利应澳门图书馆暨资讯管理协会会长王国强先生邀请赴澳门参加“两岸四地法律讯息研讨会”，并访问了澳门特别行政区行政暨公职局、澳门大学图书馆、澳门业余进修中心，就我院在澳门地区举办硕士研究生班等事宜达成初步意向。为了促进澳门地区法律资讯查询的现代化和信息化，我院还组织专家团队和澳门特别行政区行政暨公职局、澳鄂大专人士协会合作开发多语种法律资讯查询系统。

图 13-7　蔡志龙先生访问我院

图 13-8　我院陈传夫、陆伟、赵金利赴澳门参加“两岸四地法律讯息研讨会”

2012 年 1 月 9 日，蔡志龙先生再次莅临我院，并代表协会又一次向我院捐赠学生奖学金 5000 元。

2017 年 6 月 3 日—4 日，澳门图书馆暨资讯管理协会理事长王国强一行 14 人来我院访问，在我院相关领导和老师的陪同下，王国强理事长一行先后参访了我校图书馆、万林艺术博物馆，我院院史馆、图书分馆，湖北省图书馆，武汉市汤湖图书馆。此次澳门图书馆暨资讯管理协会一行的到访，进一步促进了我院与澳门图书馆暨资讯管理协会的合作与交流，双方将展开多层次、全方位的合作办学、科研合作，共同促进澳门地区图书馆事业的发展。

图 13-9　蔡志龙先生再次莅临我院

图 13-10　王国强一行访问我校

2011 年以来，我院图书馆学系与澳门大学图书馆、澳门业余进修中心合作开办图书馆学专业硕士研究生澳门班。我院陈传夫教授、肖希明教授、黄如花教授、司莉教授、李明杰教授、冉从敬教授、周力虹教授、吴钢副教授、彭敏惠副教授等教师先后赴澳门讲学、交流，赴相关研究单位调研、参加学术交流活动。

三、2010 年来，我院与港澳台教学、研究机构交流频繁，趋于常态

马费成教授应台湾大学图书信息学系邀请，于 2011 年 10 月 19 日—24 日专程赴台参加了该系创立 50 周年庆典，并出席了“图书信息教育：趋势与前瞻国际学术研讨会”。马费成教授在研讨会上作了题为“中国大陆地区图书信息教育发展历程”的学术报告。此行，马费成教授还访问了台南大学和成功大学，就如何进一步促进两岸在信息管理和图书情报领域内的科研合作进行了交流。

图 13-11　马费成教授访问台南大学和成功大学

2012 年 7 月 3 日—10 日，学院及信息资源研究中心教师组团参加了在台湾淡江大学召开的“第十一届海峡两岸图书资讯研讨会”，共 17 位师生在大会上宣讲论文。此外，与会代表还考察了台湾大学图书馆、台湾政治大学图书馆和台湾淡江大学图书馆等。

2013 年 12 月 26 日，台湾大学图书资讯学系陈光华、唐牧群两位教授应邀到我院和信息资源研究中心进行学术交流，并分别带来了题为“数字典藏的发展与数位阅读”和“社群媒体与寻书行为”的学术报告。

2015 年 10 月 29 日，台湾大学黄慕萱教授、陈达仁教授莅临我院，为我院师生带来了题为“同侪互评的现况与展望”和“衡量企业专利的新途径”的学术讲座。

2017 年 4 月 23 日—29 日，受台湾财团法人李国鼎科技发展基金会邀请，我院马费成教授、范昊教授和医学院俞思伟博士赴台参加“2017 海峡两岸应对老龄社会管理研究计划期中成果交流研讨会”，与海峡两岸参与老龄社会管理研究的专家学者进行了成果交流与学术研讨。此次出访增进了两岸学者之间的了解，促进了学术成果和研究方法的交流，为今后更加深入的合作研究奠定了良好的基础。

图 13-12　马费成教授在“2017 海峡两岸应对老龄社会管理研究计划期中成果交流研讨会”上作报告

受台湾政治大学图书资讯与档案学研究所的邀请，我院徐丽芳教授、吴钢副教授于 2018 年 11 月 28 日—12 月 1 日赴台与相关单位开展了学术交流活动。

四、成功举办两届海峡两岸图书资讯学学术研讨会

为促进海峡两岸图书资讯学界的交流与合作，中华图书资讯学教育学会与大陆图书馆学情报学院系和图书馆界自 20 世纪 90 年代共同发起“海峡两岸图书资讯学学术研讨会”，至今已成功举办 14 届。

1997 年，第三届海峡两岸图书资讯学术研讨会在我院召开。这是我院成功承办的第一次海峡两岸图书资讯学术研讨会，对促进两岸图书资讯学领域的交流与合作起到了积极

的作用。

2008 年 7 月 3 日—5 日，第九届海峡两岸图书资讯学学术研讨会在我院成功召开。本次研讨会被业界公认为迄今海峡两岸图书情报学领域规模最大、规格最高、内容最丰富、成果最丰硕、影响深远的一次盛会。来自海峡两岸的 100 多名图书情报学知名专家、信息管理学院院长(系主任)、研究所所长、图书馆馆长及 200 多名研究生汇聚一堂，共商图书资讯学专业教育和图书资讯学事业发展。其中，来自台湾地区的专家学者及研究生代表就有 59 人，为历届海峡两岸图书资讯学学术研讨会参会人数之最。会议期间，成功举办了 6 场特邀报告、16 场专题报告、2 场学术论坛、1 场海峡两岸图书资讯学院长(系主任)联席交流会、1 场海峡两岸研究生论坛；有 89 篇论文以 A、B 两辑结集印制，12 篇论文在大会上进行了交流讨论；原则上通过了《第九届海峡两岸图书资讯研讨会关于专业教育若干问题共识备忘录》，取得了丰硕成果。

2020 年 7 月，“第十五届海峡两岸图书资讯学学术研讨会”将在我院召开，会议将邀请两岸研究人员、技术专家与业界领袖共同参会，以期促进两岸学者和学子思想的交流与分享，推动图书资讯学科的纵深发展。

五、成功举办“第二十届海峡两岸信息管理发展与策略学术研讨会”

2014 年 8 月 22 日，“第二十届海峡两岸信息管理发展与策略学术研讨会”在我院开幕，百余名来自海峡两岸的信息管理学专家、学者及企业界人士出席。研讨会由武汉大学信息管理学院主办，由信息系统协会中国分会、台湾资讯管理学会协办。

开幕式由武汉大学人文社科资深教授、信息资源研究中心主任马费成主持，武汉大学党委副书记黄泰岩、信息管理学院院长方卿、国际信息系统协会中国分会副理事长王刊良、台湾资讯管理学会理事长游张松分别致辞。

研讨会上，与会代表围绕“社会化媒体环境下的信息管理：机遇与挑战”这一主题进行分组研讨，探讨与交流在新兴技术环境下如何面临信息资源、信息技术以及信息服务有机融合的新问题和新挑战。

图 13-13　第二十届海峡两岸信息管理发展与策略学术研讨会组图

据悉，研讨会一年一届，自 1994 年起先后在两岸四地大学轮流举办，已成为海峡两岸信息管理学科专家学者开展学术交流、分享研究成果的重要平台。

六、招收港澳台地区学生，为港澳台地区培养人才

学院在与港澳台地区广泛开展学术交流与合作的同时，积极招收港澳台地区学生，为港澳台地区的发展培养人才。港澳台学生来我院学习，增进了相互了解、促进了我院和港澳台地区的交流。学生毕业回到港澳台，用他们扎实的学习功底也为当地的发展作出了积极的贡献，受到广泛好评。例如我院招收的首届澳门地区本科学生王裕雯毕业回澳门后，以排名第一的成绩考取了澳门地区的公务员。

图 13-14　海峡两岸图书咨询学系主任联席交流会

表 13-1　　**我院招收的港澳台地区本科学生信息一览表**

姓名	性别	专业	来源地
练炽彬	男	编辑出版	香港
李琪琦	女	编辑出版	香港
黄　仪	女	编辑出版	香港
林嘉丽	女	编辑出版	香港
黄超凡	男	信息管理与信息系统	澳门
朱欣荣	男	电子商务	香港
陈美嫦	女	档案	澳门
黄少环	女	编辑出版	澳门
张嘉颖	女	编辑出版	香港

续表

姓名	性别	专业	来源地
洪巧静	女	编辑出版	香港
郭少鹏	男	电子商务	香港
张玉琴	女	电子商务	香港
李文伟	男	信息管理与信息系统	澳门
温钊健	男	信息管理与信息系统	香港
彭逸滔	男	电子商务	香港
刘达文	男	电子商务	澳门
郭子健	男	图书馆	澳门
姚　怡	女	图书馆	澳门
刘惠莹	女	编辑出版	澳门
曾台盛	男	电子商务	澳门
张雅芳	女	档案	澳门
蔡超雅	女	档案	港澳台侨生
柳盛蓝	女	档案	港澳台侨生
曾颖丰	女	档案	港澳台侨生
黄炜权	男	信息管理与信息系统	港澳台侨生
陆　迪	男	信息管理与信息系统	港澳台侨生
梁小燕	女	图书馆	港澳台侨生
王裕雯	女	图书馆	港澳台侨生

表 13-2　**我院招收的港澳台地区研究生信息一览表**

姓名	专业	学生类别	来源地
邓丽珠	图书馆学	博士	香港
林姿蓉	出版发行学	博士	台湾
李心乔	出版发行学	博士	台湾
林世和	管理科学与工程	博士	台湾
刘骐铭	出版发行学	硕士	台湾
李芷薇	图书馆学	硕士	澳门
郭子健	图书馆学	硕士	澳门
梁伟华	图书馆学	硕士	澳门

续表

姓名	专业	学生类别	来源地
叶文生	图书馆学	硕士	澳门
陈婷婷	图书馆学	硕士	澳门
黄润盈	图书馆学	硕士	澳门
谢惠纱	图书馆学	硕士	澳门
郑伟坚	图书馆学	硕士	澳门
郑丽莹	图书馆学	硕士	澳门
吴淑玲	图书馆学	硕士	澳门
梁小燕	图书馆学	硕士	澳门
王裕雯	图书馆学	硕士	澳门
马狄伦	图书馆学	硕士	澳门
宋淑芳	图书馆学	硕士	澳门
潘嘉玲	图书馆学	硕士	澳门
陈惠敏	图书馆学	硕士	澳门
李锦霞	图书馆学	硕士	香港
孙洁莹	图书馆学	硕士	澳门
苏君乔	图书馆学	硕士	澳门
陈嘉文	图书馆学	硕士	澳门
蔡小玉	图书馆学	硕士	澳门
苏翠茵	图书馆学	硕士	澳门
郭燕凤	出版发行学	博士	台湾
崔静萍	出版发行学	博士	台湾
徐士伟	出版发行学	博士	台湾
黄燕梅	图书馆学	硕士	澳门
古康年	图书馆学	硕士	澳门
陈佩慈	图书馆学	硕士	澳门
吴慧灵	图书馆学	硕士	澳门
卢彦安	图书馆学	硕士	澳门
张金蓓	图书馆学	硕士	澳门
杨晓斌	图书馆学	硕士	澳门
黄伟明	图书馆学	硕士	澳门

续表

姓名	专业	学生类别	来源地
区颖怡	图书馆学	硕士	澳门
黄美华	图书馆学	硕士	澳门
陆蕴琳	图书馆学	硕士	澳门
黄清丽	图书馆学	硕士	澳门
梁颖霜	图书馆学	硕士	澳门
王玉玗	图书馆学	硕士	澳门
王冰梅	图书馆学	硕士	澳门
陈可君	图书馆学	硕士	澳门
阮玉媛	图书馆学	硕士	澳门
张嘉敏	图书馆学	硕士	澳门
林若祺	图书馆学	硕士	澳门
郭倩雯	图书馆学	硕士	澳门
麦雁盈	图书馆学	硕士	澳门
陈敏仪	图书馆学	硕士	澳门
卢敏红	图书馆学	硕士	澳门
萧敬敏	图书馆学	硕士	澳门
张宇维	图书馆学	硕士	澳门
陈智荣	图书馆学	硕士	澳门
吕思慧	图书馆学	硕士	澳门
杨颖芝	图书馆学	硕士	澳门
黎杏仪	图书馆学	硕士	澳门
梁金兰	图书馆学	硕士	澳门
卢　彤	图书馆学	硕士	台湾
刘婉华	图书馆学	硕士	澳门
李晓琳	图书馆学	硕士	澳门
欧玉琪	图书馆学	硕士	澳门
陈嘉伟	图书馆学	硕士	澳门
郑榕伟	图书馆学	硕士	澳门
甘美诗	图书馆学	硕士	澳门
钟海萍	图书馆学	硕士	澳门

续表

姓名	专业	学生类别	来源地
谭敏仪	图书馆学	硕士	澳门
杜　娟	图书馆学	硕士	澳门
李善同	图书馆学	硕士	澳门
关绮华	图书馆学	硕士	澳门
刘　影	图书馆学	硕士	澳门
梁淑慇	图书馆学	硕士	澳门
蔡子东	图书馆学	硕士	澳门
毕兆棋	图书馆学	硕士	澳门
汤嘉祺	图书馆学	硕士	澳门
何嘉琪	图书馆学	硕士	澳门
谭宝仪	图书馆学	硕士	澳门
龚善欣	图书馆学	硕士	澳门
黎佩雯	图书馆学	硕士	澳门
廖泳钊	图书馆学	硕士	澳门
叶爱英	图书馆学	硕士	澳门
温钊健	情报学	博士	香港
陈惠婷	图书馆学	硕士	澳门
阮佩琪	图书馆学	硕士	澳门
梁颂莹	图书馆学	硕士	澳门
苏利利	图书馆学	硕士	澳门
余婉华	图书馆学	硕士	澳门
卢韵华	图书馆学	硕士	澳门
梅素华	图书馆学	硕士	澳门
刘时周	图书情报	硕士	香港

（陈传夫、赵金利、张晓娟、彭敏惠、周力虹）

第十四章　学术基础设施

一、资料室(实验图书馆)

(一)发展历史

1910年，韦棣华女士在武昌昙华林创办文华公书林。1920年，韦棣华女士和图书馆学宗师沈祖荣在同一地址创办我国第一个图书馆教育机构——文华大学图书科，文华公书林即作为其实习基地和图书馆；直到1929年，沈祖荣获准将文华图书科独立为文华图书馆学专科学校(简称文华图专)，这一功用迄今未改。1953年，文华图专并入武汉大学，其承载韦棣华开放办馆思想及教育精神的图书资料也一起并入武汉大学。1956年称图书馆学系资料室；1984年扩建，更名为图书情报学院资料室；1999—2000年与新闻学院合并取名为大众传播与知识信息管理学院资料室；2001年至今再随院系调整更名为信息管理学院资料室，亦称信息管理学院图书分馆。

(二)馆藏与特色

信息管理学院图书分馆(资料室)经过一个世纪的文献资料累积与收藏，印证了中国近现代图书馆学、档案学的历史发展轨迹。经过几代人的建设，更兼倚靠学院图书馆学、情报学与档案管理一级学科优势及大量经费投入，分馆专业藏书范围在全国同行中位居榜首，现在已是一个以图书馆学、信息管理科学、出版科学、信息系统与电子商务、档案与政务信息学、保密管理6大学科文献为重点的综合性图书馆。现收藏中外文献13万册，其中，中外文工具书8000余册，线装书600多函、近6000册，目前年订购及获赠中文期刊近200种，外文原版期刊28种。

分馆所藏文献以其历史悠久、资料齐全，在全国同行中颇负盛名，其收藏特色首推“文华图专文献专藏”，是对中国近代图书馆学、档案学及其学科教育发源的最完整的无言见证；第二是“学院教师著述专藏”，保存并展示我院的教学、科研成果与特色，是我院可触可见的学术发展史；第三是为配合国家保密学院的建设及保密专业的教学与科研而建立的“保密类图书专架”；第四是分馆还拥有20世纪80年代中华书局出版的“古籍丛书集成”，是学校仅有的一套珍贵科研史料；此外，分馆还有一批美国心理学教授安东尼·德本斯(Anthony Debons)捐赠的书，这批珍贵的外文原版书数量大(总计1446种，2000余册)、年代跨度长、涉及面广，有不少在国内是孤本，填补了“文革”期间国内收藏国外藏书的空白。

(三)分馆功能与管理

分馆位于依山傍湖的学院大楼四楼，面积1000平方米。设有：图书大厅，主要存放中外文流通图书、期刊，并供学生阅览、自习；文华图专专藏室，专供文华图书专科图书的收藏、整理、研究；中外文参考咨询室，存放各类工具书，并供师生查阅和上实习课；另有硕博论文室、中外期刊(过刊)室、三线书库以及文献采编办公室等。分馆的阅读和学习环境清雅、舒阔。

分馆现有中高级技术人员5名，其中正高1名。每天连续开放9.5小时，到考试复习阶段延长至11.5小时，实行藏书、借还、阅览、上网一体化服务；提供近100个箱位的存包柜；有普通阅览座位、电子阅览座位及休闲座位150个；通过网站、公告栏等进行文献宣传、推介，并与师生互动；不定期开展荐购服务；与校馆配合，开展馆际互借、信息交流等活动。

分馆在业务上受武汉大学图书馆(总馆)的管理和指导，统一使用总馆的ALEPH图书集成系统，与总馆共同协作开展图书服务工作和共建图书资源。

(四)分馆的特色服务

分馆秉持“传承文华文脉，专注深化服务”的理念，以服务教学、服务科研为中心，一方面，努力为师生营造舒适、便捷、和谐的阅览和学习环境；另一方面，促进本馆多元化信息资源建设，积极创新服务方式，拓展服务内容，提升服务质量，建设一个与信息管理学院学科地位相匹配的图书馆。

信息管理学院图书分馆网站于2015年4月23日正式上线，它既是我们推进深化服务的重要环节和平台，也是我们图书分馆资源与服务的网上形式。强化资源导航、提供知识获取途径和手段、提高文献资源利用率是网站的重要任务。

分馆网站实现了与校馆管理及相关资源平台的无缝链接，同时也实现了分馆功能与服务的网络化集成管理，使师生们能够方便快捷地获取到所需的相关信息和资源服务，如馆藏分布及馆藏文献资源信息检索、特色专藏目录、新书刊通报、受赠书刊名录、硕博士毕业论文题名目录信息、学院教师现有的各级各类网上开放课程、校馆培训课件、高水平精彩演讲、优质课程学习平台、高影响力期刊投稿指南、信息管理学科服务可视化知识服务集成系统等。

2017年9月，分馆在近两年所做工作的基础上，对自主制作完成的一些以学校课程中心为基础平台的资源可视化服务项目，包括学科领域研究现况可视化展现、特色课程导航、信息管理及相关学科中外文期刊发文可视化分析、信息管理学科相关机构研究现况可视化展现以及国家级教育部级资助项目成果可视化展现等进行集成，并以“信息管理学院图书分馆资源可视化服务”TheBrain作品形式展现，形成了为广大师生提供的特色服务项目，同时在分馆网站的“研究支持”栏目和武汉大学总馆的“学科服务平台”上作了挂接，可同步查阅，以裨益于师生们的教研工作和学习研究，到2019年2月27日，所有作品的浏览量达到44137次。

(五)乐于奉献的工作者

图书分馆发展到今天的规模，无不凝聚着诸多曾在分馆洒下汗水、付出辛劳与智慧的老师们的劳动，曾在分馆工作过的老师有余桂林、王晋卿、孙明新、王盛明、卢中岳、邓铭康、贾淑铭、林思英、林兰、戴秀丽、陈壮、李海岚、乔静、李建民、曾秀华、傅西平、梁云、詹新文、傅敏、徐军、张晔、陈孝禹、彭文。现任职者有五位老师，分别是严红、丁静、李书振、李玮和寇继虹。

图书馆的业务工作细致而又艰巨，除了要依据专业需求、师生科研学习需求做好中外文书刊的采集、验收、分编、报账、流通和典藏系列工作外，在信息化飞速发展的今天，做好服务工作以提升各类文献资源的利用率成为分馆工作的重中之重，由此分馆工作者还承担了一系列相关服务工作，如依据师生需求创新分馆文献服务的内容和形式、及时更新分馆网站栏目内容；做好每年的新生入馆培训工作；耐心细致地开展文华图书专刊的清理、整序、研究、保护工作和教师著述专藏及保密类图书专架的整理工作；对学院及其教师的高水平科研成果进行细致分析并撰写分析报告；为学院参加各类评估及院领导开展相关工作提供所需科研数据；为学院召开高规格会议、接待来访者等及时编制相关宣传材料或宣传手册；参加大馆新业务培训及深入开展图书资料类固定资产清查工作等。

这些工作无疑需要分馆的老师们付出大量艰辛的劳动，他们身兼数职、严守职业道德，对待工作勤勤恳恳，始终保持着严谨认真的工作态度和一丝不苟的工作作风，求真务实，在各自的工作岗位上默默地做着无私的奉献。

二、实验中心

武汉大学信息管理学院实验教学中心(以下简称中心)的前身是1983年成立的图书情报学院现代技术教研室。为进一步加强对学生实验实践能力的培养，学院于1988年成立了图书情报实验室。2001年新武汉大学成立，中心合并了原武汉水利电力大学管理信息系统实验室，正式更名为武汉大学信息管理学院实验中心，并通过湖北省教育厅组织的专家评审，成为湖北省第一个文科类“合格基础实验室”。2007年，中心被评为湖北省实验教学示范中心。2012年，中心被评为国家级图书情报实验教学示范中心。

中心现设5个基础实验室、4个专业实验室、1个面向创新型人才培养的信息素养开放实验室和数个校企联合实验室。中心现有使用面积 800 平方米，拥有各类服务器 20 余台，电脑及辅助设备 1000 余台(件)，还有数量丰富的教学软件和影像视频资料，各类教学科研设备及软件总值超过 1500 万元。

近 3 年来，学校学院陆续投入建设经费约 1000 万元，极大地改善了实验教学条件。中心集中建设了学院总机房，改造了电力网络等基础设施，构建了 IaaS 架构的实验教学云平台、实验 IT 资源云管理平台，并通过稳健高速的实验网络发布计算和存储资源，提供 20 多种教辅研辅服务。为了最大限度满足学生实验及科研的需要，中心采用 vlan 技术建立起高速安全的实验局域网，无线网络覆盖中心各教学实验室，并逐步完善建立了相应的数据仓库和中心网络管理平台，实现了教学科研的网络化和智能化。

中心拥有一支长期稳定、热爱实验教学和实验室建设的骨干教师和实验技术人员队伍。目前，有实验教师 38 人，实验技术人员 4 人，其中教授 12 人，副教授 22 人，高级实验师 3 人。

中心十分重视实验教材建设，2000 年至今，已正式出版实验教材 17 部，其他含实验、实践内容类教材 24 部，自编实验讲义 14 部，引进国内外实验教材 3 部；另有 3 部教材已入选高等教育“十五”国家级规划教材；12 部教材入选高等教育“十一五”国家级规划教材；6 门为国家级精品课程教材建设项目，8 门为省级精品课程教材建设项目。

基于学院长期以来形成的“开拓创造、务实创业、引领创新”的办学特色，中心根据信息管理类专业的特点及实验教学和实践的建设定位，树立了“强化基础，增强能力，注重应用，培养素质，促进创新”的实验教学理念。

2005 年，中心成立了信息管理学院实验教学委员会，专门负责中心发展规划与实验教学体系的制定、实验与理论教学的融合与协调以及实验室的监督管理等，在中心的改革发展和管理上起主导作用。中心坚持大实验观，构建了体现信息基础素质和信息利用技能、信息管理专业能力和创新能力培养相结合的分层次(涵盖基础型、综合设计型、研究创新型实验)，多形式(包括实验、培训、讲座、实习、社会实践、课程设计、毕业设计/论文、社会调查、各类竞赛、开放研究等)的实验教学体系；坚持信息资源观，以信息素养和信息能力培养为核心，以信息流为纽带搭建基础实验室，同时针对各专业的特点，设立各专业实验室。中心强调以问题为中心开放化的教学模式；重视创新性人才的培养，搭建了信息素养开放实验室和多个校企联合实验室；努力实现以质量提高为核心的教学手段多样化、以学生三创能力提升为目标的实验考核办法多元化和面向未来、面向世界的人才培养国际化。

目前，中心面向信息管理科学、图书馆学、档案与政务信息学、出版科学、信息系统与电子商务、保密管理 6 个专业，开设近 60 门独立的实验课程，开展实验项目 300 余个，全年累计实验人时数接近 10 万。中心支持由学生自主选择或自行设计的开放性实验(实践)。几年来，各层次实验教学、各门实验课程和项目均体现出以创新教育为目标，以基本实验技能训练为主线，以提高综合实践能力为根本，实验实践教学紧密结合的鲜明特色。中心特别重视实验教学内容的更新和新实验项目的开发，每隔 3 年对实验教学项目和内容进行一次修订和更新，同时鼓励教师提出和开设新的实验项目。

经过多年建设，中心形成了鲜明特色，取得了丰硕成果，在提升我校信息管理类专业学生信息能力与全校学生信息素养方面起到了重要的支撑作用。中心出版的实验教材，自主开发的信息采集、处理、检索和分析等系统也广泛应用于国内外多所院校和学术机构，发挥了良好的示范作用，取得了显著的社会效益和经济效益。

第十五章　学 术 期 刊

图 15-1　学术期刊

一、《图书情报知识》

(一)概述及创办

《图书情报知识》1980 年 6 月试刊，1984 年正式创刊(ISSN 1003-2797，CN42-1085/G2，邮发代号 38-108)，双月刊，国内外发行。网址 http：//dik. whu. edu. cn。

《图书情报知识》是教育部主管，武汉大学主办，武汉大学信息管理学院和武汉大学信息资源研究中心承办的国家一级学科"图书馆、情报与档案管理"综合性学术期刊。

《图书情报知识》坚持"关注公众知识状态，引领学科发展潮流"的宗旨，倡导"以人为本""理论联系实践"的办刊理念，依托全国最强的图书情报领域教学科研机构"武汉大学信息管理学院"的办学优势，面向全国教学科研机构和各级各类图书馆、情报资料、档案馆等单位，坚持学术性与知识性并重，理论与实际相结合，提供最优良的学术和实践经验交流的平台。

《图书情报知识》自 1984 年问世以来，连续被评为优秀图书馆学期刊、全国中文核心期刊、湖北省优秀期刊等，并被《乌利希国际期刊指南》收录，在国内外享有广泛的学术影响。由于其学院特色和学术性，为美国多所著名的信息管理学院长期订购。

近年来，《图书情报知识》学术质量和影响力不断提升。连续入选中国人文社会科学索引(CSSCI)来源期刊、《北京大学核心期刊要目》，被中国社会科学评价研究院评为“2018年度中国人文社会科学期刊AMI综合评价”A刊权威期刊。在人大复印报刊资料转载数量位于前列并保持稳定，在《中国学术期刊影响因子年报(人文社会科学)》中期刊影响因子排名稳中有升。

《图书情报知识》的问世，是我国20世纪80年代图书情报事业和图书馆学、情报学、档案学、图书发行管理学等学科发展的产物，是当时武汉大学图书馆学系大发展的产物，也是“文华图专”传统的一种延续，是对“文华传统”的继承。

《图书情报知识》与文华图专时期的刊物一脉相承。1929年，武昌文华图书馆学专科学校成立。为了进一步推进图书馆教育，1930年1月20日，文华图专创立了《文华图书科季刊》，由沈祖荣先生亲笔提写刊名，并在第一卷第一号上发文《我对于文华图书科季刊的几点希望》。创刊伊始，《文华图书科季刊》社即提出，“本社以发表与介绍中外图书馆界同仁对于图书馆学学术之研究及心得，以资促进我国图书馆事业为宗旨”。1932年，《文华图书科季刊》又改名为《文华图书馆学专科学校季刊》，其宗旨也相应地调整为“以提倡图书馆学、促进图书馆事业、研究实际问题、解决应用方法为目的，不仅引起图书馆界同志研究之兴趣，并在普及民众之图书馆常识”。

从1929年1月至1937年7月，《文华图书科季刊》及改名后的《文华图书馆学专科学校季刊》共出版发行9卷，发表学术论文与译文304篇，内容涉及图书馆学与相关学科的理论研究、国外图书馆事业研究、图书馆历史研究、图书馆分类编目研究、图书流通阅览问题研究、参考工作研究等，还辟有专栏“英文之部”发表一些外国人的文章，加强期刊的国际影响。

20世纪30年代，《文华图书科季刊》及《文华图书馆学专科学校季刊》与当时中华图书馆协会主办的《中华图书馆协会会报》《图书馆学季刊》一起并称为民国时期三大图书馆学期刊，在国内外图书馆界具有重要而广泛的影响力。1937年，由于抗日战争爆发，学校迁址，《文华图书馆学专科学校季刊》遗憾停刊。

《图书情报知识》是《武汉大学函授辅导通讯》的恢复与更名。20世纪60年代前期，文华图专的后继者武汉大学图书馆学系，为了扩大图书馆学教学领域需要，出版了《武汉大学函授辅导通讯》，该“通讯”共出版6期。1966年又因历史的原因，刊物停办。1980年初，武汉大学图书馆学系恢复了图书馆学函授专修科教育，学员分布在全国10多个省、市、自治区，因此急需有一个刊物进行函授辅导和交流。从这一点说，《图书情报知识》是恢复原有刊物，但刊名改为《图书情报知识》。更改刊名主要是为了将刊物办成一个正式刊物着想。

《图书情报知识》是图书馆事业与图书馆教育发展的结果。20世纪70年代末至80年代初，武大图书馆学系处于蓬勃发展之中，1978年科技情报专业本科开始招生，档案专业在准备恢复招生之中，后又创办了图书发行专业。由于学校的中心任务是教学与科学研究，因此，师生需要有一条与国内外进行学术交流的渠道，学术研究成果需要有一个发表的园地，学术争鸣也需要有一个园地。这也是创办《图书情报知识》最重要的一个目的。

20 世纪 80 年代，中国图书馆事业蓬勃发展。特别是 1980 年 5 月 25 日，中共中央书记处第 23 次会议通过的《图书馆工作汇报提纲》就图书馆事业管理体制、新建图书馆等问题做出相应决定之后，大量发展起来的图书馆需要图书馆学知识、图书馆学理论、图书馆学专业人才，特别需要专业刊物、专业书籍，以指导工作和业务学习。在这种背景下，作为全国最早、最老的图书馆学教育与研究基地，武汉大学图书馆学系义不容辞地担起了传播图书馆学专业知识的重任，创办了《图书情报知识》刊物。

经当时图书馆学系领导研究，决定创办《图书情报知识》。计划分两步进行：第一步，1980 年试刊，以函授生为主要发行对象，内部发行，逐步扩大影响与订户；第二步待条件成熟，具有一定影响力、读者数量、稿源时，就申请转为公开发行的正式刊物。

1980 年经学校批准试刊到 1982 年底，3 年下来，《图书情报知识》办得很成功，发行量也很好。1983 年初，开始正式上报学校及国家有关机构审批转正。1983 年 12 月，经教育部、文化部等有关部门批准，《图书情报知识》获批正式出版。

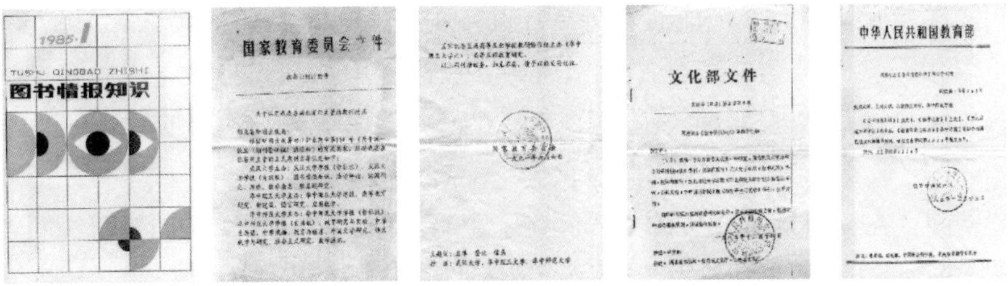

图 15-2　1983 年底的批文组图

(二)历史发展与成就

《图书情报知识》从 1980 年试刊算起，到现在，走过了 40 年的历程。其发展可概括为四个阶段。

第一阶段：1980—1983 年。

主编：张琪玉教授。

1980—1981 年为半年刊。主编张琪玉，编辑邹华享。每年出版 2 期，共 4 期。发行对象主要是本系师生和函授生，少量对外赠送。稿件主要来自本系师生与函授生。

1982—1983 年改为季刊。主编张琪玉，编辑罗紫初。每年出版 4 期，共 8 期。发行范围扩大到全国，稿件主要来自本系师生和函授生，也开始接收外稿。

这个阶段是《图书情报知识》的创刊和发展初期。创刊初始，刊物就注重涵盖系里所有专业，体现了当时图书情报一体化的发展趋势。刊物非常重视传播和普及图书馆学情报学的理论、历史、技术方法等知识。高等学校不仅要培养高层次的专业人才，还要向全国普及图书馆学情报学知识，以便某些有需要而又没机会脱产学习的工作人员能通过刊物获得一些专业的最新知识，这样有助于图书情报事业的发展。另外，刊物能以开放的眼光报道和介绍国内外学术研究的进展，如 1981 年第 1 期，以专号的形式发表了美国西蒙斯大学图书馆学情报学研究生院林瑟菲教授在武汉大学所作的《关于图书馆学情报学的专题报告》，这是一种请进来、传出去的方式。该期出版后，在美国产生了良好的影响。

第二阶段：1984—2001 年。

1984 年至 1987 年 7 月，主编：张琪玉教授。

1987 年 7 月至 1993 年 3 月，主编：黄宗忠教授。

1993 年 3 月至 1995 年 12 月，主编：乔好勤教授。

1996 年 1 月至 2001 年 12 月，主编：马费成教授。

1984 年《图书情报知识》报经教育部、文化部批准在国内公开发行。从 1984 年第 3 期起，由内部发行转由武汉市邮局公开发行，仍为季刊，但发行量迅速扩大，订户遍及全国各地，发行量曾高达 15000 份左右。1987 年 6 月张琪玉调往上海空军政治学院工作，由黄宗忠接任主编。张琪玉在从 1980 年至 1987 年任主编期间，为刊物的发展做了大量工作，使刊物逐步成长壮大，在他的主持下，共主编了 1～26 期。黄宗忠从 1987 年 7 月至 1993 年 3 月继张琪玉之后，兼任主编，主编了 27～49 期，共 23 期。从 1993 年 3 月至 1995 年 12 月乔好勤接任主编，主编了 50～60 期，共 11 期。从 1996 年起，马费成任主编。

在此期间，在编辑部工作过的有杨元生、黄莉、单波、汪华明、周黎明等同志。杨元生同志从 1984 年任专职副主编，王余光、邱均平也曾兼任副主编。

这个阶段是《图书情报知识》不断发展、壮大、扩大影响的时期。又可以分为两个阶段，1984 年至 1995 年，1996 年至 2001 年。

1984—1995 年。1984 年《图书情报知识》报经教育部、文化部批准在国内公开发行。从 1984 年第 3 期起，仍为季刊，发行量迅速扩大，订户遍及全国各地，发行量曾高达 15000 份，刊物的社会影响随之上升。

作为一所学校主办的刊物，《图书情报知识》在创办初期强调重点发表校内师生的研究成果，通过办刊充分调动师生科学研究的积极性，推动学科发展，并通过刊物进行专业思想教育，培养师生热爱图书馆、情报、档案、图书发行事业，传播和弘扬“文华”精神，这是刊物应尽的责任。如 1984 年第 2 期为庆祝文华图专第一届毕业生、当时任职外交部图书资料室和研究所图书馆的陈尺楼先生从事图书馆工作 60 周年纪念活动，刊发了钱其琛、韩念龙等同志在外交部举办的庆祝会上的讲话和陈尺楼先生撰写的体会文章，借机进行了一次很好的专业精神的教育，同时也提高了武汉大学图书馆学系的知名度。

对于刊物的发展来说，有市场有发行量，且有比较稳定的校内作者，是远远不够的。

在这个阶段，《图书情报知识》通过让校外专业人士广泛参与有关学科专业理论或主题的研讨，通过开辟经验交流性质的栏目，发表第一线工作人员的文章等方式和途径，努力使校外广大的读者参与关心刊物，不断扩大其影响力。

刊物提出了“集图书情报、信息管理、出版发行于一刊；融学术性、知识性、实用性、可读性于一体”的办刊方向，对于普及和推动国内图书馆学、情报学、档案学、图书发行学的研究起到了预想的作用，为专业人才的培养和学术争鸣提供了园地，为校内外学术交流提供了平台。为下一阶段刊物的发展打下了坚实的基础。

1996—2001 年。1996 年以后，学院进入一个学术大发展的时期。国际国内学术交流频繁，诸如，1996 年“信息资源与社会发展国际学术研讨会”召开，1997 年 3 月“第三届海峡两岸图书资讯学术研讨会”召开，2000 年 11 月“首届中美数字时代图书馆学情报学教育与发展国际研讨会”召开等。学院的教学水平、学术科研能力不断增强，巩固了其在国内及国际上的重要学术地位。1999 年 4 月，图书情报学院与新闻学院合并，成立大众传播与信息管理学院；2001 年 1 月，武汉大学信息管理学院成立；2001 年 4 月，教育部人文社会科学重点研究基地武汉大学信息资源研究中心成立等。这一系列学术行为，为刊物的发展提供了良好的学术背景，奠定了《图书情报知识》的学术地位，也使得刊物稳步地发展。学科和刊物形势共好。

第三阶段：2002—2012 年。

主编：马费成教授。

2002 年开始，《图书情报知识》由季刊改为双月刊。主编马费成，副主编杨元生(常务)、邱均平。从 2004 年起周黎明接替杨元生任专职副主编，李明杰任编辑。

2002 年后，刊物由季刊改为双月刊，信息量有了很大增加，栏目设置也更加丰富，有“图书馆、情报与文献学研究”“信息资源管理”“出版发行理论与实践”“知识组织与信息服务”“信息技术应用”“电子政务与电子商务”“教育研究”“学术探索”等，并推出了“博士论坛”这一国内同类刊物中独有的栏目，在国内产生了良好的反映。

2004 年第 4 期，恰逢《图书情报知识》创刊第 100 期，也正逢编辑部编审人员新老交替之际。编辑部考虑，新形势下，图书情报学科的发展也进入一个新的转型时期，刊物不仅要反映时下学科发展的状况，还应该反映世界范围内学科发展的前沿，起到引领学科发展的学术作用。为此，刊物针对原有栏目设置过于分散、学科特色不够突出的一些缺陷，进行了较大幅度的调整。由此，刊物呈现出了一个期刊形式、栏目设置较稳定，期刊载文的学术水平不断提高的新状态。

明确办刊宗旨。《图书情报知识》明确提出了“关注公众知识状态，引领学科发展潮流”的办刊宗旨，倡导“以人为本”“理论联系实践”的办刊理念。提出“关注公众知识状态”，初衷在于从图书馆事业来看，图书馆不仅仅为科研服务，更重要的是面向民众，向广大读者开放。“引领学科发展潮流”的含义，在于专业学术刊物不仅是专业知识交流传播的渠道和平台，更应该能反映某一专业的研究水平，也应承担引领这个专业的研究方向的责任。

完善了编辑部的组织结构。2005 年初，《图书情报知识》成立了编委会。编委会由本领域全国各地及国外院系研究所的知名学者担任，借助他们的学术优势和学术影响来提升刊物的学术地位，使得刊物的学术性和国际化提升了一个档次。

原有刊物的栏目融合、贯通为三大块："图书、文献与交流""情报、信息与共享""知识、学习与管理"。其目的一是表征图书馆学、情报学在漫长的研究过程中不断从文献单元深入到信息单元，再由信息单元升华到知识单元，也表征着数字时代我们正在从文献信息组织和服务走向知识组织和知识服务；二是紧扣了《图书情报知识》的刊名。在推出这三大栏目的同时，保留"博士论坛"这一精品栏目，并适时推出了"专题研究""名家专论"这两大栏目。这三个栏目各有分工，侧重点各有不同，让刊物有了较大的纵深和空间，也是刊物从知识普及性刊物向研究性、学术性刊物转变的重要举措。为了抢救文华图专史料，弘扬文华精神，刊物从 2007 年始，推出"文华情怀"栏目，受到了社会关注。2008 年、2009 年，配合学院的"一级学科论坛"和"国际研究院"工作的开展，《图书情报知识》开设"学科前沿"栏目，及时追踪刊登论坛中的名家报告，扩大论坛的学术影响。

期刊的网络化平台建设。刊物的生命力在于作者与读者。2008 年，《图书情报知识》更新了网站，开通在线投稿、审稿，更高效地实现了作者、读者之间的双向交流。投稿数量明显增多，也为期刊的网络化国际化发展打开了思路。

在期刊出版形式和著录规范方面，《图书情报知识》严格执行有关学术期刊的编辑规范，对论文标题、目录、图表、注释及参考文献等均进行规范化编排，标点、符号、数字及计量单位等书写编排格式均要符合国家颁布的最新国家标准。尊重知识产权，杜绝违反知识产权事件的发生，这将为刊物的国际化创造良好的条件。

严格遵照"三审三校"的出版规范，严格校对的次数和质量，使刊物的内文差错率低于规定的标准。2006 年度，《图书情报知识》被评为湖北省"省优产品"。应该说，改版以来，刊物形式和印刷质量均得到了很大程度的提高。

第四阶段：2012 年至今。

主编：陈传夫教授。

2012 年，《图书情报知识》获得国家社会科学基金期刊资助，成为图情档学科三本获得资助的期刊之一。主编陈传夫教授，副主编周黎明(常务)、邱均平。从 2017 年起由宋恩梅接替周黎明任常务副主编，丁念任编辑。

刊物获得国家社科基金期刊资助后，期刊地位得到进一步提高，办刊经费方面有了更有力的保障，开阔了办刊思路，在期刊质量上也更加精益求精。

刊物加强了选题和专题策划。根据全国哲学社会科学规划办公室的指示精神，为充分发挥国家社科基金期刊学术研究阵地、意识形态阵地作用，更好地服务党和国家工作大局，《图书情报知识》自 2018 年起结合期刊学术研究领域特点，专门开设了"研究阐释党的十九大精神""构建中国特色哲学社会科学"专题专栏。结合学科热点和前沿，开设了

"在线知识付费平台""跨学科研究模式与特征""科研数据利用与服务"等专题。2019 年，在"彭斐章先生学术思想研讨会"召开之际专门刊发了"彭斐章先生学术思想研讨"专稿。

在延续"图书、文献与交流""情报、信息与共享""知识、学习与管理"等常设栏目的基础上，根据学科发展和刊文需求新设了栏目，如学术讲座、学科史研究、会议纪要。"学术讲座"刊发学者学术讲座和报告的整理稿，力求反映最新的学术研究成果动态；"学科史研究"关注学科研究的传统领域，为继承学科优秀成果和传统助力；"会议纪要"报道学科领域重要和前沿的学术会议。同时，进一步突出"专业教育""博士论坛"等特色栏目的特点。

增强和提升刊物的国际显示度和影响力。2013 年 7 月，刊物与著名出版公司 Springer 签署出版英文版丛书 *Library and Information Sciences*(*LIS*) : *Trends and Research*(《图书情报学研究趋势》)协议，以 OA 和纸版两种形式出版，受到国际学术界广泛的关注。充分依托"学科前沿"栏目，刊发国外学者的研究成果，如美国著名情报学家北卡罗来纳大学信息管理学院院长 Gary Marchionini 教授、丹麦著名情报学计量学家 Ronald Rouss 等。2019 年起，刊物开设了专栏——"全球 iSchools 院长专访系列"(Interview with Global iDeans)，邀请全球知名 iSchools 院长做客专栏，畅谈 LIS 学科现状及展望、研究热点和前沿等话题，以期为大家提供全球视野下的 LIS 发展图景和认知，并进一步推动 LIS 及相关学科的深度研究。

刊物除了刊发高质量学术研究成果之外，也积极参与和组织各种学术活动，充分发挥期刊在学术交流生态系统中的链接功能，并积极助力学院学科发展。2013 年 5 月，召开专题"学科趋势与期刊建设"研讨会，邀请国内多位专家、学者共商学科发展和期刊建设大计。为贯彻落实国家高等教育改革和提高高等教育质量的精神，进一步探讨研究型大学本科教育的定位和目标，继续深化本科教学改革，促进本科人才培养质量的提升。2015 年 5 月，编辑部配合学院，组织了全国各兄弟院校、研究院所的知名专家学者，以及我院各系所主任及相关教授等，召开了学院"十三五"学科建设与发展规划专题学术讨论会。来自本领域全国最知名的院系及研究机构的十多位专家学者畅所欲言、互通有无，就"十三五"学科建设与发展规划建言建策，为本学科未来 3—5 年的规划与发展奉献了各自所代表的院系所的思路与做法，实现了本学科规划与发展的高层次的交流和智慧碰撞。座谈会的发言稿《智慧的交融 有益的启示：武汉大学信息管理学院"十三五"学科建设与发展规划专题讨论会》在 2015 年第 4 期的刊物上刊发。2017 年 3 月，期刊协助学院筹办国际顶级信息学院联盟 2017 年会——iConference 2017，并在刊物上以专稿形式分两期刊发了会议综述，扩大了此次会议的影响力。此外，期刊还组织举办了"文华"系列学术沙龙和专题研讨会，如"外文学术期刊在中国学术交流中的作用""'林墨'来了""浮现中的数字学术：社交媒体与学术成果传播""多学科视角下的信息检索与人机交互"等。

进一步规范流程，实行期刊全面质量管理。2013 年 3 月，购买并启用马格泰克投稿编审系统，拓展了刊物网站功能，加大在线投稿编审系统建设的投入，进一步加强读者、编者、作者之间的网络交流。2018 年 4 月，建成并启用外审专家库，进一步规范了双盲外审的流程。2019 年开始启用了论文格式新模板，期刊网站和投审稿系统进行了升级。

积极采取举措提升刊物的传播力。2013 年 12 月，刊物入会 CNKI 中国知网的“国际 DOI 中国注册与服务中心”，2014 年第 1 期，首次并长期标注在 CNKI 注册的 DOI 号码。2018 年，期刊与 CNKI 中国知网签署网络首发协议，并与维普、万方等签署了数据库收录协议。2017 年底，期刊官网实现公开获取（OA），同时采用邮件推送期刊原文。2018 年 10 月，期刊公众号开通。在知识产权许可的范围之内，刊物尝试打造一个纸刊、期刊官网、公众号、邮件、学术社交平台等共同组成的全媒体矩阵，力求为学者带来更好的期刊阅读和学术研究体验，扩大在学术圈以及社会受众中的影响力。

刊物在评价系统中的表现稳中有升。连续入选《北大核心期刊要目》（2014 版、2017 版）、《中国社会科学引文索引（CSSCI）来源期刊目录》（2012—2013、2014—2016、2017—2018、2019—2020）。被中国社会科学评价研究院评为“2018 年度中国人文社会科学期刊 AMI 综合评价”A 刊权威期刊。在中国知网“中国学术期刊影响因子年报（人文社会科学）”中，刊物的影响因子排名稳中有升。人大复印报刊资料转载数量保持稳定，综合指标排名位列 2~3 名。

今后，《图书情报知识》将继续秉承“关注公众知识状态，引领学科发展潮流”的办刊宗旨，依托武汉大学信息管理学院的学科地位与优势，进一步提升刊物在图情档一级学科及相关学科的学术影响力。继续强化专题策划和专稿组织力度，加强针对高端学者高端稿件的定向约稿，努力吸引国际稿源，进一步提升刊物的刊文质量。积极组织和参与各项学术活动，深入高校和科研机构与作者、读者进行交流，做好作者/读者关系管理。进一步打造期刊全媒体宣传推广平台，增强用户期刊阅读和学术研究体验，进一步提升刊物的整体形象和影响力。

（参考：黄宗忠.《图书情报知识》出刊百期有感[J]. 图书情报知识，2004(04)）

（周黎明、宋恩梅）

二、《出版科学》

（一）刊物概述

《出版科学》(*Publishing Journal*)（ISSN 1009-5853，CN 42-1618/G2），主办单位湖北省编辑学会和武汉大学，出版单位武汉大学信息管理学院，主管单位湖北省新闻出版局。现任主编方卿，副主编黄先蓉。名誉主编周百义。

《出版科学》1986 年试刊，1993 年正式创刊，2000 年拥有正式刊号，2006 年 8 月由武汉大学信息管理学院承办至今。

有独立域名网站，域名于2018年由www.cbkx.com更改为cbkx.whu.edu.cn。论文全文实时上载。日访问量约980人次，访问地区覆盖全国95%的省、自治区、直辖市，以及美、英、日、荷兰等37个国家和地区。

2007年第1期开始，刊物由16K改版成大16K，页码由80页逐次增加为96页、112页、128页。按照国家相关标准及规范，增加英文目录、英文摘要、中图分类号等要素，注释与参考文献格式按照国家标准规范著录。刊物固定栏目10个："专论·特约稿""博士论坛""编辑学·编辑工作""出版学·出版工作""发行学·发行工作""多媒体·数字出版""港澳台出版·国外出版""出版史·出版文化""品书录""消息·书讯"。

(二)创刊缘起

20世纪80年代前期，编辑学、出版学研究兴起。1980年《出版工作》发表了陈仲雍的文章《科学地编辑和编辑的科学》，作者在该文中设想了一个编辑科学的体系。同年，余也鲁撰著的《杂志编辑学》由香港海天书楼出版。1982年，中国人民大学出版社出版了《报纸编辑学》。这几年是编辑学、出版学研究的兴起阶段。

1983年和1984年是编辑学、出版学研究的勃兴阶段。以1983年中国出版工作者协会召开的首届出版研究年会(广西阳朔年会)为契机，掀起了研究热潮。全国254位作者为年会写出247篇论文，其中论述编辑工作的有132篇。会上宋原放作了《迫切需要建立社会主义出版学》的发言。同年，武汉大学在新华书店总店支持下创办了出版发行专业。1984年7月25日，胡乔木致信教育部，提出"编辑之为学，非一般基础课学得好即能胜任"，希望"促成这个专业(或编辑、新闻专业)的诞生"。此后，胡乔木在1986年1月4日同浙江省出版部门负责人谈话时又说："大学办出版系，是我提的建议。不要办那么多的新闻系，要办出版系。"(《胡乔木谈新闻出版》)。由此，北京大学、南开大学、复旦大学办起了编辑专业。1984年9月，《内蒙古社会科学》举办了有两百余人参加的编辑学与编辑业务讲习班，一批知名编辑家如戴文葆等在讲习班上讲授了编辑学与编辑史。

1985年6月，中国出版发行科学研究所成立后，湖北省新闻出版局受该所领导之托，派胡光清去北京协助工作。当时，该所正在筹办重庆会议，胡光清全力以赴参与会议各项工作。会议结束后，胡光清向湖北省局领导建议，适应全国出版科学研究热潮创办一专业期刊，鉴于出版发行科学的提法不甚确切，拟取刊名为《出版科学》。省局和省版协同意这一建议，请胡光清同郑津舟(时任湖北科学技术出版社社长)、田胜立(时任湖北省出版总社社长助理)、孙天赦(时任湖北省出版印刷技术研究所所长)组成筹备小组。

在筹备小组努力下，很快出版了试刊。刊名请国家出版委员会主任、中国出版工作者协会主席王子野题写。栏目设计了"专论·特约稿"和"出版学·出版工作"双名栏目，显示了《出版科学》的栏目特色，并为以后创刊打下了基础。

试刊出版后，由于人员、经费、编制等均未落实，办刊人员都是兼职，胡光清本职工作任务很重，出了一期就停下来了。过了7年，才又重新创刊。

1992年中国编辑学会成立，蔡学俭从湖北省新闻出版局领导岗位退居二线，当选为中国编辑学会副会长。同年，湖北省新闻出版局批准成立湖北省编辑学会筹备组，《出版科学》作为会刊重新创刊的任务提上日程。1993年，湖北省编辑学会成立，蔡学俭被推选为会长兼会刊主编。在省局支持下，有了办公场所、设备、经费和固定工作人员，从当年起，《出版科学》以内刊形式出版。

《出版科学》1993年第1期的《卷首语》中，这样说明了《出版科学》的办刊宗旨："本刊的宗旨和任务是：以建设有中国特色社会主义的理论为指导，开展编辑理论和编辑工作的研究。取名《出版科学》，是与试刊保持连续性，也因为它是出版界老前辈王子野题写的刊名，还因为编辑工作是整个出版工作的重要组成部分，编辑研究离不开对其他出版工作的研究，又会促进出版事业的发展。在社会主义市场经济条件下，更是如此。同时，不想与兄弟刊物如《编辑学刊》《编辑之友》等在刊名上有较多重复……"

"刊物既然办了，就要办出特色，缺乏特色或个性等于平庸，我们自然不甘于平庸。本刊力图使内容贴近实际，在'新'字上下工夫，就是要反映新形势下出版工作的新情况、新问题，研究出版界关心的热点和难点，文章要有新意，作者要有新人，版面设计要有新风格，刊物要有新面貌。"

（三）历史沿革及发展成就

依据刊物的阶段性发展情况来看，《出版科学》可分为试刊及内刊时期的初创阶段、拥有正式刊号的辗转发展阶段和刊物进入武大信管院稳健发展三个阶段。

第一阶段：试刊及内刊时期的初创阶段

试刊：1986年　　　　主编：胡光清

内刊：1993—1999年　主编：蔡学俭　季刊

这一阶段《出版科学》主要的学术成果有以下方面。

一是关于英山毕昇墓碑的讨论。活字印刷术发明者毕昇生平一直无考，出生何地史料亦无记载。1990年，英山县草盘地发现毕昇墓碑，由此引发了此墓碑是否活字印刷术发明者毕昇墓碑的学术争论。《出版科学》为此组织讨论，从1994年至1996年刊发了十多篇不同意见的文章，在此基础上于1996年12月在英山举行了由中国编辑学会、中国印刷技术协会等6家联合召开的英山毕昇墓碑研讨会，持不同意见的近21位专家与会。经过在英山实地考察论证，会议取得共识，认为在没有新的考古文物出现以前，应该认为此墓碑为活字印刷术发明者毕昇的墓碑。为此，毕昇被定为湖北英山人，墓碑复制件及相关文物进入中国印刷博物馆陈列。英山由此成为毕昇故里，相应地促进了英山经济的发展。

二是关于印刷术"起源于韩国说"的讨论。韩国某些学者为争夺印刷术发明权，长期坚持雕版印刷术起源于韩国，为此多次召开国际会议，要求联合国承认。《出版科学》意识到这是出版界的一件大事，在英山毕昇墓碑讨论取得阶段性成果后，从1997年起，组织全国出版印刷史专家潘吉星、肖东发、戴文葆等发表长篇文章，引据最新考古文献和日本、韩国等国学者论点，有理有力有节地对印刷术“起源于韩国说”进行了反驳。多篇文章为《新华文摘》和《中国出版年鉴》摘发。

第二阶段：拥有刊号后的辗转发展阶段

2000—2003 年　　主　　编：王建辉　　季刊
　　　　　　　　执行主编：蔡学俭

2004—2006 年第 4 期　　主　　编：王建辉　　双月刊
　　　　　　　　执行主编：贺剑锋

《出版科学》从试刊到成为正式出版物，由于先天缺少出版条件，发展至今，共经历了 16 任出版单位，经历可谓辗转(见表 15-1)。

表 15-1　　**《出版科学》1986—2019 年出版单位列表**

序号	出版单位	主管单位	主办单位	出版刊期	出版刊期数量
1	湖北科学技术出版社	/	湖北省出版工作者协会	1986 年试刊 1994 年第 3 期 1999 年第 1 期	3
2	湖北少年儿童出版社	湖北省新闻出版局	湖北省编辑学会	1993 年第 1 期 1997 年第 1 期	2
3	湖北教育出版社	湖北省新闻出版局	湖北省编辑学会	1993 年第 2 期 1997 年第 2 期	2
4	湖北人民出版社	湖北省新闻出版局	湖北省编辑学会	1993 年第 3 期 1996 年第 1 期	2
5	华中理工大学出版社 (华中科技大学出版社前身)	湖北省新闻出版局	湖北省编辑学会	1993 年第 4 期 1997 年第 4 期	2
6	武汉大学出版社	湖北省新闻出版局	湖北省编辑学会	1994 年第 1 期 1996 年第 4 期	2
7	华中师范大学出版社	湖北省新闻出版局	湖北省编辑学会	1994 年第 2 期 1998 年第 1 期	2
8	湖北美术出版社	湖北省新闻出版局	湖北省编辑学会	1994 年第 4 期 1998 年第 4 期	2
9	武汉出版社	湖北省新闻出版局	湖北省编辑学会	1995 年第 1 期 1997 年第 3 期	2

续表

序号	出版单位	主管单位	主办单位	出版刊期	出版刊期数量
10	长江文艺出版社	湖北省新闻出版局	湖北省编辑学会	1995 年第 2 期 1998 年第 3 期	2
11	武汉工业大学出版社 （武汉理工大学出版社前身）	湖北省新闻出版局	湖北省编辑学会	1995 年第 3 期 1999 年第 3 期	2
12	武汉测绘科技大学出版社	湖北省新闻出版局	湖北省编辑学会	1995 年第 4 期 1998 年第 2 期	2
13	中国地质大学出版社	湖北省新闻出版局	湖北省编辑学会	1996 年第 2 期 1999 年第 4 期	2
14	湖北辞书出版社	湖北省新闻出版局	湖北省编辑学会	1996 年第 3 期 1999 年第 2 期	2
15	湖北长江出版集团	湖北省新闻出版局	湖北省编辑学会	2000 年第 1 期 ~ 2006 年第 4 期	28
16	武汉大学 信息管理学院	湖北省新闻出版局	湖北省编辑学会 武汉大学	2006 年第 5 期 ~ 至今	83

注：表 15-1 内数据截至 2020 年 6 月。

这一阶段《出版科学》主要的学术成果有以下方面。

一是《图书编辑工作基本规程》。由中国编辑学会委托湖北省编辑学会编写，蔡学俭执笔。全国出版专业职业资格考试办公室编入《有关出版法律法规选编》，作为考试用书之一。中国标准出版社 2002 年新版《作者编辑常用标准及规范》也编入了此文件。

二是《编辑学理论纲要》（阙道隆编写）。此文是编辑学会重要课题，是迄今为止编辑学理论研究的阶段性成果，是编辑学各派学者取得基本共识的理论结晶。全文 6 万字，《出版科学》于 2001 年第 1、2 期发表，在全国出版界和高校出版专业引起很大反响，在会刊网站上经常被下载。

三是《出版科学年评（1980—2000）》（武汉大学出版科学系和《出版科学》编辑部合编）。这是 2002 年《出版科学》的增刊。改革开放以来，编辑出版学研究取得很大进展，高校设置编辑出版学专业越来越多，而《年评》尚是空白，于是刊物组织湖北和全国出版专家编写了这本总结编辑出版学研究成果的二十年年评。《年评》同样引起很大反响。

四是全国出版专业职业资格考试辅助教材。这套教材分初级、中级两类。初级分《出版专业理论与实务》的审稿定稿工作。2003 年，新闻出版总署把初级两本的编写修订定稿任务，都交给湖北省新闻出版局和湖北省编辑学会。两本教材的编写任务顺利完成，受到新闻出版总署的肯定。

五是出版论文选辑《点击〈出版科学〉》。该书约 60 万字，于 2003 年 6 月由崇文书局出版发行，这是《出版科学》自 1993 年创刊十年来发表论文的选辑，包括王益、王仿子、宋木文、刘杲等出版界老前辈和专家学者以及一批出版科研新秀的论文，共 75 篇。

第三阶段(武汉大学信息管理学院出版阶段)：转型为学术期刊后得到稳健发展

2006 年第 5 期至今　主编：方卿副主编：黄先蓉　双月刊

2006 年以后由武汉大学信息管理学院出版，武汉大学与武汉大学信息管理学院为刊物的出版提供了良好的办刊环境、人员支持、学术支撑，在刊物建设和投入上作了大量基础性及拓展性工作，《出版科学》由此迈向稳定与发展的方向，从我国编辑出版学领域近 20 种学术期刊中脱颖而出，凭借其质量与特色，成为国内编辑出版学领域的品牌学术期刊。

1. 刊物在信管院的建设及投入工作

《出版科学》自 2006 年转入信息管理学院出版以来，学院对其进行多方投入，包括编辑部常设人员安排、编委会建设、期刊发展再定位、学术规范建设、作者队伍再建设、编审制度建设、传播网络建设、团队风采及推广交流建设，信管院为其提供稳定的办公环境。

(1)编辑部常设人员安排

《出版科学》编辑部设专职编辑 1 位，其余人员力量通过出版科学系教师兼任兼职编辑的形式进行补充，先后有黄先蓉、徐丽芳、张美娟、姚永春、吴永贵、朱静雯、许洁、王晓光任兼职编辑，王清兼任法律顾问。2006 年由吴赟担任全职编辑，吴赟博士毕业就职于浙江大学后，2007 年第 1、2 期，由出版科学系姚永春副教授担任全职编辑。自 2007 年第 3 期开始，由杨丹丹任全职编辑至今。主编方卿、副主编黄先蓉任职至今。

(2)顾问委员会、编辑委员会建设

2007 年第 1 期，《出版科学》一方面进行版式、学术规范、定位以及栏目设置上的全新改版，同时按照国际通行的学术期刊运行规则，成立编委会和顾问委员会。首届顾问委员会成员由老一辈国内知名的编辑出版家王益、王仿子、许力以、宋木文、刘杲、伍杰、袁亮、蔡学俭、邱久钦、王建辉、黄国钧以及海外知名的出版领域的国际学者李钟国(韩国)、谢尔曼·拉斯金(美国)、保罗·理查森(英国)、乌苏拉·劳滕伯格(德国)组成。首届编辑委员会成员则由周百义、罗紫初、黄凯卿、吴平、万荣水(台湾)、方卿、王世钧、王余光、王清、乔东亮、朱建纲、朱静雯、张志强、陈庆辉、陈锦涛、周蔚华、练小川(美国)、范军、郝振省、黄先蓉、谢新洲、雷绍峰组成。顾问委员会和编辑委员会在成立之初就实现国际化。后经过人员故去自然调整和荣誉主编的任命，编委会主任调整由范军担任，其他基本无变化。

刊物顾问及编委会成员在贡献优质稿件、推荐优质稿件等方面为期刊的发展作出了相当程度的贡献。

《出版科学》编辑部每逢阳历新年前后，会给国内顾问及编委函寄贺岁卡(2015 年开始定制台历)，以示对专家贡献的感谢。此一传统从 2007 年开始，坚持至今。

(3)期刊再定位

《出版科学》在信息管理学院出版以前，属于行业性期刊，其特点有三：一是刊发文章的作者以出版社从业人员为主；二是文章选题多切中实际，有感而发；三是文章重内容轻形式。刊物此前声誉好，但仅限于声誉而无法得到政府主管以及社会期刊评价体系的肯定。

进入信管院出版后，自 2007 年第 1 期开始，《出版科学》进行全新调整，包括：刊物明确定位为学术期刊，以发表学术论文为主，兼顾行业从业人员研究成果；全面建立学术规范，包括英文摘要、英文关键词、文后参考文献著录等，并成为当时编辑出版学领域学术规范建设最为标准的期刊；重新设计封面、版式；重新调整栏目，进行栏目再设置。刊物整体形象焕然一新。

(4)期刊规范建设

期刊在学术规范上不断完善，逐渐建立了一整套从投稿到发稿的学术规范，包括：2012 年开始，率先在编辑出版学领域建立在线投稿系统(玛格泰克)，稿件统一从在线投稿系统投稿；投稿时，稿件需在中英文摘要等规范上达到基本要求；稿件入库前，统一进行查重处理，查重超过 20%，不予以入库；审稿经过专职编辑初审、栏目责编审稿/部分稿件送外审、定稿会后才能录用；作者一年度以内仅能在《出版科学》上刊发 1 篇文章，署名 1 次；一篇文章作者不得超过 3 个(调查报告除外)；作者完成投稿后，不同意修改作者署名。

上述规范有效避免了学术不端事件，据中国知网年报显示，2016 年、2017 年、2018 年、2019 年均未出现严重疑似学术不端文献。

(5)作者队伍建设

图 15-3 显示了 2007 年以来，《出版科学》的重要发文机构遍布 39 个湖北省内外高校、大型出版集团、知名出版社等机构，作者队伍已经走出湖北，分布于全国重点编辑出版机构和科研院所。其中，发文数量前 5 的机构分别为：武汉大学、南京大学、华中师范大学、河南大学和北京大学。武汉大学作为研究力量雄厚的科研机构和高校单位，发文数量占据绝对优势。

《出版科学》在自身发展过程中，也为武汉大学编辑出版学、新闻传播学的学科发展和人才建设作出了重要贡献。

(6)编审制度建设

《出版科学》编辑部有着编校制度严格的优良传统，每期刊物均严格执行三审三校制

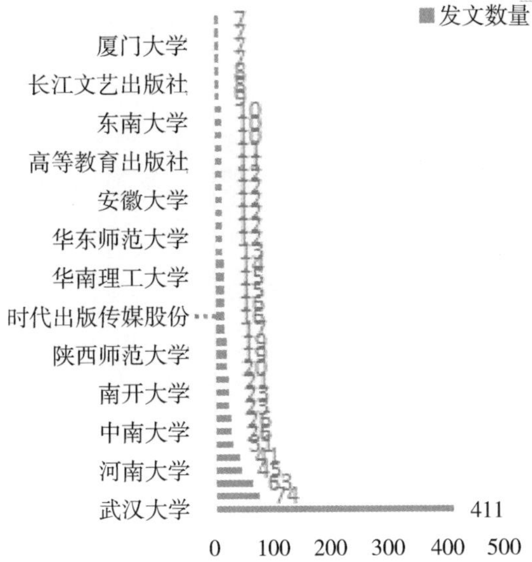

图 15-3　《出版科学》作者队伍建设

度。2016 年武汉大学社科院开展了文科期刊质量诊断活动，从三审制加以改进和调整，增加了定稿会环节。每期定稿会上，主编列席，由每位栏目责编分述用稿理由；会议统筹和调整栏目刊发文章，使整期文章更具条理；同时将过长或表述过于简单的标题进行润色、调整，增强文章的学术风格。

在 2017 年武汉大学人文社科类学术期刊质量审读活动中，《出版科学》编校质量优秀，无编校差错。

定稿会制度实施后，刊物文章整体学术性更强，进一步强化了刊物严谨的学术风格。根据中国知网显示，《出版科学》2017 年、2018 年、2019 年刊载文章的期刊综合影响因子逐年提升。

(7)传播网络建设

2012 年《出版科学》通过自建网站实施开放获取，已初步建成全文获取单刊数据库，获 DOAJ 收录；2015 年底开通微信公众号(cbkx_wx)，二次传播刊物优质内容，进一步满足读者的个性化阅读需要，目前微信公众号关注人数超过 3990 人，覆盖了国内编辑出版学领域大部分研究人员群体；2017 年首创向全国 20 余所 985/211 高校的编辑出版学专业教师免费推送当期目录、摘要以及全文；2018 年积极参与中国知网的“网络首发”示范项目；2020 年 6 月开通小程序阅读。

(8)团队风采及推广交流建设

为提高团队凝聚力，《出版科学》编辑部结合实际情况，将每年春节集体拜访、看望期刊顾问蔡学俭先生作为传统坚守下来，成为一年一度的传统团队建设活动。

图 15-4　编辑部集体看望刊物顾问蔡学俭局长

为刊物在新传播环境下积累和提升学术影响力，《出版科学》保持每年 1～2 次的频率进行交换广告、刊登广告、学术支持等学术交流形式：2017 年、2018 年、2019 年前往中科院文献情报中心、南京大学、南京农业大学等兄弟院校对刊物进行面对面推广，2018 中国智库治理暨思想理论传播高峰论坛学术支持、2019 年 6 月华中农业大学乡村传播高端论坛协办、2019 年 7 月四川大学中国编辑出版青年学者论坛协办、2019 年 7 月第三届新闻出版智库高峰论坛协办、2019 年 8 月十四届海峡两岸华语出版论坛学术支持等。

2. 武大人文社科院的刊物管理及成绩肯定

2016 年，武汉大学人文社科院开展人文与社科类学术期刊质量诊断活动，为《出版科学》及校内其他人文社科类学术刊物及时把脉，发现《出版科学》在 2011—2015 年间的高被引文献持续走低、零被引文献持续上升、低下载量有上升趋势。不良的发展趋势引起了信管院和编辑部的高度重视。

信管院领导班子全员出席期刊质量会议，《出版科学》编辑部及时制定期刊质量提升计划。信管院及时给予编辑部人力上的支持，允许从学工处长期保留 1 位助学岗位留作《出版科学》辅助性工作使用；同时，编辑部及时召开在汉编委座谈会，共议编校质量提升策略；及时通过微信公众号开展读者互动，了解《出版科学》在读者群体中的定位与印象；在审稿环节中增加定稿会环节；通过邮件向国内 985/211 高校编辑出版学教师推送《出版科学》当期全文；通过积极申报 DOAJ 收录提升期刊的国际显示度等。

此外，采纳质量诊断会议上提出的减少非学术性文章的登载量，自 2017 年起，所有非学术类文章如各类消息一律不刊发，要求中国知网删去广告页以保留有效文献数量。

上述举措带来的效果较为明显。刊物是校内有限几种连续四年被武汉大学人文社科院作为优秀期刊资助的期刊之一。

图 15-5　2016 年期刊质量诊断会

3. 办刊成绩

（1）二次文献全文转载

2007—2019 年，《出版科学》被《出版业》全文转载 126 篇，远超 2007 年以前共计转载 21 篇；在全国编辑出版学领域同期全文转载数量中位居第 5；转载率位居第 2，被南开大学、陕西师范大学等高等院校在科研成果认定中列为权威期刊。其中，发表于《出版科学》上、作者机构系武汉大学的论文被全文转载 27 篇。

（2）核心期刊收录

《出版科学》于 2008 年被 CSSCI 收录，并连续收录至今。历次排位情况如下：10/15（2008—2009 年版）、9/15（2010—2011 年版）、9/15（2012—2013 年版）、8/15（2014—2016 年版）、12/15（2017—2018 年版）；2011 年被全国《中文核心期刊要目总览》收录，并连续收录至今，历次排位情况如下：7/12（2011 年版）、5/12（2014 年版）、7/11（2017 年版）。2018 年被中国社科院中国人文社会科学期刊评为 A 刊核心期刊。至此，国内所有权威期刊评价体系，《出版科学》已被悉数收录。

（3）论文主要获奖情况

2019 年，徐丽芳、曾李撰写的《数字叙事与互动数字叙事》荣获“第七届中华优秀出版物（出版科研论文）奖”。

2018 年，王晓光、宋宁远撰写的《语义出版物的内容组织架构研究：基于纳米出版物和微型出版物的比较分析》获“第二届全国编辑出版学优秀论文”。

2017 年，徐雷撰写的《语义出版应用与研究进展》、陈宁撰写的《美国儿童绘本出版中的性别理念研究：兼论国内儿童读物中性别教育的缺失》获“首届全国编辑出版学优秀论文”。

2012年，李文邦撰写的《论高校去行政化及其对高校出版社体制改革的影响》获“第四届中华优秀出版物奖”出版科研论文奖；姚永春、戚馨撰写的《数字学术期刊质量控制的PDCA循环》在2012全国新闻出版业网站年会中被评选为“2012年度互联网与数字出版优秀论文奖”；林姿蓉撰写的《欧美科技论文网络共享的版权保护模式》在2012全国新闻出版业网站年会中被评选为“2012年度互联网与数字出版优秀论文奖”。

2010年，周奇撰写的《编辑阅读与校对阅读比较研究》、林穗芳撰写的《冒号和比号的体式及其应用问题》、周百义撰写的《民营书业发展要迈的三道“坎”》获“第三届中华优秀出版物(全国出版科研论文)奖”。

2008年，方卿撰写的《论出版产业链的基本属性》、黄先蓉撰写的《论编辑出版学专业的培养目标与学科建设》获“第二届中华优秀出版物(全国科研论文奖)”。

(4)期刊及团队荣誉

2015年，《出版科学》获“第九届湖北省优秀期刊奖”，方卿获“第五届优秀期刊工作者奖”，杨丹丹获“第五届期刊新人奖”；2017年，《出版科学》获“第十届湖北省优秀期刊奖”，方卿荣获“第三届湖北出版政府奖”，黄先蓉获“第六届优秀期刊工作者奖”，杨丹丹获“第六届期刊新人奖”；2018年，方卿荣获“第二届湖北文化名家(新闻出版界)”称号，杨丹丹获“武汉大学首届人文社会科学类学术期刊优秀编辑”荣誉称号。

经过上述大量基础性工作的投入与积累，刊物获得了长足发展。尤其在核心期刊收录上，《出版科学》陆续被CSSCI、北京大学全国中文核心期刊要目总览、中国社科院中国人文社会科学期刊评委A刊核心。连续11年被人大复印报刊资料授予“重要转载来源期刊”；2015年、2017年被评为“湖北省优秀期刊”；2017—2020年连续四年荣获武汉大学人文社科院优秀期刊资助；2018年被国际知名开放获取期刊索引DOAJ收录；数篇论文获“中华优秀出版物奖(科研论文奖)”及其他全国性行业奖项；在读者群体中收获了办刊态度严谨、学术内容前沿等肯定和赞誉。

(四)未来发展

循着一代老出版人优秀的编辑传统，《出版科学》未来蓝图的描绘需要我们为之全心付出。既要遵循编辑部传承下来的各种优良传统，如尊重作者、严格遵循三审三校制、按时保质出刊、编校质量要求严格；同时，在新的发展环境下，我们还要为《出版科学》做到这些：

努力探索学科前沿，让《出版科学》成为出版学领域的学术领航刊物；

加强刊物同行交流，让《出版科学》踏踏实实地一步一个脚印地稳健前行；

全力做好服务工作，为《出版科学》迎来和保持最优秀的作者！

(方卿、杨丹丹)

三、《信息资源管理学报》

（一）期刊概况

《信息资源管理学报》（英文刊名：*Journal of Information Resources Management*，简称JIRM），2011年6月正式创刊，季刊，国际刊号ISSN 2095-2171，国内刊号CN42-1812/G2，邮发代号：38-544，国内外发行。期刊网址为：http：//jirm. whu. edu. cn。

《信息资源管理学报》是中华人民共和国教育部主管，武汉大学主办，武汉大学信息管理学院和武汉大学信息资源研究中心承办的我国信息资源管理领域内第一份与学科名称相同的学术期刊。

自创刊以来，《信息资源管理学报》一直坚持“立足学科，服务行业”的办刊宗旨，“侧重信息资源管理领域理论研究，强调信息资源内容研究，成为国内外信息资源管理学术交流领航者”的办刊方针，以信息资源管理过程中涉及的理论、方法、技术为主要内容，覆盖信息开发与利用、信息组织与检索、信息系统与集成、信息经济与政策、信息服务与用户等广泛的研究领域，力求为国内信息资源管理研究者提供发表园地，对信息资源管理实践给予理性指导，促进信息资源管理理论研究和学科建设。

近两年来，《信息资源管理学报》更加关注信息资源管理领域的理论、技术、方法新进展，关注数据科学与大数据领域的重要研究成果，政府信息资源、国家安全领域数据资源、医疗信息系资源等各类型信息资源的管理与保存研究，国家及地方信息政策与规划研究等方面主题，目前设置的重点栏目包括“特约稿”“长江学者论坛”“专题研究”“研究论文”“会议综述”等。

创刊9年来，《信息资源管理学报》的影响因子稳中有升，一直保持在学科40余种期刊中排名20位左右，目前已经成为“中文社会科学引文索引（CSSCI）”来源期刊（2019—2020），“中国人文社会科学期刊AMI综合评价核心期刊”，人大《复印报刊资料》全文转载重要来源期刊。

（二）创刊缘起

信息资源管理（Information Resources Management，简称IRM）是20世纪70年代末80年代初兴起的一个新学科领域。现发展成为一门跨学科、跨领域的新型管理理论，主要研究信息资源的生产、表示、组织、检索、开发利用与服务理论、方法、技术与规律。

20世纪80年代以来，以材料和能源为主要动力的工业社会正在向以信息为主要动力的信息社会转变，信息资源的开发利用与管理已成为世界各国的重要发展战略。随着我国社会与国民经济信息化进程明显加快，急需将信息作为经济社会发展的重要资源来进行管理。学科涉及政府、企业、科学与教育、文化等多个行业、领域。近年来，经济全球化和全球信息化形势突飞猛进，信息技术及其应用已经渗透到经济和社会的各个领域，成为提升产业结构和素质、提高劳动生产率、推动经济增长、增强国家综合实力的最先进的生产力。

信息资源、材料资源和能源资源是国民经济和社会发展的三大战略资源。党中央、国务院十分重视信息资源开发利用事业。2004 年中共中央办公厅、国务院办公厅发布了《关于加强信息资源开发利用工作的若干意见》(中办发[2004]34 号)明确要求国家有关部门将规范政务信息资源社会化增值开发利用、支持鼓励信息资源公益性开发利用、加快信息资源市场化开发利用列入专项规划。信息资源的开发利用是国家信息化的核心任务，是国家信息化建设取得实效的关键。信息资源开发和利用的程度是衡量国家信息化水平的一个重要标志。我国自 1993 年推进国民经济和社会信息化以来，取得了明显的成绩，但是信息资源开发利用一直是我国信息化的薄弱环节。34 号文件要求各级党委和政府要加强领导，理顺信息资源管理体制，强化对信息资源开发利用工作的组织协调、统筹规划和监督管理。

随着社会信息化程度的提高，国内外从事信息资源管理的从业人员的数量在不断增加，且将加速增长。目前，我国开设信息资源管理类相关专业的高校高达 1000 余所，相关专业在校教师及科研人员数万人。2002 年教育部在武汉大学建立了普通高等学校人文社会科学重点研究基地——武汉大学信息资源研究中心，信息产业部在武汉大学建立了国家信息资源管理研究(武汉)基地。同时，信息产业部还建立了国家信息资源管理研究北京、南京研究基地，兰州大学、黑龙江大学、合肥工业大学、郑州大学等分别建立信息资源管理研究基地或者创新团队。

根据《中国人文社会科学核心期刊要览(2008 年版)》的统计分析，目前我国还没有一本完全进行信息资源管理学术交流的专门期刊。这不仅与国际上存在巨大差距，也与我国迅速发展的信息资源管理实践的要求有差距，与信息资源管理理论的发展很不相称。我国目前信息资源管理的主要论文发表在图书馆学、情报学等专业杂志上。这实际上限制了信息资源管理学科的发展。

从国际上看，1988 年，非盈利性的国际学术组织——信息资源管理协会(*Information Resources Management Association*，IRMA)成立。其官方刊物《信息资源管理杂志》(*The Information Resources Management Journal*，IRMJ)当年即创刊。此类期刊还有 *Journal of Global Information Management*(JGIM)，*Information Technology Management* 和 *International Journal of Information Technology Project Management*(IJITPM)等。目前国内外集中关注信息资源管理内容研究的刊物还比较少，中文的更少。在学科迅速发展和学科研究成果亟需发表平台的背景下，武汉大学信息资源研究中心和武汉大学信息管理学院共同创办了《信息资源管理学报》，侧重于信息资源管理领域的理论研究，强调信息资源内容的研究，与 IRMJ 相互补充，相得益彰。

(三)历史沿革及发展成就

《信息资源管理学报》自2010年开始筹备，2011年6月创刊，至今可以分为两个发展阶段。

第一阶段，创刊及初步发展(2011—2017年)

主编：马费成　主办单位：中国高校科技期刊研究会　武汉大学

主要开展的工作及取得的成绩包括：

规范编辑部各项工作。2012年信息管理学院为本刊编辑部设立专职编辑岗位，由于媛同志担任。在全体专职和兼职编辑的配合下，编辑部开展了多项规范化建设，如参照国家标准规范了稿件格式、参考文献著录格式，以及刊物版面格式，与国内一流学术期刊的编辑格式一致，并突出自身的特色；进一步明确了编辑的分工，改进了审稿流程；聘请专业设计师为刊物设计Logo，进一步提升刊物可辨识度。于媛同志于2017年获得“湖北省优秀期刊工作者”称号。

开展期刊网络平台建设，采用北京玛格泰克公司的网站及编审系统，从2013年3月起正式使用“武汉大学信息管理学院期刊平台”及期刊在线编审系统，申请教育网域名，实现《信息资源管理学报》投稿、审稿全流程的网络化。同时，全部刊发文章实时上网，实现在线全文浏览。

加入主要数据库平台，提高期刊知名度、论文被引率。2011年10月底与清华同方(“中国知网”)、万方期刊数据库签订收录协议，2012年10月加入了“国家哲学社会科学学术期刊数据平台”，2013年加入“中文科技期刊数据库”，2014年3月和9月分别与中国科技论文在线、台湾华艺公司签订数据库收录协议，2014年还加入中国知网“优先数字出版计划”，实现刊物整期优先上网。2015年与超星公司签订“学术期刊‘域出版’协议”，授权《新华文摘》数字平台数字转载版权。

这一时期，《信息资源管理学报》采取专辑或者专题形式，对信息资源管理学科的重要研究项目成果、热点前沿问题进行跟踪报道。如，2013年第2期和2014年第2期出版的两期专辑，重点关注信息资源管理和知识共享理论及评价研究、数字资源长期保存研究等主题。随着“在线医疗”和“在线健康信息行为”研究逐渐成为信息管理领域的研究热点，《信息资源管理学报》于2016年连续组织了3期专题(第2、3、4期)，分别呈现了在线医疗研究的知识图谱、医疗突发事件的网络舆情影响与控制、网络健康信息素养研究动态及用户健康信息行为的特征与影响因素等研究成果，引起读者的热切关注。

2017年，在中国社会科学评价研究中心公布的《中文社会科学引文索引(CSSCI)来源期刊和收录季刊(2017—2018)目录》中，《信息资源管理学报》进入CSSCI扩展版来源期刊目录(2017—2018)，成为“图书馆、情报和文献学”的6种扩展版期刊之一。

第二阶段，稳步发展阶段(2018年至今)

主编：李纲　　主办单位：武汉大学

主办单位变更。2017 年,《信息资源管理学报》主办单位之一的中国高校科技期刊研究会主动与武汉大学协商，拟退出《信息资源管理学报》主办单位，编辑部于 2017 年 6 月向湖北省新闻出版广电总局递交变更申请，2018 年 2 月得到国家新闻出版局批复。自此,《信息资源管理学报》成为由武汉大学独立主办的学术期刊。

编委会换届及编辑部重组。2017 年 9 月，主编马费成教授因故辞去主编职务，改由武汉大学信息资源研究中心主任李纲教授担任本刊主编，王晓光教授和孙永强教授两位年青学者担任刊物副主编；马费成教授担任第二届编委会主任，并选择了业内 30 名专家担任第二届编委会成员，确定本刊以数据科学和大数据管理为重点的未来发展方向，并根据学科和发展重点选拔新的兼职编辑。新一届编委会和编辑部任期为 2018 年至 2022 年。

设立重点栏目。2018 年开始,《信息资源管理学报》设立"特约稿""长江学者论坛""研究论文""会议综述"等栏目，其中 2018 年第 1 期的"特约稿"刊发了中国社会科学院学部委员黄长著研究员的论文《对情报学学科发展的几点思考》;"长江学者论坛"自 2018 年第 1 期开始，每期刊发两篇长江学者特聘教授的论文。

获得评价体系认可。《信息资源管理学报》从 2018 年至 2019 年年初，在学科影响力、影响因子、业界认可度等各方面取得了重大进展，不仅在 2018 年 11 月首次进入中国人文社会科学核心期刊之列，而且在 2019 年 3 月公布的《中文社会科学引文索引(CSSCI) 2019—2020》目录中，成为 CSSCI"图书馆学、情报和文献学"20 种核心期刊之一。2018 年度作为人大《复印报刊资料》全文转载重要来源期刊，被全文转载 7 篇，在图书馆、情报与档案管理学科期刊中取得转载率排名第 3 位、转载量第 17 位、综合指数第 12 位的好成绩。2019 年年底在国家哲学社会科学文献中心用户关注度评价中获图情学科期刊关注度第一名。

进一步加强网络化、信息化建设。2018 年 9 月开通《信息资源管理学报》官方公众号(微信号"xxzyglxb"),不仅推送每期论文的目录与网站链接，而且对重要论文进行全文推送，对期刊本身参与的学术活动、学院和学科最新的学术活动也跟踪报道。目前公众号已有超过 1700 位关注用户。同时收集国内开设图书情报专业学科的近 50 余所院校和研究单位近千位专家的联系方式及研究专长，建立审稿专家库，并从 2018 年开始每期向所有专家发送电子邮件推送最新的本刊论文。从 2019 年 9 月起，通过《中国学术期刊(网络版)》(CAJ-N)正式出版本刊网络版，实现期刊在线出版，成为网络首发学术期刊，进一步提升传播效果。

多渠道开展宣传与合作。2018 年与人大数媒科技公司签署合作意向书，就品牌宣传合作、稿件内容推广等达成合作协议，实现期刊在学术社交平台等媒介的宣传和推广，对刊物论文进行选择性地重新组织和推送。

积极参与学科内的学术活动，与业内专家深入交流，掌握学科发展新动态。2018 年和 2019 年《信息资源管理学报》编辑部作为会议协办单位或者媒体支持单位，共参与 15 场学术会议，如"数据科学驱动的图书资讯学变革与转型——第十四届海峡两岸图书资讯学学术研讨会”(2018年7月6—8日，南京)、“第八届全国情报学博士生学术论坛”(2018年7月13—15日，武汉)，2018年、2019年“科学计量与科技评价天府论坛”(2018年9月19—21日、2019年11月11—13日，成都)、“浮现中的数字学术：社交媒体与学术成果传播专题研讨会”(2018年11月1日，武汉)、“2018情报学与情报发展论坛”(2018年11月10日，武汉)、“CNAIS 2019年会”“中国信息经济学会2019年会”“北京大学情报学博士生论坛”“第二届全国县级融媒体中心建设高峰论坛”“情报学与情报工作发展论坛(2019)”“2019图书情报与档案管理研究生教育论坛暨39青年学者论坛”等会议，并受邀在部分会议的期刊专门分论坛中进行了期刊介绍，同时在部分会议的推荐论文中录用了多篇论文。

(四)未来发展

展望未来，《信息资源管理学报》将继续坚持和发扬办刊宗旨，树立期刊学术特色。依托国内最强的图书情报领域教学科研机构“武汉大学信息管理学院”的办学优势，追踪学术前沿；根据所在期刊中心多种期刊竞争互促、协作发展的集团化发展目标，坚持期刊“服务于信息资源管理理论研究和学科建设”的宗旨，实现特色化发展目标，努力成为最能反映本领域新理论、新方法、新技术的学术交流平台，成为本领域最具影响力和时代感的学术刊物。

(于媛)

四、*Data and Information Management*

(一)创刊背景

在互联网、云计算、物联网、移动计算等新兴技术的支持下，社交媒体、协同创造、虚拟服务等新型应用模式拓展了人类创造和利用信息的范围和形式。大数据引发的颠覆性数据变革，正在重新定义国家战略决策、社会与经济管理、企业管理、业务流程组织、个人决策的基本过程和方式。

在此背景下，图书情报与档案管理学迎来了新的发展机遇。在可以预见的将来，图书馆、情报与档案学专业将在数据驱动下打破传统学科边界、研究范式、研究方法的限制，与计算机科学与技术、管理学等学科跨界融合，围绕信息管理和信息服务中的大数据分析与决策开展研究，为政府决策、宏观管理、产业政策、教育、商业、金融等管理活动提供支持。

因此，在这样的背景下，创办一本面向国家重大战略需求与国际学术界研究热点和发展方向，围绕大数据资源协同管理与治理机制设计和领域导向的大数据价值发现理论与方法等关键问题展开讨论的期刊正当其时，且十分必要。

与此同时，一流的大学离不开一流的期刊。国际知名的高等学府基本上都在自己的优势学科领域主办了数种具有国际影响力的高水平国际期刊。一方面，学术期刊是学术交流的载体，对学术研究具有导向作用，与学者和学术机构具有天然的密不可分的联系；另一方面，学术机构和学者需要依托学术期刊建立自己的学术地位，在同行中树立声誉并掌握学术话语权。

图书情报与档案管理一级学科是武汉大学的传统优势学科，在数轮国家学科评估中均名列第一。因此，依托信息管理学院的这一优势学科创办 *Data and Information Management*（《数据与信息管理》，简称 DIM）这一英文国际学术期刊，不仅符合学校"十三五"规划提出的"世界一流标准办学"的要求，也是对学校提出的"积极开展与国际知名学术出版机构的合作，努力培育精品期刊"号召的积极响应。

（二）期刊定位

Data and Information Management 的学科定位是数据科学与信息管理学科的相关领域，在信息科学、计算机科学和管理学的交叉边缘上发掘图书情报学和信息管理学科新的知识生长点。目前，SSCI 收录的图书馆学情报学领域的期刊共计 90 余种，其中大部分是聚焦图书馆学情报学领域及行业所面临的机遇和挑战，大部分期刊的主要研究内容包括理论基础、研究趋势、系统特征等，还有一部分则着重强调技术。值得注意的是，现有期刊缺乏关注传统信息行业与数据技术相结合的领域。*Data and Information Management* 则将数据与信息作为共同关注点，重点关注大数据驱动的信息搜集、传播、组织、检索以及利用的技术和管理等相关问题，旨在将技术和管理相结合，揭示其内在关联。

Data and Information Management 希望把大数据分析与图书馆学情报学有机地结合起来，通过信息科学领域的跨学科研究，推动技术、工具、过程以及解决方案的发展与创新，解决大数据给信息社会带来的各种问题和挑战。期刊的跨学科研究内容广泛，如政府及公共信息管理、知识发现与组织、语义分析、数字人文等。由于学科和主题范围的限制，许多期刊都不接收这些跨学科研究的相关内容，而这些跨学科的研究成果又需要通过一个有效途径进行共享与传播，这正是本刊的优势与创新。DIM 将重点关注数据与信息管理领域的跨学科前沿问题研究，为学者和研究人员提供一个能够更快更好地共享与传播最新研究成果的平台。

（三）刊物特色

2017 年 3 月，期刊在 2017 年 iConference 年会上正式宣布创刊。作为学院的第一本英文期刊，期刊的所有工作都是从零开始，从无到有。创刊以来，期刊的主要工作包括组建主编和编委团队，成立期刊编辑部，对期刊进行积极主动的宣传和推广，为期刊建立良好的学术声誉。大力开展征稿以及稿源拓展等相关工作，努力建设国际化的作者队伍。与此同时，与出版社进行沟通与合作，为期刊搭建网站和投审稿系统，建立符合国际标准的、严格规范的投审稿流程与制度。另外，还向国际期刊同行学习，借鉴他们的成功办刊经验。具体来说，期刊近年来的工作主要包括以下几部分内容：

(1)队伍建设。创刊初期，期刊组建了主编及编委团队，并成立了期刊编辑部。作为一本面向全球的国际化英文期刊，DIM 建立了由 2 名主编和 1 名执行主编共同组成的主编团队。创刊至今，主编由武汉大学人文资深教授马费成老师和美国北卡罗来纳大学教堂山分校 iSchool 学院院长 Gary Marchionini 教授共同担任。2017—2018 年期刊的执行主编由学院张晓娟老师担任，2019 年至今由吴丹老师担任。这两所学校的信息管理相关专业在本国的排名均为第一，可以说 DIM 是中美两国顶尖 iSchool 的强强联手。与此同时，期刊在创立初期邀请了信息科学、数据科学以及管理科学等多个相关学科领域的 46 位知名专家学者担任编委，他们分布在全球 14 个国家，其中中国 19 人(含中国香港地区 2 人)，美国 9 人，澳大利亚 5 人，英国 2 人，新加坡 2 人，另外，还有来自瑞典、丹麦、荷兰、德国、挪威、加拿大、马来西亚、日本和韩国的编委各 1 人，他们都来自高校以及科研机构，充分展现了期刊编委团队的国际化和专业化。2019 年，期刊对编委团队进行扩充，重点加强了中青年编委队伍建设，新增编委 10 人，他们为 DIM 的发展带来了新的活力和动力。强大的主编和编委团队亲历亲为参与期刊的运营和管理等各项工作，他们的全力付出和鼎力支持为期刊的顺利开局提供了有力保障；创刊初期，学院还成立了英文期刊编辑部，任命丁念为期刊编辑部主任，黄海瑛任编辑。此外，期刊吸纳了学院多名教师担任学科编辑和宣传推广编辑。目前，期刊有学科编辑 6 人，分别是姜婷婷、安璐、吴江、孙永强、洪亮和李晨亮，宣传推广编辑为许洁和董克。

(2)平台及系统建设。创刊初期，期刊就与德国德古意特出版集团签订了为期 5 年的出版协议，期刊不断摸索与出版社的合作模式，通过建立网站和投审稿系统，优化出版流程，规范投稿模板，严格执行重复率检测等多项措施，提高了期刊的出版效率和编校质量。

(3)出版模式。创刊之初明确提出采用全开放获取(Golden Open Access)的出版模式。所有文章的出版费用由期刊承担，作者和读者无需支付任何费用。这一开放获取模式不仅有利于期刊出版内容的广泛和快速传播，也为期刊建立良好的学术形象、获得良好的学术声誉起到了积极作用。

(4)全方位、多途径、多领域地征集稿件。创刊初期最重要的任务之一就是尽可能多地争取优质稿源。因此，期刊密切跟踪信息科学、数据科学等相关领域的高水平国际学术会议，例如 iConference、ASIS&T、ICIS、JCDL、HICSS 等都是 DIM 密切关注的国际会议，期刊通过设立会议展台、会场跟踪定向约稿、组织会议专稿等多种方式为期刊寻找优质稿源。另外，期刊还积极筹办各种国际学术会议。目前，期刊已在第 53 届夏威夷信息系统大会(HICSS)上成功主持以“Data-Driven Smart Health in Asia Pacific Region”为主题的分会场。另外，期刊还获得了 2020 年 ASIS&T 亚太分会的主办权，会议将于 2020 年 12 月召开。与此同时，组织并出版专题也是期刊征稿的另一有效举措。例如，2019 年 JCDL 会议上，期刊就邀约了 5 篇以“数字图书馆”为主题的论文，随后以专题形式刊登在 DIM 上。2020 年初，期刊又成功邀约了一组以“COVID—19”为主题的专题稿件，预计在 2020 年出版。由于专题稿件主题相对聚焦，因此可以吸引更多读者进行阅读，从而更好地提升期刊的被关注度。

（5）特色方向和领域。通过不断的思考和摸索，期刊逐步确定将“信息行为与交互”作为期刊的特色发展方向。这一领域一直以来都是信息科学的核心范畴，同时也是数据科学、管理科学等学科的重要研究内容。特色方向的确立将有利于 DIM 实现与其他期刊的差异化发展，使其在激烈的竞争中拥有独特优势。通过建立特色发展方向，期刊的核心主题内容得到明确，这不仅有利于提高期刊的可辨识度，也让期刊的核心作者群和读者群变得更加清晰，还能为期刊在未来打造属于自己的学术品牌提供指引。

（6）深化与学会的合作。2019 年，期刊与“中国科技情报学会第九分会”，即“信息行为与人机交互分委会”达成合作共识，双方一致决定将 DIM 定为协会会刊，并计划共同组织一系列学术会议和学术活动，将 DIM 作为协会官方刊物向学界推广，此举无疑会为期刊的长期稳定发展提供很大帮助。

（7）“全面拓展+定向推广”的宣传和推广模式。为了尽可能提高期刊知名度，编辑部通过多种途径进行了宣传和推广，包括以期刊名义参与各种学术活动，走访多个高校和科研机构进行期刊推介和宣传等。此外，编辑部还建立了期刊的官网、官微、Twitter 等，通过各种媒介进行推广和宣传期刊。同时，收集整理了目标作者群和读者群的邮箱列表，采用邮件推送等方式向他们推介每期的出版内容。除了广撒网式的宣传模式，在主编团队的带领下，期刊还经常向知名学者定向约稿，并已出版多篇知名学者的特约稿件。

（8）制度建设和管理规范。编辑部不断加强制度建设和管理规范，先后制定了编辑部例会制度、审稿流程规范等内部管理条例，有效提高了编辑部的整体工作效率，编辑部内部的沟通也更加顺畅。期刊还制定了编委会制度和编委职责说明条例，并于 2019 年 10 月召开了第一次编委会会议，给编委们颁发了聘书，让编委们更加了解自己职责的同时，也增强了他们对期刊的归属感和责任感。

（9）成功经验的学习和借鉴。编辑部抓住各种机会向期刊同行请教学习，了解他们的成功经验，取其精华，为我所用。编辑部先后到访中科院文献情报中心、中国科学院大学、上海交通大学、上海社科院等多个学术单位和研究机构，了解他们的办刊模式，学习他们的成功经验，并与他们积极开展合作与交流。除了走出去，期刊还邀请了多位国际期刊主编来学院进行指导和交流，其中包括 *Information Processing & Management* 主编 Jim Jansen 教授，*Electronic Library* 主编陈江萍教授，*Journal of Informatrics* 主编黄慕萱教授、*International Journal of Information Technology & Decision Making* 创刊主编石勇教授等，他们的成功办刊经验都是值得 DIM 借鉴和学习的宝贵资源。

（10）阶段性成果。通过大家的共同努力，期刊的各项工作取得了一系列成效。目前，期刊已成功进入包括 Google Scholar、World Cat 在内的 20 多个重要搜索引擎和数据库的检索，并正在申请包括 Scopus 在内的多个重要数据库收录；期刊的学术出版和日常工作都在稳步扎实的推进中；同时，通过不断摸索和实践，期刊寻找到了适合自身发展的方向、战略和模式。期刊的来稿量不断增多，学术影响力也在逐渐扩大，学术知名度不断攀升。

2020 年开年，期刊就确定了全年的出版目录及内容，提前完成了全年的征稿任务和出版计划，还为 2021 年备好了充足稿源，这对一种新刊来说实属不易。这些进步都充分说明了期刊的发展形势越来越好，正在朝着我们的目标稳步前进。

(四) 未来发展

创刊以来，期刊一直都秉持高标准、严要求的办刊理念，着力为期刊的长远发展打下坚实基础。“信息行为与交互”一直以来都是信息科学、数据科学等领域的重要研究内容，因此期刊将继续坚持这一特色发展方向，同时也会继续关注相关学科领域的前沿进展和发展动态，逐步形成多点支撑、特色鲜明的 DIM 发展模式。

接下来，期刊即将进入关键发展期。未来 2~3 年，期刊将着重以进入重要数据库检索为目标，让期刊不仅在学术界得到认可，同时也能得到评价机构和评价体系的认可。另外，期刊计划在未来逐步打造具有 DIM 特色的学术品牌，使 DIM 不仅成为一种优秀的国际学术期刊，还成为一个具有标志性特征的学术品牌，并以学术出版物、学术会议和学术活动等多种形式活跃在国际学术舞台。

第十六章　党的建设和思想政治教育工作

一、加强党的建设

长期以来，学院党委高度重视党的建设和思想政治工作，努力做到了各级组织健全、党员队伍好、工作机制好、工作业绩突出。近几年来，院党委坚持以党的十九大精神和习近平新时代中国特色社会主义思想为指导，紧紧围绕立德树人根本任务，认真贯彻落实上级工作部署，不断深化党的领导、加强党的建设、推进全面从严治党，努力做到把提高院党委的执政能力、加强和改进思想政治教育工作，体现到领导科学发展、促进学院和谐上来，落实到更好地代表和实现广大师生员工的根本利益上来，使党的工作和思想政治教育工作更加符合高等教育的内在规律和学生成长成才的现实要求，为学院全面协调可持续发展提供了可靠的政治和组织保障。2014 年 9 月，学院被国家人力资源和社会保障部、教育部授予“全国教育先进集体”荣誉称号，系学校唯一获此殊荣的单位，这是对我院人才培养工作和教育事业所取得成绩的极大认可与鼓励。

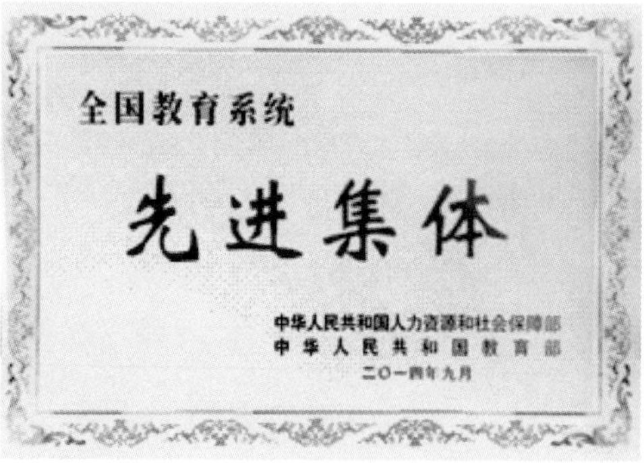

图 16-1　全国教育系统先进集体

（一）加强政治建设，强化党对学院工作的全面领导

长期以来，学院党委严格落实上级决策部署，切实履行管党治党、办学治院主体责

任，坚持社会主义办学方向，落实立德树人根本任务，教育引导全院师生员工牢固树立“四个意识”，不断增强“四个自信”，坚决做到“两个维护”。

学院认真贯彻执行民主集中制，严格落实党委会和党政联席会议议事规则，确保重大安排和部署科学决策、民主决策和依法决策。认真落实党委书记“第一责任”和班子成员“一岗双责”“党政同责”，把正确政治方向、价值取向和育人导向贯穿到办学治院全过程，落实党对学院工作的全面领导。党政班子紧密配合，分工明确，凝心聚力，奋发进取，近年来，学院学科发展、队伍建设、科学研究、人才培养等各项工作都取得了显著成绩，学院的社会影响力进一步扩大。2016 年 12 月，院行政班子以优秀评价通过学校的任期考核，并以全体留任的结果圆满换届。2017 年 1 月，学院成功召开第三次党代会，选举产生了新一届党委班子成员，现任党委班子包括书记 1 人，副书记 2 人，党委委员 5 人。

（二）加强思想建设，强化思想引领和理论武装

抓紧抓实党委和各级基层党组织理论学习。学院党委制定了《信息管理学院党委理论学习中心组学习规则》《信息管理学院教职工理论学习制度》《信息管理学院教职工集体活动考核办法》，进一步规范了党委中心组和全院教职工理论学习。学院坚持每周四下午政治学习和集体活动制度，做到院党委有安排，各支部有落实。

扎实开展主题教育实践活动。根据党中央精神和校党委部署，2011 年以来，院党委组织全体党员先后开展了“两访两创”“党的群众路线教育实践活动”“三严三实”专题教育、“两学一做”学习教育、“不忘初心 牢记使命”主题教育等多个主题教育实践活动，组织开展了支部集中学习、专题辅导报告、民主生活会、专题组织生活会、支部党课、主题党日、知识竞赛、实践参观、网络学习等形式多样、内容丰富的学习教育活动，不断提升全院党员的政治素养和理论水平。学院党委先后组织教职工党员和学生党员骨干赴大悟、韶山、红安、井冈山、遵义、上海、嘉兴等地，开展现场学习实践，通过缅怀革命先烈、重温入党誓词等方式，进一步坚定理想信念，提升党性修养。

（三）加强组织建设，提升基层党建质量

学院党委高度重视组织建设，建立起党委、党支部书记联席会、党支部三级管理体制。建立健全基层党建制度体系，加强基层党组织规范管理。督促支部严格落实组织生活，不断强化党支部的职能，定期开展支部工作考评和检查，全面推行党支部书记抓基层党建述职评议考核，落实基层党建工作责任。进一步加强党委和基层党组织联系，建立了党委委员联系指导支部制度、领导班子成员落实双重组织生活制度。

选优配齐支部班子成员，坚持每年举办党支部书记集中培训班，加强对党务骨干的培养。开展基层党组织对标争先，深入实施学生党支部“活力创新工程”，依托形式多样的党建活动和项目，不断激发学生党支部活力。落实教师党支部“双带头人”工程，推进教师党支部党建和业务工作的双向融合。信息管理科学系党支部作为学校唯一，于 2018 年

9月成功获批首批全国高校“双带头人”教师党支部书记工作室。

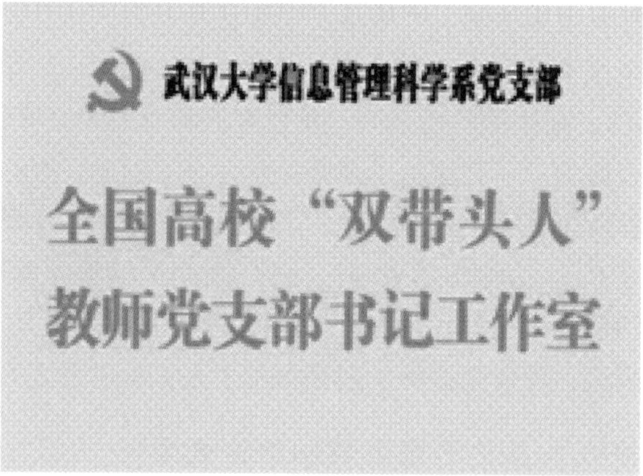

图 16-2 武汉大学信息管理科学系党支部全国高校
“双带头人”教师党支部书记工作室

规范组织发展程序，严格落实发展党员工作实施细则。坚持每年举办 2 期入党积极分子培训班、发展对象短期集中培训班，认真完成党员发展总量和结构性计划，建立了党委书记和院长联系非党员教师责任清单，重视对人才队伍的政治引领，力争把优秀的非党员青年教师吸纳到党组织中来。2013—2018 年，学院党委共发展党员 688 人，转正党员 654 人。截至 2019 年 6 月，学院共有党员 682 人，其中在职教职工党员 88 人、离退休党员 42 人、学生党员 552 人。

全院师生党员在学院党委领导下、在党支部的组织下，规范开展组织生活，举办了主题鲜明、形式多样的支部活动，党支部的战斗堡垒作用和党员的先锋模范作用得到充分发挥。教职工党员在学院教学、科研和管理工作中积极进取，勇挑重担。广大离退休党员做到老有所为，积极为学院建设发展建言献策。广大学生党员在思想道德、学习科研、社会实践、志愿服务和安全稳定等方面起到了引领示范作用。

（四）强化纪律教育，狠抓作风建设和党风廉政建设

学院党委严格贯彻落实党的十八大、十九大会议精神，坚持党要管党、从严治党，持续推进作风建设，认真落实党风廉政建设主体责任。学院成立了以书记、院长为双组长的党风廉政建设工作领导小组，增补了党支部纪检委员，制定了《中共武汉大学信息管理学院委员会落实党风廉政建设主体责任清单》，落实领导班子成员“一岗双责”，坚持“谁主管、谁负责”，同时把党风廉政建设工作目标分解到相关工作环节，融入学院年度总体工作，形成一级抓一级、层层抓落实、年初有安排、年末有总结的工作格局。

学院严格执行中央八项规定和实施细则要求，班子成员按时向学校党委进行个人事项

汇报，认真开展企业兼职取酬清查、领导干部利用名贵特产类特殊资源谋取私利问题专项清查整治等工作。在办学办班、社会服务、日常管理、人事与薪酬管理等各方面严格落实中央和学校各项政治纪律要求，加强对学院重大决策部署执行情况和各部门履行监管职责情况的监督，不断深化和细化重点领域、重点岗位和关键环节的廉政风险防控工作。2014年，学院按照规定取消了院有公车。

学院严格落实学校要求，认真做好各类管理工作的自查自纠，查摆问题，及时整改。积极配合学校职能部门，开展领导班子和教职员工的党风廉政教育以及工作监察督促。2016年以来，协助调查处置信访工作两起。扎实开展纪律教育，把党纪党规纳入领导班子和广大党员理论学习必要内容，及时传达校纪委通知，在重要节点开展廉洁教育提醒，组织学院党员领导干部和教职工党员参加“党风廉政建设宣传教育月”系列活动，认真完成党纪法规测试，集中组织观看党风廉政警示教育片，坚持以学促廉，以教育廉。

2018年，学院积极助力学校提出的“学生为本年”，进一步改善行政管理，转变工作理念，倡导主动服务、创新服务，着力解决师生员工反映强烈的问题，将师生满意度测评打分结果作为行政管理人员年终考核奖励的依据。成立了信息管理学院作风建设工作小组，制定了《信息管理学院关于加强管理与服务工作作风建设实施细则》，在全院行政管理人员中集中宣讲了学校关于管理与服务人员行为规范、作风问题投诉处理办法等相关规章制度，统一制作了领导班子和管理人员岗位桌牌和去向牌，在院网新增“作风建设”专栏，畅通投诉和意见反映渠道，着力提高管理效能和服务质量。

(五)坚决执行上级专项部署，认真完成基层党建重点任务

在校党委的坚强领导下，学院党委坚定不移地把党的各项决策部署落到实处，认真完成了中央巡视整改、党员组织关系集中排查、党费收缴专项检查等多个基层党建重点任务。

2017年2月28日至4月28日，学校接受了中央专项巡视，学院党委积极配合巡视组和学校相关安排，扎实推进基层党建、组织人事、财务管理、廉洁从政等对照检查工作。巡视意见反馈后，在学校党委的统一部署下，2017年7月—12月，学院党委认真开展了巡视整改工作，制定了《信息管理学院巡视整改方案》，就坚持党的领导、加强党的建设和推进全面从严治党方面存在的问题和不足提出整改措施30条。学院党委成立了巡视整改专班，召开了巡视整改工作布置会，组织了多次支部学习和党委中心组学习，召开了巡视整改领导班子专题民主生活会，新制定制度7项，修订现有制度4项，巡视整改工作顺利推进并按计划全部落实到位。

按照中央工作部署，学院从2016年3月起，对在册的680余名党员和2007年以来转出无回执的1069名党员开展了党员组织关系集中排查工作。院领导带领党员骨干，在暑期加班加点，克服重重困难，逐一联系、核实和整改。通过排查，学院在册党员无失联情况，2007年以来转出无回执的党员也按要求进行了分类处理。

2016 年 7 月，学校启动了党费收缴专项检查工作。为保证党费收缴专项检查工作的顺利开展，学院党委组织召开了全院教职工党员大会和党支部书记专项会议，讲解中央政策，明确工作要求。在党费补缴工作中，全院教职工党员和离退休党员，展现了高度的政治性、大局观和纪律性，在职教职工除 1 人确因生病致困难以补缴外，其余全部按时缴清。很多退休老同志特别是离退休党员干部，主动到院里补缴党费，起到了很好的表率作用。

积极督办其他专项检查工作，如支部换届、党员信教、党员发展等，学院党委认真对照内容清单，进行了清理和自查，完成了相关检查和整改任务。

（六）凝聚人心汇聚力量，抓好统战、工会和群团工作

学院党委落实统战工作主体责任制，积极开展党外知识分子思想政治引导工作，吸纳党外人士为学院和学校改革发展建言献策，支持党外青年教师参与省、区政府挂职锻炼和政治协商活动。信息管理科学系姜婷婷教授担任武汉大学欧美同学会秘书长，并在武汉市洪山区政府挂职一年。

学院大力支持工会工作，保障工会和教代会职权，充分发挥工会在学院改革发展、和谐稳定中的桥梁纽带作用。通过工会组织体系，及时上传下达，激发全院教职工参与人才培养、学科建设、社会服务等方面的积极性，积极支持工会举办形式多样的文体活动，丰富学院教职工的业余文化生活。学院工会连续获评武汉大学 2013—2015 年度和 2016—2018 年度先进二级工会。

学院高度重视共青团和离退休工作。加强对团员青年的思想教育和价值引领，建立健全十大育人体系，指导共青团充分发挥助手和后备军作用。2018 年，学院团委获评武汉大学共青团工作先进单位、优秀学生会和优秀研究生会等荣誉。在离退休工作方面，学院每年坚持召开离退休教职工新春座谈会，汇报学院及学校改革发展现状，听取老同志的意见和建议。每有离退休教职工生病住院，学院主要领导都会及时看望慰问并排忧解难。每逢年末，院领导班子成员也会上门慰问和探访离退休教师、困难教职工。

二、思想政治工作

（一）重视“教师思政”，坚持立德树人

教师是学院发展的关键所在，是推进学院“双一流”学科建设、完成立德树人根本任务的主要依靠，学院党委深刻认识到教师的主体地位和重要作用，积极贯彻落实全国高校思想政治工作会议精神和学校相关文件要求，不断加强和改进学院教师思想政治工作。2018 年，学院制定了《中共武汉大学信息管理学院委员会关于进一步加强和改进教师思想政治工作的意见》，成立了教师思想政治工作领导小组，明确党委书记任组长，是第一责

任人，分管宣传工作的党委副书记任副组长，配合书记抓教师思想政治工作，进一步落实工作责任。

1. 抓好教师队伍理论学习，强化思想建设

学院党委制定了《信息管理学院教职工理论学习制度》，规定了教职工理论学习的内容、时间、形式、要求、组织领导与考核，制定了《信息管理学院教职工集体活动考核办法》，对全院教职工参加集体活动提出了明确的纪律要求。

学院党委统一部署每周四下午集体活动的内容和要求，依托各“系”和“党支部”，通过“三会一课”、主题党日、专题组织生活会、学科研讨、教学座谈、观摩调研等，深入开展习近平新时代中国特色社会主义思想和党的大政方针及相关政策的学习研讨，不断提升全院教师的理论素养和政策水平。2017 年、2018 年学院党委分别部署周四下午教师政治理论学习 16 次、9 次。

学院党委邀请专家为全院教职工开展形势与政策报告会、十九大精神专题报告、党的纪律建设专题报告等，组织全院教职工集中观看党的十九大开幕会、纪念马克思诞辰 200 周年大会、庆祝改革开放 40 周年大会等。安排全体教师党员和行政管理人员参观湖北省保密实训教育平台，接受保密教育。积极推荐教师参加中央、湖北省和学校举办的各类教育培训活动，重点做好骨干教师、青年教师和新进教师的理论学习教育。

2. 严格政治把关，加强师德师风建设

学院党委把政治标准放在首位，贯穿于教师管理和职业发展全过程，在人员聘用、职称晋升、评优评先、考核评价、人才项目申报等工作中，坚持思想政治素质和业务能力双重考察。2017 年巡视整改期间，学院对《信息管理学院教师岗位责任考核办法》《信息管理学院教职工集体活动考核管理办法》等文件进行了修订，增加了教职工思想政治素质和师德师风评价内容，明确提出在各类考核、评奖、评先和晋升中，严格实行思想政治素质和师德师风问题“一票否决”制。

学院重视对教师课堂教学的管理，在全院教职工大会、党支部书记会议、二级单位干部会议和教育教学专题工作推进会中，反复强调“课堂讲授有纪律、公开言论守规矩”，不断强化全院老师的思想认识和“底线”意识。学院领导、教学督导、教学管理干部及专任教师定期开展听课、巡课活动，年听课、巡课百余人次，严格课堂教学监管。

学院党委重视师德师风宣传教育，积极选树、推介先进典型。近年来，学院马费成教授、司莉教授、吴丹教授先后荣获武汉大学“我心目中的好导师”，马费成教授、邱均平教授、李纲教授、方卿教授获评“武汉大学研究生教育杰出贡献校长奖”，陆伟教授、吴丹教授、王晓光教授获评“武汉大学杰出青年(教职工)”等荣誉称号。通过选树先进典型，发挥身边榜样的示范引领作用，进一步激发了全院教师教书育人、立德树人的责任感和荣誉感。

3. 全心全意服务教师发展，提升学院凝聚力

教师队伍的发展状态直接关系到学院可持续发展的潜力，学院从“人才强院”出发，全心全意服务于教师发展，把教师的思想引领、职业引导、生活关心有机结合起来，不断增强全院教师对学院的归属感、认同感。

学院重视对青年教师的培育，2014 年 5 月，成立了青年教师联合会，下设教学科研部、文体部和外联发展部。青年教师联合会积极整合院内外资源，为青年教师成长搭建平台、提供帮助，同时大力引导青年教师参与学院事业建设。学院青年教师成长迅速，近年来取得的成绩令人瞩目。

学院充分尊重教师主体地位，注重倾听来自教学科研和管理服务一线教职工的心声。坚持教授治院，充分发挥教授委员会在学院学科建设、教学、人才引进、科研与发展决策咨询中的作用。每年规范召开教代会，将关系学院建设发展和职工切身利益的重要事项作为会议报告明确化、具体化，反映和落实教职工关心的重要议题，确保教代会维护教职工的知情权、参与权、表达权和监督权。自 2002 年 5 月建立教代会制度以来，截至 2018 年，学院已连续召开四届共计 18 次会议。

学院重视对教师的人文关怀，坚持把解决思想问题和解决实际问题结合起来，依托院工会，健全对教师的有效帮扶机制，建立了全面准确的困难教职工档案并及时更新信息，有针对性地开展各类帮扶工作。每有教职工生病或家有变故，学院都会及时看望慰问并排忧解难。做好教职工集体福利、教职工重大疾病互助、教职工子女保险等工作。积极帮助解决教师在户籍、住房、社会保障、子女教育等方面的合理诉求。

（二）创新“学生思政”，强化价值引领

学院始终牢牢把握立德树人的根本任务，坚持育人为本、德育为先的工作理念，紧密围绕学校中心任务开展大学生思想政治教育工作，充分发挥课程、科研、实践、文化、网络、心理、管理、服务、资助、组织等工作的育人功能，构建起全方位育人体系，为大学生成长成才营造良好环境。

1. 加强理论武装，开展形势政策和理想信念教育

学院坚持以学习贯彻习近平总书记关于青年工作的重要思想为工作主线，紧密结合信管青年的思想特点和现实需求，大力加强理论武装和理想信念教育，筑牢青年团结奋进的共同思想基础。

以党和国家重要会议、活动、重大纪念日为契机，近年来，学院组织开展了“两学一做”专题学习以及“学习宣传贯彻党的十九大精神”“学习习总书记系列讲话，做合格共青团员”“培养和践行社会主义核心价值观”等多个主题教育系列教育活动。2018 年，学院积极贯彻落实团中央和校团委工作部署，广泛持续开展“青年大学习”行动，通过团干带头

学习、支部集中学习、寝室结伴学习等形式，形成“讲学、研学、比学”的理论学习氛围，学院团员青年参学比例持续位居学校前列。

抓住“五四”青年节、“改革开放40周年”、“两会”、“武汉大学建校125年”、清明节、“五一”、“十一”、开学季、毕业季等重要节点，全院开展“青春主旋律、梦想珞珈声”“五四”红歌会、“点赞十九大”视觉作品征集、中山舰博物馆吉祥物设计大赛、“改革春风、四十沉浮”纪念改革开放40周年征文、“践行社会主义核心价值观”创新红色提案征集等特色活动、支部主题教育活动，共计73场，累计参与923人次，点亮信仰之光，凝聚青年力量。

2. 加强学生骨干培养，充分发挥学生骨干的榜样效应

作为学校学生骨干队伍建设特色基地，学院高度重视学生骨干的培养。对标校团委三类学生骨干培训，学院建立起了分层分类一体化学生骨干培养体系，分别是以理想信念教育为核心的思想政治引领工程、以综合素质提升为核心的“骨干—精英—领袖”三级学生组织培养工程、以团员先进性为核心的支部骨干头雁工程。三类学生骨干培养工程，分别采用党课—团课—形势与政策课理论学习、讲座实践能力提升、联席会经验分享、培养人“影子训练”等形式，每年50余次培训覆盖全院400余名学生组织、党团支部和班级骨干。这些学生骨干在服务学院学校中贡献了力量、提升了自我，2018年，学院累计381人次获得校、院先进个人荣誉称号。学院累计向4期校级“青马班”推荐学员10名。

3. 注重网络思政引领，积极传播青年声音

学院坚持把网络新媒体作为青年思想引领的重要阵地，实施宣传思想产品化战略，培育以“文华工作室”为主体的青年网络专业工作室。坚持众筹思维，2018年，围绕“学习宣传党的十九大精神”“团支部活力提升”“基础团务建设”“优秀团干养成”等热点、难点，采用动画、微电影、快闪、H5等形式，制作了6期“团学小剧场”视频系列，讲述信管青年自己的故事。

加强宣传阵地建设，整合了“信管学子网—SIM信小管—团支书联席会qq群”新媒体集群，形成了“工作网、联系网、服务网”三网合一的网上共青团雏形。加强宣传队伍建设，提升宣传人员的政治意识和工作水平。加强学院对宣传议题的方向把控，在重要节点和大型活动期间，集体发声、专题报道，实现校院两级同频共振，传播好声音，弘扬正能量。

4. 坚持党建带团建，推动党团青年共同发展

院党委注重发挥党建在大学生思想政治教育中的龙头作用，认真办好院分党校。院党委书记、副书记坚持给学生入党积极分子培训班、发展对象短期集中培训班学员讲党课，院长、副院长坚持到学生素质拓展讲坛作讲座，院系领导、广大班级导师和政工干部同广大教职工一道，通过讲学、谈心等多种方式关心大学生思想政治教育和成长成才。

加强党支部对团支部的思想引领，发动优秀党员给团支部讲团课，鼓励党支部和团支部共同举办活动，邀请学生党支部书记给团支部、团员评优评先打分，增强党的政治领导，强化团员“四个意识”。从制度上推进“推荐优秀团员作为入党积极分子人选”的具体落实，采用积分制，加大团课、团内推优环节的参考权重，为党输送政治坚定、本领过硬的团员青年骨干，不断巩固和扩大党执政的青年群众基础。

积极开展研究生党建工作特色基地建设，2017—2018 年，以“互联网+环境下党员示范效应的探索”为主题，从“扎根学科优势，勇于担当学术创新的带头人”“丰富活动形式，乐于担当实践创业的开拓人”“提升信息素养，敢于担当网络文明的引领人”三个方面开展了系列学术科研活动、实践创业活动、网络文明知识学习和竞赛活动，以研究生党员为主体，广泛动员全体研究生踊跃参加，旨在通过党员示范效应的发挥，提升党组织的影响力和吸引力。

（三）落实意识形态工作责任，抓好阵地管理

学院党委严格执行武汉大学关于意识形态工作的相关规定，落实意识形态工作责任制，制定了《信息管理学院意识形态责任制实施细则》，明确将意识形态工作履职情况作为领导班子民主生活会、年度述职的重要内容，并纳入执行党的纪律尤其是政治纪律和政治规矩监督范围。党委召开专题会议传达学校文科学院意识形态工作会议精神和教育部有关网络舆情、意识形态等工作的相关要求，研判学院意识形态工作形势，明确要重点加强对教师科研方向的把关、对少数民族学生思想状况的把握和对长期脱离集体活动人员的管理。

加强教师意识形态教育管理，在人才引进、科研评奖、职称晋升、年度考核等方面实施意识形态问题“一票否决”制。坚持对教学事故“零容忍”“重惩治”，落实听课、巡课制度，学院领导班子成员、教学管理干事和辅导员全年累计听课、巡课百余次。

新制定了《信息管理学院举办哲学社会科学报告会、研讨会、讲座、论坛活动管理办法》《信息管理学院网络信息审核发布规定》《信息管理学院新媒体平台建设管理暂行办法》，强化对网络和“两微一端”等新媒体平台的监管，严把意识形态关口，加强意识形态阵地管理。严格执行武汉大学哲学社会科学报告会、研讨会、讲座、论坛审批规定，落实“一会一报”和“一事一报”制度。学院举办的各类学术讲座、研讨会、论坛、国际会议等，均按要求向相关主管部门进行了申报和备案。加强对社团等学生团体的指导和管理，各社团举办讲座、学术沙龙等活动，微信公众号、官方微博等宣传媒体发布信息，都需向学院学生工作办公室申报并经专人审核才可开展。

三、服务大学生全面成长成才

以培养社会主义建设者和接班人为根本任务，学院坚持以学生为本，立足于信管青年

学习和发展的各项需求，将学生培养教育管理融入学校学院“双一流”建设的中心工作，围绕学业提升、创新培养、实践育人、责任担当、文化繁荣和身心和谐等方面，整合资源、搭建平台、提供保障，为青年学生的全面成长成才创造条件。

(一)发挥“三创”教育在思想政治教育中作用，服务学生学习科研

学院着眼于建设优良学风、加强专业教育、培养创新能力三大方面，推行“每天课堂考勤—每周情况通报—每学期互评互改”举措，加大对寝室学风、班级学风的建设力度。2019 年 7 月，学院获评校学风建设先进单位。

学院整合专业教师、知名企业培训师、外籍专家，开展了“学习指导日”“人才培养方案解读”“新生第一课”“系主任讲坛”“国际联合培养政策宣讲”“跨学科学术沙龙”“图书情报博士生论坛”“商务数据分析暑期学校”“京东燃系课堂”“阿里菜鸟网络互联网零售讲座”“珞珈创谷创业讲座”等各类学术交流活动。继续举办了品牌活动华中七校“创意正能量”互联网产品设计大赛，承办了“2018 中国高校 SAS 大数据分析大赛——湖北省赛”，开展了“大学生学习满意度调查”，学院学习氛围浓郁，学习成效突出。2018 年，我院各类学生每年在公开刊物上发表学术论文 300 余篇，SCI/SSCI 刊物发表论文 16 篇，国际会议收录(宣读)论文 30 余篇。

学院大力支持在校生投身创新创业活动，我院学生热情高、参与面广，大学生创新创业项目立项 63 项，累计参与超过 300 人次，我院 2016 级数字出版学曹楚洽，自创传媒影视公司，2016 级、2017 级档案学《敦煌遗书漂流记》绘本团队，致力于非物质文化遗产的历史科普和文化推广。

学院坚持尊重学生兴趣，广泛搭建课外科技文化活动平台，两年来，学院本科生在全国“挑战杯”“创青春”“互联网+”“全国大学生电子商务三创赛”等重大学科竞赛中频获佳绩，在大数据、信息搜索、出版档案等专业学科赛事中收获颇丰，获得省级以上荣誉近 200 人次，获得校级荣誉超过 1600 人次。不仅如此，信管学子积极走出课堂、走向社会，两年来，学院有超过 100 支队伍，近 1000 人次，参与精准扶贫，走入基层乡村，深入企业调研，在社会实践中增长才干、提升创新能力、明确责任担当，为新时代国家建设、经济发展、民族复兴贡献青春智慧与力量。2019 年，学院获批武汉大学“第二课堂成绩单”制度试点单位，这是对我院“三创”培养成效的高度肯定。

(二)加强实践活动中思想政治教育，帮助学生增长才干

社会实践是高等教育中不可缺少的组成部分，大学生参与社会实践，有利于增强社会责任感，培养创造精神。我院非常重视强化社会实践活动，通过优化项目化管理模式、制度化运作方式和应急安全保障机制，有效开展大学生社会实践活动。在每年暑期社会实践工作启动前，邀请院内外专家或组织高年级社会实践骨干举办专题讲座，学生会和创新实践中心制作实践指导手册，将我院本科生历年优秀实践成果做成案例发布在信管学子网专

栏，给予实践团队和个人全程指导。

2018年暑假，我院11名研究生积极响应学校号召，赴新疆博州、江苏昆山、湖北襄阳、湖北鄂州、上海金山等地进行挂职锻炼，理论与实践结合，为社会贡献个人价值。学院在11月针对全院研究生开展了一场挂职锻炼经验交流会，由参加暑期挂职锻炼的研究生做经验分享，并邀请研究生工作部老师进行挂职锻炼的政策宣讲，广泛深入动员更多研究生加入挂职锻炼队伍，通过挂职锻炼活动提升专业水平和实践能力，学以致用，回馈社会。

2018年学院积极开展社会实践和社会调研活动。学院527名本科生，60支“回访母校”寒假社会实践队伍、16支暑期“三下乡”社会实践队伍，足迹遍布全国27个省（自治区、直辖市），获校级实践风采大赛一等奖、三等奖各1项，45人获得先进个人荣誉称号。

（三）开展就业思想政治教育，帮助学生树立正确的就业观

学院积极开展了就业政策宣讲、就业创业指导等工作，开展了就业指导月系列活动，举办新生职场第一课，组织实施“院友沙龙”“优秀学子导航”“优秀企业燃系课堂信息素养提升”等活动，帮助学生合理规划职业生涯。开展了求职经验分享会——腾讯专场、华为行业经历交流会、互联网零售就业专题讲座、当当网“阅读丈量世界——十九年文化电商独角兽的初心与远方”讲座等活动，加深了同学们对相关行业内具体岗位工作的了解，提醒同学们在校期间应准备的就业能力和素质要求。

积极联系校外企事业单位，建立实习实践基地，为学院学生提供更多的实习实训机会，目前学院有本科生实习基地33家，研究生实习基地9家。成立了校外职业规划导师团，聘请企业和行业专家助力学生提前规划职业生涯。聘请武昌区科技和产业发展局总经济师和珞珈创谷联合创始人担任院创业教育示范基地导师，为同学们开展创业经验分享、创业指导讲座等活动，传授创业经验，提供更多学习和实践的机会。

近年来，学院本科生和研究生毕业生就业率稳居全校人文社科学部前列，年均达95%以上，学院多次获评“武汉大学就业指导先进单位”“武汉大学就业工作考核评估先进单位”。在就业率保持高位的同时，我院学生的就业质量也不断提升，学生创业人数逐步增加，到中央和省市级政府机关、知名互联网企业、国内重要科研院所、国内重要企事业单位就业的学生越来越多。

（四）指导志愿服务活动，构筑思想政治教育新阵地

学院成立有青年志愿者协会，组织全院学生积极参与志愿服务活动。目前我院拥有28个志愿者小分队，注册志愿者人数1140名，占学院学生人数的70%。

学院大力弘扬志愿服务精神。常态化开展“学雷锋志愿服务月”活动，坚持和2个社区共建、深化“援之行”“暖之行”“缘之行”“绿之行”4个品牌志愿服务项目。广泛动员青

年志愿者参加“武汉网球公开赛”“国际顶尖信息领域联盟2017年年会”“第八届世界大学女校长论坛”“大河对话”论坛等青年志愿者服务活动，2018年全年共参与活动26项，98余次。

学院组织学生积极参与脱贫攻坚青年建功行动，团员青年代表石中路休学一年，用电子商务信息技术支援乡村发展，信息支教视频在iSchools国际图书情报联盟视频大赛中获全国唯一优秀奖，学院专职团干牵头拍摄反映恩施精准扶贫的微电影《春到茶山》荣获“我心中的思政课”微电影大赛一等奖。

学院多次获评校十佳志愿服务集体、十佳志愿服务项目。

(五)积极开展调查研究，学生心理健康教育

服务青年、把握青年成长成才的需要始终是学院思想政治教育工作的着眼点，深入研究新时期大学生的思想特点，通过骨干培训班课题研究、学生代表大会提案征集等工作，认真调研大学生普遍关心关注的焦点，分析影响和制约大学生全面成才的问题，根据学生的需求设计工作，帮助他们解决实际困难。发挥学生会、研究生会发动青年的优势，开展面向广大学子的勤工助学申请、学习资料共享、心理健康互助、安全知识宣传等，建立了学生权益维护工作机制，实现一周一次权益问题收集，搭建三重权益问题反映平台，形成及时反馈、快速反应的高效维权机制。

学院高度重视大学生心理健康教育工作，成立了由院领导担任组长的心理健康教育工作领导小组，将心理健康教育工作贯穿人才培养始终。围绕武汉大学首批院级心理健康示范工作室——“沁心港湾”心理健康工作室建设，坚持“以人为本，着眼教育预防，助推个体发展”的宗旨，明确职能、完善机制。坚持育心与育德相结合，加强人文关怀和心理疏导，构建起了教育教学、实践活动、咨询服务、预防干预、平台保障“五位一体”的心理健康教育工作格局。一直以来，我院以教育预防为主题、实现心理健康教育100%全覆盖，形成了体系完备、覆盖率高、反响良好的“4+N+1”心理健康教育活动体系。以危机干预为重点，建立起了高效全面、反应快速、联动有效的“5+2”心理危机预警体系。学院心理健康教育惠及率高、成效显著，深受学校主管部门和广大师生认可，连续多年获评“武汉大学先进心理健康工作室”。

(六)设立专项奖助学金，激励帮助大学生深化专业学习

学院历届院友对学院的发展非常关注，他们通过自己的行动支持学院的发展，关心学院的学生，为激励优秀学子的专业学习，帮助家庭经济困难学生顺利完成学业，历届院友和学院教职工通过捐款，在2003年设立文华奖学金、文华助学金。在此基础上，学院于2019年对有关管理办法进行修订，单设“文华奖学金”，每年奖励我院学习成绩优秀的学生，并在学院每年“华彩信管”年度学生表彰大会上进行集中表彰，营造良好氛围。

学院的发展也得到了业界的大力支持，安徽宝葫芦信息科技集团股份有限公司于

2018 年设立“信息管理学院宝葫芦奖学金”。

这些奖助学金每年奖励资助 15 人次，每年奖励金额逾 11 万元(11.4 万元/年)。

(七)丰富校园文化生活，提升大学生综合素质

学院建立健全了学生社团和文体团队的组织章程，进一步规范了学生社团和文体团队建设，通过打造一直有激情、有创意、有能力的校园文化活动主力军，培育一系列精品活动来营造生动活泼、积极向上的校园文化氛围，从而提升学生的人文素养，促进学生全面发展。

学院每年投入数万元专项资金邀请校内外一批专业教师为各社团和团队指导活动、训练和参赛。目前，各社团和团队已发展成员 480 余人，构成了我院校园文化活动的骨干队伍。

学院每年坚持举办“五四红歌会”“华彩信管”年度表彰大会暨文艺汇演为代表的 15 场校院文艺活动。深化大学生“三走”主题课外体育锻炼活动，开展了以“东湖健康走”徒步活动、“健康身心一小时”、师生趣味运动会为代表的群众性体育活动和竞技类体育赛事，举办了“寝室文化节”寝室风采大赛、“沁心港湾”心理情景剧大赛、Miss & Mr 联谊会等，参与人数多，覆盖面广。

我院踊跃参加学校组织的金秋艺术节、运动会、火炬杯排球赛、羽毛球赛、腾飞杯篮球赛、振兴杯足球赛、研究生团体风采大赛等各类文化、体育竞赛活动，并获得较好成绩。这些活动成为了广大学生提升综合素质、展现个人风采的重要平台。2018 年，学院获“金秋艺术节”各项赛事三等奖，武汉大学运动会男女团体总分第 5 名、女子团体总分第 4 名的历史最好成绩。近年来，学院多次获评“武汉大学金秋艺术节优秀组织奖”“武汉大学阳光体育先进集体”；校运动会“体育道德风向奖”等荣誉。

四、构建和谐学院

学院始终坚持以人为本，始终将维护好、发展好广大师生员工的根本利益作为一切工作的出发点和落脚点，充分尊重师生员工的主体地位，促进人的全面发展，积极构建和谐学院。

(一)坚持民主办院，切实维护师生员工的合法权益

坚持教授治院。明确教授委员会的重要地位与作用，本着弘扬学术、尊重学术的理念，构建学术权力与行政权力相互支持的良好机制，充分发挥教授委员会在发展规划、学科建设、人才引进和教学科研等学术事务中的重要作用。尊重师生员工的主人翁地位，充分调动各类人员的积极性和创造性。凡涉及在职教职工、离退休教师、各类学生切身利益的事情，都要通过教代会、老年协会、团代会、学代会和研代会征求意见。实施阳光工

程，加强院务公开，凡是重要人事任免、干部推荐都在学院网站进行公开公示，接受广大师生员工的监督。党政联席会议决策的重要事项通过下发党政联席会议纪要及时向学院各二级单位通告。加强工会建设，不断拓宽工作领域，提高工作水平，充分发挥工会在凝聚人心、职工维权、关爱会员、服务教工、共建和谐中的重要作用。充分发挥老年协会作用，主动关心离退休教职工，丰富健身娱乐生活，共享学院发展成果。

（二）坚持依法治院，提升学院管理的科学化和规范化水平

学院立足工作实际，相继制定和完善了《信息管理学院教师岗位责任考核办法》《信息管理学院管理人员绩效考核办法与实施细则》《信息管理学院专业技术人员岗位绩效考核办法与实施细则》《信息管理学院教师工作量计算方法》《信息管理学院教师专业技术岗位聘任科研条件》《信息管理学院“文华英才计划”遴选与管理办法》《信息管理学院教职工年终绩效分配办法》《信息管理学院资助教师参加国际学术会议办法》《信息管理学院自主科研项目立项与管理办法》等 20 余项规章制度，并编印成册分发给全院教工。为规范学生培养工作，立足学院实际，先后制定和完善了《信息管理学院大学生奖学金评比细则》《信息管理学院推荐优秀应届本科毕业生免试攻读硕士研究生办法》《信息管理学院大学生先进班集体评选办法》《信息管理学院研究生学术科研与班集体活动管理规定》等规章制度。这些规章制度进一步细化了师生员工职权、明晰了工作流程，有效提升了学院管理的科学化和规范化水平，同时也为师生员工的工作、学习、生活指明了努力奋斗的方向，为师生员工的幸福感的提升提供了强大的制度保障。

（三）坚持稳定压倒一切，抓好学院安全教育管理工作

学院始终坚持“安全工作无小事”和“稳定压倒一切”的基本原则，深入开展治安综合治理、消防安全防范和学生安全教育工作，确保安全稳定大局。学院建立了每日安全检查制度，设立了“文明办公室”“文明实验室”评选活动，学院和负责安全工作的员工多次获得“校治安综合治理和消防安全工作先进单位”“校治安综合治理和消防安全工作先进个人”等荣誉称号。学院高度重视学生日常安全管理和心理健康教育，严格外出请销假制度，成功化解多起学生心理危机和突发性事件。

（四）加强设施建设，大力改善学院办学条件

在学校领导的亲切关怀和大力支持下，2013 年 9 月，我院整体搬迁至枫园新大楼，办学条件大为改善。搬迁后，学院不断美化周边环境，优化学院大楼布局，装修建设 10 余间会议室、教室，建设了多个专业实验室，更新了一批实验、办公设备，拓展了院图书分馆的馆藏面积，新增文华专藏和教师专藏，中外文期刊订购品种年年上涨，延长了图书分馆开放时间，为学院教学科研提供了更好的保障。2017 年和 2018 年暑假，学院又对教师个人用房、期刊中心办公室、信息资源中心办公场地、图书分馆露天平台和大楼内部装

修进行了改造和美化，进一步保障了教师在院内的办公空间，期刊中心和信息资源中心的办公场所也更加宽敞，布局更加合理，学院办公大楼的软硬件建设水平逐渐与国际知名高等院校接轨，更加与学院的学科实力匹配，也更能满足全院师生员工的学习工作需要。舒适的办公环境、丰富的学习资源，增加了师生日常工作、学习的愉悦感，也增强了全院师生迎接百年院庆的强大信心。

(五)大力弘扬“文华精神”，丰富教职工精神文化生活

以建院100周年为契机，弘扬“文华精神”，增强师生文化认同感。我院是我国历史最久、规模最大的信息管理教育与研究机构，从1920年创建的文华图专到现在的信息管理学院，百年的风雨历程，始终不变的是“文华精神”，坚定对图书馆事业的信仰，忠诚图书馆事业，使图书馆事业必须为社会服务。在长期的教育教学实践活动中，我院在继承中弘扬“文华精神”，不断总结凝炼学院文化，逐步形成了“开拓创造”“务实创业”“引领创新”的鲜明办学特色。

每年学院都会通过学生开学典礼、新生教育、专题讲座等形式介绍学院历史，弘扬“文华精神”；学院还设立了“文华奖学金”“文华助学金”等基金奖优帮贫；并于我院成立100周年之际开展系列“文华精神”专题教育活动。通过这些措施，让“文华精神”世代相传，帮助学生建立追求真理、服务国家、奉献社会的价值观。

以工会工作为抓手，丰富教职工精神文化生活，为学院营造和谐奋进的良好氛围。学院非常重视院工会工作，院工会充分履行职责，开展了一系列健康向上、有吸引力的文体活动。学院组建了乒乓球队、羽毛球队和篮球队。搬迁至新大楼后，又建设开放了教工之家，为全院教职工开展日常文娱体育活动提供场所。每周四下午的乒乓球训练、女教职工瑜伽形体课程、舞蹈培训，已成为学院教工之家的常规活动。

近年来，学院连续举办了“庆三八”健身徒步、师生趣味运动会、教职工趣味智力运动会、趣味羽毛球赛、教职工卡拉OK歌咏比赛等活动。每年都会组织教职工集体户外拓展，这些集体活动为增强教职工之间的交流和感情创造了有利条件，和谐融洽的工作学习氛围、友好亲密的人际关系，让教职员工在学院感受到“家”的温暖，获得极大的幸福感和归宿感。

附录 1　信息管理学院百年记事(1920—2020 年)

1899 年 12 月，美国学者韦棣华女士(Mary Elizabeth Wood，1861—1931)为探视其弟来华，抵达武昌以后留在文华书院任英文教师。1907 年，韦棣华在美国图书馆协会(ALA)第 29 届年会上，将刚刚在中国兴起的公共图书馆运动介绍给美国，并为在中国建立一所公共图书馆而募款。1910 年，韦棣华用募款所得在武昌文华大学校内建立了一所图书馆——文华公书林。这是一所完全按照西方现代图书馆理念和模式建立的公共图书馆，采用开架管理方式并对公众开放。韦棣华有感于中国图书馆专门人才的匮乏，决心在中国兴办图书馆学教育，遂资助沈祖荣和胡庆生前往美国留学学习图书馆学。二人学成后先后回到了文华公书林。韦棣华也于 1918 年返美，在西蒙斯大学图书馆学院进修一年，1919 年回到文华公书林，在沈祖荣、胡庆生的协助下，于 1920 年创建了中国第一个图书馆学教育机构——武昌文华大学文华图书科(Boone Library School)。

· 1920 年 3 月，韦棣华带领沈祖荣和胡庆生创办的文华大学文华图书科(Boone Library School)开学。韦棣华担任图书科主任。文华图书科仿照美国纽约公共图书馆学校制度，招收大学毕业和肄业二年以上学生，学制 2 年，分自费生与免费生两种。文华公书林成为该专业的实习图书馆。

文华图书科成立之初，教师仅有韦棣华、沈祖荣、胡庆生三位，讲授 Book Selection & Book Review(图书选读)，Cataloging(编目)，Classification(分类)，Reference Work(参考工作)四门专业课程。第一届学生：陈宗澄、裘开明、黄伟楞、许达聪、查修和桂质柏六人。

· 1923 年，为了发展中国的图书馆事业，韦棣华赴美争取庚款支持。她将 150 名中国著名人士和 65 名有影响力的在华美侨的两份联名请愿书提交美国政府；1924 年 5 月 21 日，美国国会决议授权归还部分庚款用于中国的文化事业发展。此后，英国等其他国家也开始退还部分庚款，并指定用于发展中国文化事业。

· 1924 年 7 月 1 日，韦棣华在 ALA 年会上做了题为《中国图书馆近来的发展》的发言，敦促美国同行委派一名图书馆学专家到中国，以证实优先考虑发展公共图书馆事业的必要性，并倡导将两个国家的图书馆界通过行业组织联系起来。前 ALA 主席、圣·路易斯公共图书馆馆长鲍士伟博士被选为代表，成为了访华使者。

· 1924 年，文华大学改组为华中大学，原“文华大学文华图书科”改称“华中大学文华图书科”。

·1925 年 4—6 月，前 ALA 主席、圣·路易斯公共图书馆馆长鲍士伟博士访华，促成了中华图书馆协会的提前成立。这次访华之旅由中华教育改进社负责，韦棣华配合接待。黎元洪在天津宴请鲍士伟和韦棣华。鲍士伟回国后向 ALA 汇报了此行的考察结果，成立“中华文化教育基金董事会”以处理庚款事务，决定资助中国的图书馆事业。

·1925 年 4 月 25 日，中华图书馆协会在上海召开成立大会，6 月 2 日在北京举行成立仪式，沈祖荣等 15 人被推选为董事，文华师生查修、许达聪、王文山、桂质柏、胡庆生、冯汉骥 6 人为干事。文华公书林和文华图书科成为其成员机构。

·1926 年 2 月，中华教育文化基金董事会第一次常会决定，在文华图书科设置图书馆学教席以及助学金名额，并委托中华图书馆协会与文华图书科联合举行入学考试，招考新生。

·1927 年 5 月，私立华中大学因受时局影响而停办，文华图书科因有庚款资助，坚持继续办学。因是当时全国唯一的图书馆学校，中华文化教育基金委员会、中华教育改进社、中华图书馆协会，以及国内各大图书馆都对文华图书科的继续办学表示了支持和勉励。

·1927 年 9 月，韦棣华代表中华图书馆协会参加英国图书馆协会 50 周年大会，与英美等 15 国图书馆代表联合倡议并签署协议，宣告“国际图书馆和书目委员会”正式成立。后该组织改名为“国际图书馆协会联合会”，简称“国际图联”。

·1928 年，钱亚新著《拼音著者号码编制法》由文华图专出版。

·1928 年 12 月，韦棣华和沈祖荣等以“私立武昌文华图书馆学专门学校校董会”名义向教育部申请立案。

·1929 年 1 月，《文华图书科季刊》创刊。1932 年，随校名改名为《文华图书馆学专科学校季刊》，1937 年停刊。该刊与《图书馆学季刊》和《中华图书馆协会会报》并称为民国三大图书馆学期刊。

·1929 年 2 月，中华图书馆协会召开第一次年会，修改了组织大纲，将董事部和执行部改为执行委员会和监察委员会。文华师生中，沈祖荣当选为执行委员，田洪都、陆秀、毛坤、冯汉骥为监察委员。

·1929 年 6 月，沈祖荣作为中华图书馆协会代表参加在罗马召开的第一届国际图联大会。他在会上宣读了中华图书馆协会选送的 5 篇论文，其中包括自撰的《中国文字索引法》和胡庆生的《中国之图书馆员教育》；并通过实物展览，宣传中华民族优秀文化和中国图书馆事业。会后参访数十所欧洲著名图书馆、三所图书馆学校及相关机构。归国后，撰《参加国际图书馆第一次大会及欧洲图书馆概况调查报告》，刊载于《中华图书馆协会会报》。

·1929 年 8 月，南京国民政府教育部批准文华图书科单独立案，更名为“私立武昌文华图书馆学专科学校”，简称“文华图专”，校董会选举沈祖荣为校长。经费来自中美庚款补助和公私赞助，学制二年。华中大学 1929 年复校后，文华图专仍与之局部合作至 1930 年底。

· 1929 年，校长沈祖荣亲函邀徐家麟来校任教，先后任讲师、副教授、教务主任，讲授《图书分类法》《图书经营法》《英文参考书》等课程。

· 1929 年，沈祖荣翻译美国爱克斯所著《简明图书馆编目法》，文华图书科出版，开全面研究编目法之先河。

· 1929 年秋，沈祖荣以“学贵切用，尤在实行”，组织文华图书科学生成立编目股。1930 年增设编目讨论会。

· 1930 年 4 月，钱亚新著《索引和索引法》一书由上海商务印书馆出版，这是中国第一部索引法理论专著，标志中国现代索引体系的建立。

· 1930 年，由文华公书林和文华图书科承办的“三重纪念”(韦棣华女士来华 30 周年、文华公书林成立 20 周年、文华图书科创办 10 周年)大会，原定 5 月 16 日举行。因时局不稳延期至 10 月，后延期至 1931 年 5 月。

· 1930 年夏，鉴于与华中大学在学生毕业、课程设置、行政领导等方面的分歧，文华图专作出了“走自己的路”的决定，完全脱离了华中大学，成为了一所独立的学校。

· 1930 年 9 月，图书馆学讲习班开设。它针对国内图书馆助理人才短缺，应图书馆界专家提议，获批与图书科同时开班授课。招收高中毕业生，投考公费学额的学生需在图书馆工作两年以上。学制一年。此后分别于 1933 年、1936 年和 1937 年再招收，四届共培养出 50 余名毕业生。

· 1930 年 12 月，文华图专启用教育部颁发的钤记(印章)。

· 1931 年，桂质柏获美国芝加哥大学图书馆学博士学位，成为该校毕业的第二个图书馆学博士，中国首位图书馆学博士。其博士论文 *Bibliographical and Administrative Problems Arising from the Incorporation of Chinese Books in American libraries*，1931 年由北京导报出版社出版。

· 1932 年，文华图专设立研究部，负责收集关于图书馆学之著作以供本校师生研究，策划编译与出版事宜。成立之初，由徐家麟主持工作。此后，由皮高品和毛坤等负责主持。组织出版了“文华图专丛书”20 多种著作，创立《文华图书馆学专科学校季刊》等相关工作。

· 1932 年，文华图专获得美国图书馆协会教育股许可，将来本校毕业生可直接进入美国图书馆学研究院校深造。

· 1932 年上半年，文华图专学生秉承文华公书林巡回文库的传统，自发组织巡回文库流动车，于每星期日下午服务于武昌昙华林附近各商店。1933 年，正式成立“私立文华图书馆学专科学校学生服务团”，1936 年，巡回文库规模达到 1200 余册书。全面抗战开始后，学生服务团活动范围由一般商店住户而移至伤兵医院。

· 1933 年，袁同礼为培植图书馆专门人才，自本年秋季起在文华图专设纪念奖学金。

·1933年，文华图专秉承文华公书林公共免费讲座的传统，开展“群育讨论会”。演讲者和听众互动，注重发问及自由式讨论，其论题既有图书馆学和相关知识，也有时政、哲学、宗教、法学、文史、卫生等其他方面知识。

·1934年秋，学校设立特别教席，在图书馆学专科及图书讲习班分别开设中英文档案管理课程。西文档案管理由美籍费锡恩女士(Miss Grace P. Philips)任教，中文档案管理由毛坤讲授。档案管理特种教席的设立标志着我国档案教育的肇始。

费锡恩毕业于伊利诺伊大学，讲授内容主要是美国机关、团体和企业实行的文书档案管理办法。毛坤参考国外档案管理理论和方法，特别借鉴了美国历史学会档案委员会十三、十四次报告，编写了《档案经营法》作为讲义。此后还编撰了《档案行政学》《档案编目法》等讲义。

·1934年10月，新建学生宿舍华德楼落成，三层西式，为表示对韦棣华的老朋友华德女士(Miss Marian DeC. Ward)的感谢而命名为华德楼。1934年10月12日举行开门典礼。

·1934年6月，《文华图书馆学专科学校季刊》第六卷第二期发《世界民众图书馆概况专号》，刊登了美国图书馆专家鲍士伟(Arthur E. Bostwick)编辑的《世界民众图书馆概况》。原书由美国图书馆协会出版，介绍了40多个国家的图书馆概况。徐家麟、毛坤负责编辑，该校师生14人分担翻译，沈祖荣作卷首语。

·1934年9月，皮高品著《中国十进分类法及索引》印成，12月由文华图专出版，该书采用中西合璧的类目体系，包括类表、中文索引、英文索引和附录四个部分，所有类名及注释均中英对照，广泛采用多重列类、类目复分和仿分等现代分类技术方法，在近代中国图书分类史上产生了广泛的学术影响。被称为中国近代四大图书分类法之一。

·1934年，文华图专出版了如下系列丛书：(1)[日]加藤宗厚著，李尚友译《标题目录要论》。(2)刘子钦著《分类之理论与实际》。(3)[美]骆约翰著，章新民译《民众图书馆的行政》。(4)[英]福开森著，耿靖民译《目录学概论》。(5)黄星辉著《普通图书编目法》。(6)钱亚新编《太平御览索引》。(7)戴镏龄译《图书馆的财政问题》。(8)[美]哈勒斯著，喻友信译《图书馆使用法的指导》。(9)吴鸿志著《图书之体系》。(10)[英]萨费基著，毛坤译《西洋图书馆史略》。

·1935年2月27日，沈祖荣当选为中华图书馆协会5位新任执行委员之一；裘开明、毛坤当选为新任监察委员。

·1935年12月，《文华图书馆学专科学校季刊》第七卷第三、四期发《世界各国国立图书馆概况专号》，刊登了英国《图书馆季刊》社总编辑爱士德尔(Arundell Esdaile)著《世界各国国立图书馆概况》。沈祖荣策划、作序，严文郁、徐家麟等师生21人分担翻译，介绍了21个国家国立图书馆的情况，并在原著基础上增加了“南京国立中央图书馆”概况。

·1936年6月，中华图书馆协会在青岛召开第三次年会，临时提议案改执行委员会为理事会、监察委员会为监事会。文华图专师生沈祖荣、严文郁、王文山、田洪都 4 人为执行委员，裘开明、毛坤、徐家麟 3 人为监察委员。

· 1936 年，教育部和教育厅派员视察文华图专，之后发给教学补助，以供添聘讲师，购备书籍和仪器。

· 1937 年，沈祖荣编成《标题总录》(上、下册)。6 月，上册由武昌文华图书馆学专科学校出版，布面。《标题总录》上册以英文为主，附列中文，下册以中文为主，附列英文。由于“七七事变”，下册未能正式出版。该书采用《美国国会图书馆标题总目》作底本，加以增减翻译，增加了检索语言类型，填补了当时空白，被推崇为中国标题法的起源之作。

· 1938 年，文华图专西迁重庆，借曾家岩求精中学校舍办学。1938 年武汉危急，6 月校长沈祖荣、教务长汪长炳和教授毛坤先前往重庆筹划迁渝事宜。最初于川东师范大礼堂内办公的国立中央图书馆筹备处借得房屋一间，作为办公处。后借得曾家岩求精中学房屋一间作为校舍。因房舍紧张，于空地自建西式单层新屋一座，作为教室、办公室及图书阅览室之用，命名为韦棣华堂。

· 1938 年 11 月西迁重庆后，中华图书馆协会召开第 4 次年会，选举了新的理事会和监事会成员。文华师生沈祖荣、严文郁、王文山、田洪都、查修 5 人当选为理事；裘开明、毛坤、汪长炳、徐家麟、岳良木 5 人当选为监事。

· 1939 年 9 月，第五届图书馆学讲习班改为“档案讲习班”。适应战时各机关需要，招收高中毕业或具有高中毕业之同等学力、22 岁以下学生，徐家麟、毛坤等担任主讲，修业期限 1 年，毕业后由学校负责介绍工作。

· 1940 年春，文华图专正式开设档案管理训练班，学制一年，招收高中毕业生。1940 年秋，招收第二期。

· 1940 年 9 月，毛坤力主，沈祖荣校长支持，呈请教育部，设立档案管理专科，并将档案管理训练班第一期、第二期改为档案管理专科第一届、第二届。10 月 17 日获教育部批准，学制两年，招收高中毕业生。档案管理科先后开办六届，是我国最早的档案管理专业。

· 1941 年夏，康宁楼在空袭中被毁。文华图专多次发表募捐启示，中华图书馆协会、中华文化教育基金董事会、ALA、中英文教基金董事会、洛克菲勒基金会等组织先后向文华图专援以图书资料和资金，这是文华图专坚持办学的重要支持。

· 1942 年 3 月，经教育部批准，档案管理短期职业训练班开办。主要由各机关择优保送现职档案管理人员，也面向社会招考，学历要求初中毕业或高中肄业，修业期限 3 个月。从 1942 年春季开始招生，此后，分别于 1942 年秋、1943 年春、秋各招一班新生。

· 1944 年春，第五期档案管理短期职业训练班改招高中毕业生，修业期限 4 个月。档案管理短期职业训练班前后共七期。

· 1944 年 5 月，美国副总统华莱士(Henry Wallace)访问重庆，随机运来图书设备中有 ALA 赠送给文华图专的图书，这在交通与通讯受阻的战时极为珍贵。

·1944 年 11 月，中华图书馆协会理监事联席会议改选，文华图专师生沈祖荣、毛坤、汪长炳、严文郁、王文山、徐家麟、桂质柏 7 人当选为理事；徐家璧、裘开明、汪应文、姜文锦 4 人当选为监事。

·1947 年春，文华图专迁返武昌继续办学，3 月开学授课，教授阵容一新。校舍仅余华德楼一座，将其全部作为宿舍，另由教会拨借高家巷文华中学二部为教室；最后将华德楼换得崇福山街 2 号作为校址。

·1947 年秋，文华图专在京沪渝汉四地扩大招生，报名人数近千，录取图书馆学专科及档案管理科各一班共近百人。

·1949 年，沈祖荣坚决拒绝参加任何“应变会”和前往台湾，使文华图专得以完整地保留在武昌。

·1949 年 10 月，文华图专在中南军政委员会人事局和中南教育部的指示下，开办了为期四个月的档案资料管理训练班，以适应中华人民共和国成立以后对档案资料管理的迫切需求。

·1949 年 11 月，文华图专开办实验图书馆，教师指导，学生运营，向公众开放，服务市民；对校内师生开架借阅。

·1951 年 8 月，中央文化部接办私立武昌文华图书馆学专科学校，暂委托中南军政委员会教育部领导，任命原中原大学教育学院院长王自申为校长，原中原大学图书馆主任甘莲笙和原文华图专校长沈祖荣为副校长。

·1951 年，文华图专首次参加全国统一的高考招生。

·1953 年，全国高等学校院系调整，教育部将武昌文华图书馆学专科学校并入武汉大学，改为武汉大学图书馆学专修科，甘莲笙任主任，沈祖荣任教授。先后与教务处及其他系科并一个党支部。

·1953 年 9 月 1 日，原文华图专师生、设备和图书从崇福山迁入武昌珞珈山武汉大学校园内。原有图书资料全部保留于图书馆学专修科资料室，资料室既提供文献服务，也承载部分教学和实践活动。

·1953 年 10 月，杜定友先生向文华图专赠送图书资料 13 箱。

·1955 年，成立中共武汉大学图书馆学专修科支部委员会，张树芳任书记。7 月，徐家麟接任图书馆学专修科主任。学制改为 3 年。

·1956 年，改制为武汉大学图书馆学系，学制改为 4 年制本科。徐家麟任系主任。

·1956 年，中国图书馆学会筹备委员会正式成立，武汉大学图书馆学系教授、系主任徐家麟，北京大学图书馆学系教授、系主任刘国钧，中山大学教授、图书馆馆长杜定友等 11 人为常务委员。1957 年下半年筹备工作中断。

·1957 年，武汉大学编印出版了吕绍虞的《普通目录学》。

·1958 年，成立中共武汉大学图书馆学系总支第一届委员会，徐鸿任书记。徐家麟继续担任图书馆学系主任，孙冰炎任副主任。

· 1958 年，文化部主办全国省市公共图书馆馆长研究班，武汉大学图书馆学系教师参与教学工作。

· 1958 年 9 月，武汉大学图书馆学系青年师生编成“红旗图书分类法”(五分法)，代替了武汉大学图书馆所采用的杜威法和皮式分类法(四分法)。

· 1958 年 11 月 17 日至 1959 年 2 月，武汉大学图书馆学系二、三年级学生及部分教师 98 人赴湖北浠水县，参与人民公社图书馆的建设与推广，完成了《人民公社图书馆丛书》及相关文章。

· 1958 年 12 月，沈祖荣著《俄文图书编目法》(第三版)由武汉大学出版。

· 1959 年 3 月，湖北省图书馆邀请武汉大学、湖北大学、中国科学院武汉分院等图书馆馆长及武汉大学图书馆学系师生 20 余人召开座谈会，讨论《社会主义图书馆学概论(初稿)》。

· 1959 年 5 月 4 日，武汉大学图书馆学系派员参加北京大学图书馆学系为纪念“五四”运动及庆祝北京大学 61 周年校庆举行的科学讨论会。

· 1959 年 6 月，武汉大学图书馆学系编制的“红旗图书分类法”定名为《武汉大学图书分类法》，由湖北人民出版社正式出版。共分 26 大类，其类号采用汉语拼音字母与阿拉伯数字相结合的混合类号制，共有 7 个附表。

· 1960 年，中共武汉大学图书馆学系总支第二届委员会成立，黄宗忠任书记。

· 1960 年，武汉大学学报编委会编印《武汉大学人文科学学报(图书馆学专号)》。

· 1960 年，武汉大学图书馆学系决定开办图书馆函授班。第一期函授地点为武汉、成都、重庆、长沙、南昌、广州、南宁 7 处，学习年限为 2 年。

· 1960 年，武汉大学图书馆学系完成哲学社会科学规划纲要(修正草案)关于编制《图书馆学简明辞典》的任务，于 3 月初编出了《图书馆学简明辞典》(初稿)。该书收录名词、术语 1600 余条，共计 50 余万字。

· 1961 年 4 月，北京大学、武汉大学、文化学院 3 校的图书馆学系根据教育部拟定的“图书馆学专业教材编选计划”，分别在北京、武汉进行“图书馆学基础”“藏书与目录”“读者工作”3 门课程教材的编写工作。

· 1961 年，武汉大学图书馆学系为了贯彻“高教 60 条”，制订了新的教学计划。在加强了马克思主义理论课的同时，注重学生业务水平的提高。如为了拓宽学生的知识面和提高外语水平，增设了自然科学和社会科学概论课以及第二外国语；同时重点建设了基础理论课，如图书馆学概论、目录学概论等，并相应建设教材和教学参考书；增加毕业论文写作和毕业实践，对学生的学习质量提出新的要求。

· 1961 年，徐家麟任图书馆学系主任，孙冰炎、黄元福任副系主任。

· 1962 年 9 月，武汉大学图书馆学系为迎接武汉大学 50 周年校庆，在教师中开展了学术讨论活动。提出的论文有：《论目录学家梁启超》(陈光祚)、《关于中国图书馆事业史研究的几个问题》(谢灼华)等。

·1962年，北京大学、武汉大学、文化学院合编的《目录学讲义(初稿)》完成。

·1962年，杜定友再次向武汉大学图书馆学系赠送手稿、资料。

·1963年11月，武汉大学图书馆学系于校庆期间举行了第4届科学讨论会，提交论文15篇。其中，谢灼华的论文《论古代藏书楼在中国近代图书馆史上的地位》等受到与会人员的关注。

·1964年，武汉大学图书馆学系黄宗忠、彭斐章等编写的《图书馆学目录学论文集》由武汉大学出版。

·1956—1966年，武汉大学图书馆学系对教学计划进行了3~4次的制定和调整。比较重要的是1956年由专科转为本科和1961年贯彻“高教60条”两次新教学计划的制定。这些新教学计划的实施，对如何办好中国的图书馆学专业作了摸索和试验。主要有：1. 加强马克思主义理论学习的问题，按照党中央和教育领导部门的要求，将此列入教学计划，并得到比较切实的贯彻。2. 扩大学生的知识面，提高其外语水平。增设了自然科学、社会科学概论课程，要求学生普遍修习二门外语。3. 重点建设理论基础课程，如《图书馆学基础》《目录学概论》等，并相应建设教材和教学参考书。4. 增加毕业论文写作与毕业实践。对学生的学习质量提出新要求，同时，注意发挥原有图书馆学专业课基础较好的优势，加强教学管理，并聘请校外专家授课。这一时期初步形成了符合中国国情，反映新的专业理论思想、知识及技术水平的图书馆学教学体系。

·1966年，“文化大革命”开始，武汉大学停止招生。

·1970年8月，武汉大学图书馆学系与校图书馆合并，形成“馆系合一”的管理模式，由系管理图书馆。系属资料室的书籍仍保持独立馆藏，未与校馆合并管理。

·1972年，恢复因“文化大革命”而停顿的办学，在时隔6年之后重新招生，学制改为两年。1972年9月，招新生45人。

·1972年4月，成立中共武汉大学图书馆、图书馆学系临时委员会，李炎荣任书记，黄宗忠、傅敬生任副书记。7月，中共武汉大学图书馆、图书馆学系第一届委员会正式成立，李炎荣任书记，黄宗忠、傅敬生任副书记。

·1973年，成立中共武汉大学图书馆、图书馆学系第二届委员会，黄宗忠任第一副书记，傅敬生、曾四喜任副书记。同年，黄宗忠、彭斐章分别出任图书馆学系主任和副主任。

·1973年8月，经中共中央、国务院批准，周恩来总理亲自签阅，由9人组成的中国图书馆代表团访问美国。团长是原北京图书馆馆长刘季平，武汉大学图书馆学系主任黄宗忠为代表团成员之一。代表团于1973年9月27日至11月4日对美国进行了为期38天的专业访问。代表团抵达美国之后，由美国国家安全委员会、美国学术交流委员会有关人员一路陪行，基辛格在白宫会见代表团，美国科学院院长举行招待会。中国图书馆代表团访美之行重启了中美图书馆界交流的大门，影响深远。

·1974年，陈光祚编成国内第一部《科技文献检索》教材。

·1975年，我国第一部大型综合性叙词表《汉语主题词表》开始编制，武汉大学图书馆学系派遣刘荣赴京参加编辑工作，并任编辑领导小组成员。

·1977年2月，图书馆学系班子换届，黄宗忠和彭斐章连任主任和副主任，孙冰炎、严怡民任副主任。

·1977年，恢复高考后，图书馆学系学制定为四年。

·1977年，率先在国内创办科技情报专业，主要负责人黄宗忠，筹办人：严怡民、田光先、陈光祚。

·1977年，设立情报学教研室。专业教师有16人：严怡民、周六炎、王昌亚、田光先、陈光祚、蒋沁、胡典世、卢素心、吴蓓珠、朱丽娜、焦玉英、范崇淑、吴则田、童菊明、罗惠兰、周洁信。

·1978年，在国内首次招收科技情报专业本科生。

·1978年3月，武汉大学图书馆、图书馆学系正式分开。成立中共武汉大学图书馆学系委员会，黄宗忠任书记，傅敬生、曾四喜任副书记。

·1978年8月，湖北省图书馆学会在武汉召开成立大会，会议通过了《湖北省图书馆学会章程》，产生了理事会，武汉大学图书馆学系黄宗忠任会长、彭斐章任副会长。

·1978年，图书馆学专业招收首届目录学方向硕士研究生，这是国内图书馆学专业第一批硕士研究生。

·1978年，开办科技情报专修班，招收"文革"中1967—1970年毕业的理科大学毕业生，学习两年。毕业生充实了科技情报专业师资队伍。此外，举办一年制和二年制图书馆学、情报学在职干部进修班。

·1979年6月，《中国图书馆图书分类法》编辑委员会成立，刘国钧、皮高品为顾问。

·1979年，情报学专业招收首届硕士研究生。

·1979年9月，王昌亚前往前南斯拉夫萨格勒布大学任访问学者，后于1982年回国。

·1980年3月，武汉地区高等学校图书馆协作委员会、武汉大学图书馆学系受湖北省教育局的委托，联合举办高等学校图书馆工作人员培训班，7月下旬结束。

·1980年，武汉大学图书馆学函授专修科(三年制)经教育部批准恢复招生。

·1980年6月，由武汉大学图书馆学系编辑的《图书情报知识》试刊。

·1980年6月7日—8日，英国图书馆外借部主任莱恩·伯纳德教授、研究发展部主任格雷·约翰·克莱克门特先生等三人组成的英国图书馆代表团访问了武汉大学图书馆学系。

·1980年9月1日—17日，美国西蒙斯大学图书馆学与情报学研究院教授林瑟菲博士在武汉大学图书馆学系作学术报告，并被聘为武汉大学兼职教授。

·1980年，武汉大学图书馆学系图书情报专业招收首届走读生76名。

·1981 年，成立中共武汉大学图书馆学系总支委员会，傅敬生任书记。

·1981 年 3 月，北京大学图书馆学系、武汉大学图书馆学系合编的《图书馆学基础》由商务印书馆出版。

·1981 年 5 月，中国图书馆学会恢复了在国际图联的合法席位。武汉大学图书馆学系等中国的 7 个机构成为国际图联的机构会员。

·1981 年 9 月，武大等 9 所高等院校的图书馆学(科)的代表在京出席了由教育部、文化部联合召开的全国图书馆学专业教育座谈会。

·1981 年 9 月 18 日—28 日，美国西蒙斯大学图书馆学情报学研究院院长罗伯特·斯图亚特教授在武汉大学图书馆学系专题讲授“图书馆管理”和“藏书建设”，并与图书馆学系师生代表就图书馆学系教育等问题进行了广泛的交谈。

·1982 年 3 月，北京大学、武汉大学编写组共同完成《目录学概论》，由中华书局出版。

·1982 年，武汉大学图书馆学系受教育部委托，开办图书馆学短训班。

·1982 年 11 月，新华书店总店派李廷真副处长来武汉大学，与武汉大学校长刘道玉、图书馆学系领导黄宗忠、傅敬生商谈在武汉大学设立图书发行管理学专业、培养图书发行工作人才事宜。由新华书店总店联合全国新华书店向我校捐赠 287 万元用于图书发行管理学专业建设和人才培养。

·1982 年 11 月，武汉大学图书馆学系主任黄宗忠，副主任孙冰炎应美国西蒙斯大学图书情报学研究生院院长斯图亚特邀请，赴美考察访问，时间 3 个月。

·1982 年，武汉大学翻译美国罗伯特·D·斯图亚特和约翰·泰勒·伊斯特利克合著的高等学校图书馆学情报学专业教材《图书馆管理》，黄宗忠为此书中译本作了前言。

·1983 年，科技情报专业获批硕士授予权。

·1983 年 3 月上旬至 7 月中旬，湖北省档案局和武汉大学图书馆学系联合举办了第一期档案专业干部进修班。

·1983 年 4 月 1 日，教育部以(83)教计字第 044 号文批复武汉大学，同意设立图书发行专业。

·1983 年 4 月 11 日—16 日，教育部组织的全国图书馆学情报学教育工作座谈会在武汉大学召开。

·1983 年 5 月初，武汉大学图书馆学系组建图书发行管理学教研室。孙冰炎任教研室主任，廖延唐、罗紫初任教研室副主任。调入和选留胡典世、吴平、徐春和练小川等为专业教师。8 月，图书发行管理学专业招收第一届本科生共 60 名，学制四年。

·1983 年 5 月，国家科委和武汉大学签订协议，在武汉大学设立科技情报培训中心，承担全国科委系统在职情报人员的培训任务，举办科技情报大专班和在职科技情报人员进修班。

·1983 年 7 月，图书馆学系班子换届，黄宗忠连任主任，彭斐章和严怡民连任副主任，毛玉姣任副主任。

·1983年9月，国家科委武汉大学科技情报培训中心举办的在职科技情报人员进修班开学，学员50人，学制半年。1983—1991年，举办了11期科技情报进修班，结业学员520人。

·1983年10月20日—22日，湖北省教育厅召开对武汉大学图书馆学系研制的“WD-TLX微型机图书流通管理系统”和“WD-TQGX微型机图书情报管理系统”两个软件的技术鉴定会，鉴定均通过。

·1983年，严怡民编著的《情报学概论》、张琪玉编著的《情报检索语言》由武汉大学出版社出版。

·1984年，设立档案学专业教研室，查启森任教研室主任。专业任课教师有10人：张清明、查启森、商学兵、文际平、吴汉成、王三山、刘家真、朱玉媛、张天望、杨励忠。

·1984年，恢复档案学本科招生。此后隔年招生一次，1990年起每年招生。

·1984年4月7日，经教育部批准，我国第一所图书情报学院在武汉大学建立。11月19日召开成立大会。彭斐章任院长，黄宗忠和严怡民任副院长。图书情报学院下设图书馆学系和情报科学系2个系，开设了图书馆学、图书发行管理学、档案学、情报学4个专业。图书馆学系下设4个教研室：图书馆学教研室、目录学教研室、图书发行学教研室、档案学教研室；情报科学系下设2个教研室：科技文献教研室和情报理论方法教研室。另外，还设有图书情报现代技术教研室、图书情报研究所、国家科委武汉大学科技情报培训中心、图书情报函授部。

·1984年5月31日至6月2日，以美国国会图书馆副馆长威廉·丁·韦尔什为团长的美国国会图书馆五人代表团对我院进行了访问。

·1984年9月—1985年6月，由美国富布莱特基金会提供资助，美国哥伦比亚大学伯纳尔学院图书馆顾问帕默尔教授在武汉大学图书情报学院讲学，为研究生系统讲授了“美国图书馆事业”“美国图书管理与实践”等专题；同时，兼任武汉大学图书馆顾问。

·1984年秋，国家科委武汉大学科技情报培训中心开设首届科技情报大专班，招生60人，学制两年。1984—1991年，先后开设5届科技情报大专班，毕业学员152人。

·1984年10月，杨宗传任中共武汉大学图书情报学院总支委员会书记，刘建设、王秀华任副书记。

·1984年10月，谢灼华任图书馆学系主任，郭星寿任图书馆学系副主任。

·1984年，情报科学系创建，陈光祚任情报科学系主任，王昌亚、马费成任副系主任。

·1984年，教育部批准成立图书馆学情报学研究所，张琪玉任所长。主要从事图书馆学情报学和信息管理学的理论、方法、管理与技术应用方面的研究工作。

·1984年，《图书情报知识》正式创刊，为季刊。自问世以来，该刊连续被评为优秀图书馆学期刊、全国中文核心期刊、湖北省优秀期刊等，被《乌利希国际期刊指南》收录。该刊依托学院和信息资源研究基地的教学科研力量，在国内外享有广泛的学术影响。由于其学院特色和学术性，为美国多所著名的信息管理学院长期订购。

·1984 年，学院拟制《1984—1990 年高等学校文科教材编选计划草案》，涵盖图书馆学、情报学、图书发行学、档案学专业的近 30 种教材。

·1985 年，经教育部批准，湖北省高等教育自学考试指导委员会在全省范围内新增开考图书馆学专业。

·1985 年 3 月，北京大学图书馆学系、武汉大学图书馆学系合编的《图书馆古籍编目》由中华书局出版。

·1985 年 3 月 6 日—30 日，为了推广计算机在图书情报部门的应用。国家科委全国科技情报检索系统领导小组与武汉大学图书情报学院联合举办了微机情报培训班。

·1985 年 9 月 2 日—20 日，西德科隆大学哲学系图书馆学专业负责人、保尔·卡格拜因(Paul Kaegbein)教授应武汉大学图书情报学院的邀请，在武汉进行了为期 19 天的学术交流活动。卡格拜因教授是国际著名的图书馆学家，从 1977 年至 1981 年任国际图联图书馆理论和研究委员会主席。

·1985 年 9 月，日本国立国会图书馆代表团一行 6 人来访我院，院长彭斐章及部分师生参与学术交流座谈。

·1985 年 9 月，美国富布莱特文化交流项目研究学者、图书馆学专家、西伊利诺斯大学许丽霞教授来我院开展为期一年的讲学活动。

·1985 年 10 月 7 日至 15 日，武汉大学图书情报学院受英国驻华大使馆委托举办“英国图书馆学、情报学书展”，校长刘道玉、教务长吴贻谷、院长彭斐章以及美国富布莱特文化交流项目研究学者许丽霞教授出席了开幕式。这是我校首次举办国外图书馆学情报学书展。展后英方将所展图书的一半赠送给了图书情报学院。

·1985 年 10 月 11 日，校长刘道玉、院长彭斐章及图书馆学系主任谢灼华，会见了中国社会科学院教育委员会副主任丁浩如和人事局副局长李利，就该院委托我院培养的 50 名本科生学习和生活状况进行了交流。

·1985 年 10 月，由武汉大学图书馆学情报学研究所张琪玉等编制的《中国图书分类法索引》连同《中国图书分类法》一起荣获“国家科学技术进步成果奖”一等奖。

·1985 年，陈光祚主编的《科技文献检索》由武汉大学出版社出版。

·1985 年 11 月，焦玉英由教育部公派苏联基辅文化学院科技情报学系访问，回国先后翻译出版的《自然科学书目学》(科学技术文献出版社)、《图书发行经济学》(武汉大学出版社)，为我国改革开放后首次引进的苏联本专业领域著作。

·1985 年，王昌亚、周六炎编著的《专利学基础》由湖北科学技术出版社出版，这是武汉大学首先开设的专利学课程用书，也是武汉大学第一本有关知识产权的教科书。

·1985 年 12 月，傅敬生任中共武汉大学图书情报学院总支委员会书记，刘建设、王秀华任副书记。

·1985年，武汉大学图书情报学院院长彭斐章被聘任为国务院学位委员会第二届学科评议组成员，作为图书情报学科的唯一专家，参加中国语言文学学科评议组的工作。他主持收集了欧美图书情报学科博士教育的完整资料，多次撰写报告，向教育部研究生管理部门和国务院学位委员会写信，力主建立图书馆学情报学博士点。

·1985年，我院编印1~6册《国外图书馆学情报学信息》，翻译和报道了大量欧美图书馆学情报学领域的研究成果。

·1986年3月22日—3月29日，英国贝尔法斯特女王大学图书情报系大卫·克劳教授到我院访学。

·1986年5月12日—22日，武汉大学图书情报学院副院长傅敬生参加了由新华书店总店组织的中国新华书店代表团，赴日本访问。

·1986年5月27日—6月1日，经国家教育委员会批复同意，武汉大学图书情报学院召开"图书馆学、情报学理论研讨会"，这是首届面向全国的中青年图书情报理论研讨会。

·1986年9月1日—5日，由国际图书馆协会联合会和中国图书馆学会联合举办的IFLA第52届年会的会后会"图书馆学、情报学教育与研究"国际学术谈论会在北京召开，武汉大学图书情报学院彭斐章、谢灼华参会，并作论文报告。

·1986年9月8—10日，《中国大百科全书·图书馆学情报学档案学》图书馆学部分筹备组在京召开筹备组扩大会议。黄宗忠为综论分支编写组成员；彭斐章任目录学分支编写组的主编，谢灼华任副主编，乔好勤、陈传夫为成员。

·1986年10月30日—11月5日，美国伊利诺伊大学图书情报学研究生院原副院长劳伦斯·奥尔德(Lawrence Auld)副教授来我院访学。

·1986年，谢灼华撰著的《中国文学目录学》由书目文献出版社出版，这是我国第一部文学专科目录学著作。1989年该书获得"湖北省社会科学优秀著作"三等奖。

·1986年，周六炎主编的《科技文献管理》由武汉大学出版社出版，1992年该书被列入高等学校文科教材，经修订后再版。

·1986年中央广播电视大学第一次设立"图书馆学专业"，北京大学、武汉大学共同承担11门专业课的讲授。武汉大学承担了其中的情报学、情报检索、情报语言、图书馆现代技术、目录学、藏书建设六门课程。

·1987年，傅敬生继任中共武汉大学图书情报学院总支委员会书记，冯举权、王秀华任副书记。

·1987年3月29日—4月22日，彭斐章等中国图书馆代表团一行5人先后考察了苏联、保加利亚两国图书馆事业的发展情况。

·1987年7月16日，由武汉大学图书情报学院图书情报研究所研制的"WD-ZBJ中文文献自动标引检索系统"，在湖北省教委主持下通过鉴定。

·1987 年 10 月 26 日—11 月 6 日，美籍华人、美国匹兹堡大学东亚图书馆馆长、匹兹堡大学图书情报研究生院兼职教授郭成棠来武汉大学图书情报学院访学。

·1987 年，列入国家教委《1985—1990 年高等学校文科教材编选计划》、武汉大学图书情报学院教师谢灼华主编的《中国图书和图书馆史》由武汉大学出版社出版。

·1987 年 11 月 11 日—28 日，美国著名图书情报学家、伊利诺伊大学图书情报学研究生院教授兰卡斯特(F. W. Lancaster)来武汉大学图书情报学院访学。

·1985—1987 年，国家科委出资并出基建指标，新华书店总店出资购进办公设备，建造图书情报学院大楼。1985 年 11 月破土兴建，1987 年 5 月竣工交付使用。大楼位于武汉大学校门西侧，总建筑面积达 5000 平方米。

·1988 年，列入国家教委《1985—1990 年高等学校文科教材编选计划》、武汉大学图书情报学院教师罗紫初编著的《图书发行学概论》、王余光编著的《中国历史文献学》，由武汉大学出版社出版。

·1988 年，北京大学图书馆学情报学系、武汉大学图书馆学系合编的《图书馆学基础》以及武汉大学、北京大学《目录学概论》编写组编写的《目录学概论》，均获得国家教委颁发的“第一届高校优秀教材”一等奖。

·1988 年，在现代技术教研室的基础上，成立了图书情报实验室。

·1988 年 6 月 23 日，美国图书馆学情报学民间代表团一行 37 人来武汉大学图书情报学院访问。

·1988 年 12 月，武汉大学图书情报学院行政领导班子换届，院长彭斐章，副院长傅敬生(兼)、马费成、乔好勤。

·1988 年 12 月，图书馆学系、情报科学系等班子换届。谢灼华任图书馆学系主任，郭星寿和俞君立任副系主任。王昌亚任情报科学系主任，马大川任副系主任。陈光祚任图书馆学情报学研究所所长，毛玉娇任副所长。严怡民任国家科委武汉大学科技情报培训中心主任，王昌亚任副主任。

·1988 年 12 月，周宁负责的科研成果“湖北省公路桥梁管理系统(HB-CQX)”获得“湖北省科技进步奖”三等奖，这是我院教师首次获得省级科技进步奖。

·1988 年，王秀兰赴澳大利亚悉尼参加 IFLA 第 54 届年会并提交了书面论文。

·1988 年，王昌亚被国家标准局聘为“全国文献标准化技术委员会第六分会”委员。

·1989 年 2 月，受国家新闻出版署、新华书店总店和湖北省科委的委托，武汉大学图书情报学院分别开办了图书发行学和科技情报与管理两个《专业证书》教学班。

·1989 年 3 月 21 日，王作梅、毛玉娇、严一桥等研制开发的《西文文献编目微机教学系统》通过了由湖北省教委主持的教学成果技术鉴定。

·1989 年 8 月，乔好勤赴巴黎参加 IFLA 第 55 届年会。

·1989 年 8 月，武汉大学图书发行管理学专业在全国 12 省市首次招收函授学员 343 名。

· 1989年，彭斐章、谢灼华、王昌亚的教学成果“图书馆学情报学教学体系的深刻变革”获“武汉大学优秀教学成果”特等奖、“湖北省优秀教学成果”一等奖，以及国家级优秀奖。

· 1989年，列入国家教委《1985—1990年高等学校文科教材编选计划》，武汉大学图书情报学院教师周继良主编的《图书分类学》；傅椿徽主编的《图书馆文献编目》；蒋沁、王昌亚主编的《情报研究》，由武汉大学出版社出版。

· 1990年，傅敬生连任中共武汉大学图书情报学院总支委员会书记，王秀华任副书记。

· 1990年，武汉大学图书情报学院对设立图书馆学和情报学博士点的倡议和论证得到认可。国务院学位委员会批准在武汉大学建立我国第一个情报学博士点，在情报学理论和方法、现代目录学两个研究方向招收博士研究生，严怡民教授和彭斐章教授成为我国首批图书情报学科博士生导师。

· 1990年，列入国家教委《1985—1990年高等学校文科教材编选计划》，武汉大学图书情报学院教师刘家真主编的《文献保护学》；胡典世和练小川编著的《图书营销学》；郭星寿编著的《社会科学文献学》，由武汉大学出版社出版。

· 1990年3月5日—10日，由新闻出版署主持、新华书店总店牵头在北京成立“图书发行大专教材编审委员会”，乔好勤出席会议，任委员。武汉大学图书发行管理学专业主编3种教材。

· 1990年9月2日—20日，台湾图书馆界“大陆图书馆访问团”由王振鹄教授率团首次访问大陆，成员包括沈宝环教授、胡述兆教授等14人。先后访问了北京大学图书馆学系、北京师范大学图书情报学系和武汉大学图书情报学院，参观了北京图书馆等内地主要图书馆。此次访问被认为是两岸图书馆界的破冰之旅。

· 1990年10月，周宁申报的“东方多语种文献信息管理的应用基础研究”首次获批国家自然科学基金项目。

· 1991年1月，周宁受邀任英国LISA顾问并任LISA国际编委。

· 1991年4月，马费成、王槐主编的《情报经济学》由武汉大学出版社出版。

· 1991年6月5日—7日，武汉大学图书馆学系孙更新老师应邀赴意大利参加由国际图联组织召开的“通用机读目录款式和公共交换格式专题研讨会”。

· 1991年8月18日—24日，彭斐章和谢灼华赴苏联莫斯科参加“国际图联第57届理事会暨大会”，提供大会交流论文。

· 1991年9月，王秀兰主编的高等学校文科教材《英文工具书》由武汉大学出版社出版。这是我国出版的第一部英文工具书教材。

· 1991年12月，陈光祚主持的“我国电子出版与全文数据库建设”、方卿主持的“湖北省农村图书发行现状与对策研究”，获批该年度国家社科基金一般项目和青年项目。

· 1992年3月—12月，傅敬生任中共武汉大学图书情报学院总支第五届委员会书记，王秀华、黄泰岩任副书记。

·1992 年 4 月，彭斐章、严怡民被聘为国务院学位委员会第三届学科评议组(系统科学、图书馆学与情报学)成员。

·1992 年 6 月 1 日，美国伊利诺伊州立大学图书馆学、情报学研究生院兰卡斯特(F. W. Lancaster)教授来武汉大学图书情报学院进行了为期一周的访学活动。

·1992 年 9 月 14 日—17 日，美国匹兹堡大学图书情报学院教授、博士指导委员会主席莎娜·芬(Sara Fine)一行来我院访学。

·1992 年 10 月，图书馆学系班子换届，郭星寿任主任，俞君立、罗紫初任副主任。

·1992 年 11 月 4 日—7 日，国家教委委托武汉大学图书情报学院主持召开了“首届全国高校图书馆学系系主任联席会议”。

·1992 年，国家教委委托武汉大学图书情报学院主持召开科技情报专业课程研讨会，北京大学、中国科技大学、山东大学、南京大学、东南大学等院校系主任出席，李进才副校长接见了参会代表。

·1992 年 11 月，武汉大学图书情报学院黄宗忠编著、武汉大学出版社 1988 年出版的《图书馆学导论》荣获“全国第二届优秀教材奖”。该书被收入“武汉大学百年名典”系列丛书，由武汉大学出版社 2013 年再版。

·1992 年 12 月，成立中共武汉大学图书情报学院委员会，傅敬生任书记，王秀华、黄泰岩任副书记。

·1992 年 12 月，武汉大学图书情报学院行政领导班子换届，院长马费成，副院长乔好勤、马大川、傅敬生。

·1992 年，周六炎被国家技术监督局聘为“全国文献工作标准化技术委员会二分会”委员。

·1993 年 1 月，情报科学系班子换届，焦玉英任系主任，张进、雷春明任副系主任。

·1993 年 2 月 19 日，武汉大学图书情报学院彭斐章教授、北京大学信息管理系周文骏教授、华东师范大学图书馆学情报学系陈誉教授等 6 人，应台湾大学图书馆学系及图书馆学研究所的邀请，首次访问台湾。进行了为期 14 天的学术交流和访问，包括 9 次学术交流，访问了 28 个图书馆和教学单位。

·1993 年 5 月，美国肯特州立大学图书情报学院院长、教授杜蒙特博士来学院访学。

·1993 年，经国务院学位委员会批准，图书馆学专业获得博士学位授予权。

·1993 年 6 月，在图书馆学硕士点增加“出版发行研究”硕士研究生方向。

·1993 年，《出版科学》复刊。《出版科学》曾于 1986 年试刊，是我院承办的一份面向全国的出版专业学术期刊，经国家新闻出版总署批准，由湖北省新闻出版局主管、湖北省编辑学会主办。1993—1999 年以内刊和内部资料形式出版，2000 年获准为正式期刊。

·1993 年 9 月，原图书情报学院党委副书记黄泰岩担任武大党委学生工作部副部长，关太兵调任图书情报学院党委副书记。

·1993年10月，图书馆学系下属的图书发行管理学专业独立建制成为出版发行科学系，罗紫初任系主任，原教研室主任黄凯卿任副系主任。

·1993年，黄凯卿等的“学校与行业携手，创办图书发行管理学专业”项目获得“湖北省人民政府普通高等学校优秀教学成果”二等奖。

·1993年12月，“首届海峡两岸图书资讯学术研讨会”在上海举行，我院彭斐章、黄宗忠、谢灼华、陈光祚、马费成、乔好勤等学者参加会议。两岸图书资讯教育界的交流机制由此建立。

·1994年，曹之撰写的《中国印刷术的起源》入选武汉大学学术丛书，由武汉大学出版社出版。1995年该书获得国家教委“第二届优秀学术著作奖”，1998年获得教育部“第二届高等学校人文社会科学研究成果奖”二等奖。

·1994年7月，湖北省高校工委授予武汉大学图书情报学院党组织“湖北省高等学校先进党组织”称号。

·1994—1996年，美国俄亥俄州肯特州立大学图书情报学院获得资金，资助我院6位教师(马费成、胡昌平、黄凯卿、肖希明、刘家真、许先斌)先后到该学院做访问学者。

·1995年1月，中共武汉大学图书情报学院委员会换届，傅敬生任书记，王秀华、关太兵任副书记。2月，孙强(接替关太兵)任武汉大学图书情报学院党委副书记。9月，何绍华(接替王秀华)任武汉大学图书情报学院党委副书记。

·1995年，武大图书情报学院资料室接收美国心理学家德本斯教授捐赠私人藏书2000余册。这批由匹兹堡大学海运来的图书，多为60—70年代出版物，涉及心理学、人文科学、图书情报学、计算机科学等多个领域，部分填补了“文革”时期学术图书的空白。

·1995年，彭斐章所著的《书目情报需求与服务研究》等4项成果获“全国高校首届人文社会科学研究优秀成果奖”二等奖。

·1995年10月，武汉大学图书情报学院行政领导班子换届，院长马费成，副院长傅敬生(兼)、胡昌平、罗紫初、王余光、周光应。1997年11月，周光应离任，张荣山任行政副院长。

·1995年10月，各系班子换届：詹德优任图书馆学系主任，肖希明任副系主任；焦玉英任情报科学系主任，张进任副系主任；黄凯卿任出版发行学系主任，吴平任副系主任。

·1995年12月，周宁主编的情报学专业国家规划教材《情报数据库系统》获国家教育委员会“高等学校优秀教材”二等奖。

·1996年9月3日—6日，经国家教育委员会批准，国家自然科学基金委员会、国家教育委员会、王宽诚(香港)基金会资助，由武汉大学、上海师范大学、中国图书进出口总公司、中国图书进出口总公司上海公司共同主办的“96信息资源与社会发展国际学术研讨会”在武汉大学召开。来自美国、日本、韩国、约旦等国家和我国共计218名代表参加了会议。

·1996 年，刘家真制作的《档案图书资料管理与保护》电教片获国家新闻总署“全国优秀出版物奖”。

·1996 年，严怡民等著的《现代情报学理论》由武汉大学出版社出版。1998 年该书获得“第二届高等学校人文社会科学研究成果奖”二等奖。

1996 年 5 月，王昌亚的科研成果《湖北省科技与经济信息网络化研究》获得“湖北省科技进步奖”三等奖。

·1997 年 3 月 30 日—4 月 2 日，由武汉大学图书情报学院与台湾图书资讯教育学会共同主办的“海峡两岸第三届图书资讯学学术研讨会”在武汉大学召开。本次研讨会主题为“图书情报(资讯)学核心课程”。

·1997 年 5 月，彭斐章教授被聘为“国务院学位委员会第四届学科评议组(图书馆、情报与档案管理)”成员。

·1997 年 9 月，李桂安调任武汉大学图书情报学院党委书记。董慧任情报科学系副系主任。

·1997 年 9 月，罗紫初等人的教学研究成果“出版发行学专业抓好四个结合，强化学生知识应用能力培养”获“湖北省优秀教学成果”三等奖。

·1997 年 11 月，出版发行学系主任黄凯卿与山西经济出版社签订协议，由该社为出版发行学系出版我国第一套出版发行管理学专业教材。

·1998 年，获档案学硕士学位授予权，2000 年获档案学博士学位授予权。

·1998 年，情报学被批准为湖北省重点学科。

·1998 年 6 月，夏义堃调任武汉大学图书情报学院党委副书记。

·1998 年 9 月，武汉大学专业调整，中文系编辑学专业与图书情报学院出版发行学专业合并。

·1998 年，彭斐章教授指导的博士生肖希明撰写的学位论文《文献资源共享：系统、环境与模式研究》获评“湖北省优秀博士学位论文”。

·1998 年，刘家真编著的《照片档案修复》获“国家教委人文社会科学”三等奖。

·1998 年底，刘家真被遴选为档案学专业第一位博士生导师。

·1999 年 2 月，武汉大学信息资源研究中心成立，该中心是在成立于 1984 年的原武汉大学图书的馆学情报学研究所的基础上重新组建的新型研究机构，是国家普通高等学校人文社会科学重点研究基地，也是本专业领域内唯一入选的重点研究机构。

·1999 年 3 月，出版发行学系开设编辑出版学专业专升本函授班。

·1999 年 4 月 12 日—15 日，由武汉大学图书情报学院、中国出版科学研究所和武汉大学主办，新华书店信息中心、《中国图书商报》和科学出版社协办的“21 世纪出版业发展及人才培养学术研讨会”在武汉大学举行。

·1999 年 4 月，武汉大学院系调整，武汉大学图书情报学院与新闻传播学院合并，成立武汉大学大众传播与知识信息管理学院。新一届行政领导班子成立，院长马费成，副院长刘俊昌(兼)、张昆、胡昌平、陈传夫。学院下设图书档案学系、信息管理系、新闻学系和广告与出版系4个系、7个专业(图书馆学、档案学、信息管理与信息系统、新闻学、广播电视新闻学、广告学、编辑出版学)。

·1999年5月，大众传播与知识信息管理学院进行专业调整，设立广告与出版系，张金海任广告与出版系主任，方卿、姚曦任副系主任。广告与出版系下设广告学专业和出版发行学专业。

·1999年10月19日—31日，台湾大学图书资讯学研究所博士生导师胡述兆先生来武汉大学大众传播与知识信息管理学院讲学。在讲学期间，胡先生还将一批台湾大学硕士、博士学位论文等资料赠给学院。

·1999年11月25日，北京大学信息管理系、武汉大学大众传播与知识信息管理学院、大连博菲特科贸有限公司三方协商决定共建"产、学、研"实验基地，揭牌仪式在大连新技术产业园区举行。

·1999年，谢灼华教授指导的博士研究生王子舟撰写的学位论文《杜定友和中国图书馆学》获评"湖北省优秀博士学位论文"。

·1999年，图书馆学系改名为图书档案学系，詹德优任系主任，张燕飞、刘家真任副系主任。

·2000年4月，马费成担任教育部管理科学与工程教学指导委员会副主任。

·2000年9月，国务院学位委员会批准北京大学和武汉大学为"图书馆、情报与档案管理"一级学科博士学位授权点。

·2000年，武汉大学"图书馆、情报与档案管理"一级学科博士点设档案学博士培养方向。

·2000年9月25日，武汉大学信息资源研究中心被列入第二批普通高等学校人文社会科学重点研究基地建设计划名单。

·2000年10月24日—26日，由中科院文献情报中心、北京大学信息管理系、武汉大学大众传播与知识信息管理学院、南京大学信息管理系、中国科技信息研究所、中国国防空间信息中心等6家单位联合主办的"我们的使命——全国图书情报学研究生学术研讨会"在北京召开。110名代表出席，76篇研究生学术论文入选编印成集。

·2000年11月5日—10日，首届"数字时代中美图书馆与情报学教育发展趋势国际研讨会"在武汉大学举行。研讨会由武汉大学、美国匹兹堡大学联合主办。会议最后讨论并原则通过了指导我国图书馆学情报学教育改革和发展的《面向21世纪中国图书情报教育发展行动计划》。同年，《首届中美数字时代图书馆与情报学教育发展国际研讨会论文集》(英文版)在美国出版。

·2000年11月9日，武汉大学举办文华图专80周年纪念学术活动。

·2000年，情报科学系班子换届，董慧任系主任，李纲、何绍华任副系主任。

·2000年12月，四校合并成立新武汉大学以后，大众传播与知识信息管理学院分拆为信息管理学院和新闻传播学院。武汉水利电力大学的信息管理与信息系统专业并入信息管理学院。马费成任院长，胡昌平、陈传夫、罗紫初、张荣山任副院长。学院设有5个系(图书馆学系、信息管理科学系、档案学系、出版科学系、信息系统与电子商务系)，5个本科专业(图书馆学、信息管理与信息系统、档案学、编辑出版学、电子商务)，7个硕士和博士点(图书馆学、情报学、档案学、信息资源管理、出版发行学、管理科学与工程、电子商务)，两个一级学科博士学位授权点(图书馆、情报与档案管理，管理科学与工程。其中管理科学与工程是与经济管理学院等合作建设的)，一个博士后流动站(图书馆、情报与档案管理)。

· 2000年12月，成立中共武汉大学信息管理学院委员会，李桂安任书记，何绍华、夏义堃任副书记。

· 2000年12月，罗紫初被遴选为编辑出版学专业第一位博士生导师。

· 2001年，图书档案学系分为图书馆学系和档案学系，王子舟任图书馆学系主任，黄如花、付立宏任图书馆学系副系主任。刘家真任档案学系主任，王新才任档案学系副系主任。

· 2001年，情报科学系更名为信息管理科学系。李纲任信息管理科学系主任，唐晓波、张李义任副系主任。

· 2001年，信息管理学院下设出版科学系，方卿任出版科学系主任，黄先蓉任副系主任兼党支部书记。

· 2001年2月，傅璇琮、谢灼华著《中国藏书通史》(上、下)由宁波出版社出版，2002年该书获评“第十三届中国图书奖”。

· 2001年，武汉大学信息管理学院实验教学中心通过湖北省教育厅组织的专家评估，成为湖北省第一个文科类合格基础实验室。同年，更名为“武汉大学图书情报实验教学中心”。

· 2001年，经信息产业部和国家信息化推进工作办公室批准，国家信息资源管理武汉研究基地在武汉大学信息管理学院正式挂牌成立。

· 2001年3月，罗紫初编著的国家统编教材《图书发行教程》(修订版)获“湖北省社会科学研究优秀成果”三等奖。

· 2001年4月8日，湖北省新闻出版局与武汉大学信息管理学院签订协议，由湖北省新闻出版局每年资助出版一期《出版科学年评》，并设立“出版学子”奖(助)学金，这是国内第一个专为培养出版学专业人才而设立的奖助学金。

· 2001年4月，我院成功举办了“中韩远程教育国际研讨会”。

· 2001年，我院图书馆学、情报学被评为国家重点学科。

· 2001年，张玉峰等的教学研究成果“数字时代信息管理专业计算机系列课程教学改革与创新”获“湖北省高等学校省级教学成果”一等奖。罗紫初的“出版高等教育比较研究”系列论文获“湖北省高等学校省级教学成果”二等奖。詹德优等的教学研究成果“教学实践与理论研究相结合，不断探索图书馆学学科建设的新路子”获“湖北省高等学校省级教学成果”三等奖。

· 2001年，焦玉英主讲的“信息检索”课程获湖北省优质课程。

· 2001—2005年，《出版发行学基础》《电子文件管理导论》《文献信息编目》入选“十五”国家级规划教材。

· 2002年，《图书情报知识》由季刊改为双月刊。

· 2002年，武汉大学信息资源研究中心陈光祚教授和博士生臧国全、阮建海研制的情报检索软件WINISIS汉化成功，其汉化版命名为C-WINISIS，并正式向全国图书情报档案机构推出。

· 2002年4月，马费成被聘为国家社会科学基金图书馆、情报与文献学评审组副组长。

· 2002年，经教育部批准，我院正式设立电子商务专业，同年开始招收本科生。

· 2002年7月，武汉大学获得教育部批准开展现代远程教育试点工作。9月，信息管理学院开始招收电子与网络出版专业、信息管理与信息系统专业网络教育学生，教育层次涵盖高起点、专升本和本科。

· 2002年12月，国务院学位委员会批准武汉大学在“图书馆、情报与档案管理”一级学科下，备案设立出版发行学博士学位授权点。这是全国第一个出版学专业博士点。

· 2002—2005年，我院承担完成了武汉大学“十五”“211工程”二期建设子项目“网络信息资源开发与数字图书馆”，项目总投资为485万元，2005年该项目整体验收被评为优秀。

· 2003年上半年，学院行政副院长调整，王绍军任行政副院长，张荣山离任。

· 2003年6月，马费成受聘为国务院学位委员会第五届“图书馆、情报与档案管理”学科评议组召集人。

· 2003年9月，我院开始招收信息资源管理专业、电子商务专业的网络教育学生。

· 2003年，彭斐章教授指导的博士生方卿撰写的学位论文《基于网络的科学信息交流载体整合与过程重构研究》获评“湖北省优秀博士学位论文”，并获“全国优秀博士学位论文提名”。

· 2003年，詹德优教授指导的博士生黄如花撰写的学位论文《网络信息组织模式的评价研究》获评“湖北省优秀博士学位论文”。

· 2003—2005年，由亚洲高等教育联合基金董事会资助、教育部批准并补助，武汉大学与美国加州大学伯克利分校联合举办、信息管理学院承办的“中美合作面向中国西部高级图书馆员研究班”连续举办三届，深受好评。

· 2003年，教育部学位与研究生教育发展中心组织的第一轮全国一级学科评估中，我院“图书馆、情报与档案管理”一级学科总体水平被评为全国第一。

· 2003年，建立“图书馆、情报与档案管理”一级学科博士后流动站；“管理科学与工程”获得一级学科博士学位授予权。

·2003年9月27日，“我国编辑出版学专业课程体系与课程标准研讨会”在武汉大学信息管理学院召开，数十所高校的专家学者43人参会。

·2003年12月，陈传夫主持的国家社科基金最终成果《网络信息资源知识产权管理》和系列论文，入选全国哲学社会科学规划办《成果要报》第17期(总第242期)。

·2004年，马费成被选举为中国科技情报学会副理事长。

·2004—2007年，武汉大学信息资源研究创新基地被列为国家“985二期工程”建设项目。武汉大学信息资源研究创新基地是国家教育部、财政部批准建立的“985二期工程”哲学社会科学创新基地。该基地由武汉大学信息管理学院、武汉大学软件工程国家重点实验室、武汉大学信息资源研究中心的研究力量组建而成。

·2004年5月19日，教育部人文社会科学重点研究基地武汉大学信息资源研究中心经教育部专家组实地考察，被评为“优秀基地”。

·2004年，邱均平教授指导的博士生张美娟撰写的学位论文《中、外版权贸易的比较研究》获评“湖北省优秀博士学位论文”，并获“全国优秀博士学位论文提名”。

·2004年，张玉峰的系列论文“基于学习的智能检索机制研究”获“湖北省第四届社会科学优秀成果”二等奖。

·2004年，《目录学概论》入选国家级精品课程。

·2004年，董慧、何绍华等的《湖北省潜江市区域信息化发展研究》获评“湖北省重大科学技术成果”，2005年获评“湖北省科学技术进步奖”二等奖。

·2005年4月，武汉大学信息管理学院行政领导班子换届，院长陈传夫，副院长李纲、方卿、王新才、彭海文。

·2005年4月，各系班子换届：王子舟任图书馆学系主任，肖希明、黄如花任副系主任。唐晓波任信息管理科学系主任，查先进、寇继虹任副系主任。档案学系更名为档案与政务信息学系，王新才(副院长兼)任系主任，肖秋会任副系主任兼支部书记。10月，朱玉媛任系主任。黄先蓉任出版科学系主任，朱静雯、徐丽芳任副系主任。

·2005年，成立信息系统与电子商务系，张李义任系主任，李枫林、余世英任副系主任。专业教师有：周宁、董慧、陈远、聂进、孟健、谭学清、王林。

·2005年6月，召开中共武汉大学信息管理学院第一次代表大会，选举产生中共武汉大学信息管理学院第一届委员会，董有明任党委书记，夏义堃、左军任党委副书记，陈传夫、方卿、李纲、彭海文任党委委员。

·2005年，学院举办了“图书馆合作与资源共享国际学术研讨会”，其间还举办了“中国大学图书馆馆长论坛”，组织签署了《图书馆合作与资源共享武汉宣言》，在国内外产生了深远的影响。

·2005年，马费成中标教育部哲学社会科学研究重大课题攻关项目“数字信息资源的规划、管理与利用研究”。为本领域第一个获批的教育部重大攻关项目。

·2005年，“信息管理学基础”入选国家级精品课程，“出版学基础”入选湖北省省级精品课程。

·2005年，马费成被选举为中国信息经济学会副理事长。同年，当选国际信息系统协会中国分会(CNAIS)副主席。

·2006年3月，经国家新闻出版总署批准，新闻出版总署武汉大学高级出版人才培养基地成立。

·2006年3月，图书馆学系班子调整，肖希明任系主任，黄如花、司莉任副系主任。

·2006年5月23日—26日，由中国索引学会、武汉大学中国科学评价研究中心、武汉大学信息管理学院主办的“2006年中国索引学会专题研讨会”在武汉大学召开。

·2006年7月，湖北省电子商务学会成立，秘书处设在武汉大学信息管理学院。李纲任会长，张李义任秘书长。

·2006年10月，我院举办了“第二届中美数字时代图书馆学与情报学教育国际研讨会”，会议通过了《数字时代中国图书情报与档案学类教育发展方向及行动纲要》，就本专业领域人才培养中的关键问题达成共识。

·2006年，经教育部批准，我院在管理科学与工程一级学科下设立电子商务硕士及博士学位点。

·2006年10月，我院举办“第7届WEB信息系统工程国际会议(WISE 2006)”，此次是WISE系列会议第一次在中国大陆举办。

·2006年10月，我院2005级硕士研究生赵杨获得劳动和社会保障部主办的“第二届中国电子商务大赛金奖”。

·2006年11月2日—4日，“首届数字时代出版产业发展与人才培养国际学术研讨会”在武汉大学召开。会议讨论通过了由武汉大学出版科学系起草的《数字时代出版高等教育改革行动议程》以及由国家新闻出版总署提出的《关于成立全国编辑出版学专业院校联系小组的方案》。

·2006年12月，胡昌平、焦玉英联合主持的“建设创新型国家的信息服务体制与信息保障体系研究”首次获批国家社科基金重大项目。

·2006年，邱均平教授指导的博士研究生段宇峰撰写的学位论文《网络链接分析与网站评价研究》获评“湖北省优秀博士学位论文”。

·2006—2008年，《编辑出版学导论》《中国出版史》《出版法教程》《图书馆知识产权侵权与抗衡》《信息资源管理》《图书学》《电子文件管理(第2版)立体化教学包》《知识管理学概论》《信息检索》《信息资源建设》《中外档案事业》《信息用户与信息服务》《网站开发与管理(第2版)》《编辑学原理》《中国图书和图书馆史(修订本)》《信息咨询理论与方法》入选“十一五”国家级规划教材。

·2006年，“电子文件管理”入选国家级精品课程，“信息组织学”入选湖北省省级精品课程。

·2007年，武汉大学信息管理学院组织出版“数字时代图书馆学情报学研究论丛”系列丛书以及图书馆学、情报学、档案学、出版学、信息资源管理等学科研究进展。

·2007年3月29日，新闻出版总署武汉大学高级出版人才培养基地揭牌仪式在武汉大学举行。

·2007年5月10日，武汉大学信息管理学院与德国纽伦堡-埃尔朗根弗里德里希·亚历山大大学哲学二院在德国纽伦堡大学埃尔朗根宫正式签署《武汉大学出版科学系与埃尔朗根-纽伦堡弗里德里希·亚历山大大学图书学专业合作框架协议》和《武汉大学出版科学系与埃尔朗根-纽伦堡弗里德里希·亚历山大大学图书学专业本科生及研究生交换项目协议》。

·2007年8月，经国家人事部、全国博士后管委会批准建立管理科学与工程博士后科研流动站。设有管理科学与工程、电子商务2个专业。

·2007年8月，马费成获“教育部第三届高等学校教学名师奖”。

·2007年9月，马费成教授指导的博士研究生杜佳撰写的学位论文《中国国家信息政策法规体系构成研究——基于“国家信息政策法规数据库”的实证分析》，获评“全国百篇优秀博士学位论文”。

·2007年，邱均平教授指导的博士研究生候经川撰写的学位论文《基于博弈论的国家竞争力评价体系》，获评“湖北省优秀博士学位论文”。

·2007年9月4日，德国埃尔朗根-纽伦堡大学图书系师生代表团一行16人访问武汉大学信息管理学院，并与本院2006级出版发行学专业研究生开展了为期5天的交流访问活动。

·2007年，“信息服务与用户”入选国家级精品课程。

·2007年，“武汉大学图书情报实验教学中心”获批“湖北省实验教学示范中心”。

·2007年12月，马费成负责的武汉大学“图书情报核心课程教学团队”获批“2007年国家级教学团队”。

·2008年2月25日，《图书情报知识》荣获第六届“湖北省优秀期刊奖”，同时获得了“湖北省期刊装帧设计奖”。

·2008年3月，方卿入选首批“全国新闻出版行业领军人才”，同时还被新闻出版总署确定为署党组直接联系的中青年专家。

·2008年，彭斐章教授指导的博士研究生周耀林撰写的学位论文《可移动文化遗产保护策略研究》、马费成教授指导的博士研究生宋恩梅撰写的学位论文《IRM共同体与情报空间构建——IRM视角下的情报学发展模式研究》、邱均平教授指导的博士研究生赵蓉英撰写的学位论文《知识网络及其应用研究》，获评“湖北省优秀博士学位论文”，并获“全国优秀博士学位论文提名”。

·2008年5月，姜星莉调任武汉大学信息管理学院党委副书记。

·2008年7月3日—5日，由信息管理学院、信息资源研究中心与中华图书资讯学教育学会(台湾)联合举办的“第九届海峡两岸图书资讯学学术研讨会”在武汉大学召开。

· 2008年9月，马费成主持的“基于生命周期理论的数字信息资源深度开发与管理机制研究”获批国家自然科学基金重点项目，该项目结项时被鉴定为“优秀”。

· 2008年10月20日—22日，受联合国教科文组织资助、学院主办的信息素养师培训班开班，联合国教科文组织助理总干事卡恩在开班仪式致辞。该培训班100余位学员来自东亚20余个国家和地区。

· 2008年10月29日，国际图书馆协会联合会主席克劳迪亚·卢克斯博士访问我校，并聘任为我校客座教授。

· 2008年11月，“第二届数字时代出版产业发展与人才培养国际学术研讨会”在武汉大学召开。

· 2008年12月3日，马费成当选教育部社会科学委员会委员。

· 2008年12月，方卿的《论出版产业链的基本属性》、黄先蓉的《论编辑出版学专业的培养目标与学科建设》获第二届“中华优秀出版物(论文)奖”。

· 2008年，“管理科学与工程”一级学科被评为省级重点学科。

· 2008—2011年，我院承担武汉大学“十一五”“211工程”三期建设子项目“泛在环境下信息资源集成与服务创新研究”的建设。

· 2008年，《信息计量学》《信息资源建设》入选国家级精品课程。

· 2009年1月，武汉大学图书馆、情报与档案管理学科在教育部第二轮学科评估中排名第一。

· 2009年1月，李纲等的科研成果“企业竞争情报理论与应用系统研究”获得教育部颁发的“全国高等学校科技进步”一等奖(排名第2)。

· 2009年2月，我院作为第一个发展中国家成员加入国际信息学院联盟iSchools，并成为其领导小组成员。

· 2009年3月，黄先蓉等的《产学研相结合加强编辑出版学专业人才培养》荣获“湖北省高等学校教学成果奖”二等奖。

· 2009年，董慧教授指导的2006级博士研究生姜赢撰写提交的学术论文“Towards Ontology-based Chinese E-Government Digital Archives Knowledge Management”荣获“第12届欧洲数字图书馆国际会议(ECDL 2008)”最佳学生论文奖。

· 2009年，马费成的系列论文《概念地图在知识表示和知识评价中的应用》，陈传夫的论文《图书馆业态的变化与发展趋势》，获得教育部“高等学校科学研究优秀成果奖(人文社会科学)”一等奖。董慧、司马朝军、周耀林的成果获三等奖。

· 2009年9月30日，“彭斐章先生执教56周年暨80华诞学术研讨会”在武汉大学召开。

· 2009年9月，胡昌平负责的“信息管理类专业核心课程平台建设与全程教学改革”成果获得教育部“第六届高等教育国家级教学成果”二等奖。

·2009年，图书馆学专业被教育部确定为高等学校特色专业建设点。

·2009年10月，由武汉大学信息管理学院和武汉大学信息资源研究中心承办的“国际信息系统协会中国分会(CNAIS)第三届全国大会”在武汉大学召开。

·2009年11月，罗紫初的《比较出版学》获“中国大学出版协会首届优秀学术著作”一等奖。

·2009年11月，周宁负责的《信息组织学课程建设与创新》成果获“湖北省高等学校教学成果”二等奖。

·2009年，武汉大学信息资源研究中心再次被评为“优秀基地”。

·2009年，马费成教授指导的博士研究生裴雷撰写的学位论文《基于EA的政府信息资源规划研究》、胡昌平教授指导的博士研究生刘高勇撰写的学位论文《基于Web2.0的信息服务研究》，获评“湖北省优秀博士学位论文”；邱均平教授指导的博士研究生任全娥撰写的学位论文《我国人文社会科学研究成果评价体系研究》，获评“湖北省优秀博士学位论文”，并获得“全国优秀博士学位论文提名”。

·2009年，编辑出版学专业被评为湖北省高等学校品牌专业。

·2010年，陈传夫主持的“我国公共部门信息资源增值利用对策研究”获批2009年度国家社会科学基金重大项目。

·2010年5月19日，陆伟负责的“信息检索方法与技术”团队和徐丽芳负责的“数字科学交流”团队入围武汉大学首批“70后”学术团队计划。

·2010年6月，胡伟调任武汉大学信息管理学院党委副书记。

·2010年6月14日，我院学生黄晓军、镇松慧获“中国青年创新大赛管理创新比赛”全国一等奖。

·2010年7月13日，我院学生熊惠琳获“国际大学生信息素养能力邀请赛”二等奖，周倩雯等十一名同学获优秀奖。

·2010年10月8日，“信息管理学院90周年庆祝大会”在人文馆举行。

·2010年10月，马费成承担的教育部哲学社会科学重大课题攻关项目“数字信息资源的规划、管理与利用研究”通过教育部组织的结项答辩，鉴定为“优秀”。

·2010年10月，我院主办“第三届中美数字时代图书馆与情报学教育国际研讨会”和“第三届数字时代出版产业发展与人才培养国际学术研讨会”。

·2010年11月，彭斐章先生入选首批“荆楚社科名家”。

·2010年11月，黄先蓉入选全国新闻出版行业领军人才。

·2010年，《档案学基础》入选湖北省省级精品课程。

·2010年，图书馆学专业获批武汉大学“图书馆学专业国际化试点基地”建设项目。

·2010年12月，召开中共武汉大学信息管理学院第二次代表大会，选举产生中共武汉大学信息管理学院第二届委员会，董有明任党委书记，左军、胡伟任党委副书记，陈传夫、方卿、李纲、彭海文任党委委员。

· 2011 年 1 月，罗紫初主持研制的《出版物发行术语》国家标准(GB/T 27936—2011)正式颁布施行。

· 2011 年 3 月，全国图书情报硕士专业学位研究生教育指导委员会成立并召开首次会议，秘书处设在武汉大学信息管理学院。陈传夫、李纲当选教指委会委员，陈传夫当选副主任委员，李纲为秘书长。方卿当选全国出版硕士专业学位研究生教指委会委员。

· 2011 年，陈传夫教授指导的 2009 届博士研究生唐琼的学位论文《图书馆数字资源选择标准研究》荣获“全国优秀博士学位论文提名”。也是当年度图书、情报与档案管理学科领域唯一获得提名的论文。

· 2011 年，李翔翔、王怡玮获“国际大学生信息素养能力邀请赛”一等奖：王甜甜获二等奖；董行、周李梅、胡月红、张林红获三等奖。

· 2011 年 5 月，美国图书馆协会(ALA)主席 Roberta Stevens 女士访问我院，经过双方交流沟通，我院成为中国首个加入 ALA 的国际机构会员。

· 2011 年 6 月，《信息资源管理学报》创刊。该刊经新闻出版总署批准，由教育部科技司主管，中国高等学校自然科学学报研究会及武汉大学主办，武汉大学信息管理学院和武汉大学信息资源研究中心承办。

· 2011 年，武汉大学数字人文研究中心创建，是中国大陆首个数字人文研究中心，centerNet 亚太联盟 5 大创始成员之一。马费成任主任。

· 2011 年，邱均平主持的“基于语义的馆藏资源深度聚合与可视化展示研究”获批国家社科基金重大项目。

· 2011 年，彭斐章教授指导的博士研究生费巍撰写的学位论文《搜索引擎检索功能的性能评价研究》、邱均平教授指导的博士研究生马瑞敏撰写的学位论文《基于作者学术关系的科学交流研究》、胡昌平教授指导的博士研究生赵杨撰写的《国家创新系统中的信息资源协同配置研究》，获评“湖北省优秀博士学位论文”。

· 2011 年，新增本科专业“数字出版”首家获教育部批准，并于次年 9 月开始招生。

· 2011 年，胡昌平被评为“2011 年度湖北名师(高校)”。

· 2012 年 1 月，方卿主持的国家科技支撑计划项目“动态数字出版关键技术及标准规范研究”获批立项。

· 2012 年 4 月 18 日，方卿投标的“健全现代文化市场体系的理论与实践研究”获批国家社科基金重大招标项目立项。

· 2012 年，马费成当选为“武汉大学第五届人文社科资深教授”。

· 2012 年 7 月 3 日—10 日，学院师生 17 人组团参加了在台湾淡江大学召开的“第十一届海峡两岸图书资讯学学术研讨会”。

· 2012 年 9 月，肖希明的《信息资源共享系统绩效评估研究》和胡昌平的《创新型国家的信息服务体制与信息保障体系研究》入选“国家哲学社会科学成果文库”。

· 2012 年，“武汉大学图书情报实验教学中心”获批“十二五”国家级实验教学示范中心。

·2012 年 10 月，武汉大学信息管理学院行政领导班子换届，院长方卿，副院长黄如花、陆伟、王新才、彭海文。

·2012 年 10 月，王华调任武汉大学信息管理学院党委副书记。

·2012 年 11 月 6 日，《武汉大学信息管理学院与丹麦皇家图书情报学院、洪堡大学柏林图书情报学院学术交流与合作协议》的签署仪式在学院举行。

·2012 年，陈传夫教授指导的博士研究生吴钢撰写的学位论文《国家信息资源保存制度研究》获"全国优秀博士学位论文提名"。

·2012 年，马费成主编的《信息资源管理》、胡昌平主编的《信息服务与用户(第三版)》、邱均平主编的《信息计量学》入选首批"十二五"国家级规划教材。

·2012 年，吕绍虞著《中国目录学史稿》由武汉大学出版社出版。该书被收入"武汉大学百年名典"。

·2012 年，张玉峰教授指导的 2011 级电子商务专业博士生何超获得教育部"博士研究生学术新人奖"。

·2012 年，马费成教授指导的博士研究生望俊成撰写的学位论文《网络信息生命周期模型及规律研究》，获评"湖北省优秀博士学位论文"。

·2012 年 12 月，各系班子换届。图书馆学系司莉任系主任，吴丹、冉从敬任副系主任；信息管理科学系查先进任系主任，寇继虹、陆泉、邓胜利任副系主任；档案与政务信息学习系周耀林任系主任，肖秋会任副系主任；电子商务系张李义任系主任，吴江、张敏任副系主任。

·2013 年 1 月 29 日，我院图书馆、情报与档案管理一级学科在教育部第三轮学科评估中排名第一，是全校 4 个排名第一的一级学科之一。

·2013 年 3 月 8 日，黄先蓉获"湖北省三八红旗手"称号。

·2013 年 4 月 15 日，美国北卡罗来纳大学教堂山分校情报与图书馆学学院院长 Gary Marchionini 教授访问我院。

·2013 年 9 月，启用新的本科培养方案，学院六个本科专业首次按两个大类即"图书情报与档案管理类""管理科学与工程类"招生培养。

·2013 年 12 月，周耀林任副院长。

·2013 年，信息管理学院新教学科研办公大楼建成。大楼建筑面积约 9000 平方米，10 月 8 日大楼正式投入使用，学院办学条件得到极大改善。

·2013 年 10 月 28 日，美国匹兹堡大学信息管理学院院长 Ronald Larsen 教授等访问我院。

·2013 年，学院与湖北三新文化传媒有限公司、长江出版传媒股份有限公司、时代出版传媒股份有限公司签订战略合作协议。

·2013 年，马费成的《IRM-KM 范式与情报学发展研究》、陈传夫的《信息资源知识产权制度研究》获“第六届高校人文社科研究优秀成果著作类”二等奖；邱均平等著的《评价学：理论·方法·实践》获交叉学科著作类三等奖。

·2013年1月和12月，《信息管理学基础》《信息资源建设》《目录学概论》《信息检索》以及《电子文件管理》《信息服务与用户》《信息计量学》7门课程先后入选该年度第一批和第二批国家精品资源共享课。入选的课程数居全校第一。

·2013年，“武汉大学百年名典”系列丛书《沈祖荣文集》《图书分类法评论选集》《图书馆学导论》由武汉大学出版社出版。

·2013年11月，“武汉大学-中山舰博物馆实习实训基地”获批2013年度“湖北高校省级实习实训基地”。

·2013年11月23日，由武汉大学、美国佩斯大学、高等教育出版社有限公司联合举办的“第四届数字时代出版产业发展与人才培养国际学术研讨会”在武汉大学开幕。

·2013年12月，曾一昕调任信息管理学院党委书记。

·2013年，陈传夫、李纲、张李义、王新才4人入选教育部2013—2017年教学指导委员会。

·2013年，陈传夫获评2013年度“湖北名师”(高校)。

·2013年，胡昌平教授指导的博士研究生胡吉明撰写的学位论文《社会网络环境下基于用户关系的信息推荐服务研究》，获评“湖北省优秀博士学位论文”。

·2013年，档案与政务信息学系班子调整，张晓娟任系主任，肖秋会任副系主任兼支部书记。

·2014年1月，李纲等的成果“网络情报挖掘与管理系统关键技术及其应用”获得教育部颁发的“全国高等学校科技进步”一等奖(排名第3)。

·2014年6月，马费成主持的教学项目《“专业素质链”与“专业课程链”深度融合的信息管理专业人才培养模式构建》荣获“第七届高等教育国家级教学成果奖”一等奖，吴平主持的“高校院系本科教学状态评估的研究与实践”项目成果获二等奖。

·2014年6月，邱均平教授指导的2011届博士研究生杨思洛撰写的学位论文《基于网络引证关系的知识交流规律研究》，获评“2013年全国优秀博士学位论文”。

·2014年7月，马费成主持的“大数据环境下的知识组织与服务创新研究”获批国家自然科学基金重点国际合作项目。

·2014年7月30日，我院本科生李樵获得“第四届‘华为杯’全国大学生智能设计竞赛”一等奖。

·2014年8月，我院举办“第二十届海峡两岸信息管理发展与策略学术研讨会”。

·2014年8月，我院研究生刘广兴、谢力在“全国研究生智慧城市技术与创意设计大赛决赛”中获得一等奖。李纲、唐晓波获得本次大赛“优秀指导教师”称号。

·2014年9月，彭海文卸任行政副院长职务，11月李良俊任行政副院长。

·2014年9月，《中国大百科全书》第三版图书馆学、情报学第一次学科编委会会议在武汉大学召开。陈传夫和马费成分别担任图书馆学卷和情报学卷的主编。

·2014年10月30日，英国伦敦大学学院 Michael Batty 教授访问我院并做专题讲座。

·2014年11月，我院承办"教育部高等学校档案学学科委员会年会暨第二十三届档案学专业系主任联席会议"。

·2014年11月，徐丽芳入选"全国新闻出版行业领军人才"。

·2014年，我院获评人力资源社会保障部、教育部联合表彰的"全国教育系统先进集体"。

·2014年12月，黄先蓉指导学生李珊珊、陈欢、黄燕琳创作的"大城小志"系列丛书获"'韬奋杯'首届全国大学生出版创意大赛"图书创意奖一等奖。

·1997—2014年，我院10名教师：陈传夫、李纲、方卿、查先进、黄如花、张李义、黄先蓉、徐丽芳、陆伟、王晓光，入选国家教委"跨世纪优秀人才培养计划"和教育部"新世纪优秀人才支持计划"。

·2014年，陈传夫入选国务院学位委员会学科评议组成员。

·2014年，李纲教授指导的博士研究生杨冠灿撰写的学位论文《基于多重关系整合的专利网络结构分析研究》，获评"湖北省优秀博士学位论文"。

·2014年，胡昌平主持的"云环境下国家数字学术资源信息安全保障体系研究"获批国家社科基金重大项目。

·2015年6月，孙永强任信息管理科学系副系主任。

·2015年10月，我院图书分馆建成"信息管理学院教师著述专藏"，此后，相继建成"保密类图书专藏"(2016)、"文华图专文献专藏"(2020)。

·2015年6月25日—26日，由武汉大学信息管理学院、武汉大学信息资源研究中心及美国印第安纳大学信息学院联合举办的"信息管理前沿方法与技术论坛"在我院开幕。

·2015年10月24日，"第二届 iConference 亚太地区分会(The Second Asian Pacific iConference)"在武汉大学信息管理学院召开。

·2015年10月25日—27日，"第四届中美数字时代图书馆学情报学教育国际研讨会"在武汉大学召开。

·2015年11月，我院胡潇戈获得"第十四届'挑战杯'全国大学生课外学术科技作品竞赛"一等奖。

·2015年，邱均平教授指导的博士研究生牛奉高撰写的学位论文《数字文献资源高维聚合模型研究》、董慧教授指导的博士研究生徐雷撰写的学位论文《本体网络结构及其演化研究》、李纲教授指导的博士研究生陈璟浩撰写的学位论文《突发公共事件网络舆情演化研究》，获评"湖北省优秀博士学位论文"。

·2015年12月，傅兴荣调任武汉大学信息管理学院党委书记。

·2015年12月，赵杨任电子商务系副系主任。

·2016年1月，罗紫初主讲的"出版学基础"被评为"湖北省高等学校省级精品课程"。

· 2016 年 2 月 23 日，武汉大学信息管理学院在“首届全球图书情报学院联盟视频大赛”中获优秀奖，成为国内唯一的获奖者。

· 2016 年 3 月 4 日，《人民日报》理论版“大家手笔”栏目刊载武汉大学信息资源研究中心主任、人文社科资深教授马费成的署名文章《保存中国的数字记忆》。

· 2016 年 3 月，黄如花主持的“面向国家大数据战略的政府数据开放共享对策研究”获批国家社科基金重大项目。

· 2016 年，信息服务与用户、信息计量学、信息管理学基础、信息资源建设、目录学概论、信息检索、电子文件管理 7 门课程入选国家级精品资源共享课。

· 2016 年 9 月 5 日—9 日，档案与政务信息学系教师王玉珏等代表学院赴韩参加“第十八届国际档案大会”，并做主题发言。

· 2016 年 9 月 20 日，国家保密局、湖北省国家保密局、武汉大学签订了三方共建协议，国家保密学院、国家保密教育培训基地武汉基地正式落户武大。旨在开拓保密学科建设和学历教育，建立保密专业高层次人才培养机制。

· 2016 年 10 月 21 日—23 日，由武汉大学信息资源研究中心承办的“第二届信息获取与知识服务国际学术会议暨第七届搜索行为与用户认知研讨会(IAKS 2016)”在武汉大学召开。

· 2016 年 10 月 22 日，由武汉大学、佩斯大学、高等教育出版社联合举办的“第五届数字时代出版产业发展与人才培养国际学术研讨会暨大学生数字出版作品展”在武汉大学举行。

· 2016 年 11 月 16 日，“第三届世界互联网大会”在江南水乡乌镇开幕。我校资深教授马费成发表“互联网信息治理及序化”的主题演讲。

· 2016 年 11 月，学院组建保密管理系。由邓胜利担任系主任，洪亮担任副系主任。专业教师有：范昊、陈君、董克。

· 2016 年，胡昌平教授指导的博士研究生陈果撰写的学位论文《基于领域概念关联的网络社区知识聚合研究》、查先进教授指导的博士研究生张晋朝撰写的学位论文《信息需求调节下社会化媒体用户学术信息搜寻行为影响规律研究》、陈传夫教授指导的博士研究生罗博撰写的学位论文《网络公共信息服务社会信任的影响因素研究》，获评“湖北省优秀博士学位论文”。

· 2017 年 1 月，召开中国共产党武汉大学信息管理学院第三次代表大会，选举产生中共武汉大学信息管理学院第三届委员会，傅兴荣任党委书记，王华、胡伟任党委副书记，方卿、黄如花、陆伟、周耀林、李良俊、朱华杰任党委委员。

· 2017 年 1 月，各系班子换届。图书馆学系吴丹任系主任，吴志强、杨思洛、吴钢任副系主任。信息管理科学系陆泉任系主任，孙永强、安璐、姜婷婷任副系主任。档案与政务信息学系肖秋会任系主任，王平、胡吉明、王玉珏任副系主任。出版科学系徐丽芳任系主任，张美娟、许洁、姚永春任副系主任。电子商务系吴江任系主任，张敏、赵杨任副系主任。

·2017年1月，武汉大学信息资源研究中心领导班子换届，李纲任中心主任，王晓光、冉从敬任中心副主任。马费成任中心首席专家。

·2017年2月25日下午，“武汉大学广州校友会信管分会成立大会”在广东省文化馆举行。

·2017年3月，全国哲学社会科学规划办公室将“中国社会科学词条库(情报学)”(批准号：17ZSK018)、“中国社会科学词条库(图书馆学)”(批准号：17ZSK017)列为2017年度国家社会科学基金重大项目，首席专家分别为情报学学科主编马费成教授、图书馆学学科主编陈传夫教授。

·2017年3月22日，由武汉大学信息管理学院与韩国成均馆大学共同主办的“国际顶级信息学院联盟年会(iConference 2017)”在武汉举行，会议主题是“影响·拓展·提升：跨越信息社区的全球合作”。iConference是国际图书情报领域的顶级学术盛宴，2017年首次在欧美以外地区举办，共有来自27个国家(地区)的525位专家学者前来参会。

·2017年3月22日，由武汉大学信息管理学院和信息资源研究中心主办的英文期刊*Data and Information Management*(DIM)在iConference年会上正式宣布创刊。DIM与国外知名学术出版社合作，采用开放获取方式出版。主编由马费成教授和美国北卡罗来纳大学教堂山分校iSchool学院院长Gary Marchionini教授共同担任。张晓娟和吴丹先后任执行主编。

·2017年4月6日下午，新七建设集团有限公司向武汉大学捐赠签约暨余宝琳校董聘任仪式在学校举行。董事长余宝琳先生代表集团捐赠五百万元，定向资助学院发展。

·2017年5月，湖北省电子商务学会班子换届，张李义和吴江担任会长和秘书长。

·2017年5月20日下午，“武汉大学深圳校友会信管分会成立大会”在深圳深港产学研基地举行。

·2017年6月，方卿获得“第四届中国出版政府奖”优秀出版人物(编辑)奖。

·2017年6月1日，法国海外科学院前任院长、法国骑士勋章获得者Bruno Delmas院士前来我院洽谈“中法档案文献遗产研究中心”的筹建工作，并做专题讲座。

·2017年7月，我院校友周旭洲获“武汉大学第八届杰出校友”称号。周旭洲1982年本科、1985年硕士毕业于武汉大学图书馆学专业。现任宇业集团、美瑞健康国际董事局主席、总裁、法定代表人。2009年，荣获中华慈善总会颁发的“中华慈善突出贡献人物奖”，同年被评为“中国优秀民营企业家”，武汉大学校董。

·2017年10月17日，由武汉大学、国际科学计量学与信息计量学学会、中国科学学与科技政策研究会主办，我校中国科学评价研究中心承办的“第16届国际科学计量学与信息计量学大会”在我院举行，来自33个国家和地区的近200名计量学领域专家学者参会。

·2017年11月，肖希明主持的“中国图书馆学教育百年史及其文化影响研究”、周耀林主持的“边疆民族地区濒危少数民族档案文献遗产保护及数据库建设”、陆伟主持的“基于认知计算的学术论文评价理论与方法研究”，获批国家社科基金重大项目。

·2017年11月，学院师生参与制作的微电影《春到茶山》，荣获“‘我心中的思政课’——全国高校学生微电影大赛”一等奖。

·2017年12月，安璐主持的“提高反恐怖主义情报信息工作能力对策研究”获批教育部哲学社会科学研究重大课题攻关项目。

·2017年12月28日，我院“图书情报与档案管理”一级学科在教育部第四轮学科评估中排名A+。

·2017年，我院“图书情报与数据科学”学科入选国家“双一流”建设学科。

·2017年，陈传夫负责的“传统专业现代改造教学模式探索——武汉大学图书情报一流人才的培养实践”项目成果获得“湖北省教学成果”一等奖。

·2018年1月，《信息检索》入选国家精品在线开放课程。

·2018年4月，周耀林入选全国档案领军人才、肖秋会入选全国档案专家。

·2018年，信息管理科学系党支部入选教育部100个首批全国高校“双带头人”教师党支部书记工作室建设名单。

·2018年5月25日，“中国社会科学情报学会数字人文专委会启动仪式”在武汉大学信息管理学院举行。

·2018年5月31日下午，学院召开全院教职工大会，颁发首届“余宝琳奖教金”，为“余宝琳实验中心”揭牌。

·2018年7月8日—13日，档案与政务信息学系肖秋会等师生代表学院首次赴美参加“档案教育与研究联合会(Archival Education and Research Institutes，AERI)年会”，并在会上宣读论文。

·2018年7月，由武汉大学信息管理学院和信息资源研究中心共同主办的“第六届智慧健康国际会议”在武汉召开。

·2018年9月，学院本科人才培养方案进行了一次大的调整，首次按照大类“社会科学试验班(信息管理学类)”进行招生和培养。

·2018年11月11日，由教育部人文社科重点研究基地武汉大学信息资源研究中心联合七家研究机构共同发起成立的“数字空间与社会治理”智库联盟举行签约仪式。

·2018年11月16日，我院三种期刊《图书情报知识》《出版科学》和《信息资源管理学报》被中国社会科学评价研究院编制的《中国人文社会科学期刊AMI综合评价报告(2018年)》收录。

·2018年11月，马费成入选第二届“荆楚社科名家”。马费成(哲学社会科学界)、方卿(新闻出版界)入选“第二届湖北文化名家”。

·2018年12月16日，武汉大学大数据研究院主办、武汉大学数字人文研究中心协办的“珞珈大数据论坛”在武汉大学召开。

·2018 年，李纲主持的“国家安全大数据综合信息集成与分析方法”获批国家自然科学基金重大项目。

·2018 年，冉从敬主持的“健全国家大数据主权的安全体系研究”、赵蓉英主持的“构建中国话语权的评价科学理论、方法与应用体系研究”，获批国家社会科学基金重大项目。

·2019 年 1 月，“信息管理学基础”入选国家精品在线开放课程。

·2019 年 2 月，《人民日报》理论版“大家手笔”发表马费成署名文章《构建可持续的数字世界》。

·2019 年，学院 6 名教师入选新一届(2018—2022)教育部高等学校教学指导委员会委员，分别是：陈传夫入选图书馆学专业教学指导委员会副主任委员，王新才入选图书情报工作指导委员会副主任，方卿入选保密管理专业教学指导分委员会委员，张李义入选电子商务类教学指导委员会委员，周耀林入选档案学教学指导委员会委员，陆伟入选管理科学与工程类教学指导委员会委员。

·2019 年 3 月，法国国家档案学院和海外科学研究院代表团一行 6 人来我院考察并进行教学与科研合作交流，双方进一步明确了在科研协作、联合培养学生、教师互换等方面的具体合作内容与方式。

·2019 年 4 月 9 日，国务院总理李克强率团赴比利时首都布鲁塞尔出席第二十一次中国—欧盟领导人会晤。陈传夫作为中方专家组成员，参加了作为配套活动之一的第四次中欧创新合作对话。

·2019 年 4 月 18—20 日，“彭斐章先生学术思想研讨会”在武汉大学信息管理学院举行。

·2019 年 4 月 19—21 日，由武汉大学主办，教育部高等学校图书馆学专业教学指导委员会、中国图书馆学会图书馆学教育委员会协办的“新时代图书馆学教育研讨会暨全国图书馆学博士生论坛”在武汉大学召开。

·2019 年 5 月，马费成担任国家社科基金图书馆、情报与文献学评审组组长。

·2019 年 6 月，江尧林调任武汉大学信息管理学院党委副书记。

·2019 年 6 月，张琳当选国际科学计量学与信息计量学学会(ISSI)常任理事，此次是中国学者首次进入 ISSI 理事会。

·2019 年 6 月，司莉主持的“‘一带一路’沿线国家多语种、共享型经济管理数据库建设研究”，李明杰主持的“中国古代科技文献整理与研究”，获批教育部哲学社会科学研究重大课题攻关项目。

·2019 年 7 月 1 日，马费成担任首席专家的“党的创新理论引领贯穿图书情报与档案管理学知识体系研究”立项为教育部“党的创新理论引领贯穿中国哲学社会科学知识体系”重大专项课题。

·2019 年，李纲担任首席专家的国家重点研发项目“长江中游城市群综合科技服务平台研发与应用示范”获批立项。

· 2019 年 8 月，李纲作为学术负责人牵头申报的“信息资源管理”创新研究群体项目获批立项。这是我国图书情报与档案管理学科获得的首个国家自然科学基金创新群体项目。

· 2019 年 8 月 20 日—23 日，赵杨指导的“Magic City”代表队(吴蔚萌、李春凤、王淼等)荣获“第九届全国大学生电子商务‘创新、创意及创业’挑战赛”一等奖。赵杨荣获“优秀指导教师”。

· 2019 年 9 月，王华任行政副院长。

· 2019 年 9 月，马费成荣获“楚天园丁奖”。

· 2019 年 9 月，图书馆学系班子调整，周力虹任系主任，吴志强、杨思洛、吴钢任副系主任。

· 2019 年 10 月 2 日，国际权威杂志《自然 · 生物技术》(*Nature Biotechnology*)以 Data Page 的形式在线刊登了我院青年教师黄颖为第一作者、武汉大学为第一单位的研究成果“Collaborative Networks in Gene Editing”。

· 2019 年 10 月 15 日—18 日，武汉大学第四届海外学术周“文化与文明的流动与保护”在法国巴黎召开。我院与法国国立宪章学院合作承担了“文化遗产与数字人文”分论坛。

· 2019 年 11 月 2 日，第六届“数字时代出版产业发展与人才培养国际学术研讨会”在武汉大学开幕。

· 2019 年 11 月 21 日，马费成担任首席专家的国家社科基金重大研究专项项目“新时代中国特色图情学基本理论问题研究”，获得 2019 年度国家社科基金“加快构建中国特色哲学社会科学学科体系、学术体系、话语体系”研究专项立项。

· 2019 年 12 月 7 日—8 日，“2019 图书情报与档案管理研究生教育论坛暨青年学者论坛”在武汉大学举行。

· 2019 年，图书馆学教研室入选湖北高校省级优秀基层教学组织。

· 2019 年，陆泉负责的“信息管理与数据科学教学团队”入选湖北高校省级教学团队。

· 2019 年，图书馆学专业、编辑出版学专业入选首批教育部一流本科专业建设点。

· 2019 年 12 月，陈传夫主持的“社会数字化转型背景下图书馆发展风险规制研究”、吴丹主持的“面向三大公共数字文化工程资源融合的多语言信息组织与检索研究”、唐晓波主持的“基于大数据的科教评价信息云平台构建和智能服务研究”，获批国家社科基金重大项目。

· 2019 年 12 月，方卿等的“信息管理学科人才培养过程国际化体系建设”项目成果获评“2019 年武汉大学教学成果奖”特等奖。

· 2019 年 12 月，徐丽芳的《数字叙事与互动数字叙事》荣获“第七届中华优秀出版物(出版科研论文)奖”。

·2019 年 12 月，2017 级档案学专业本科生宋雨婷作为武汉大学唯一的志愿者代表，入选团中央首批服务联合国机构海外志愿者项目。

·2019 年 12 月，代茜调任武汉大学信息管理学院党委副书记。

·2019 年 12 月，吴江获批国家重点研发计划项目“乡村文化旅游云服务技术集成与应用示范”，该项目是武汉大学人文社科类院系首次牵头承担。

·2020 年 1 月，我院 8 位老师获评教育部“第八届高等学校科学研究优秀成果奖(人文社会科学)”。其中，陈传夫、陆伟、王晓光荣获二等奖，黄如花、陆泉荣获三等奖，孙永强、吴丹、杨思洛荣获青年成果奖。

（肖秋会、彭敏惠、傅西平）

附录2　学院教师承担的重要科研项目简表

表1　**国家社科基金重大项目**

项目名称	负责人	立项年度
建设创新型国家的信息服务体制与信息保障体系研究	胡昌平	2006
我国公共部门信息资源增值利用对策研究	陈传夫	2009
基于语义的馆藏资源深度聚合与可视化展示研究	邱均平	2011
健全现代文化市场体系的理论与实践研究	方　卿	2012
智慧城市应急决策情报体系建设研究	李　纲	2013
云环境下国家数字学术资源信息安全保障体系研究	胡昌平	2014
面向国家大数据战略的政府数据开放共享对策研究	黄如花	2015
基于认知计算的学术论文评价理论与方法研究	陆　伟	2017
边疆民族地区濒危少数民族档案文献遗产保护及数据库建设	周耀林	2017
中国图书馆学教育百年史及其文化影响研究	肖希明	2017
中国社会科学词条库(情报学)	马费成	2017
中国社会科学词条库(图书馆学)	陈传夫	2017
健全国家大数据主权的安全体系研究	冉从敬	2018
构建中国话语权的评价科学理论、方法与应用体系研究	赵蓉英	2018
社会数字化转型背景下图书馆发展风险规制研究	陈传夫	2019
基于大数据的科教评价信息云平台构建和智能服务研究	唐晓波	2019
面向三大公共数字文化工程资源融合的多语言信息组织与检索研究	吴　丹	2019
新时代中国特色图情学基本理论问题研究	马费成	2019

表2　**国家自科基金重点项目**

项目名称	负责人	立项日期
基于生命周期理论的数字信息资源深度开发与管理机制研究	马费成	2008.09

表3 **教育部重大攻关项目**

项目名称	负责人	立项年度
数字信息资源的规划、管理与利用研究	马费成	2006
创新型国家的知识信息服务体系研究	胡昌平	2006
提高反恐怖主义情报信息工作能力对策研究	安　璐	2017
“一带一路”沿线国家多语种、共享型经济管理数据库建设研究	司　莉	2019
中国古代科技文献整理与研究	李明杰	2019

表4 **国家社科基金重点项目**

项目名称	负责人	立项年度
我国信息资源管理(IRM)人才建设工程的规划、设计与模型	彭斐章	1996
国家可持续发展中的图书情报事业战略研究	胡昌平	2002
我国人文社会科学研究评价体系的构建与实证分析	邱均平	2005
弱势群体知识援助的图书馆新制度建设	王子舟	2005
文化产品创作生产引导机制建设研究	方　卿	2011
公共数字文化服务中的资源整合	肖希明	2013
非物质文化遗产信息资源分类存储研究	周耀林	2016
中国人文社科学术成果的国际影响力综合评价研究	杨思洛	2017
学术出版体制机制创新研究	方　卿	2018
大数据时代政府数据治理体系建构研究	夏义堃	2018
延安时期印刷文化史料整理与研究	吴永贵	2018

表5 **教育部人文社科基地重大项目**

项目名称	负责人	立项年度
网络信息资源组织与开发模式	胡昌平	2000
国家信息政策与法规体系研究	马费成	2000
信息资源知识产权制度研究	陈传夫	2001
我国企业信息竞争能力的研究与评估	娄策群	2002
文献计量与内容分析的综合研究	邱均平	2002
信息可视化与知识检索	周　宁	2002
电子政务中政府信息资源开发及其技术实现研究	王新才	2004

续表

项目名称	负责人	立项年度
基于知识组织的竞争情报研究	李　纲	2004
基于信息交流与传播的文化产业链研究	方　卿	2005
数字图书馆网格应用模型研究	董　慧	2005
网络环境下数字化信息服务研究	焦玉英	2006
信息资源配置理论与模型研究	查先进	2006
电子商务中的商务信息跨平台检索与重组研究	张李义	2007
数字信息环境下的图书馆管理研究	黄如花	2007
基于智能信息处理的知识挖掘技术及应用研究	张玉峰	2008
图书情报、档案学发展与信息资源管理学科建设研究	冯惠玲	2008
面向公众需求的档案资源建设与服务研究	周耀林、朱玉媛	2009
面向决策的企业信息资源集成研究	唐晓波	2009
数字化出版信息资源的综合开发与利用研究	罗紫初	2010
面向细粒度的网络信息检索模型及框架构建研究	陆　伟	2010
信息资源云体系及服务模型研究	邓仲华	2011
中外数字出版法律制度研究	黄先蓉	2011
数字信息资源的质量控制与管理研究	马费成	2012
iSchool 运动发展趋势及对国内外信息领域的影响	肖希明	2012
政府信息资源标准化管理研究	张晓娟	2013
多网络融合环境下 Context 计算模式与商务应用研究	李枫林	2013
基于内容的多语言信息组织与检索研究	司　莉	2014
商品评论源信息获取方法与技术研究	张李义	2014
我国服务业信息化推进与保障机制研究	邓胜利	2015
我国档案安全保障体系构建的理论与实践研究	肖秋会	2015
大数据资源规划理论与统筹发展研究	周耀林	2016
大数据资源语义表示与组织研究——面向文化遗产领域	王晓光	2016
大数据资源的智能化管理与跨部门交互研究——面向公共安全领域	曾子明	2016
大数据资源的制度规制和国家治理研究	冉从敬	2017
大数据资源的挖掘与服务研究——面向医疗健康领域	陆　泉	2017

表 6　　国家社会科学基金项目

项目名称	负责人	项目分类	立项年度
我国电子出版与全文数据库建设	陈光祚	一般项目	1991
湖北省农村图书发行现状与对策研究	方　卿	青年项目	1991
长江三峡人文信息多媒体数据库系统	焦玉英	一般项目	1995
文献管理自动化系统发展研究	张　进	一般项目	1996
信息系统基础理论及其应用研究	严怡民	一般项目	1996
我国信息资源管理人才建设工程规划设计与模型研究	彭斐章	一般项目	1996
图书出版与中国近现代图书馆事业研究	王余光	一般项目	1996
面向 21 世纪的中国图书馆藏书发展政策	肖希明	一般项目	1996
社会主义市场经济条件下认识档案管理问题研究	朱玉媛	一般项目	1996
国内图书情报网络现实与潜在用户的分析与预测	胡昌平	一般项目	1997
信息资源的数字化(国家社科重大项目分课题)	陈光祚	一般项目	1997
图书情报网络化对经济和社会发展的影响	邱均平	一般项目	1997
现代化过程中的我国社科图书信息工作管理模式及发展研究	刘　荣	一般项目	1998
网络环境下出版发行部门与图书馆书目信息整合研究	黄凯卿	一般项目	1998
电子出版物的收藏、利用与市场开发研究	罗紫初	一般项目	1999
20 世纪我国文献分类法德发展与 2010 年发展目标研究	俞君立	一般项目	1999
我国网上信息资源建设知识产权管理政策研究	陈传夫	一般项目	2000
数字图书馆的相关技术研究	董　慧	一般项目	2000
网络环境中主动信息服务机制研究	焦玉英	一般项目	2000
数字时代科学信息交流载体整合与过程重构研究	方　卿	一般项目	2001
基于学习的智能检索机制研究	张玉峰	一般项目	2001
传统图书馆向现代图书馆转型中的信息服务模式研究	何绍华	一般项目	2002
WTO 规则框架下我国信息政策的调整及其对信息产业发展的影响与对策研究	黄先蓉	一般项目	2002
网络数字资源共享的障碍分析及目标实现研究	查先进	一般项目	2003
网络信息组织模式的优化研究	黄如花	一般项目	2003
IRM 及 KM 范式下的情报学发展模式研究	马费成	一般项目	2003
《四库全书总目》与文献整理研究	马朝军	青年项目	2003
RM 及 KM 范式下的情报学发展模式研究	马费成	一般项目	2003

续表

项目名称	负责人	项目分类	立项年度
基于 web 的竞争情报自动采集系统模型研究	李　纲	一般项目	2004
网上科技文献出版、利用与评价研究	罗紫初	一般项目	2004
小康社会图书发行指标体系研究	方　卿	重大项目子课题	2004
数字时代目录学理论的创新与发展研究	彭斐章	一般项目	2005
抗日战争时期中国出版业研究	吴永贵	青年项目	2005
面向政府电子采购的推荐系统研究与实现	张李义	一般项目	2005
基于 XML 的多媒体信息检索模型及实现研究	陆　伟	青年项目	2006
基于数字出版的科学信息交流系统机制创新研究	徐丽芳	一般项目	2006
数字出版集成化管理研究	余世英	一般项目	2006
图书馆知识产权方案实证研究	陈传夫	一般项目	2007
基于 WIKI 的信息管理领域专家知识共享与创新	焦玉英	一般项目	2007
电子政务环境下政府信息资源获取与利用模式	夏义堃	一般项目	2007
体制改革与出版发行企业微观运行机制研究	朱静雯	一般项目	2007
版本文化遗产保护与开发利用机制研究	李明杰	青年项目	2008
公共部门信息再利用中的权益分享机制研究	冉从敬	青年项目	2008
文献资源共享系统的绩效评估研究(一)	肖希明	一般项目	2008
我国可移动文化遗产保护体系研究	周耀林	一般项目	2008
WEB2.0 环境下用户参与的图书馆信息组织模式研究	司　莉	一般项目	2009
文献辨伪的集成与创新	马朝军	一般项目	2009
网络学术信息的多语言表示与获取模式研究	吴　丹	青年项目	2009
社会网络分析在企业知识共享中的应用研究	赵蓉英	一般项目	2009
中国古书编例史	曹　之	后期资助项目	2009
新一代互联网环境下网络用户信息交互行为研究	邓胜利	青年项目	2010
参与协作式情报空间的构建与应用研究	宋恩梅	青年项目	2010
我国网络信息监管法律政策定位与执行研究	王　清	一般项目	2010
社会化网络环境下信息组织的理论与方法创新研究	黄如花	一般项目	2010
出版产业国际竞争力研究	黄先蓉	一般项目	2011
国际性编目规则及其发展研究	孙更新	一般项目	2011
科研组织的研究领域可视化挖掘研究	安　璐	青年项目	2011
企业竞争情报智能挖掘	张玉峰	后期资助项目	2011

续表

项目名称	负责人	项目分类	立项年度
中国编辑思想史研究	吴　平	后期资助项目	2011
学科领域知识网络的可视化构建与在线利用研究	寇继虹	一般项目	2012
我国出版产业海外投资布局研究	姚永春	一般项目	2012
图书馆法与著作权法关联协调研究	吴　钢	青年项目	2012
数字图书馆标签系统的语义挖掘研究	罗　琳	青年项目	2012
数字图书馆移动服务质量控制研究	赵　杨	青年项目	2012
中国古代图书著作权研究	李明杰	后期资助项目	2012
民国图书出版史编年	吴永贵	后期资助项目	2012
公共数字文化服务中的资源整合研究	肖希明	重点项目	2013
苏联解体20年来俄罗斯档案事业的变革与发展研究	肖秋会	一般项目	2013
非物质文化遗产档案资源建设“群体智慧模式”研究	周耀林	一般项目	2013
文彦博集校注	申　利	后期资助项目	2013
图像语义信息可视化交互研究	陆　泉	后期资助项目	2013
基于社交问答平台的用户知识贡献行为与服务优化研究	邓胜利	一般项目	2014
基于信息时域的跨学科协同信息行为与特征研究	代　君	一般项目	2014
民国时期图书馆学教育与业界的互动研究	彭敏惠	青年项目	2014
协同信息检索行为研究	吴　丹	后期资助项目	2014
媒介融合背景下的版权机制研究	黄先蓉	一般项目	2015
多种类型文本数字资源自动分类研究	李湘东	一般项目	2015
科研合作中的协同信息行为研究	严炜炜	青年项目	2015
面向社会网络的科学交流信任模式研究	许　洁	青年项目	2015
协同创新环境下跨学科文献保障研究	王新才	一般项目	2016
中国学者国际学术论文影响力评价研究	赵蓉英	一般项目	2016
社会力量参与公共数字文化服务的机制研究	唐　义	青年项目	2016
中国人文社科学术成果的国际影响力综合评价研究	杨思洛	重点项目	2017
文献整理学术传统在古籍数字化中的价值实现研究	李明杰	一般项目	2017
“资源驱动型”档案文化创意产品开发模式及其实现研究	王玉珏	青年项目	2017
开放数据背景下我国高校图书馆数字学术服务研究	周力虹	青年项目	2017
学术出版体制机制创新研究	方　卿	重点项目	2018
大数据时代政府数据治理体系建构研究	夏义堃	重点项目	2018

续表

项目名称	负责人	项目分类	立项年度
面向出版流程的学术期刊质量控制研究	杨丹丹	一般项目	2018
移动图书馆用户信息交互行为中的情感体验研究	赵　杨	一般项目	2018
延安时期印刷文化史料整理与研究	吴永贵	重点项目	2018
民国时期民营出版企业制度研究	欧阳敏	后期资助项目	2018
新时代中国出版产业政策与意识形态安全研究	黄先蓉	一般项目	2019
"一带一路"背景下中国出版走出去研究：战略定位、市场布局与推进机制	姚永春	一般项目	2019
我国《公共图书馆法》有效实施的推进策略研究	吴　钢	一般项目	2019

表7　**国家自然科学基金项目**

项目名称	负责人	项目分类	立项年度
科学文献的统计分析与学科资助政策优化研究	邱均平	面上项目	1993
社会主义市场经济中科技信息工作机制研究	胡昌平	面上项目	1994
现代企业科技信息利用模式与效益研究	马费成	面上项目	1994
科学研究与发展(R&D)中的信息保障	彭斐章	面上项目	1995
企业发展与信息技术利用的实证研究	毛玉娇	面上项目	1995
我国物理学研究投入产出的统计分析	邱均平	面上项目	1995
高新技术知识产权保护及其对传统知识产权制度的影响	陈传夫	面上项目	1995
建设国家信息基础设施的现代信息资源研究	马大川	面上项目	1996
科学信息离散分布的机制与模型研究	马费成	面上项目	1997
中国计算机网络型电子出版物的管理研究	陈光祚	面上项目	1998
建设国家信息基础设施的现代信息资源研究	邱均平	国际合作与交流项目	1998
中国信息化基础结构知识产权研究	陈传夫	面上项目	1998
信息服务的社会监督	胡昌平	面上项目	1998
中、美现代信息资源管理开发利用的比较研究	邱均平	面上项目	1998
以知识创新为核心的科学信息生产与交流机制研究	李　纲	面上项目	1999
以"推"模式为基础的网络主动信息服务机制及实证研究	焦玉英	面上项目	2000
网络环境下信息资源共享及其效率研究	马费成	面上项目	2001
推进信息资源公共获取的政府策略	陈传夫	面上项目	2002

续表

项目名称	负责人	项目分类	立项年度
网络信息计量学的理论、方法与实证研究	邱均平	面上项目	2002
网络计算环境下信息资源共享的效率研究	马费成	面上项目	2002
基于本体的数字图书馆信息检索模型研究	董　慧	面上项目	2003
面上用户的信息资源整合与服务研究	胡昌平	面上项目	2003
中国文化数字资源保存的国家战略研究	刘家真	面上项目	2003
知识服务中信息传递机制与内容识别机制研究	何绍华	面上项目	2004
网络环境中基于专题文献的信息过滤优化模型与运行机制研究	焦玉英	面上项目	2004
我国数字化信息资源管理的可视化模型研究	周　宁	面上项目	2004
科技出版国际竞争力研究	方　卿	面上项目	2005
基于数据挖掘的企业竞争情报智能采集机制研究	张玉峰	面上项目	2005
文本集特征提取方法及应用研究	李　纲	面上项目	2006
网上学术信息的分布与变化规律研究及其应用	邱均平	面上项目	2006
基于数字图书馆的本体演化与知识管理研究	董　慧	面上项目	2007
我国电子公共文档一体化协同与管理策略研究	刘家真	面上项目	2007
基于 web2.0 的信息自组织与有序化研究	马费成	面上项目	2007
反剽窃理论与技术研究	沈　阳	面上项目	2008
开放存取数字期刊学术质量评价与控制研究	方　卿	面上项目	2009
基于作者学术关系的知识交流模式与规律研究	邱均平	面上项目	2009
开放存取数字期刊学术质量评价与控制研究	方　卿	面上项目	2009
基于语义共词网络演化的学科新兴趋势浮现机理与探测研究	王晓光	青年科学基金项目	2010
信息资源配置影响因素和行为模式研究	查先进	面上项目	2010
国家创新发展中的信息服务跨系统协同组织	胡昌平	面上项目	2010
用户与资源协同驱动的个性化信息推荐服务模型及其实现研究	吴志强	面上项目	2010
企业竞争情报智能分析模型与方法研究	张玉峰	面上项目	2010
基于贝叶斯网络和演化博弈的社会化媒体信息传播建模和模拟	吴　江	青年科学基金项目	2011
泛在环境下基于情境感知的信息多维推荐服务模型与实现研究	曾子明	青年科学基金项目	2011
云计算环境下图书馆的信息服务等级协议研究	邓仲华	面上项目	2011
基于语言模型的通用实体检索建模及框架实现研究	陆　伟	面上项目	2011
知识网络的形成机制及演化规律研究	马费成	面上项目	2011
本体导向的大规模语义信息声明式抽取方法研究	李旭晖	面上项目	2012

续表

项目名称	负责人	项目分类	立项年度
软件盗版行为的内在决策过程、外在驱动环境及软件属性的角色	孙永强	青年科学基金项目	2012
从现实到虚拟：基于消费地点情境的网络社区口传机制研究	陈　君	青年科学基金项目	2012
用户探寻式搜索策略分析及系统构建研究	姜婷婷	青年科学基金项目	2012
面向知识创新的科研组织知识社区挖掘——从社会资本的角度	刘　萍	青年科学基金项目	2012
跨组织隐性知识共享研究：以病患转院诊治卫生服务为背景	周力虹	青年科学基金项目	2012
Web2.0 环境下基于社会化网络瓶颈限制的信息扩散最大化研究	张　敏	青年科学基金项目	2012
社会化媒体集成检索与语义分析方法研究	唐晓波	面上项目	2012
图像信息资源可视化协同语义标注及实现研究	陆　泉	面上项目	2012
科研团队动态演化规律研究	李　纲	面上项目	2012
数字图书馆社区的知识聚合与服务研究	胡昌平	面上项目	2012
移动社会网络中基于信任关系的情境感知推荐研究	洪　亮	青年科学基金项目	2013
社会网络环境下基于用户—资源关联的信息推荐研究	胡吉明	青年科学基金项目	2013
多因素融合下的微博话题可信度评估模型及实证研究	王　平	青年科学基金项目	2013
大数据环境下面向科学研究第四范式的信息资源云研究	邓仲华	面上项目	2013
融合情境的移动阅读推荐系统研究	张李义	面上项目	2013
需求和能力调节下的网络信息行为影响规律及优化研究	查先进	面上项目	2013
创新 2.0 超网络中知识流动和群集交互的协同研究	吴　江	面上项目	2013
开放数据下公共信息资源再利用体系的重构研究	夏义堃	面上项目	2013
科技信息用户价值模型构建与实证研究	徐丽芳	面上项目	2013
基于动态数据挖掘的物流信息智能分析研究	张玉峰	面上项目	2013
基于词汇空间集聚的潜在主题发现方法及其实现研究	赵一鸣	青年科学基金项目	2014
大数据环境下的知识组织与服务创新研究	马费成	国际(地区)合作与交流项目	2014
智慧城市数字信息资源安全保障研究	张晓娟	面上项目	2014
面向词汇功能的学术文本语义识别与知识图谱构建	陆　伟	面上项目	2014
基于专利计量的专利战略构建模型研究：以云计算产业为实证对象	冉从敬	面上项目	2014
面向读者社会网络的按需定向荐读服务模型及其应用研究	吴志强	面上项目	2014
协同特征 CAD 中支持多用户意图融合的关键技术研究	程　媛	青年科学基金项目	2015
业务流程柔性与业务流程建模技术的互映射模型研究	龚艺巍	青年科学基金项目	2015

续表

项目名称	负责人	项目分类	立项年度
网络本体质量及适应性的评估研究	徐 雷	青年科学基金项目	2015
认知转变和IT社会结构视角下互联网用户适应性信息行为影响规律及优化研究	查先进	面上项目	2015
基于个性化知识地图的交互式信息检索系统研究——从用户认知的角度	刘 萍	面上项目	2015
内容关系互动下的在线医疗社区用户行为演化研究	吴 江	面上项目	2015
大数据环境下科研数据机构库联盟形成机理及其服务研究：以“985”高校为实证对象	司 莉	面上项目	2015
面向多主体共享需求的国家大数据资源治理机制设计	陈传夫	重大研究计划/培育项目/大数据驱动的管理与决策研究	2015
基于集成学习的区间型电力负荷预测技术研究	胡忠义	青年科学基金项目	2016
突发公共卫生事件社交媒体信息主题演化与影响力建模	安 璐	青年科学基金项目	2016
科学知识扩散网络的语义增强型多重路径识别研究	董 克	青年科学基金项目	2016
基于慢病知识管理的智慧养老平台研究	马费成	国际（地区）合作与交流项目	2016
云环境下智慧图书馆移动视觉搜索模型与实现研究	曾子明	面上项目	2016
多设备融合的用户网络搜索行为建模与技术实现研究	吴 丹	面上项目	2016
基于文本逻辑主题结构的数字出版内容重组研究	袁小群	面上项目	2016
基于文本和Web语义分析的智能咨询服务研究	唐晓波	面上项目	2016
基于多语义信息融合的学术文献引文推荐研究	陆 伟	面上项目	2016
2016年大数据驱动的管理与决策研究学术研讨会	马费成	国际（地区）合作与交流项目/出国（境）参加双（多）边会议/NSFC-BHKAEC（京港学术交流中心）	2016

续表

项目名称	负责人	项目分类	立项年度
基于知识关联的金融大数据价值分析、发现及协同创造机制	马费成	重大研究计划/重点支持项目/大数据驱动的管理与决策研究	2016
一种基于深度学习神经网络的自闭症谱系障碍诊断模型设计	卢　龙	面上项目	2017
基于深度语义挖掘的引文推荐多样化研究	程齐凯	青年科学基金项目	2017
基于深度学习的多特征层次化用户生产内容质量测度与缺陷检测模型研究	王　平	面上项目	2017
多源大数据融合驱动的产权管理模型设计及领域实证研究	冉从敬	面上项目	2017
在线信息偶遇过程中趋避行为的产生规律与神经机制研究	姜婷婷	面上项目	2017
2017 年度海峡两岸应对老龄社会的管理研究领域项目中期学术交流研讨会	马费成	国际(地区)合作与交流项目/出国(境)参加双(多)边会议/两岸项目	2017
基于学术异质网络表示学习的知识群落发现	毛　进	青年科学基金项目	2018
解释水平视角下社交媒体用户信息搜寻失败及干预机制研究	张晋朝	青年科学基金项目	2018
心理距离视角下的奖励式众筹投资者决策行为研究——基于项目文本和多媒体信息分析	陈　君	面上项目	2018
社会连接和认知负荷视角下网络用户从众信息行为研究	查先进	面上项目	2018
基于深度学习的政务新媒体互动内容摘要自动生成与情感分析模型研究	胡吉明	面上项目	2018
不同推荐方式对移动阅读用户行为决策的影响与神经机制研究	张李义	面上项目	2018
基于大规模开放科学知识图谱的学科新兴趋势探测研究	王晓光	面上项目	2018
探寻式搜索过程中的路径识别与评价研究	赵一鸣	面上项目	2018
信息不对称驱动的共享经济去中心化机制与风险的复杂性研究	吴　江	面上项目	2018
信息资源管理	李　纲	创新群体项目	2019
群体差异视角下学术社交网络用户交互与合作机制研究	严炜炜	青年项目	2019
顺序决策、需求资源与差别组态：探究社交网络用户的持续使用、终止与间歇性中止行为的作用机制	王　楠	青年项目	2019

续表

项目名称	负责人	项目分类	立项年度
维基情境下的治理模式、知识属性与知识整合：基于匹配理论与构型理论的视角	孙永强	面上项目	2019
信息生态链视角下在线知识社区用户贡献行为评价及预测研究	邓胜利	面上项目	2019
科研人员职业生涯的性别差异和影响机理研究：合作、流动与学术表现	张　琳	面上项目	2019

表 8　　**学院承担的省部级项目表**

项目名称	负责人	项目分类	立项日期
图书情报需求分析与读者服务效率的研究	彭斐章	部委级项目>其他部委项目	1986
湖北省图书情报网络化调查与分析	黄忠宗	省、市、自治区社科基金项目	1986
哲学社会科学情报的计算机处理与分析	陈光祚	部委级项目>其他部委项目	1986
湖北省咨询产业发展战略	卢绍君	省、市、自治区社科基金项目	1987
湖北省经济信息自动标引检索系统	毛玉姣	省、市、自治区社科基金项目	1987
湖北地方文献调查与研究	詹德优	省、市、自治区社科基金项目	1989
湖北科技进步与信息市场开发	陈传夫	省、市、自治区社科基金项目	1992
文献学基本理论研究	谢灼华	部委级项目>其他部委项目	1993
现代情报学理论研究	严怡民	部委级项目>其他部委项目	1993
情报大系统理论与模型研究	张玉峰	部委级项目>主持国家教委“八五人文社会科学研究规划项目	1993
知识产权法规对信息服务业的影响与对策	周六炎	部委级项目>其他部委项目	1993
情报技术的发展水平及应用前景研究	陈光祚	部委级项目>其他部委项目	1993
起草国家教委图书、情报、文献学学科“九五”课题指南	彭斐章	部委级项目>其他部委项目	1995
加速科技进步的宏观协调机制	孙　凌	湖北省教育厅人文社科研究项目>指导性项目	1995

续表

项目名称	负责人	项目分类	立项日期
科技促进我省企业发展中的信息组织与利用研究	严怡民	湖北省教育厅人文社科研究项目>指导性项目	1996
湖北省信息网络分布及网络信息资源配置研究	张晓娟	湖北省教育厅人文社科研究项目>指导性项目	1996
灾害统计理论	余世英	湖北省教育厅人文社科研究项目>指导性项目	1996
社会科学文献计量理论、方法与实证研究	邱均平	部委级项目>其他部委项目	1996
世界与中国图书馆事业发展趋势研究	谢灼华	部委级项目>其他部委项目	1996
国营企业股份制改造研究	余世英	湖北省教育厅人文社科研究项目>指导性项目	1997
中华五千年生态文化与典籍研究	曹　之	省、市、自治区社科基金项目	1997
以市场为导向的信息产业集团化研究	李　纲	省、市、自治区社科基金项目	1997
湖北省出版业现状及发展方向研究	罗紫初	省、市、自治区社科基金项目	1997
情报学理论体系演化及其对信贷信息系统建设的影响	马费成	省、市、自治区社科基金项目	1997
以市场为导向的信息产业集团化研究	李　纲	湖北省教育厅人文社科研究项目>指导性项目	1997
中华五千年生态文化与典籍研究	曹　之	湖北省教育厅人文社科研究项目>指导性项目	1997
情报理论体系的演化及其对信息系统建设的影响	马费成	湖北省教育厅人文社科研究项目>指导性项目	1997
湖北出版事业现状及发展方向研究	罗紫初	湖北省教育厅人文社科研究项目>指导性项目	1997
美国图书馆学发展的现状与趋势研究	黄如花	中美合作项目(亚联董)	1999
图书电子商务发展	黄凯卿	湖北省教育厅人文社科研究项目>指导性项目	2000
改革开放以来的湖北出版业	黄先蓉	湖北省新闻出版局资助项目	2001
网络信息资源组织发展方向研究	司　莉	湖北省教育厅科学研究指导性计划项目	2001
大学生信息素养培育与创新能力研究	司　莉	湖北省教育科学“十五”规划课题	2002

续表

项目名称	负责人	项目分类	立项日期
全国出版专业国职业资格考试辅导教材《出版专业理论与实务》(初级)	黄先蓉	湖北省新闻出版局资助项目	2002
信息安全与湖北信息法规建设	刘家真	省、市、自治区社科基金项目	2002
湖北省出版竞争力研究	姚永春	省、市、自治区社科基金项目	2002
信息安全与湖北省信息法规建设	刘家真	湖北省软科学	2002
湖北省知识产权局“湖北省生物技术与新医药知识产权战略”	陈传夫	湖北省项目	2003
湖北省出版业评价研究	方　卿	湖北省出版总社委托项目	2003
高新技术发展区与新型工业化发展研究	陆　伟	湖北省软科学	2003
湖北新闻出版集团化研究	罗紫初	湖北省社科基金重点项目	2003
小康社会图书发行指标体系研究	方　卿	国家级项目>国家社科基金重大项目子课题	2004
中国图书发行业发展状况及其预测	张美娟	国家级项目>国家社科基金重大项目子课题	2004
数字信息资源的规划、管理与利用研究	肖希明	教育部哲学社会科学研究重大课题攻关项目子课题	2005
电子政务中的政府信息资源开发及其技术实现	王新才	部委级项目>教育部项目>教育部其他项目	2006
基于突发事件的企业竞争情报快速响应模式研究	查先进	部委级项目>教育部项目>教育部其他项目	2006
面向数字科研的学术成果资源开放存取模式研究	陈传夫	部委级项目>教育部项目>教育部其他项目	2006
国家信息化发展战略中的信息资源建设政策研究	肖希明	部委级项目>教育部项目>教育部一般项目	2006
通过有关指标的分析评价来说明我国高水平大学缩小了与世界一流大学的差距	赵蓉英	部委级项目>其他部委项目	2006
国家科技成果信息服务平台标准规范研究	马费成	部委级项目>国家科技部	2006
珍贵档案文献遗产保护技术推进的基础和策略	周耀林	部委级项目>国家档案局	2006

续表

项目名称	负责人	项目分类	立项日期
基于互联网的学术出版模式及其机制研究	徐丽芳	部委级项目>留学回国人员科研启动基金	2006
我国数字化信息资源管理的可视化模型研究	周　宁	其他研究项目	2006
面向 e-Science 的数字信息资源开放存取及其技术实现研究	黄如花	教育部项目>2007 年度新世纪优秀人才支持计划	2007
我国非物质文化遗产档案管理的理论与实践研究	周耀林	部委级项目>国家档案局	2007
信息检索	黄如花	教育部“十一五”教材规划项目(教高[2006]9 号)	2007
基于供应链的出版企业物流管理	张美娟	部委级项目>教育部项目>教育部后期资助项目	2007
科技论文网络发表学术质量评价	陈传夫	部委级项目>教育部项目>教育部其他项目	2007
虚拟企业知识管理模型及其系统实现研究	王　林	部委级项目>教育部项目>教育部青年项目	2007
数字资源权益分享机制及其实现路径研究	吴志强	部委级项目>教育部项目>教育部青年项目	2007
多语种叙词本体构建理论与自动维护模型研究	邓仲华	部委级项目>教育部项目>教育部一般项目	2007
电子商务环境下商务信息服务及其策略研究	李枫林	部委级项目>教育部项目>教育部一般项目	2007
中国编辑思想史研究	吴　平	部委级项目>教育部项目>教育部一般项目	2007
高等学校本科教学工作分类评估方案项目	吴　平	部委级项目>其他部委项目	2007
国家知识产权战略实施与知识产权立法完善	王　清	2008 年度湖北省教育厅人文社科研究项目>指导性项目	2008
古籍版本文化遗产保护与开发利用机制研究	李明杰	2008 年度湖北省教育厅人文社科研究项目及大学生思想政治教育专项研究>一般项目	2008

续表

项目名称	负责人	项目分类	立项日期
高校动态专家库构建研究	刘萍	部委级项目>教育部项目>教育部其他项目	2008
国内外科技论文网络发表平台现状与问题研究	方卿	部委级项目>教育部博士点基金项目	2008
传统医药专家机构检索评价及动态监测系统	陆伟	部委级项目>其他部委项目	2008
出版物发行术语研制	罗紫初	部委级项目>其他部委项目	2008
我国学术期刊学术规范情况调研报告	陈传夫	部委级项目>教育部项目>教育部其他项目	2008
基于域加权词频法的 XML 信息检索模型设计	陆伟	部委级项目>其他部委项目	2008
高等学校本科教学工作分类评估方案	吴平	部委级项目>教育部项目>教育部其他项目	2008
基于 Web2.0 的交互式信息服务研究	邓胜利	部委级项目>教育部项目>教育部青年项目	2008
反剽窃理论与技术研究	沈阳	部委级项目>教育部项目>教育部青年项目	2008
面向知识创新的图书馆知识构建与服务研究	司莉	部委级项目>教育部项目>教育部一般项目	2008
企业信息资源集成研究	唐晓波	部委级项目>教育部项目>教育部一般项目	2008
中国出版企业国际化模式研究	姚永春	部委级项目>教育部项目>教育部一般项目	2008
《国家重点档案抢救工程》质量标准与实施指南研究	朱玉媛	部委级项目>教育部项目>教育部一般项目	2008
新兴电子商务(U-Commerce)的关键技术及其应用研究	张李义	部委级项目>教育部项目>教育部其他项目	2008
交互式跨语言信息检索技术及其在数字图书馆中的应用	吴丹	2009 年度湖北省教育厅人文社科研究项目>指导性项目	2009

续表

项目名称	负责人	项目分类	立项日期
电子商务环境下面向用户的商务信息资源聚合与服务研究	曾子明	2009年度湖北省教育厅人文社科研究项目>指导性项目	2009
基于用户体验的数字图书馆信息资源的语义集成研究	罗　琳	2009年度湖北省教育厅人文社科研究项目>指导性项目	2009
中文学术信息网络交流质量评价及控制机制研究	陈传夫	2009年湖北省科学技术协会	2009
湖北省版权战略研究	黄先蓉	湖北省政府委托项目	2009
网络学术信息的多语言表示与获取模式研究	吴　丹	部委级项目>人事部中国博士后科学基金	2009
信息化环境下的学术交流研究	陈传夫	部委级项目>其他部委项目	2009
出版产业发展政策与战略研究	黄先蓉	教育部项目>教育部新世纪人才支持计划	2009
面向泛在信息环境的用户个性化建模研究	陆　泉	部委级项目>教育部项目>教育部一般项目	2009
专家专长智能识别与检索系统实现研究	陆　伟	部委级项目>教育部项目>教育部一般项目	2009
多语言信息获取中的用户相关反馈研究	吴　丹	部委级项目>教育部项目>教育部一般项目	2009
跨语言信息检索：翻译优化理论与技术	吴　丹	部委级项目>科技部国家科学技术学术著作出版基金	2009
我国电子文件中心的功能定位、管理机制及对策研究	肖秋会	部委级项目>教育部项目>教育部一般项目	2009
学科新兴趋势浮现机理与探测模型研究	王晓光	部委级项目>教育部项目>教育部青年项目	2010
高校专家知识地图构建研究	刘　萍	部委级项目>教育部项目>教育部青年项目	2010
基于Web的协作式信息可视化研究	吴佳鑫	部委级项目>教育部项目>教育部青年项目	2010
数字图书馆中分众分类法的应用与优化研究	罗　琳	部委级项目>教育部项目>教育部青年项目	2010

续表

项目名称	负责人	项目分类	立项日期
虚拟社区在线广告投放对成员用户社区回应的作用机理研究	陈　君	部委级项目>教育部项目>教育部青年项目	2010
基于 CFEI 模型的在线论文网站优化研究	沈　阳	部委级项目>教育部项目>教育部专项课题	2010
实施基础学科拔尖学生培养试验计划	吴　平	部委级项目>教育部项目>教育部重大委托项目	2010
佛山市工业与信息化融合研究	胡昌平	省市级项目>地、市、厅、局等政府部门项目	2010
网络学术信息资源的公共组织与获取情况研究	吴　丹	省市级项目>湖北省社科基金项目	2010
学术期刊主题可视化研究	安　璐	省市级项目>湖北省社科基金项目	2010
武汉重大灾害的预警和应急保障能力建设研究(二)	张　敏	省市级项目>武汉市社科基金项目	2010
基于 Web 的协作式信息可视化研究	吴佳鑫	部委级项目>教育部项目>教育部青年项目	2010
国家创新发展中的行业信息服务重组思路与实施建议	胡昌平	部委级项目>其他部委项目	2010
开放存取对学术交流系统的影响机制研究	方　卿	部委级项目>教育部项目>教育部其他项目	2011
政府信息资源公益性增值利用对策研究	吴　钢	部委级项目>教育部项目>教育部青年项目	2011
学术论文乱象治理和出版平台建设研究	沈　阳	部委级项目>其他部委项目	2011
信息检索、智能挖掘	陆　伟	教育部项目>教育部新世纪人才支持计划	2011
基地学术会议 资料、期刊、网络、数据库	马费成	部委级项目>教育部项目>教育部人文社科基地活动经费	2012
基于认知结构的信息需求分析方法及应用研究 数字信息资源供应链的信息共享策略及其实证研究	马费成	部委级项目>教育部项目>教育部人文社科基地活动经费	2012

续表

项目名称	负责人	项目分类	立项日期
社会性标签系统中用户信息搜寻行为研究	姜婷婷	部委级项目>教育部项目>教育部青年项目	2012
中国古代图书著作权研究	李明杰	省市级项目>湖北省社科基金项目	2012
文华图专对中国图书馆学教育本土化的贡献研究	彭敏惠	部委级项目>教育部项目>教育部青年项目	2012
舆情专题研究	沈　阳	省市级项目>湖北省社科基金项目	2012
论文非法交易现象深度调查与根治对策研究	沈　阳	部委级项目>教育部项目>教育部专项课题	2012
数字信息资源的质量控制与管理研究	马费成	部委级项目>教育部项目>教育部人文社科基地活动经费	2012
基于动态思维导图的竞争情报组织和在线利用研究	马费成	部委级项目>教育部项目>教育部人文社科基地自设项目	2012
基于电子商务系统平台的信息增值服务研究	马费成	部委级项目>教育部项目>教育部人文社科基地自设项目	2012
图书情报知识	陈传夫	部委级项目>其他部委项目	2012
湖北非物质文化遗产建档保护策略研究	周耀林	省市级项目>湖北省社科基金项目	2013
国家创新系统中的信息资源协同配置研究	赵　杨	省市级项目>湖北省社科基金项目	2013
增强现实互动关键技术研究	徐丽芳	部委级项目>其他部委项目	2013
社会网络环境下信息内容主题挖掘与语义分类研究	胡吉明	部委级项目>教育部项目>教育部青年项目	2013
馆藏数字资源语义化深度聚合的理论与关键技术研究	赵蓉英	部委级项目>教育部项目>教育部一般项目	2013
我国科学数据集成与共享的保障研究	司　莉	部委级项目>教育部项目>教育部一般项目	2013
基地学术会议、资料、期刊、网络、数据库2013	马费成	部委级项目>教育部项目>教育部人文社科基地活动经费	2013
企业竞争情报战略行为研究、数字出版产业发展研究	马费成	部委级项目>教育部项目>教育部人文社科基地自设项目	2013

续表

项目名称	负责人	项目分类	立项日期
中国新闻出版业国际竞争力与影响力评价体系研究	黄先蓉	部委级项目>其他部委项目	2013
《青年网络舆情》委托研发协议	沈　阳	省市级项目>地、市、厅、局等政府部门项目	2013
湖北省高校数字图书馆	王新才	省市级项目>湖北省教育厅项目	2013
CAUS 华中地区中心高校专题特色库	王新才	省市级项目>湖北省其他项目	2013
《2013 年“吉林微博发布厅”发展报告》委托协议	沈　阳	省市级项目>地、市、厅、局等政府部门项目	2014
图书情报知识	陈传夫	省市级项目>地、市、厅、局等政府部门项目	2014
云环境下信息消费知识产权的风险分析与对策研究	冉从敬	部委级项目>教育部项目>教育部一般项目	2014
非学术期刊数字化转型现状与发展趋势研究；基于内容资源开发整合的数字出版投资策略研究	马费成	部委级项目>教育部项目>教育部人文社科基地自设项目	2014
面向科技教育领域的动态数字出版标准规范研究	陈传夫	部委级项目>其他部委项目	2014
文化遗产知识本体构建存储可视化技术研究	方　卿	部委级项目>其他部委项目	2014
增强现实互动关键技术研究 2014	徐丽芳	部委级项目>其他部委项目	2014
国家科技报告服务系统的知识产权风险与管理对策	陈传夫	省市级项目>地、市、厅、局等政府部门项目	2014
湖北省数字图书馆项目运行费管理费	王新才	省市级项目>湖北省教育厅项目	2014
运用专利价值分析指标体系开展高校专利分级分类管理工作	冉从敬	省市级项目>地、市、厅、局等政府部门项目	2015
移动互联网营销模式下的出版发行管理问题研究	张美娟	部委级项目>其他部委项目	2015
基于社交媒体的档案信息服务创新研究	周耀林	省市级项目>地、市、厅、局等政府部门项目	2015
电子文件长期保存：理论与实践	肖秋会	省市级项目>湖北省社科基金项目	2015

续表

项目名称	负责人	项目分类	立项日期
优秀文艺作品出版价值引导机制问题研究	许　洁	部委级项目>其他部委项目	2015
湖北省推进大众创业新政策措施落实情况评估费	邱均平	省市级项目>地、市、厅、局等政府部门项目	2015
湖北省非物质文化遗产保护调查	周耀林	省市级项目>湖北省其他项目	2015
科技成果信息发布法律问题研究	陈传夫	省市级项目>地、市、厅、局等政府部门项目	2016
基于分类主题的国土规划数字档案资源数据挖掘与可视化研究	周耀林	省市级项目>地、市、厅、局等政府部门项目	2016
武汉市科协信息化建设	周耀林	省市级项目>地、市、厅、局等政府部门项目	2016
突发公共卫生事件情境下社交媒体影响力模型与预测研究	安　璐	部委级项目>教育部项目>教育部一般项目	2016
开放式协同编辑平台中的用户知识整合机制研究	孙永强	部委级项目>教育部项目>教育部青年项目	2016
面向移动互联网的图书馆用户行为大数据分析与服务创新研究	吴　丹	部委级项目>教育部项目>教育部其他项目	2016
民国图书馆学教育史料编纂整理	李明杰	部委级项目>教育部项目>教育部一般项目	2016
我国公共数字文化资源整合模式研究	唐　义	省市级项目>湖北省社科基金项目	2016
抗战时期桂林新闻出版编年史(1937—1944)	吴永贵	部委级项目>教育部项目>教育部后期资助项目	2016
信息资源研究中心教育部基地年度经费	马费成	部委级项目>教育部项目>教育部人文社科基地活动经费	2016
图书情报专业学位教学案例库基础研究	李　纲	省市级项目>地、市、厅、局等政府部门项目	2016
基于公开信息的科研监督和评估方法研究	陈传夫	部委级项目>其他部委项目	2017
我国数字出版领域知识服务战略研究	王晓光	部委级项目>其他部委项目	2017
两岸四地安全生产法规比较研究	黄先蓉	省市级项目>湖北省其他项目	2017

续表

项目名称	负责人	项目分类	立项日期
技术升级情景下的用户技术抵制行为研究：基于中和技术理论的视角	王　楠	部委级项目>教育部项目>教育部一般项目	2017
基于关联数据语义扩展的标准知识语义链接服务研究	马万钟	部委级项目>教育部项目>教育部一般项目	2017
中国学者发表国际论文的学术影响计量分析与综合评价研究	杨思洛	部委级项目>教育部项目>教育部一般项目	2017
突发公共卫生事件情境下社交媒体信息影响力模型与预测研究	安　璐	部委级项目>教育部项目>教育部一般项目	2017
情境偏好视角下社会化信息搜寻行为影响机制研究	张晋朝	部委级项目>教育部项目>教育部一般项目	2017
基于多源数据融合的移动图书馆用户偏好挖掘研究	赵　杨	部委级项目>教育部项目>教育部一般项目	2017
信息资源研究中心(2017)	李　纲	部委级项目>教育部项目>教育部人文社科基地活动经费	2017
大数据环境下的网络安全研究	张　敏	省市级项目>湖北省其他项目	2018
公共图书馆文献处置制度研究	黄如花	部委级项目>其他部委项目	2018
《图书情报知识》资助项目	陈传夫	部委级项目>其他部委项目	2018
《图书情报知识》期刊资助费	陈传夫	部委级项目>其他部委项目	2018
在线健康社区用户知识共享行为的间歇性中辍现象研究：基于信息生态链的分析视角	张　敏	部委级项目>教育部项目>教育部一般项目	2018
基于复杂语义关系的词汇共现机理研究	赵一鸣	部委级项目>教育部项目>教育部青年项目	2018
基于深度学习的公共服务政策精准推送研究	胡吉明	部委级项目>教育部项目>教育部一般项目	2018
中国科技期刊诚信监测与预警机制建设	陈传夫	部委级项目>其他部委项目	2018
湖北省高校人文社会科学研究评价(2006—2015)	王甲旬	省市级项目>湖北省教育厅项目	2018
第二届湖北文化名家资助项目	马费成	省市级项目>湖北省其他项目	2018

续表

项目名称	负责人	项目分类	立项日期
2019 年国家社科课题指南征集	黄如花	部委级项目>其他部委项目	2019
数字人文视角下唐诗知识图谱构建与领域应用研究	洪　亮	部委级项目>教育部项目>教育部青年项目	2019
数字保存的成本计量与控制研究	肖秋会	部委级项目>教育部项目>教育部一般项目	2020
科学出版物语义组织模式及其实现路径研究	徐　雷	部委级项目>教育部项目>教育部一般项目	2020

附录 3　学院教师出版的著作简表(2010 年至今)

著作题目	所有作者	出版单位	出版时间
《出版产业链研究》	方　卿	高等教育出版社	2010
《出版学研究进展(第二辑)》	方　卿	武汉大学出版社	2010
《档案学研究进展(第二辑)》	王新才	武汉大学出版社	2010
《第三届中美时代图书馆学情报学教育国际研讨会》	陈传夫	武汉大学出版社	2010
《电子政务原理、建设与应用》	颜　海	武汉大学出版社	2010
《高等学校双语教学的现状研究与实践探索》	吴　平	高等教育出版社	2010
《高考分数线与报考指南(2010—2011)》	邱均平	科学出版社	2010
《管理学基础(再版)》	胡昌平	武汉大学出版社	2010
《竞争情报与企业危机管理》	查先进	武汉大学出版社	2010
《评价学——理论·方法·实践》	邱均平	科学出版社	2010
《情报学研究进展(2)》	李　纲	武汉大学出版社	2010
《求是奋进共谱新篇——从文华图专到武汉大学信息管理学院》	陈传夫	武汉大学出版社	2010
《世界遗产与中国国家遗产》	周耀林	武汉大学出版社	2010
《数字出版与出版教育——第三届数字时代出版产业发展与人才培养国际学术研讨会》	黄先蓉	高等教育出版社	2010
《数字阅读》	李东来，徐丽芳	国家图书馆出版社	2010
《图书馆学研究进展(第二辑)》	陈传夫	武汉大学出版社	2010
《网络计量学》	邱均平	科学出版社	2010
《文华情怀——文华图专九十周年纪念文集》	陈传夫	武汉大学出版社	2010
《现代服务管理理论与实践》	李枫林	武汉大学出版社	2010
《信息安全概论》	唐晓波	科学出版社	2010
《信息管理与信息系统研究进展(第二辑)》	马费成	武汉大学出版社	2010
《信息检索(第 2 版)》	黄如花	武汉大学出版社	2010

续表

著作题目	所有作者	出版单位	出版时间
《信息资源管理进展(2)》	胡昌平	武汉大学出版社	2010
《信息资源建设的变革与发展》	肖希明	国家图书馆出版社	2010
《信息资源数据库(第三版)》	周宁，吴佳鑫	武汉大学出版社	2010
《信息组织(第三版)》	周宁，吴佳鑫	武汉大学	2010
《学术期刊主题可视化研究》	安　璐	武汉大学出版社	2010
《中国大学及学科专业评价报告(2010—2011)》	邱均平	科学出版社	2010
《中国研究生教育评价报告(2010—2011)》	邱均平	科学出版社	2010
《中小企业信息技术采纳影响因素研究》	聂　进	科学出版社	2010
《图书、音像制品、电子出版物营销分类法实施指南》	何春华，黄凯卿	深圳出版发行集团海天出版社	2011
《2011—2012中国大学及学科专业评价报告》	邱均平	科学出版社	2011
《编辑学原理》	吴　平	武汉大学出版社	2011
《创新型国家的知识信息服务体系研究》	胡昌平	经济科学出版社	2011
《档案信息检索》	肖秋会	武汉大学出版社	2011
《电子商务法》	聂　进	武汉大学出版社	2011
《电子商务经济学》	余世英	武汉大学出版社	2011
《高考分数线与报考指南(2011—2012)》	邱均平	科学出版社	2011
《高校专家专长识别和可视化研究》	刘　萍	中国科学技术出版社	2011
《公共图书馆文献资源建设法律保障研究》	肖希明	国家图书馆出版社	2011
《经济信息检索概论》	孙更新	武汉大学出版社	2011
《竞争情报学》	赵蓉英	科学出版社	2011
《跨语言信息检索：翻译优化理论与技术》	吴　丹	科学技术文献出版社	2011
《民国出版史》	吴永贵	福建人民出版社	2011
《世界一流大学与科研机构学科竞争力评价研究报告》	邱均平	科学出版社	2011
《信息分析》	查先进	武汉大学出版社	2011
《信息管理学基础》	马费成	武汉大学出版社	2011
《信息系统分析与设计(修订)》	邓仲华	武汉大学出版社	2011
《信息组织原理与方法》	司　莉	武汉大学出版社	2011
《知识管理学概论》	邱均平	高等教育出版社	2011

续表

著作题目	所有作者	出版单位	出版时间
《中国学术期刊评价研究报告——RCCSE 权威期刊、核心期刊排行榜与指南》	邱均平	科学出版社	2011
《中国研究生教育及学科专业评价报告(2011—2012)》	邱均平	科学出版社	2011
《中国古籍版本文化拾微》	李明杰	社会科学文献出版社	2012
《档案文献遗产保护》	周耀林	武汉大学出版社	2012
《非物质文化遗产档案管理理论与实践》	周耀林	武汉大学出版社	2012
《高考分数线与报考指南(2011—2012)》	邱均平	科学出版社	2012
《国家创新系统中的信息资源协同配置》	赵　杨	武汉大学出版社	2012
《继承求索拓新——档案文献与历史影像保护研究论丛(第一辑)》	周耀林	武汉大学出版社	2012
《企业竞争情报》	查先进	武汉大学出版社	2012
《人文社会科学评价理论与实践(上、下册)》	邱均平	武汉大学出版社	2012
《社会网络的动态分析与仿真实验》	吴　江	武汉大学出版社	2012
《数字出版产业管理研究》	方　卿	电子工业出版社	2012
《数字信息资源规划、管理与利用研究》	马费成	经济科学出版社	2012
《完善高校学分制的思考与实践》	吴　平	武汉大学出版社	2012
《网络信息序化原理——Web2.0 机制》	马费成	中国科学出版社	2012
《信息管理案例与实验教材》	马费成	武汉大学出版社	2012
《信息经济学(2012)》	马费成	武汉大学出版社	2012
《中国大学及学科专业评价报告(2012—2013)》	邱均平	科学出版社	2012
《中国研究生教育及学科专业评价报告(2013)》	邱均平	科学出版社	2012
《出版法规及其应用(第 2 版)》	黄先蓉	苏州大学出版社	2013
《出版法律基础》	黄先蓉	武汉大学出版社	2013
《创新型国家的信息服务与保障研究》	胡昌平	学习出版社	2013
《电子商务安全(第 2 版)》	曾子明	科学出版社	2013
《公文管理教程》	周耀林	辽宁大学出版社	2013
《供应链管理》	查先进	武汉大学出版社	2013
《民国时期出版史料汇编》	吴永贵	国家图书馆出版社	2013
《企业竞争情报智能挖掘》	张玉峰，李　纲	学习出版社	2013
《数字出版概论》	徐丽芳	电子工业出版社	2013

续表

著作题目	所有作者	出版单位	出版时间
《数字出版物法定呈缴制度研究》	吴　钢	湖北人民出版社	2013
《数字信息资源配置》	查先进	武汉大学出版社	2013
《数字资产管理》	王晓光	电子工业出版社	2013
《现代书业企业管理学(第二版)》	朱静雯	苏州大学	2013
《信息化建设与信息安全知识读本》	查先进	南方日报出版社	2013
《信息推荐系统》	曾子明	科学出版社	2013
《信息资源共享系统绩效评估研究》	肖希明	学习出版社	2013
《中国古代图书著作权研究》	李明杰	社会科学文献出版社	2013
《2014—2015高考分数线与报考指南》	邱均平，赵蓉英	科学出版社	2014
《2014—2015中国大学及学科专业评价报告》	邱均平，赵蓉英	科学出版社	2014
《2014—2015中国研究生教育及学科专业评价报告》	邱均平，赵蓉英	科学出版社	2014
《出版企业国际化理论与实证研究》	许　洁	湖北科技出版社	2014
《出版学导论》	罗紫初	武汉大学出版社	2014
《多语言网络学术信息挖掘与检索》	吴　丹	科学出版社	2014
《期刊编辑与制作》	王晓光，许　洁，杨丹丹	武汉大学出版社	2014
《社会网络环境下基于用户关系的信息推荐服务研究》	胡吉明	武汉大学出版社	2014
《世界经济一体化进程中的国际知识产权法》	王　清	商务印书馆	2014
《世界一流大学与科研机构竞争力评价研究报2013—2014》	邱均平，赵蓉英	科学出版社	2014
《数字出版信息资源的综合开发与利用研究》	罗紫初	武汉大学出版社	2014
《新一代互联网环境下网络用户信息交互行为》	邓胜利	中国社会科学出版社	2014
《移动数据服务关键技术》	洪　亮	武汉大学出版社	2014
《知识计量学》	邱均平	科学出版社	2014
The Influence of Extraversion in Aneta Przepiórka (Ed.) The Psychology of Social Networking	邓胜利	De Gruyter Open Ltd, Warsaw/Berlin	2015
《图像信息资源可视化协同语义标注》	陆　泉	科学出版社	2015
Information Communication	马费成	Morgan & Claypool publisher	2015

续表

著作题目	所有作者	出版单位	出版时间
《本体网络结构及其演化》	徐丽芳	安徽科学技术出版社	2015
《大学排名与高考志愿(2015—2016)》	邱均平，赵蓉英	科学出版社	2015
《档案信息组织与检索实验教材》	肖秋会	武汉大学出版社	2015
《电子政务》	朱晓伟，颜　海	延边大学出版社	2015
《高等教育战略规划——领导者手册》	陈传夫	武汉大学出版社	2015
《公共部门信息再利用制度研究》	冉从敬	科学出版社	2015
《国际知识产权：主题、进展与趋势/海外人文社会科学发展年度报告》	冉从敬	武汉大学出版社	2015
《国外图书馆动漫资源建设与服务》	黄如花，冯　玲	世界图书出版公司	2015
《湖北省著作权战略研究》	冉从敬	武汉大学出版社	2015
《科研文化机构的主题可视化挖掘》	安　璐，李　纲	中国社会科学出版社	2015
《领导者需知必做——领导能力记分卡》	陈传夫	武汉大学出版社	2015
《民国时期公藏书目汇编》	吴永贵	国家图书馆出版社	2015
《社会网络计算基础理论与实践》	吴　江	科学出版社	2015
《图书馆发展中的知识产权问题研究》	陈传夫，冉从敬	中国人民大学出版社	2015
《文华图书馆学专科学校的创建与发展》	彭敏惠	武汉大学出版社	2015
《现代出版学概论》	姚永春	中国书籍出版社	2015
《协同信息检索行为研究》	吴　丹	国家图书馆出版社	2015
《信息组织实验教材》	司　莉	武汉大学出版社	2015
《知识产权学术演化研究——基于信息可视化技术的视角》	冉从敬	科学出版社	2015
《中国大学及学科专业评价报告(2015—2016)》	邱均平，赵蓉英	科学出版社	2015
《中国教育出版蓝皮书》	方　卿	高等高等教育蓝皮书	2015
《专利竞争情报理论及应用——以云计算产业为例》	冉从敬	中国政法大学出版社	2015
《卓越高等教育指南：大学评测、规划和改进整合方法》	陈传夫	武汉大学出版社	2015
《出版学研究进展》	方　卿，王　涵	武汉大学出版社	2016

续表

著作题目	所有作者	出版单位	出版时间
《海外人文社会科学发展年度报告(2016)》	方　卿，徐丽芳，徐志武，王　钰，贺钰滢	武汉大学出版社	2016
《图像语义信息可视化交互研究》	陆　泉	国家图书馆出版社	2016
《产业集群创新中的跨系统信息服务融合》	严炜炜	武汉大学出版社	2016
《出版物市场管理概论(第二版)》	黄先蓉	武汉大学出版社	2016
《电子文件管理概论》	周耀林，王艳明	武汉大学出版社	2016
《高考分数线与专业排名2016—2017》	邱均平，赵蓉英，欧玉芳，董　克	科学出版社	2016
《国家创新发展中的信息服务跨系统协同组织》	胡昌平	武汉大学出版社	2016
《基于异构社会网络的知识社区挖掘及学者相似度研究	刘　萍	科学出版社	2016
《教育评价学：理论·方法·实践》	邱均平	科学出版社	2016
《科学计量学》	邱均平，赵蓉英，董　克	科学出版社	2016
《科学数据管理与共享的理论与实践》	司　莉	武汉大学出版社	2016
《科学知识多元计量聚合研究》	董　克	武汉大学出版社	2016
《可移动文化遗产保护体系研究》	周耀林，李姗姗	武汉大学出版社	2016
《面向公众需求的档案资源建设与服务研究》	赵　跃，周耀林	武汉大学出版社	2016
《排版软件应用教程》	许　洁	武汉大学出版社	2016
《商务管理决策模型与技术实验教程》	严炜炜	武汉大学出版社	2016
《世界一流大学和一流学科2016—2017》	邱均平，赵蓉英，杨思洛	科学出版社	2016
《数字信息资源开放存取》	黄如花	武汉大学出版社	2016
《图书馆云的服务等级协议》	陆颖隽	科学出版社	2016
《图数据管理与挖掘》	洪　亮	科学出版社	2016
《文化经纪理论与实务》	颜　海	武汉大学出版社	2016
《信息管理与信息系统研究进展》	邓仲华，黄　鑫	武汉大学出版社	2016
《信息描述实验教程》	吴　丹	武汉大学出版社	2016
《信息组织实验教程》	司　莉	武汉大学出版社	2016

续表

著作题目	所有作者	出版单位	出版时间
《移动图书馆服务质量控制》	赵 杨	科学出版社	2016
《中国大学及学科专业评价咨询报告 2016—2017》	邱均平，赵蓉英，柴 雯，董 克	科学出版社	2016
《中国研究生教育及学科专业评价报告 2016—2017》	邱均平，赵蓉英，杨思洛，董 克	科学出版社	2016
《中国期刊史(第二卷)1912—1949》	吴永贵	人民出版社	2017
《中国图书馆史(近现代卷)》	冉从敬	国家图书馆出版社	2017
《2016—2017 世界一流大学和一流学科评价研究报告》	邱均平	科学出版社	2017
Informetrics: *Theory*, *Methods and Applications*	邱均平，赵蓉英，杨思洛，董 克	Springer Nature Singapore Pte Ltd	2017
《iSchools 运动与图书情报教育的变革》	肖希明	武汉大学出版社	2017
《大学排名与高考志愿(2017—2018)》	杨思洛	科学出版社	2017
《大学排名与高考志愿指南 2017—2018》	邱均平	科学出版社	2017
《档案文化创意服务的理论与实践》	王玉珏	武汉大学出版社	2017
《基于社交问答平台的用户知识贡献行为与服务优化》	邓胜利	武汉大学出版社	2017
《老年人网络健康信息查询行为研究》	吴 丹	武汉大学出版社	2017
《企业架构设计思想》	龚艺巍	科学出版社	2017
《世界一流大学和一流学科评价研究报告(2016—2017)》	杨思洛	科学出版社	2017
《我国公共数字文化资源整合模式研究》	唐 义	武汉大学出版社	2017
《信息存储与检索(第三版)》	吴 丹	高等教育出版社	2017
《信息计量分析工具：理论与实践》	赵蓉英	武汉大学出版社	2017
《信息检索与利用实验教材》	黄如花	武汉大学出版社	2017
《移动计算环境信息服务系统优化研究》	陈 君	科学出版社	2017
《用户网络健康信息行为研究》	张 敏	科学出版社	2017
《语义出版研究综述 · 出版学研究进展》	王晓光	武汉大学出版社	2017
《在线信息搜寻行为的非介入性研究》	黄晓梅	科学出版社	2017
《中国大学及学科专业评价报告 2017—2018》	邱均平	科学出版社	2017

续表

著作题目	所有作者	出版单位	出版时间
《中国期刊史(第二卷 1911—1949)》	吴永贵	人民出版社	2017
《中国图书馆史(现当代图书馆卷)》	肖希明	国家图书馆出版社	2017
《中国学术期刊评价研究报告(武大版)(2017—2018)》	邱均平	科学出版社	2017
《中国研究生教育及学科专业评价报告 2017—2018》	邱均平	科学出版社	2017
《中外数字出版法律制度研究》	黄先蓉	武汉大学出版社	2017
《国际性编目规则及其发展研究》	孙更新	武汉大学出版社	2018
《信息检索(第三版)》	黄如花	武汉大学图书馆	2018
Mobile Search Behaviors: An In-depth Analysis based on Contexts, APPs and Devices	吴　丹	Morgan & Claypool Publishers	2018
《出版价值引导研究》	方　卿，徐丽芳，许　洁	商务印书馆	2018
《大学排名与高考志愿指南(2018—2019)》	杨思洛	科学出版社	2018
《档案学研究进展(湖北省“十三五”重点图书)(论文集)》	周耀林等	武汉大学出版社	2018
《湖北省非物质文化遗产保护现状调查》	周耀林	湖北人民出版社	2018
《简明古籍整理教程》	李明杰	武汉大学出版社	2018
《科技政策学学科发展报告：2016—2017》	杨思洛	中国科学技术出版社	2018
《面向出版流程的学术期刊质量控制研究》	杨丹丹	武汉大学出版社	2018
《民国图书出版史编年(1912—1949)》	吴永贵	社会科学文献出版社	2018
《数字图书馆社区的知识聚合与服务研究》	胡昌平	武汉大学出版社	2018
《信息管理学基础(第三版)》	马费成，宋恩梅，赵一鸣	武汉大学出版社	2018
《中国研究生教育及学科专业评价报告(2018—2019)》	杨思洛	科学出版社	2018
《俄罗斯档案事业改革与发展研究》	肖秋会	武汉大学出版社	2019
《业务流程柔性——战略、创新与实践》	龚艺巍	武汉大学出版史	2019
《数字人文：数字时代的知识与批判》	王晓光	东北财经大学出版社	2019
《信息组织学》	王晓光	武汉大学出版社	2019
《马克龙时代的法国教育观察》	王玉珏	高等教育出版社	2019

续表

著作题目	所有作者	出版单位	出版时间
《协同设计工作中面向用户意图维护的多用户交互方法》	程　媛	武汉大学出版社	2019
《替代计量学：理论、方法与应用》	杨思洛等	科学出版社	2019
《交叉科学：测度、评价与应用》	张　琳，黄　颖	科学出版社	2019
《学术文本的词汇功能识别：理论、方法与应用》	程齐凯	武汉大学出版社	2019
《基于关系融合的专利网络结构分析研究》	杨冠灿、李　纲、刘　彤	科学技术文献出版社	2019
《情报工程学概论》	马费成，赵志耘	科学技术文献出版社	2019
《服务政府转型的智慧政务建设研究》	胡吉明	中国社会科学出版社	2019
《中国研究生教育及学科专业评价报告 2018—2019》	邱均平，汤建民，赵蓉英等	科学出版社	2019
《民国年度出版时评史料辑编》	吴永贵，张学科	华中师范大学出版社	2019
《基于计算智能技术的电力负荷预测理论及应用》	胡忠义	武汉大学出版社	2019
《暮雨弦歌：西德尼・D・甘博镜头下的民国教育（1917—1932）》	李明杰，徐　鸿	武汉大学出版社	2019

附录4　学院师生发表的重要中文学术论文（2010年至今）

论文题目	所有作者	发表刊物/论文集	发表/出版时间
《中国古代图书馆学的知识论取向——从文献学路径获得的认知》	李明杰	《中国图书馆学报》	2010-01-15
《信息资源质量评估研究》	查先进，陈明红	《中国图书馆学报》	2010-03-15
《转型时期图书馆知识产权管理战略需求、目标与路径》	陈传夫，饶　艳，吴　钢	《中国图书馆学报》	2010-03-15
《基于专长词表的图情领域专家检索与评价》	陆　伟，刘　杰，秦喜艳	《中国图书馆学报》	2010-03-15
《基于社会化群体作用的信息聚合服务》	胡昌平，胡吉明，邓胜利	《中国图书馆学报》	2010-05-15
《论图书馆评价的主体》	黄如花，宋琳琳	《中国图书馆学报》	2010-05-15
《我国公共图书馆文献资源建设法律需求的调查分析与研究》	肖希明，张　勇，顾　犇，许建业，王惠君，陈　瑛	《中国图书馆学报》	2010-05-15
《国外网络引文研究的现状及展望》	杨思洛	《中国图书馆学报》	2010-07-15
《Web 2.0环境下网络社群理论研究综述》	邓胜利，胡吉明	《中国图书馆学报》	2010-09-15
《移动的书海：国内移动图书馆现状及发展趋势》	宋恩梅，袁　琳	《中国图书馆学报》	2010-09-15
《文献计量学发展演进与研究前沿的知识图谱探析》	赵蓉英，许丽敏	《中国图书馆学报》	2010-09-15
《中美图书馆学借用知识的比较观察——基于十年引文的分析》	陈传夫，王云娣	《中国图书馆学报》	2010-11-15
《基于不同模型的信息资源共享系统绩效管理策略》	肖希明，戴艳清	《中国图书馆学报》	2010-11-15
《我国图书馆联盟风险的实证调查与分析》	袁　静，焦玉英	《中国图书馆学报》	2010-11-15

续表

论文题目	所有作者	发表刊物/论文集	发表/出版时间
《图书馆员去职业化问题、原因及对策研究》	陈传夫，王云娣，盛　钊，丁　宁	《中国图书馆学报》	2011-01-15
《〈数字图书馆资源建设指南〉解读》	申晓娟，周　晨，韩　超	《中国图书馆学报》	2011-01-15
《论文华图专的学术风格及其深远影响》	彭敏惠	《中国图书馆学报》	2011-01-15
《语义检索在 Web2.0 环境下的应用探讨》	董　慧，唐　敏	《中国图书馆学报》	2011-03-15
《网络服务环境下用户关系演化规律研究》	胡昌平，胡吉明	《中国图书馆学报》	2011-03-15
《国家科技图书文献中心资源建设与服务发展分析》	曾建勋，邓胜利，	《中国图书馆学报》	2011-03-15
《图书馆学知识图谱分析》	赵蓉英，王　菊	《中国图书馆学报》	2011-03-15
《近五年来图书情报学研究热点与前沿的可视化分析——基于 13 种高影响力外文源刊的计量研究》	邱均平，温芳芳	《中国图书馆学报》	2011-03-15
《交互式跨语言信息检索中用户行为研究》	吴　丹	《中国图书馆学报》	2011-12-05
《国外图书馆、档案馆和博物馆数字资源整合研究进展》	肖希明，郑　燃	《中国图书馆学报》	2012-01-05
《知识交流研究现状可视化分析》	邱均平，杨思洛，宋艳辉	《中国图书馆学报》	2012-01-05
《我国古籍保护事业可持续发展思考》	陈红彦，刘家真	《中国图书馆学报》	2012-03-15
《基于计量分析的馆藏资源语义化理论研究》	邱均平，余　凡	《中国图书馆学报》	2012-07-15
《关于“十二五”时期我国公共图书馆事业发展的战略思考——〈全国公共图书馆事业发展“十二五”规划〉解读》	申晓娟，胡　洁，李　丹	《中国图书馆学报》	2012-07-15
《查询意图研究综述》	陆　伟，周红霞，张晓娟	《中国图书馆学报》	2012-11-26
《引文网络中文献深度聚合方法与实证研究——以 WOS 数据库中 XML 研究论文为例》	邱均平，董　克	《中国图书馆学报》	2012-12-10
《数据库信息资源内容质量用户满意度模型及实证研究》	莫祖英，马费成	《中国图书馆学报》	2013-01-07
《国外多领域数字资源整合研究进展》	肖希明，唐　义	《中国图书馆学报》	2013-01-09

续表

论文题目	所有作者	发表刊物/论文集	发表/出版时间
《新起点　新视野　新任务——第五次全国公共图书馆(成人馆部分)评估定级标准解读》	李　丹，申晓娟，王秀香，韩　超	《中国图书馆学报》	2013-03-15
《基于共现与耦合的馆藏文献资源深度聚合研究探析》	邱均平，王菲菲	《中国图书馆学报》	2013-04-11
《面向科学研究的个人数字图书馆服务融合》	胡昌平，严炜炜	《中国图书馆学报》	2013-04-21
《美国公共图书馆未成年人服务的特点》	黄如花，邱春艳	《中国图书馆学报》	2013-07-15
《中国大陆地区古籍数字化问题及对策》	高　娟，刘家真	《中国图书馆学报》	2013-07-15
《探寻式搜索研究述评》	姜婷婷，高慧琴	《中国图书馆学报》	2013-07-15
《数字出版物法定呈缴制度客体研究》	吴　钢	《中国图书馆学报》	2013-09-23
《作者共现网络的科学研究结构揭示能力比较研究》	邱均平，董　克	《中国图书馆学报》	2013-09-26
《图书标注环境下用户的认知特征》	马费成，张　斌	《中国图书馆学报》	2013-10-30
《中美图情科研机构研究领域比较研究》	安　璐，余传明，李　纲，张　萱	《中国图书馆学报》	2013-10-30
《敦煌壁画数字图像语义描述方法研究》	王晓光，徐　雷，李　纲	《中国图书馆学报》	2013-11-04
《俄罗斯信息法研究综述》	肖秋会	《中国图书馆学报》	2013-11-15
《馆藏资源语义化关键技术及实证研究》	楼　雯	《中国图书馆学报》	2013-11-15
《社会化标签系统中基于社会网络的知识推送网络演化研究》	易　明，毛　进，邓卫华，曹高辉	《中国图书馆学报》	2014-03-15
《图书馆学博物馆学档案学课程体系整合初探》	肖希明，唐　义	《中国图书馆学报》	2014-04-15
《网络信息行为研究现状及发展动态述评》	查先进，张晋朝，严亚兰，李　晶	《中国图书馆学报》	2014-07-01
《高校图书馆信息共享空间用户交互学习行为分析》	胡昌平，胡　媛	《中国图书馆学报》	2014-07-01
《我国图书情报学的认知结构及其演化》	张　斌，贾　茜	《中国图书馆学报》	2014-07-01
《面向引用关系的引文内容标注框架研究》	陆　伟，孟　睿，刘兴帮	《中国图书馆学报》	2014-10-22
《论推动替代计量学发展的若干基本问题》	邱均平，余厚强	《中国图书馆学报》	2014-12-19

续表

论文题目	所有作者	发表刊物/论文集	发表/出版时间
《世界经济危机下英国公共图书馆的生存与发展》	周力虹，黄如花，Tim Zijlstra	《中国图书馆学报》	2014-12-19
《国外信息文化研究综述》	赵　跃，周耀林	《中国图书馆学报》	2015-03-16
《科学知识网络中的链路预测研究述评》	张　斌，马费成	《中国图书馆学报》	2015-04-28
《微博环境下用户学术信息搜寻行为影响因素研究——信息质量和信源可信度双路径视角》	查先进，张晋朝，严亚兰	《中国图书馆学报》	2015-04-28
《“国史”与“图书馆史”融合的历史分期——现当代中国图书馆史分期探讨》	肖希明	《中国图书馆学报》	2015-04-28
《近10年来国外多语言信息组织与检索研究进展与启示》	司　莉，庄晓喆，贾　欢	《中国图书馆学报》	2015-07-16
《高校图书馆期刊文献保障实证研究——以武汉大学为例》	王新才，王海宁	《中国图书馆学报》	2015-09-10
《国外公共数字文化资源整合研究进展》	肖希明，刘巧园	《中国图书馆学报》	2015-09-10
《数字环境下古籍整理范式的传承与拓新》	李明杰	《中国图书馆学报》	2015-09-15
《基于Altmetrics的学术论文影响力评价研究——以汉语言文学学科为例》	赵蓉英，郭凤娇，谭　洁	《中国图书馆学报》	2015-11-11
《多设备环境下网络信息搜索行为研究综述》	吴　丹，梁少博	《中国图书馆学报》	2015-11-15
《面向全面小康的图书馆常态化转型发展模式探索》	陈传夫，冯昌扬，陈　一	《中国图书馆学报》	2016-01-06
《网络环境下国内学者引证行为变化与学科间差异——基于历时角度的分析》	杨思洛，邱均平，丁敬达，余厚强	《中国图书馆学报》	2016-03-01
《学术机构引证中的中介关系》	陈柏彤，马费成	《中国图书馆学报》	2016-03-01
《大学生用户移动搜索策略研究》	吴　丹，梁少博，冉爱华	《中国图书馆学报》	2016-05-15
《智慧城市应急决策情报体系构建研究》	李　纲，李　阳	《中国图书馆学报》	2016-05-15
《新浪微博替代计量指标特征分析》	余厚强，Bradley M. Hemminger，肖婷婷，邱均平	《中国图书馆学报》	2016-07-26
《科研合作网络的知识扩散机理研究》	巴志超，李　纲，朱世伟	《中国图书馆学报》	2016-09-07

续表

论文题目	所有作者	发表刊物/论文集	发表/出版时间
《知识网络演化模型研究述评》	张　斌，李亚婷	《中国图书馆学报》	2016-09-15
《我国图书情报研究生学位授权“四个十年”研究》	陈传夫，陈　一，司　莉，冉从敬，冯昌扬	《中国图书馆学报》	2017-01-12
《中美发表的国际开放获取期刊论文影响比较研究》	杨思洛，袁庆莉，韩　雷	《中国图书馆学报》	2017-01-12
《科研团队中知识粘滞的影响因素研究》	李　纲，巴志超	《中国图书馆学报》	2017-01-12
《共词分析过程中的若干问题研究》	李　纲，巴志超	《中国图书馆学报》	2017-01-13
《基于Altmetrics的开源软件学术影响力评价研究》	赵蓉英，魏明坤，汪少震	《中国图书馆学报》	2017-03-15
《中国百年图书馆学教育与社会的互动发展》	肖希明	《中国图书馆学报》	2017-05-05
《APP交互视角下的大学生移动搜索行为研究》	吴　丹，梁少博，唐　源	《中国图书馆学报》	2017-05-15
《图书馆转型及其风险前瞻》	陈传夫，陈　一	《中国图书馆学报》	2017-06-19
《叙事型图像语义标注模型研究》	徐　雷，王晓光	《中国图书馆学报》	2017-09-08
《政策文件替代计量指标分布特征研究》	余厚强，肖婷婷，王曰芬，邱均平	《中国图书馆学报》	2017-09-15
《网络公共信息服务社会信任的影响因素研究》	罗　博，张晋朝	《中国图书馆学报》	2017-09-15
《图档博领域的智慧数据及其在数字人文研究中的角色》	曾　蕾，王晓光，范　炜	《中国图书馆学报》	2018-01-15
《基于科学推文视角的非正式科学交流语言分布研究》	余厚强，董　克，王曰芬，章成志	《中国图书馆学报》	2018-03-15
《科学论文功能单元本体设计与标引应用实验》	王晓光，李梦琳，宋宁远	《中国图书馆学报》	2018-07-15
《面向智慧健康的知识管理与服务》	马费成，周利琴	《中国图书馆学报》	2018-09-20
《中国图书馆事业的缄默守护者——韦棣华女士遗嘱解析》	彭敏惠	《中国图书馆学报》	2018-11-13
《交互式信息检索研究中的眼动追踪分析》	吴　丹，刘春香	《中国图书馆学报》	2019-03-15

续表

论文题目	所有作者	发表刊物/论文集	发表/出版时间
《我国公共图书馆文献信息处置制度的需求分析与框架构建》	黄如花，赵　洋，申晓娟，谢春枝，温芳芳，赖　彤，杨　凡	《中国图书馆学报》	2019-03-15
《自举在词义消歧中的应用及其关键问题》	李　纲，寇广增	《情报学报》	2010-01-24
《基于伪相关反馈的跨语言查询扩展》	吴　丹，何大庆，王惠临	《情报学报》	2010-02-24
《基于网络引文的网上学术资源利用规律研究：以图书馆学与情报学为例》	邱均平，杨思洛	《情报学报》	2010-03-24
《情报支持决策研究的现状、内容与趋势：中国科协第 182 次青年科学家论坛综述》	李　纲，郑彦宁，王伟军，夏立新，查先进，李　铁	《情报学报》	2010-03-24
《基于知识发现的企业技术竞争情报挖掘（Ⅰ）：目标识别与流程设计》	王翠波，张玉峰	《情报学报》	2010-04-24
《基于知识发现的企业技术竞争情报挖掘（Ⅱ）：策略与实证分析》	王翠波，张玉峰	《情报学报》	2010-04-24
《信息生命周期研究述评（Ⅰ）：价值视角》	马费成，望俊成	《情报学报》	2010-05-24
《基于本体的高校专家定位系统研究》	刘　萍，叶　燕	《情报学报》	2010-05-24
《信息生命周期研究述评（Ⅱ）：管理视角》	马费成，望俊成	《情报学报》	2010-06-24
《h 指数在人文社会学科中的评价表征能力：期刊视角的实证》	赵　星，高小强，周春雷	《情报学报》	2010-06-24
《学术期刊论文审稿人的自动选择研究》	陆　伟，王　伟，刘　丹	《情报学报》	2010-06-24
《我国信息政策体系结构研究》	马费成，付真真，赵红斌	《情报学报》	2011-01-24
《基于情感倾向识别的汽车评论挖掘系统构建》	李　纲，程明结，寇广增	《情报学报》	2011-02-24
《基于自组织映射的期刊主题可视化组织》	安　璐，李　纲	《情报学报》	2011-02-24
《情感分类中情感词的情感倾向度的计算方法研究》	李　纲，王忠义，寇广增	《情报学报》	2011-03-24
《网络计量学研究热点与前沿的知识图谱分析》	赵蓉英，王　静	《情报学报》	2011-04-24
《企业人际情报网络构建方法研究》	李　纲，王忠义，寇广增	《情报学报》	2011-06-24

续表

论文题目	所有作者	发表刊物/论文集	发表/出版时间
《信息吸收与知识扩散的知识科学方程组研究》	温有奎，焦玉英，马费成	《情报学报》	2011-06-24
《基于本体与规则的语义推理研究》	唐晓波，金钟鸣	《情报学报》	2011-07-24
《知识网络的演化(Ⅰ)：增长与老化动态》	马费成，刘　向	《情报学报》	2011-08-24
《知识网络的演化(Ⅱ)：增长老化与知识产生时点的关系》	马费成，刘　向	《情报学报》	2011-09-24
《人际情报网络的动态机理研究》	王忠义，李　纲	《情报学报》	2011-09-24
《基于客户价值理论的国家科技文献中心用户分析》	曾建勋，赖院根，邓胜利，王丹丹	《情报学报》	2011-10-24
《知识网络的演化(Ⅲ)：连接机制》	马费成，刘　向	《情报学报》	2011-10-24
《基于CSSCI的国内情报学领域作者共被引分析》	邱均平，王菲菲	《情报学报》	2012-01-24
《一种基于相关反馈的跨语言信息检索查询翻译优化技术研究》	吴　丹，何大庆，王惠临	《情报学报》	2012-04-24
《信息交互过程中信息质量影响因素实验研究：基于用户体验与感知视角》	刘　冰，张耀辉，卢　爽，李金茹	《情报学报》	2012-06-24
《国内知识管理领域知识交流结构研究：基于核心作者互引网络的分析》	张　勤，马费成	《情报学报》	2012-09-24
《基于SNA的科学计量学领域作者互引网络分析》	邱均平，王菲菲	《情报学报》	2012-09-24
《基于实时交互网络的企业知识共享案例分析》	赵蓉英，陈必坤	《情报学报》	2012-11-24
《SNS用户交际需求模型与系统实现研究》	邓仲华，赵又霖，杨明松	《情报学报》	2012-12-24
《基于用户体验与感知的三种类型网站信息质量影响因素比较实证研究》	刘　冰，张　放，张耀辉，卢　爽	《情报学报》	2012-12-24
《基于主题与用户偏好分析的查询推荐研究》	陆　伟，张晓娟	《情报学报》	2012-12-24
《多重关系视角下企业技术竞争优势综合评价模型研究》	杨冠灿，刘　彤，李　纲	《情报学报》	2013-03-24
《高校信息公开政策方案评价体系研究》	马海群，吕　红	《情报学报》	2013-04-24

续表

论文题目	所有作者	发表刊物/论文集	发表/出版时间
《基于网络用户体验与感知的信息质量影响因素模型实证研究》	刘　冰，张耀辉	《情报学报》	2013-06-24
《基于专利情报分析的企业合作竞争模式研究》	周　磊，张玉峰	《情报学报》	2013-06-24
《专利视角下企业合作竞争中三种接近性的作用》	周　磊，张玉峰，吴金红	《情报学报》	2013-07-24
《基于 NEViewer 的学科主题演化可视化分析》	王晓光，程齐凯	《情报学报》	2013-09-24
《基于综合引用网络的专利价值评价研究》	杨冠灿，刘　彤，李　纲，安　璐	《情报学报》	2013-12-24
《基于 DEA 方法的学术期刊引证效率研究》	万　莉，程慧平	《情报学报》	2013-12-24
《基于复杂因子的网络舆情推演研究》	沈　阳，吴荆棘	《情报学报》	2013-12-24
《医学信息检索中一种基于概念的查询相关模型》	李　纲，毛　进，芦　昆	《情报学报》	2014-03-24
《学科知识网络研究(Ⅲ)共词网络的结构、特征与演化》	赵一鸣，吕鹏辉	《情报学报》	2014-04-24
《基于国外图书情报领域六种主流期刊的网络信息行为研究综述》	查先进，张晋朝，严亚兰	《情报学报》	2014-07-24
《科技文献副主题词抽取及其在分面检索中的应用》	胡昌平，林　鑫，陈　果	《情报学报》	2014-08-24
《基于多重关系异构网络的学术实体权威度评估方法研究》	王　平，辜希武，赵慧慧	《情报学报》	2014-08-24
《科技报告开发利用与知识产权问题研究》	陈传夫，代钰珠，曾建勋	《情报学报》	2014-08-24
《数据科学兴起及其与信息科学的关联》	叶　鹰，马费成，	《情报学报》	2015-06-24
《2004—2014 年我国多语言信息组织与检索研究进展与启示》	司　莉，贾　欢	《情报学报》	2015-06-24
《应急参考咨询团队构建模式研究》	叶光辉，李纲，武　川	《情报学报》	2015-07-24
《科技文献检索中基于主题词表分面化改造的分面构建》	胡昌平，林　鑫	《情报学报》	2015-08-24

续表

论文题目	所有作者	发表刊物/论文集	发表/出版时间
《基于在线评论的用户需求挖掘模型研究》	涂海丽，唐晓波，谢　力	《情报学报》	2015-10-24
《融合结构与内容特征的微博沉默用户兴趣模型构建研究》	唐晓波，梁梦婕	《情报学报》	2015-11-24
《基于实时大数据的潜在新兴技术敏捷预测：企业实践调查与研究趋势分析》	王翠波，张玉峰，吴金红，艾丹祥，刘文俊	《情报学报》	2015-11-24
《信息浏览行为是理论导向抑或生物驱动？——基于眼动仪实验的实证分析》	王　琳，郭梦雪	《情报学报》	2015-12-24
《社会化标注系统中基于标签和项目的兴趣建模比较研究》	胡　潜，林　鑫	《情报学报》	2015-12-24
《学术文本的结构功能识别——基于章节内容的识别》	黄　永，陆　伟，程齐凯	《情报学报》	2016-03-24
《学术文本的结构功能识别——在学术搜索中的应用》	黄　永，陆　伟，程齐凯，桂思思	《情报学报》	2016-04-24
《基于位置的共被引分析实证研究》	赵蓉英，郭凤娇，曾宪琴	《情报学报》	2016-05-24
《学术文本的结构功能识别——基于段落的识别》	黄　永，陆　伟，程齐凯，桂思思	《情报学报》	2016-05-24
《面向C2C在线情境的一种个性化三维推荐方法》	艾丹祥，张玉峰，左　晖，刘高勇	《情报学报》	2016-06-24
《本体评估研究进展》	徐　雷	《情报学报》	2016-07-24
《2005—2015年国内外政府数据开放共享研究述评》	黄如花，李白杨，周力虹	《情报学报》	2016-12-24
《医学图像模态特征表达及其比较研究》	丁　恒，陆　伟，林　霞，曹光超	《情报学报》	2016-12-24
《国外图书情报领域适应性结构化理论应用研究进展》	查先进，杨海娟，严亚兰，刘坤锋	《情报学报》	2017-01-24
《基于随机行动者模型的在线医疗社区用户关系网络动态演化研究》	吴　江，李姗姗，周露莎，施　立，陈　君	《情报学报》	2017-02-24
《基于复合加权LDA模型的书目信息分类方法研究》	李湘东，丁　丛，高　凡	《情报学报》	2017-04-24

续表

论文题目	所有作者	发表刊物/论文集	发表/出版时间
《学术文本的结构功能识别——在关键词自动抽取中的应用》	方　龙，李　信，黄　永，陆　伟	《情报学报》	2017-06-24
《数字图书馆环境下信息有用性和信息获取影响因素研究——信息获取自我效能的调节效果》	查先进，李　力，严亚兰，郭　佳	《情报学报》	2017-07-24
《基于 CSSCI 的“十二五”时期国内情报学研究态势分析》	谭春辉，曾　娟，邱均平	《情报学报》	2017-07-24
《国外机构科研数据知识库研究进展》	司　莉，曾粤亮	《情报学报》	2017-08-24
《大数据环境对科学评价的影响研究》	邱均平，柴　雯，马　力	《情报学报》	2017-09-24
《大数据环境对知识融合的影响研究》	赵蓉英，张心源	《情报学报》	2017-09-24
《论大数据环境对情报学发展的影响》	董　克，邱均平	《情报学报》	2017-09-24
《网络健康信息服务用户购买决策的影响因素研究》	吴　江，周露莎	《情报学报》	2017-10-24
《基于 LDA 模型特征选择的在线医疗社区文本分类及用户聚类研究》	吴　江，侯绍新，靳萌萌，胡忠义	《情报学报》	2017-11-24
《搜索引擎结果页面(SERP)研究述评》	吴　丹，唐　源	《情报学报》	2018-02-24
《突发公共卫生事件利益相关者在社交媒体中的关注点及演化模式》	安　璐，杜廷尧，李　纲，余传明	《情报学报》	2018-04-24
《国外点击流可视化研究述评》	姜婷婷，徐亚苹，郭　倩	《情报学报》	2018-04-24
《基于递归张量神经网络的微信公众号文章的新颖度评估方法》	王　平，侯景瑞，吴任力	《情报学报》	2019-02-24
《基于机器视觉的 PDF 学术文献结构识别》	于丰畅，陆　伟	《情报学报》	2019-04-24
《基于网络表示学习的科研合作推荐研究》	余传明，林奥琛，钟韵辞，安　璐	《情报学报》	2019-05-24
《法国文化遗产保护背景下的档案文献保护研究进展——“藏品保护研究中心”的产生与进展述略》	周耀林，黄丽华	《档案学研究》	2010-01-25
《我国档案馆运用知识管理的案例研究——以武汉市城建档案馆为例》	张晓娟，左田原，朱　宁	《档案学研究》	2010-04-28

续表

论文题目	所有作者	发表刊物/论文集	发表/出版时间
《论可移动文化遗产保护的国际立法及其对我国的启示》	朱玉媛，周耀林，赵亚茹	《档案学研究》	2010-06-28
《我国办公自动化系统文件管理功能的缺失与建议》	杜 鹏，方 昀，刘家真	《档案学研究》	2010-06-28
《武汉城市圈档案资源共建共享实现路径》	颜 海，汲宇华，朱群俊	《档案学研究》	2010-08-28
《汶川地震信息资料库元数据规范编制》	邵熠星	《档案学研究》	2010-12-28
《论新信息环境下档案行业的发展》	朱玉媛，柳 丽，吴佳鑫	《档案学研究》	2011-04-28
《服务型政府网站设计理念与风格》	颜 海，朱群俊，汲宇华	《档案学研究》	2011-08-28
《电子文件价值智能鉴定探析》	李 雯	《档案学研究》	2011-12-28
《档案学发展的动力分析》	王新才，王海佼	《档案学研究》	2012-04-28
《数字遗产保护研究的现状与瓶颈分析》	聂云霞	《档案学研究》	2012-12-28
《基于OAIS的数字档案馆功能评价研究——以英国UKDA和TNA数字资源库为例》	肖秋会	《档案学研究》	2012-12-28
《信息时代档案人才培养与档案学专业发展展望》	王新才，聂云霞	《档案学研究》	2013-02-28
《我国档案法研究综述》	王新才，文振兴	《档案学研究》	2013-06-28
《复杂网络视角的档案学术语探讨》	王新才，丁家友	《档案学研究》	2013-08-28
《论我国电子文件长期保存的合作机制及实现策略》	肖秋会	《档案学研究》	2014-02-28
《个人存档研究热点与前沿的知识图谱分析》	周耀林，赵 跃	《档案学研究》	2014-06-28
《中美档案馆建筑文化比较研究——兼读〈档案馆建筑设计规范JGJ25-2010〉》	聂云霞，向彩霞，龚 姗	《档案学研究》	2014-10-28
《中国的国外档案学研究》	王新才，文振兴，谢芳芳	《档案学研究》	2014-10-28
《俄罗斯档案事业中长期发展规划研究》	肖秋会	《档案学研究》	2014-10-28
《从档案学会议看档案学发展——1981年来我国档案学会议的历史梳理与主题分析》	王新才，徐欣欣，聂云霞	《档案学研究》	2015-04-28
《知识管理视阈下的档案信息资源合作开发模式探析》	赵 跃，周耀林	《档案学研究》	2015-10-28
《档案安全体系理论框架的构建研究》	周耀林，赵 跃	《档案学研究》	2016-08-24

续表

论文题目	所有作者	发表刊物/论文集	发表/出版时间
《法国档案馆公众教育服务体系建设及其启示》	王玉珏，杨太阳	《档案学研究》	2016-10-31
《SoLoMo 理念在档案馆移动服务中的应用》	刘　婧，周耀林	《档案学研究》	2016-10-31
《国际档案理事会新入职档案工作者职业发展调查研究》	王玉珏，陈　洁，张晨文	《档案学研究》	2017-02-28
《我国档案大数据研究的现状分析与趋势探讨》	周耀林，常大伟	《档案学研究》	2017-06-28
《“三个体系”视角下档案管理研究框架的重构》	周耀林，赵　跃，姬荣伟	《档案学研究》	2017-08-30
《组织机构电子文件安全风险控制框架研究》	肖秋会，许晓彤	《档案学研究》	2017-10-28
《美国国家档案馆公众教育服务的发展》	王玉珏，张晨文，陈　洁	《档案学研究》	2017-10-28
《国家重点档案信息资源融合及其实现策略研究》	周耀林，常大伟	《档案学研究》	2018-05-07
《基于波士顿矩阵的综合档案馆公众参与式文化活动研究》	肖秋会，许晓彤，谢　怡	《档案学研究》	2018-06-28
《论〈文华图书馆学专科学校季刊〉的学术视角及深远影响》	周耀林，周　迪	《档案学研究》	2018-08-28
《档案文化创意产品开发的理论依据》	王玉珏，洪泽文，李子林，张馨艺	《档案学研究》	2018-08-28
《档案治理的内涵解析与理论框架构建》	常大伟	《档案学研究》	2018-10-28
《我国档案馆安全协同治理机制研究——巴西国家博物馆火灾后的思考》	周耀林，姬荣伟	《档案学研究》	2018-12-28
《我国档案文化创意服务发展策略研究》	王玉珏	《档案学研究》	2018-12-28
《基于区块链技术的电子文件可信保护框架研究》	王　平，李沐妍，姬荣伟	《档案学研究》	2019-02-28
《中国参与全球档案治理：历程、挑战与策略》	王玉珏，李子林，龙家庆，刘俊恒	《档案学研究》	2019-02-28

续表

论文题目	所有作者	发表刊物/论文集	发表/出版时间
《我国档案信息资源研究的主题挖掘与演化分析》	胡吉明，常大伟，孙晶琼	《档案学研究》	2019-04-28
《图书经销渠道的数字化创新——Constellation数字经销项目个案研究》	徐丽芳，丛挺	《出版发行研究》	2010-01-15
《“模勒”释义辨析》	曹　之，郭伟玲	《出版发行研究》	2010-05-15
《从网站建设整体分析我国出版企业版权意识》	黄先蓉，王志刚	《出版发行研究》	2010-06-15
《美国期刊业手机媒体发展模式探析》	丛　挺	《出版发行研究》	2010-07-15
《分级阅读推广的尴尬与出路》	吴亮芳，李建红	《出版发行研究》	2010-10-15
《沈松泉：与新书业有功之人》	吴永贵	《出版发行研究》	2010-11-15
《历史感：编辑不可或缺的一种文化意识》	段乐川	《出版发行研究》	2010-11-15
《竞合战略导向下的出版企业价值链整合》	刘美华，王谷香	《出版发行研究》	2010-12-15
《出版集团应对电子阅读器产业兴起的六个策略》	李新祥	《出版发行研究》	2010-12-15
《区隔与整合：出版社营销网络渠道冲突的管理策略》	赵礼寿	《出版发行研究》	2011-01-15
《我国出版集团联合重组的协同效应研究》	刘　畅	《出版发行研究》	2011-05-15
《出版发行上市公司高管薪酬利润比研究》	朱静雯，刘志杰	《出版发行研究》	2011-06-15
《数字技术环境下出版产业政策需求研究》	黄先蓉，赵礼寿，甘慧君	《出版发行研究》	2011-07-15
《产业融合：数字出版产业发展的惟一选择》	方　卿，曾元祥	《出版发行研究》	2011-09-15
《出版双重价值实现与“三统一”》	周玉波，田常清	《出版发行研究》	2011-10-15
《境内外期刊版权合作模式分析》	李宏葵	《出版发行研究》	2011-10-15
《一个不该被忽略的命题——出版企业信息化评价》	王　宇	《出版发行研究》	2011-11-15
《语义出版的概念与形式》	王晓光，陈孝禹	《出版发行研究》	2011-11-15
《英美出版高等教育现状述评》	张美娟，张　婷，徐　新	《出版发行研究》	2011-12-15
《教辅图书出版发行面临的问题及政策建议》	罗紫初，秦洁雯	《出版发行研究》	2012-04-15

续表

论文题目	所有作者	发表刊物/论文集	发表/出版时间
《从价值系统看数字出版商业模式创新》	田海明，魏　彬	《出版发行研究》	2012-06-15
《建设“三位一体”的科技学术著作出版平台势在必行》	胡红亮，潘云涛	《出版发行研究》	2012-06-15
《〈青年文摘〉如何借力新媒体》	李钊平	《出版发行研究》	2012-06-15
《全民阅读与大众出版创新》	乔　丽	《出版发行研究》	2012-08-15
《从〈十竹斋书画谱〉看晚明徽派刻书之进步》	戴　旸	《出版发行研究》	2012-08-15
《出版社与民营书业合作的风险分析及防范对策》	李文邦	《出版发行研究》	2012-10-15
《我国新闻出版标准和新闻出版法规协调发展的对策》	黄先蓉，李晶晶	《出版发行研究》	2012-12-15
《基于“内容与形式分离”设计思想的书目制作技术研究》	张　濮	《出版发行研究》	2013-01-15
《我国云出版：发展与问题》	汪全莉，徐志武	《出版发行研究》	2013-01-15
《我国出版企业云计算服务发展路径研究》	刘　畅	《出版发行研究》	2013-02-15
《学术规范是提升学术著作可信度的前提》	胡红亮	《出版发行研究》	2013-03-15
《中美儿童图书评奖之比较——以全国优秀儿童文学作品奖和纽伯瑞奖为例》	许洁，方　卿，花明凤	《出版发行研究》	2013-05-15
《日英美儿童阅读推广举措及对我国的启示》	杨丹丹	《出版发行研究》	2013-11-15
《从文化产品的外部性看少儿图书内容“出位”的危害及应对》	张晓蒙，许　洁	《出版发行研究》	2013-12-15
《学术社交网站对学术出版的影响初探》	许　洁	《出版发行研究》	2014-03-15
《数字出版环境中科学数据引用的实现路径及策略调查分析》	彭　洁，贺德方，张英杰	《出版发行研究》	2014-04-15
《大数据引领的三种新型出版模式之实践》	张　炯	《出版发行研究》	2014-07-15
《媒介融合背景下我国各类型出版人才需求调研报告》	邹石川，黄先蓉	《出版发行研究》	2014-09-15
《刍议网络信息聚合服务的版权问题》	王　清，唐伶俐	《出版发行研究》	2015-01-15

续表

论文题目	所有作者	发表刊物/论文集	发表/出版时间
《财政引导出版与金融对接的问题与对策研究》	叶　翠，许　洁	《出版发行研究》	2015-04-15
《学术期刊评价研究方向初探》	李建臣，方　卿	《出版发行研究》	2015-04-15
《近五年我国新媒体出版营销研究综述》	王一鸣	《出版发行研究》	2015-08-15
《“十三五”时期新闻出版业发展的五大看点》	李建臣	《出版发行研究》	2015-10-15
《我国出版社少儿阅读类APP经营策略初探》	湛　青	《出版发行研究》	2015-10-15
《出版企业的创新驱动力研究》	殷克涛，方　卿	《出版发行研究》	2015-12-15
《论近代期刊的生长与社会性》	吴永贵，朱　琳	《出版发行研究》	2015-12-15
《中美行业协会类出版奖励比较研究》	刘　芬，曾元祥	《出版发行研究》	2016-02-15
《市场驱动下的出版内容动态重组模式思路》	万　智	《出版发行研究》	2016-04-15
《欧盟版权法改革趋势述评》	赫舍里静	《出版发行研究》	2016-06-15
《超小型出版：大众消费类数字期刊出版的新路径选择》	曾元祥，冯　明，贺　欢	《出版发行研究》	2016-06-15
《西方“孤儿作品”利用机制对我国出版资源开发的启示》	高诗晴，许　洁	《出版发行研究》	2016-08-15
《基于招聘信息的我国数字出版人才需求研究》	王晓光，王俊芳	《出版发行研究》	2016-10-15
《中国出版政府奖出版物奖项优化策略探析》	刘通菡	《出版发行研究》	2016-12-15
《面向融合发展的“出版学基础”课程改革原因及路径》	许　洁，杨　文	《出版发行研究》	2017-01-15
《近代教育场域中的〈教育杂志〉》	吴永贵，黄安琪	《出版发行研究》	2017-03-15
《浅析专业出版编辑的“专业化”》	李建红	《出版发行研究》	2017-04-15
《北美出版高等教育课程体系调查研究》	王晓光，凌宇翔，刘　晶	《出版发行研究》	2017-04-15
《俄罗斯电子书市场概况及其发展战略》	李　娜，王一鸣	《出版发行研究》	2017-05-15

续表

论文题目	所有作者	发表刊物/论文集	发表/出版时间
《有声书APP用户使用行为影响因素分析》	叶　阳，张美娟，王　涵	《出版发行研究》	2017-07-15
《“企业2.0”时代出版企业向知识服务提供商的转型升级模式》	孙晓翠	《出版发行研究》	2017-08-15
《中国共产党早期的主题出版活动》	李建红	《出版发行研究》	2017-09-15
《中国人文社科学术图书国际影响力研究——以Bookmetrix平台近五年数据为例》	许　洁，王嘉昀	《出版发行研究》	2017-09-15
《浅析大众期刊转型的三条路径》	乔　丽	《出版发行研究》	2017-09-15
《图书出版企业基于价值网的竞争优势探析》	湛　青	《出版发行研究》	2017-10-15
《浅析主题出版的发展趋势及对策建议》	李建红	《出版发行研究》	2017-10-15
《投资视角下出版传媒上市公司跨界游戏效果探析》	朱静雯，陆朦朦	《出版发行研究》	2017-11-15
《全民阅读视角下精品阅读推广研究》	王　涵，曹芬芳，叶　阳	《出版发行研究》	2017-11-15
《实体书店微信内容营销探析》	张美娟，叶　阳，柏　雯	《出版发行研究》	2017-12-15
《青年编辑职业认同提升策略研究——以工作满意度为视角》	周　畅，徐志武	《出版发行研究》	2017-12-15
《全球文化消费视角下中国网络文学海外传播研究——以Wuxiaworld为例》	王璐璐	《出版发行研究》	2018-01-15
《实用性、场域呈现与历史书写——评〈中国新闻传播教育年鉴(2016)〉价值的三个维度》	欧阳敏，范　军	《出版发行研究》	2018-01-15
《我国科技期刊论文合著现象分析——以图书情报学核心期刊为例》	施　敏，胡婷婷	《出版发行研究》	2018-01-15
《知识转移效率理论对出版企业知识服务转型的启示》	伊静波	《出版发行研究》	2018-02-15
《读者信任视角下图书社群营销研究》	方　卿，李宇珺，王　涵	《出版发行研究》	2018-02-15
《媒介融合背景下版权利益失衡现象分析与对策》	潘道平	《出版发行研究》	2018-03-15
《国家出版基金项目申报经验谈——以〈数字制造科学与技术前沿研究丛书〉为例》	王兆国，田　高	《出版发行研究》	2018-03-15

续表

论文题目	所有作者	发表刊物/论文集	发表/出版时间
《荷兰图书发行市场探析——以“中央书屋”为例》	王一鸣	《出版发行研究》	2018-03-15
《“内生+外延”双轮驱动下出版传媒上市公司跨界在线教育路径探析》	朱静雯，李　灿	《出版发行研究》	2018-04-15
《民国社会科学工具书出版与知识下沉》	赵佩娟	《出版发行研究》	2018-04-15
《社交媒体环境下用户阅读推广持续意愿研究》	程　娟，王玉林，钱　晋	《出版发行研究》	2018-04-15
《论近代社会思潮对出版企业编辑制度的影响》	欧阳敏	《出版发行研究》	2018-05-15
《学术论文移动出版服务科研用户存在的问题及对策》	占莉娟，方　卿	《出版发行研究》	2018-06-15
《文化类电视节目对图书销量的影响力测评——以〈朗读者〉为例》	钟　蕾，王　涵	《出版发行研究》	2018-07-15
《数字出版编辑招聘与选拔管理新探——以胜任力模型理论为视角》	周　畅	《出版发行研究》	2018-11-15
《融合发展背景下的大学出版社营销策略创新》	伊静波	《出版发行研究》	2018-11-15
《移动有声阅读用户内容付费意愿影响因素研究》	章　萌	《出版发行研究》	2019-01-15
《亿元图书事业部是如何建成的？——湘少社知识科普图书事业部发展策略探析》	周　霞	《出版发行研究》	2019-01-15
《教材出版宏观管理的历史进路及发展趋势》	李　媛	《出版发行研究》	2019-03-15
《基于内容分析法的我国数字出版产业政策优化路径探究》	常嘉玲	《出版发行研究》	2019-04-15
《我国专业少儿出版社的国际传播能力研究——基于对九家专业少儿出版社的抽样调查与分析》	黄先蓉，马　兰	《出版发行研究》	2019-04-15
《图书新零售：以用户思维和场景思维重新定义书店价值》	曹子郁	《出版发行研究》	2019-06-15

附录 5 学院师生发表的重要外文学术论文（2010 年至今）

论文题目	作者	发表刊物/论文集	发表时间
Study on Early Warning of Competitive Technical Intelligence Based on the Patent Map	Zha Xianjing	*Journal of Computers*	2010
Blog-supported Scientific Communication: An Exploratory Analysis Based on Social Hyperlinks in A Chinese Blog Community	Wang, Xiaoguang; Jiang, Tingting; Ma, Feicheng	*Journal of Information Science*	2010
On the Performance of Real-time Multi-item Request Scheduling in Data Broadcast Environments	Chen, Jun; Lee, Victor C. S.; Liu, Kai	*Journal of Systems and Software*	2010
Tuning of Fuzzy PID Controller for Smith Predictor	Rong Hui-gui; Zheng Hui; Li Zheng-qiang; Xia Yu-xiang	*Journal of Central South University of Technology*	2010
Signal Boosting for Robust Data Fusion in Speech Retrieval	Wu, Dan; He, Daqing	*International Journal of Innovative Computing Information and Control*	2010
Supporting Information Access in E-Learning by Integrating Digital Libraries and Ontology	He, Daqing; Peng, Yefei; Mao, Ming; Wu, Dan	*Online Information Review*	2010
Design and Implementation of Domain Ontology-based Agricultural Risk Management System	Liu Chunnian; Wang Yonglong; Pan Qin	*Information—An International Interdisciplinary Journal*	2011
Visualizing the Research on Pervasive and Ubiquitous Computing	Zhao, Rongying; Wang, Ju	*Scientometrics*	2011

续表

论文题目	作者	发表刊物/论文集	发表时间
A Survey of the Use of Electronic Resources at Seven Universities in Wuhan, China	Zhang, Liyi; Ye, Pinghao; Liu, Qihua	*Program-electronic Library and Information Systems*	2011
Enhancing Query Translation with Relevance Feedback in Translingual Information Retrieval	He, Daqing; Wu, Dan	*Information Processing & Management*	2011
An Empirical Study on Determinants of Web Based Question-Answer Services Adoption	Deng, Shengli; Liu, Yong; Qi, Yuanyuan	*Online Information Review*	2011
Compatibility of the Data Processing System Combined with Global Positioning System and Global Navigation Satellite System	Zhu, X. C.	*Journal of Optoelectronics and Advanced Materials*	2012
An Integrated Approach for Developing Online Recommender System for Retail Commodity Shopping in B2C E-Commerce	Zeng, Ziming	*Information—An International Interdisciplinary Journal*	2012
AND Logic Gate Application Based on Colorimetric Screening of Enzyme Activity	Liu, Ziheng; Zhan, Yihong; Bai, Yu; Sun, Jianwen	*Solid State Sciences*	2012
Research on the Cross-Citation Relationship of Core Authors in Scientometrics	Wang, Feifei; Qiu, Junping; Yu, Houqiang	*Scientometrics*	2012
Improvement on Private Database Queries Based on the Quantum Key Distribution	Shen, D. S.; Zhu, X. C.; Ma, W. P.; Yin, X. R.; Wang, M. L.	*Journal of Optoelectronics and Advanced Materials*	2012
Understanding Sustained Participation in Transactional Virtual Communities	Sun, Yongqiang; Fang, Yulin; Lim, Kai H.	*Decision Support Systems*	2012
Research on the Semantic-Based Co-Word Analysis	Wang, Zhong-Yi; Li, Gang; Li, Chun-Ya; Li, Ang	*Scientometrics*	2012

续表

论文题目	作者	发表刊物/论文集	发表时间
Assessing the Authority of Free Online Scholarly Information	Chen, Chuanfu; Yu, Yuan; Tang, Qiong; Chiu, Kuei; Rao, Yan; Huang, Xuan; Sun, Kai	*Scientometrics*	2012
Perturbation Solution of Single-Phase AC-DC Converter Based on Nonlinear Oscillation and Chaotic Analysis	Zhang Yang; Zha Xiao-Ming; Liu Ya-Qi; Zhang Kun; Xiong Yi; Fan You-Ping	*Acta Physica Sinica*	2012
The Attitudes of US Chairs Toward the ischools Movement in China	Chen, Chuanfu; Wang, Ping; Wu, Dan; Liu, Yaqi; Wu, Gang; Ma, Haoqin	*Aslib Proceedings*	2012
Undergraduate Students' Interaction with Online Information Resources in Their Academic Tasks	He, Daqing; Wu, Dan; Yue, Zhen; Fu, Anna; Vo, Kim Thien	*Aslib Proceedings*	2012
Exploring the Further Integration of Machine Translation in English-Chinese Cross Language Information Access	Wu, Dan; He, Daqing	*Program-Electronic Library and Information Systems*	2012
A Partial Information Sharing Incentive Pricing Model with Demand Uncertainty in Dual-Channel Supply Chain	Zhou, Xiongwei; Jin, Faqi; Chen, Xiaohong; Ma, Feicheng	*Przeglad Elektrotechniczny*	2012
Utility-Optimal Random Access Control in Wireless Multi-Hop Networks with Queuing Constraints	Tan YunMeng; Zhao Yang; Liao ShengBin; Wu ZhuoHua	*Science China-Information Sciences*	2013
An Informetric Profile of Water Resources Management Literatures	Ren, Jun-Lin; Lyu, Peng-Hui; Wu, Xin-Mu; Ma, Fei-Cheng; Wang, Zhi-Zhang; Yang, Gang	*Water Resources Management*	2013
Social Tagging in the Scholarly World	Xu, Chen; Ma, Benjiang; Chen, Xiaohong; Ma, Feicheng	*Journal of the American Society for Information Science and Technology*	2013

续表

论文题目	作者	发表刊物/论文集	发表时间
Author Name Disambiguation in Scientific Collaboration and Mobility Cases	Wu, Jiang; Ding, Xiu-Hao	*Scientometrics*	2013
Maximizing the Performance of Advertisements Diffusion: A Simulation Study of the Dynamics of Viral Advertising in Social Networks	Wu, Jiang; Hu, Bin; Zhang, Yu	*Simulation-Transactions of the Society for Modeling and Simulation International*	2013
Adaptive Resource Management for P2P Live Streaming Systems	Yuan, Xiaoqun; Min, Geyong; Ding, Yi; Liu, Qiong; Liu, Jinhong; Yin, Hao; Fang, Qing	*Future Generation Computer Systems—The International Journal of Grid Computing and Escience*	2013
A Comparative Study of Environmental Impacts of Two Delivery Systems in the Business-to-Customer Book Retail Sector	Zhang, Liyi; Zhang, Yi	*Journal of Industrial Ecology*	2013
A Suitable Server Placement for Peer-to-Peer Live Streaming	Yuan, Xiaoqun; Yin, Hao; Min, Geyong; Liu, Xuening; Hui, Wen; Zhu, Guangxi	*Journal of Supercomputing*	2013
Efficient Processing of Requests with Network Coding in On-Demand Data Broadcast Environments	Chen, Jun; Lee, Victor C. S.; Liu, Kai; Ali, G. G. M. N.; Chan, Edward	*Information Sciences*	2013
Cooperative Caching Scheme for Content Oriented Networking	Liu, Ran; Yin, Hao; Cai, Xuejun; Zhu, Guangxi; Yu, Li; Fan, Qilin; Xu, Jie	*Ieee Communications Letters*	2013
Transition of Electronic Word-of-Mouth Services from Web to Mobile Context: A Trust Transfer Perspective	Wang, Nan; Shen, Xiao-Liang; Sun, Yongqiang	*Decision Support Systems*	2013

续表

论文题目	作者	发表刊物/论文集	发表时间
Directional Routing and Scheduling for Green Vehicular Delay Tolerant Networks	Zeng, Yuanyuan; Xiang, Kai; Li, Deshi; Vasilakos, Athanasios V.	*Wireless Networks*	2013
An Empirical Molecular Docking Study of a Di-Iron Binding Protein with Iron Ions	Wang, Huan; Liu, Ping; Xie, Hao	*Journal of Zhejiang University-Science C-Computers & Electronics*	2013
Information Self-Efficacy and Information Channels Decision Quality and Online Shopping Satisfaction	Zha, Xianjin; Li, Jing; Yan, Yalan	*Online Information Review*	2013
Solving the Distinctiveness - Blindness Debate: A Unified Model for Understanding Banner Processing	Sun, Yongqiang; Lim, Kai H.; Peng, Jerry Zeyu	*Journal of the Association for Information Systems*	2013
Geographical Knowledge Diffusion and Spatial Diversity Citation Rank	Wu, Jiang	*Scientometrics*	2013
Impacts of Government Website Information on Social Sciences and Humanities in China: A Citation Analysis	Chen, Chuanfu; Wang, Ping; Liu, Yaqi; Wu, Gang; Wang, Pei	*Government Information Quarterly*	2013
Study on Enterprise Knowledge Sharing in ESN Perspective: A Chinese Case Study	Zhao, Rong-ying; Chen, Bi-kun	*Journal of Knowledge Management*	2013
Forming Mechanisms and Structures of a Knowledge Transfer Network: Theoretical and Simulation Research	Wang, Xiaoguang	*Journal of Knowledge Management*	2013
Understanding the Role of Consistency During Web-Mobile Service Transition: Dimensions and Boundary Conditions	Sun, Yongqiang; Shen, Xiao-Liang; Wang, Nan	*International Journal of Information Management*	2014
Admission Control-Based Multichannel Data Broadcasting for Real-Time Multi-Item Queries	Ali, G. G. Md. Nawaz; Lee, Victor C. S.; Chan, Edward; Li, Minming; Liu, Kai; Lv, Jingsong; Chen, Jun	*IEEE Transactions on Broadcasting*	2014

续表

论文题目	作者	发表刊物/论文集	发表时间
Temporal Data Dissemination in Vehicular Cyber-Physical Systems	Liu, Kai; Lee, Victor Chung Sing; Ng, Joseph Kee-Yin; Chen, Jun; Son, Sang Hyuk	*IEEE Transactions on Intelligent Transportation Systems*	2014
Information Service Continued Use Model: Based on Competition View	Liu, Wenjun; Zhang, Liyi; Ding, Lin; Wang, Cuibo	*Pakistan Journal of Statistics*	2014
Applying Author Co-Citation Analysis to User Interaction Analysis: A Case Study on Instant Messaging Groups	Zhao, Rongying; Chen, Bikun	*Scientometrics*	2014
Analyzing Evolution of Research Topics with Neviewer: A New Method Based on Dynamic Co-Word Networks	Wang, Xiaoguang; Cheng, Qikai; Lu, Wei	*Scientometrics*	2014
Comparative Study on Structure and Correlation Among Author Co-Occurrence Networks in Bibliometrics	Qiu, Jun-Ping; Dong, Ke; Yu, Hou-Qiang	*Scientometrics*	2014
Study on Themes and Authors' Influence of Open Access in China	Zhao, Rongying; Wu, Shengnan	*Scientometrics*	2014
Effects of the Splayed Window Type on Daylighting and Solar Shading	Huang, Lingjiang; Wu, Jiafen	*Building and Environment*	2014
Evolution of Knowledge Sharing Behavior in Social Commerce: An Agent-Based Computational Approach	Jiang, Guoyin; Ma, Feicheng; Shang, Jennifer; Chau, Patrick Y. K.	*Information Sciences*	2014
The Evolution of Users' Adoption Behavior Under a Collaborative Service: An Agent-Based Computational Approach	Jiang, Guoyin; Ma, Feicheng	*International Journal of Computational Intelligence Systems*	2014

续表

论文题目	作者	发表刊物/论文集	发表时间
Understanding Knowledge Contributors' Satisfaction in Transactional Virtual Communities: A Cost-Benefit Trade-Off Perspective	Sun, Yongqiang; Fang, Yulin; Lim, Kai H.	*Information & Management*	2014
Nonlinear Analysis of the Cooperation of Strategic Alliances Through Stochastic Catastrophe Theory	Xu, Yan; Hu, Bin; Wu, Jiang; Zhang, Jianhua	*Physica A-Statistical Mechanics and Its Applications*	2014
Understanding the Retrieval Effectiveness of Collaborative Tags and Author Keywords in Different Retrieval Environments: An Experimental Study on Medical Collections	Lu, Kun; Kipp, Margaret E. I.	*Journal of the Association for Information Science and Technology*	2014
Network Structure, Distribution and the Growth of Chinese International Research Collaboration	Niu, Fenggao; Qiu, Junping	*Scientometrics*	2014
Exploring Employee Perceptions of Web 2.0 Virtual Communities From the Perspective of Knowledge Sharing	Yan, Yalan; Zha, Xianjin; Yan, Ming	*Aslib Journal of Information Management*	2014
An Overview of Knowledge Management Research Viewed Through the Web of Science (1993—2012)	Qiu, Junping; Lv, Hong	*Aslib Journal of Information Management*	2014
Design of a Laser Scan Localization Scheme for Sensor Nodes	Zhu, X. C.	*Lasers in Engineering*	2014
Constructing an Information Science Resource Ontology Based on the Chinese Social Science Citation Index	Qiu, Junping; Lou, Wen	*Aslib Journal of Information Management*	2014
Semantic Information Retrieval Research Based on Co-Occurrence Analysis	Lou, Wen; Qiu, Junping	*Online Information Review*	2014

续表

论文题目	作者	发表刊物/论文集	发表时间
Publication Trends and Knowledge Maps of Global Translational Medicine Research	Ma, Fei-Cheng; Lyu, Peng-Hui; Yao, Qiang; Yao, Lan; Zhang, Shi-Jing	*Scientometrics*	2014
Explicitly Integrating Mesh Thesaurus Help Into Health Information Retrieval Systems: An Empirical User Study	Mu, Xiangming; Lu, Kun; Ryu, Hohyon	*Information Processing & Management*	2014
Understanding the Relationships Between Motivators and Effort in Crowdsourcing Marketplaces: A Nonlinear Analysis	Sun, Yongqiang; Wang, Nan; Yin, Chunxiao; Zhang, Jacky Xi	*International Journal of Information Management*	2015
Congestion-Free Routing Strategy in Software Defined Data Center Networks	Li, Yan; Li, Wenxin; Chen, Honghui; Guo, Deke; Zhang, Tian; Qu, Ting	*Concurrency and Computation-Practice & Experience*	2015
Meshsim: An R/Bioconductor Package for Measuring Semantic Similarity Over Mesh Headings and MEDLINE Documents	Zhou, Jing; Shui, Yuxuan; Peng, Shengwen; Li, Xuhui; Mamitsuka, Hiroshi; Zhu, Shanfeng	*Journal of Bioinformatics and Computational Biology*	2015
Compound Graph Based Hybrid Data Center Topologies	Luo, Lailong; Guo, Deke; Li, Wenxin; Zhang, Tian; Xie, Junjie; Zhou, Xiaolei	*Frontiers of Computer Science*	2015
Using the Comprehensive Patent Citation Network (CPC) to Evaluate Patent Value	Yang, Guan-Can; Li, Gang; Li, Chun-Ya; Zhao, Yun-Hua; Zhang, Jing; Liu, Tong; Chen, Dar-Zen; Huang, Mu-Hsuan	*Scientometrics*	2015

续表

论文题目	作者	发表刊物/论文集	发表时间
Measuring and Visualizing the Contributions of Chinese and American LIS Research Institutions to Emerging Themes and Salient Themes	An, Lu; Lin, Xia; Yu, Chuanming; Zhang, Xinwen	*Scientometrics*	2015
Consumers' Decisions in Social Commerce Context: An Empirical Investigation	Chen, Jun; Shen, Xiao-Liang	*Decision Support Systems*	2015
Context-Aware Recommendation Using Role-Based Trust Network	Hong, Liang; Zou, Lei; Zeng, Cheng; Zhang, Luming; Wang, Jian; Tian, Jilei	*Acm Transactions on Knowledge Discovery From Data*	2015
Psychometric Evaluation of Health Related Quality of Life Among Rural-To-Urban Migrants in China	Wang, Peigang; Chen, Cen; Yang, Ronghua; Wu, Yan	*Health and Quality of Life Outcomes*	2015
Sound Information Seeking in Web 2.0 Virtual Communities: The Moderating Effect of Mindfulness	Zha, Xianjin; Zhang, Jinchao; Yan, Yalan; Zha, Daochen	*Behaviour & Information Technology*	2015
Retargeting Semantically-Rich Photos	Zhang, Luming; Wang, Meng; Nie, Liqiang; Hong, Liang; Rui, Yong; Tian, Qi	*IEEE Transactions on Multimedia*	2015
Subgraph Matching with Set Similarity in a Large Graph Database	Hong, Liang; Zou, Lei; Lian, Xiang; Yu, Philip S.	*IEEE Transactions on Knowledge and Data Engineering*	2015
Detecting the Intellectual Structure of Library and Information Science Based on Formal Concept Analysis	Liu, Ping; Wu, Qiong; Mu, Xiangming; Yu, Kaipeng; Guo, Yiting	*Scientometrics*	2015
Diversity of Individual Research Disciplines in Scientific Funding	Wu, Jiang; Jin, Miao; Ding, Xiu-Hao	*Scientometrics*	2015

续表

论文题目	作者	发表刊物/论文集	发表时间
Breadth and Depth of Citation Distribution	Yang, Siluo; Han, Ruizhen	*Information Processing & Management*	2015
User Satisfaction Evaluation of Microblogging Services in China: Using the Tetra-Class Model	Hu, Chang-Ping; Yan, Wei-Wei; Hu, Yuan	*Behaviour & Information Technology*	2015
Understanding Information Seeking in Digital Libraries: Antecedents and Consequences	Zha, Xianjin; Wang, Wentao; Yan, Yalan; Zhang, Jinchao; Zha, Daochen	*Aslib Journal of Information Management*	2015
A Novel Server Selection Approach for Mobile Cloud Streaming Service	Liu, Ran; Yuan, Xiaoqun; Xu, Jie; Chen, Jianguo; Zeng, Yuanxiang; Cao, Meng; Liu, Jinhong; Xu, Lifang; Fang, Qing	*Simulation Modelling Practice and Theory*	2015
Comparative Study on the Obsolescence of Humanities and Social Sciences in China: Under the New Situation of Web	Song, Yanhui; Ma, Feng; Yang, Siluo	*Scientometrics*	2015
Does the Average JIF Percentile Make a Difference?	Yu, Liping; Yu, Houqiang	*Scientometrics*	2016
A User-Oriented Resource Scheduling Method for Improving Agile Software Pattern in Cloud Environment	Long Fei; Yang Chang; Rong Hui-gui; Li Jian-fang	*Journal of Central South University*	2016
Visibility Graph Analysis of Very Short-Term Heart Rate Variability During Sleep	Hou, F. Z.; Li, F. W.; Wang, J.; Yan, F. R.	*Physica A—Statistical Mechanics and Its Applications*	2016
Context-Awareness Based Personalized Recommendation of Anti-Hypertension Drugs	Chen, Dexin; Jin, Dawei; Goh, Tiong-Thye; Li, Na; Wei, Leiru	*Journal of Medical Systems*	2016

续表

论文题目	作者	发表刊物/论文集	发表时间
Magnetic Nanoparticles Research: A Scie-ntometric Analysis of Development Trends and Research Fronts	Liu, Ping; Chen, Bao-Li; Liu, Kan; Xie, Hao	*Scientometrics*	2016
Characteristics of Ultrafine Particles and Their Relationships with Meteorological Factors and Trace Gases in Wuhan, Central China	Zhang, Tianhao; Zhu, Zhongmin; Gong, Wei; Xiang, Hao; Li, Ying; Cui, Zhenzhen	*Atmosphere*	2016
An Evolutionary Analysis of Collaboration Networks in Scientometrics	Zhao, Yuehua; Zhao, Rongying	*Scientometrics*	2016
Predicting Drug Target Interactions Using Meta-Path-Based Semantic Network Analysis	Fu, Gang; Ding, Ying; Seal, Abhik; Chen, Bin; Sun, Yizhou; Bolton, Evan	*Bmc Bioinformatics*	2016
The Privacy-Personalization Paradox in Mhealth Services Acceptance of Different Age Groups	Guo, Xitong; Zhang, Xiaofei; Sun, Yongqiang	*Electronic Commerce Research and Applications*	2016
Meta-Operation Conflict Resolution for Human-Human Interaction in Collaborative Feature-Based CAD Systems	Cheng, Yuan; He, Fazhi; Wu, Yiqi; Zhang, Dejun	*Cluster Computing—The Journal of Networks Software Tools and Applications*	2016
Visualizing the Intellectual Structure of Information Science (2006—2015): Introducing Author Keyword Coupling Analysis	Yang, Siluo; Han, Ruizhen; Wolfram, Dietmar; Zhao, Yuehua	*Journal of Informetrics*	2016
A Study on Location-Based Mobile Map Search Behavior	Wu, Dan; Qiao, Rui; Li, Yi	*Program-Electronic Library and Information Systems*	2016
Exploring Digital Library Usage for Getting Information From the ELM Perspective the Moderating Effect of Information Need	Zha, Xianjin; Li, Li; Yan, Yalan; Wang, Qian; Wang, Gang	*Aslib Journal of Information Management*	2016

续表

论文题目	作者	发表刊物/论文集	发表时间
Barriers to Knowledge Sharing in Chinese Healthcare Referral Services: An Emergent Theoretical Model	Zhou, Lihong; Nunes, Miguel Baptista	*Global Health Action*	2016
Traffic Matrix Estimation: A Neural Network Approach with Extended Input and Expectation Maximization Iteration	Zhou, Haifeng; Tan, Liansheng; Zeng, Qian; Wu, Chunming	*Journal of Network and Computer Applications*	2016
Soc-Constrained Team Formation With Self-Organizing Mechanism in Social Networks	Shi, Yuling; Peng, Zhiyong; Hong, Liang; Yu, Qian	*Knowledge-Based Systems*	2017
Profit Guided or Statistical Error Guided? A Study of Stock Index Forecasting Using Support Vector Regression	Hu, Zhongyi; Bao, Yukun; Chiong, Raymond; Xiong, Tao	*Journal of Systems Science & Complexity*	2017
An Efficient Provably-Secure Identity-Based Authentication Scheme Using Bilinear Pairings for Ad Hoc Network	Wu, Libing; Wang, Jing; Choo, Kim-Kwang Raymond; Li, Yuangang; He, Debiao	*Journal of Information Security and Applications*	2017
Technical Attributes, Health Attribute, Consumer Attributes and Their Roles in Adoption Intention of Healthcare Wearable Technology	Zhang, Min; Luo, Meifen; Nie, Rui; Zhang, Yan	*International Journal of Medical Informatics*	2017
Mining Author Relationship in Scholarly Networks Based on Tripartite Citation Analysis	Wang, Feifei; Wang, Xiaohan; Yang, Siluo	*Plos One*	2017
Understanding the Topic Evolution in a Scientific Domain: An Exploratory Study for the Field of Information Retrieval	Chen, Baitong; Tsutsui, Satoshi; Ding, Ying; Ma, Feicheng	*Journal of Informetrics*	2017

续表

论文题目	作者	发表刊物/论文集	发表时间
Adaptive Sampling for Urban Air Quality Through Participatory Sensing	Zeng, Yuanyuan; Xiang, Kai	*Sensors*	2017
Community Evolution Analysis Based on Co-Author Network: A Case Study of Academic Communities of the Journal of "Annals of the Association of American Geographers"	Zheng, Jie; Gong, Jianya; Li, Rui; Hu, Kai; Wu, Huayi; Yang, Siluo	*Scientometrics*	2017
A Game Theory-Based Dynamic Resource Allocation Strategy in Geo-Distributed Datacenter Clouds	Yuan, Xiaoqun; Min, Geyong; Yang, Laurence T.; Ding, Yi; Fang, Qing	*Future Generation Computer Systems—The International Journal of Escience*	2017
Subsidy Scheme or Price Discount Scheme? Mass Adoption of Electric Vehicles Under Different Market Structures	Shao, Lulu; Yang, Jun; Zhang, Min	*European Journal of Operational Research*	2017
Similarity-Based Link Prediction in Social Networks: A Path and Node Combined Approach	Yu, Chuanming; Zhao, Xiaoli; An, Lu; Lin, Xia	*Journal of Information Science*	2017
A Computational Model for the Automatic Diagnosis of Attention Deficit Hyperactivity Disorder Based on Functional Brain Volume	Tan, Lirong; Guo, Xinyu; Ren, Sheng; Epstein, Jeff N.; Lu, Long J.	*Frontiers in Computational Neuroscience*	2017
Pricing, Collecting and Contract Design in a Reverse Supply Chain with Incomplete Information	Zheng, Benrong; Yang, Chao; Yang, Jun; Zhang, Min	*Computers & Industrial Engineering*	2017
Academic Impact Evaluation of Wechat in View of Social Media Perspective	Zhao, Rongying; Wei, Mingkun	*Scientometrics*	2017
Diagnosing Autism Spectrum Disorder From Brain Resting-State Functional Connectivity Patterns Using a Deep Neural Network with A Novel Feature Selection Method	Guo, Xinyu; Dominick, Kelli C.; Minai, Ali A.; Li, Hailong; Erickson, Craig A.; Lu, Long J.	*Frontiers in Neuroscience*	2017

续表

论文题目	作者	发表刊物/论文集	发表时间
Multiplicity and Uncertainty: Media Coverage of Autism Causation	Zhai, Yujia; Sun, Shaojing; Wang, Fang; Ding, Ying	*Journal of Informetrics*	2017
Topic Scientific Community in Science: A Combined Perspective of Scientific Collaboration and Topics	Mao, Jin; Cao, Yujie; Lu, Kun; Li, Gang	*Scientometrics*	2017
Understanding the Impact Change of a Highly Cited Article: A Content-Based Citation Analysis	Lu, Chao; Ding, Ying; Zhang, Chengzhi	*Scientometrics*	2017
A Cloud-Based Taxi Trace Mining Framework for Smart City	Liu, Jin; Yu, Xiao; Xu, Zheng; Choo, Kim-Kwang Raymond; Hong, Liang; Cui, Xiaohui	*Software-Practice & Experience*	2017
Optimal Planning of Swapping/Charging Station Network with Customer Satisfaction	Yang, Jun; Guo, Fang; Zhang, Min	*Transportation Research Part E-Logistics and Transportation Review*	2017
Discovering the Interdisciplinary Nature of Big Data Research Through Social Network Analysis and Visualization	Hu, Jiming; Zhang, Yin	*Scientometrics*	2017
Global Science Discussed in Local Altmetrics: Weibo and Its Comparison with Twitter	Yu, Houqiang; Xu, Shenmeng; Xiao, Tingting; Hemminger, Brad M.; Yang, Siluo	*Journal of Informetrics*	2017
How Virtual Reality Affects Perceived Learning Effectiveness: A Task-Technology Fit Perspective	Zhang, Xi; Jiang, Shan; Ordonez de Pablos, Patricia; Lytras, Miltiadis D.; Sun, Yongqiang	*Behaviour & Information Technology*	2017

续表

论文题目	作者	发表刊物/论文集	发表时间
Efficient Cache Management for Network-Coding-Assisted Data Broadcast	Chen, Jun; Lee, Victor C. S.; Liu, Kai; Li, Jianjun	*IEEE Transactions on Vehicular Technology*	2017
Mapping Atheroprotective Functions and Related Proteins/Lipoproteins in Size Fractionated Human Plasma	Swertfeger, Debi K.; Li, Hailong; Rebholz, Sandra; Zhu, Xiaoting; Shah, Amy S.; Davidson, W. Sean; Lu, Long J.	*Molecular & Cellular Proteomics*	2017
Context of Altmetrics Data Matters: An Investigation of Count Type and User Category	Yu, Houqiang	*Scientometrics*	2017
Estimating Participants for Knowledge-Intensive Tasks in a Network of Crowdsourcing Marketplaces	Gong, Yiwei	*Information Systems Frontiers*	2017
Gaining Consensus in a Moderated Group: A Model with a Twofold Feedback Mechanism	Dong, Qingxing; Zhu, Keyu; Cooper, Orrin	*Expert Systems With Applications*	2017
The Relationship Between the Author Byline and Contribution Lists: A Comparison of Three General Medical Journals	Yang, Siluo; Wolfram, Dietmar; Wang, Feifei	*Scientometrics*	2017
Standing on the Shoulders of Giants	Amjad, Tehmina; Ding, Ying; Xu, Jian; Zhang, Chenwei; Daud, Ali; Tang, Jie; Song, Min	*Journal of Informetrics*	2017

续表

论文题目	作者	发表刊物/论文集	发表时间
Impact Evaluation of Open Source Software: An Altmetrics Perspective	Zhao, Rongying; Wei, Mingkun	*Scientometrics*	2017
Patient-Centered Knowledge Sharing in Healthcare Organizations: Identifying the External Barriers	Zhou, Lihong	*Informatics for Health & Social Care*	2017
Publish or Impoverish an Investigation of the Monetary Reward System of Science in China (1999—2016)	Quan, Wei; Chen, Bikun; Shu, Fei	*Aslib Journal of Information Management*	2017
A Stable Marriage-Based Request Routing Framework for Interconnection Cdns	Huang, Bo; Zou, Lijian; Tong, Xiaowen; Yuan, Xiaoqun	*Turkish Journal of Electrical Engineering and Computer Sciences*	2017
Decision Quality and Satisfaction: The Effects of Online Information Sources and Self-Efficacy	Yan, Yalan; Zhang, Xi; Zha, Xianjin; Jiang, Tingting; Qin, Ling; Li, Zhiyuan	*Internet Research*	2017
Analysis of the Virtual Learning Community User Adoption Behavior Based on Perceived Risk	Xie, Aiping	*Biomedical Research-India*	2017
Dual-Channel Closed Loop Supply Chains: Forward Channel Competition, Power Structures and Coordination	Zheng, Benrong; Yang, Chao; Yang, Jun; Zhang, Min	*International Journal of Production Research*	2017
Why Users Purchase Virtual Products in MMORPG? An Integrative Perspective of Social Presence and User Engagement	Jin, Wei; Sun, Yongqiang; Wang, Nan; Zhang, Xi	*Internet Research*	2017
Where and How Early Career Researchers Find Scholarly Information	David Nicholas Cherifa Boukacem-Zeghmouri Blanca Rodríguez-Bravo Jie Xu Anthony Watkinson A. Abrizah Eti Herman Marzena Świgoń	*Learned Publishing*	2017

续表

论文题目	作者	发表刊物/论文集	发表时间
Antecedents of Employees' Extended Use of Enterprise Systems: An Integrative View of Person, Environment, and Technology	Peng, Zeyu; Sun, Yongqiang; Guo, Xitong	*International Journal of Information Management*	2018
A Prioritization-Based Analysis of Local Open Government Data Portals: A Case Study of Chinese Province-Level Governments	Wang, Di; Chen, Chuanfu; Richards, Deborah	*Government Information Quarterly*	2018
A Value-Justice Model of Knowledge Integration in Wikis: The Moderating Role of Knowledge Equivocality	Wang, Nan; Sun, Yongqiang; Shen, Xiao-Liang; Zhang, Xi	*International Journal of Information Management*	2018
What Factors Influence the Mobile Health Service Adoption? A Meta-analysis and the Moderating Role of Age	Zhao, Yang; Ni, Qi; Zhou, Ruoxin	*International Journal of Information Management*	2018
Number Versus Structure: Towards Citing Cascades	Huang, Yong; Bu, Yi; Ding, Ying; Lu, Wei	*Scientometrics*	2018
Mapping the Study of Learning Analytics in Higher Education	Zhang, Jinzhuo; Zhang, Xi; Jiang, Shan; Ordonez de Pablos, Patricia; Sun, Yongqiang	*Behaviour & Information Technology*	2018
Understanding the Formation of Interdisciplinary Research From the Perspective of Keyword Evolution: A Case Study on Joint Attention	Xu, Jian; Bu, Yi; Ding, Ying; Yang, Sinan; Zhang, Hongli; Yu, Chen; Sun, Lin	*Scientometrics*	2018
Time and Location Aware Points of Interest Recommendation in Location-Based Social Networks	Qian, Tie-Yun; Liu, Bei; Hong, Liang; You, Zhen-Ni	*Journal of Computer Science and Technology*	2018

续表

论文题目	作者	发表刊物/论文集	发表时间
A Comparison of Two Approaches for Measuring Interdisciplinary Research Output: The Disciplinary Diversity of Authors vs the Disciplinary Diversity of the Reference List	Abramo, Giovanni; D'Angelo, Ciriaco Andrea; Zhang, Lin	*Journal of Informetrics*	2018
Image Annotation Tactics: Transitions, Strategies and Efficiency	Chen, Jing; Wang, Dan; Xie, Iris; Lu, Quan	*Information Processing & Management*	2018
Innovation or Imitation: The Diffusion of Citations	Min, Chao; Ding, Ying; Li, Jiang; Bu, Yi; Pei, Lei; Sun, Jianjun	*Journal of the Association for Information Science and Technology*	2018
Interdisciplinarity and Collaboration: on the Relationship Between Disciplinary Diversity in Departmental Affiliations and Reference Lists	Zhang, Lin; Sun, Beibei; Chinchilla-Rodriguez, Zaida; Chen, Lixin; Huang, Ying	*Scientometrics*	2018
Non-Contact Body Measurement for Qinchuan Cattle with Lidar Sensor	Huang, Lvwen; Li, Shuqin; Zhu, Anqi; Fan, Xinyun; Zhang, Chenyang; Wang, Hongyan	*Sensors*	2018
How Knowledge Contributor Characteristics and Reputation Affect User Payment Decision in Paid Q&A? An Empirical Analysis From the Perspective of Trust Theory	Zhao, Yang; Zhao, Yu; Yuan, Xini; Zhou, Ruoxin	*Electronic Commerce Research and Applications*	2018
Knowledge Communication on Social Media: A Case Study of Biomedical Science on Baidu Baike	Cheng, Ni; Dong, Ke	*Scientometrics*	2018
Topology-Driven Trend Analysis for Drug Discovery	Lv, Yanhua; Ding, Ying; Song, Min; Duan, Zhiguang	*Journal of Informetrics*	2018

续表

论文题目	作者	发表刊物/论文集	发表时间
Central or Peripheral? Cognition Elaboration Cues' Effect on Users' Continuance Intention of Mobile Health Applications in the Developing Markets	Chen, Yuan; Yang, Lvle; Zhang, Min; Yang, Jun	*International Journal of Medical Informatics*	2018
Chinese Scholars in China and Overseas: Comparative Analysis on Research Productivity and Impact	Lou, Wen; Wang, Hui; Yang, Siluo	*Current Science*	2018
Using the Appearance of Citations in Full Text on Author Co-Citation Analysis	Bu, Yi; Wang, Binglu; Huang, Win-bin; Che, Shangkun; Huang, Yong	*Scientometrics*	2018
Additive Consistency Analysis and Improvement for Hesitant Fuzzy Preference Relations	Zhang, Zhen; Kou, Xinyue; Dong, Qingxing	*Expert Systems with Applications*	2018
Channel Integration Quality, Perceived Fluency and Omnichannel Service Usage: The Moderating Roles of Internal and External Usage Experience	Shen, Xiao-Liang; Li, Yang-Jun; Sun, Yongqiang; Wang, Nan	*Decision Support Systems*	2018
Predicting Future Rumours	Qin Yumeng; Wurzer, Dominik; Tang Cunchen	*Chinese Journal of Electronics*	2018
Difference in the Impact of Open-Access Papers Published by China and the USA	Yang, Siluo; Xing, Xin; Wolfram, Dietmar	*Scientometrics*	2018
Mining Event-Oriented Topics in Microblog Stream with Unsupervised Multi-View Hierarchical Embedding	Peng, Min; Zhu, Jiahui; Wang, Hua; Li, Xuhui; Zhang, Yanchun; Zhang, Xiuzhen; Tian, Gang	*Acm Transactions on Knowledge Discovery From Data*	2018

续表

论文题目	作者	发表刊物/论文集	发表时间
Analyzing the Follower-Followee Ratio to Determine User Characteristics and Institutional Participation Differences Among Research Universities on Researchgate	Yan, Weiwei; Zhang, Yin; Bromfield, Wendy	*Scientometrics*	2018
Functional Structure Identification of Scientific Documents in Computer Science	Lu, Wei; Huang, Yong; Bu, Yi; Cheng, Qikai	*Scientometrics*	2018
Mechanism and Policy Combination of Technical Sustainable Entrepreneurship Crowdfunding in China: A System Dynamics Analysis	Chen, Jun; Chen, Long; Chen, Jiyong; Xie, Kefan	*Journal of Cleaner Production*	2018
Evaluation of Service Quality in Facebook-Based Group-Buying	Hsu, Shih-Wei; Qing, Fang; Wang, Chien-Chih; Hsieh, Hsin-Ling	*Electronic Commerce Research and Applications*	2018
Cyber Incivility and Negative Affect: the Moderating Effects of Personality Traits and Workload	Zou, J.; Yan, Y.	*Basic & Clinical Pharmacology & Toxicology*	2018
Ranking Themes on Co-Word Networks: Exploring the Relationships Among Different Metrics	Zhao Wanying; Mao Jin; Lu Kun	*Information Processing & Management*	2018
Measuring the Diffusion of an Innovation: A Citation Analysis	Zhai, Yujia; Ding, Ying; Wang, Fang	*Journal of the Association for Information Science and Technology*	2018
Understanding Persistent Scientific Collaboration	Bu, Yi; Ding, Ying; Liang, Xingkun; Murray, Dakota S.	*Journal of the Association for Information Science and Technology*	2018
A Domain Keyword Analysis Approach Extending Term Frequency-Keyword Active Index With Google Word2Vec Model	Hu, Kai; Wu, Huayi; Qi, Kunlun; Yu, Jingmin; Yang, Siluo; Yu, Tianxing; Zheng, Jie; Liu, Bo	*Scientometrics*	2018

续表

论文题目	作者	发表刊物/论文集	发表时间
Identifying the "Ghost City" of Domain Topics in a Keyword Semantic Space Combining Citations	Hu，Kai；Qi，Kunlun；Yang，Siluo；Shen，Shengyu；Cheng，Xiaoqiang；Wu，Huayi；Zheng，Jie；McClure，Stephen；Yu，Tianxing	*Scientometrics*	2018
Research Universities on the Researchgate Social Networking Site：An Examination of Institutional Differences，Research Activity Level，And Social Networks Formed	Yan，Weiwei；Zhang，Yin	*Journal of Informetrics*	2018
Measuring the Stability of Scientific Collaboration	Bu，Yi；Murray，Dakota S.；Ding，Ying；Huang，Yong；Zhao，Yiming	*Scientometrics*	2018
A Low-Cost Named Entity Recognition Research Based on Active Learning	Huang，Han；Wang，Hongyu；Jin，Dawei	*Scientific Programming*	2018
Understanding the Trust Building Mechanisms in Social Media：Regulatory Effectiveness，Trust Transfer，and Gender Difference	Sun，Yongqiang；Zhang，Yan；Shen，Xiao-Liang；Wang，Nan；Zhang，Xi；Wu，Yanqiu	*Aslib Journal of Information Management*	2018
Topical Evolution Patterns and Temporal Trends of Microblogs on Public Health Emergencies：An Exploratory Study of Ebola on Twitter and Weibo	An，Lu；Yu，Chuanming；Lin，Xia；Du，Tingyao；Zhou，Liqin；Li，Gang	*Online Information Review*	2018
Comparing the Web and Mobile Platforms of a Social Q&A Service From the User's Perspective	Chen，Xiaoyu；Chua，Alton Y. K.；Deng，Shengli	*Aslib Journal of Information Management*	2018

续表

论文题目	作者	发表刊物/论文集	发表时间
Collaborative Information Searching as Learning in Academic Group Work	Wu, Dan; Liang, Shaobo; Yu, Wenting	*Aslib Journal of Information Management*	2018
A Document Expansion Framework for Tag-Based Image Retrieval	Lu, Wei; Ding, Heng; Jiang, Jiepu	*Aslib Journal of Information Management*	2018
Wearable Health Information Systems Intermittent Discontinuance: A Revised Expectation-Disconfirmation Model	Shen, Xiao-Liang; Li, Yang-Jun; Sun, Yongqiang	*Industrial Management & Data Systems*	2018
High-Density Lipoproteins-Associated Proteins and Subspecies Related to Arterial Stiffness in Young Adults With Type 2 Diabetes Mellitus	Zhu, Xiaoting; Shah, Amy S.; Swertfeger, Debi K.; Li, Hailong; Ren, Sheng; Melchior, John T.; Gordon, Scott M.; Davidson, W. Sean; Lu, L. Jason	*Complexity*	2018
Temporality-Enhanced Knowledge Memory Network for Factoid Question Answering	Duan, Xin-yu; Tang, Si-liang; Zhang, Sheng-yu; Zhang, Yin; Zhao, Zhou; Xue, Jian-ru; Zhuang, Yue-ting; Wu, Fei	*Frontiers of Information Technology & Electronic Engineering*	2018
Understanding Scientific Collaboration: Homophily, Transitivity, And Preferential Attachment	Zhang, Chenwei; Bu, Yi; Ding, Ying; Xu, Jian	*Journal of the Association for Information Science and Technology*	2018
Understanding Success Through the Diversity of Collaborators and the Milestone of Career	Bu, Yi; Ding, Ying; Xu, Jian; Liang, Xingkun; Gao, Gege; Zhao, Yiming	*Journal of the Association for Information Science and Technology*	2018

续表

论文题目	作者	发表刊物/论文集	发表时间
The Interaction Effects of Information Cascades, Word of Mouth and Recommendation Systems on Online Reading Behavior: An Empirical Investigation	Liu, Qihua; Zhang, Xiaoyu; Zhang, Liyi; Zhao, Yang	Electronic Commmerce Research	2019
A Diary Study of Information Encountering Triggered by Visual Stimuli on Micro-blogging Services	Jiang, TT; Guo, Q; Xu, YP; Fu, ST	Information Processing & Management	2019
Exploratory Study of Cross-device Search Tasks	Wu, D; Dong, J; Liu, CX	Information Processing & Management	2019
Motivating Scholars' Responses in Academic Social Networking Sites: An Empirical Study on ResearchGate Q & A Behavior	Deng, SL; Tong, JJ; Lin, YQ; Li, HX; Liu, Y	Information Processing & Management	2019
A Hybrid IT Framework for Identifying High-quality Physicians Using Big Data Analytics	Ye, Y; Zhao, Y; Shang, J; Zhang, LY	International Journal of Information Management	2019
The Value of and Myths about Enterprise Architecture	Gong, YW; Janssen, M	International Journal of Information Management	2019
Measuring Scientific Contributions with Modified Fractional Counting	Sivertsen, G; Rousseau, R; Zhang, L	Journal of Informetrics	2019
A Hierarchical Approach to Analyzing Knowledge Integration between Two Fieldsa Case Study on Medical Informatics and Computer Science	Ba, ZC; Cao, YJ; Mao, J; Li, G	Scientometrics	2019
On the Development of China's Leadership in International Collaborations	Quan, W; Mongeon, P; Sainte-Marie, M; Zhao, RY; Lariviere, V	Scientometrics	2019

续表

论文题目	作者	发表刊物/论文集	发表时间
Development Strategy and Collaboration Preference in S&T of Enterprises Based on Funded Papers: A Case Study of Google	Zhao, RY; Li, XL; Liang, ZS; Li, DY	Scientometrics	2019
Evaluation and Comparison of Influence in International Open Access Journals between China and USA	Zhao, RY; Wang, X	Scientometrics	2019

附录6　学院教师重要科研获奖(部分)简表

奖励名称	成果名称	获奖作者	发证机关	获奖日期	获奖等级
湖北省科学技术成果	《SDI—EC1022b 计算机情报检索程序》	陈光祚、唐胜群、张玉峰等	湖北省人民政府	1984	三等奖
湖北省社会科学优秀成果	《信息服务与用户研究》	胡昌平	湖北省人文社会科学基金会	1995	二等奖
人文社会科学研究优秀成果	《信息服务与用户研究》	胡昌平	国家教委	1995	二等奖
人文社会科学研究优秀成果奖	《书目情报需求与服务研究》	彭斐章	国家教委	1995	二等奖
湖北省科学技术进步奖	《市场经济中科技信息(情报)工作机制研究》	胡昌平	湖北省人民政府	1998	二等奖
普通高等学校第二届人文社会科学研究成果奖	《现代情报学理论》	严怡民	教育部	1998	二等奖
普通高等学校第二届人文社会科学研究成果奖	《中国印刷术的起源》	曹　之	教育部	1998	二等奖
湖北省社会科学优秀成果奖	《信息管理科学导论》	胡昌平	湖北省人民政府	2001	二等奖
湖北省社会科学优秀成果奖	《数字时代信息管理专业计算机系列课程教学改革与创新》	张玉峰	湖北省人民政府	2001	一等奖
湖北省社会科学优秀成果奖	《电子邮件管理》	刘家真	湖北省人民政府	2001	三等奖
湖北省社会科学优秀成果奖	《关于图书发行商流与物流一体化经营的探讨》	张美娟	湖北省人民政府	2001	三等奖

续表

奖励名称	成果名称	获奖作者	发证机关	获奖日期	获奖等级
湖北省社会科学优秀成果奖	《信息网络文献数据库设计的思考》	董　慧	湖北省人民政府	2001	三等奖
湖北省社会科学优秀成果奖	《中国文献计量学，科学计量学教育的兴起和发展》	邱均平	湖北省人民政府	2001	三等奖
湖北省社会科学优秀成果奖	《图书发行教程》	罗紫初	湖北省人民政府	2001	三等奖
湖北省社会科学优秀成果奖	《试论中国古籍编撰的特点》	曹　之	湖北省人民政府	2001	二等奖
湖北省社会科学优秀成果奖	《高新技术知识产权研究的紧迫性，目标与国际趋势》	陈传夫	湖北省人民政府	2001	二等奖
湖北省社会科学优秀成果奖	《信息管理科学导论》	胡昌平	湖北省人民政府	2001	二等奖
湖北省社会科学优秀成果奖	《面向高速信息网络的信息资源管理(系列论文)》	马费成	湖北省人民政府	2001	一等奖
第三届中国高校人文社会科学优秀成果奖	《信息经济学》	马费成	教育部	2003	三等奖
第三届中国高校人文社会科学优秀成果奖	《科学研究与开发中的信息保障》	彭斐章	教育部	2003	其他奖
第三届中国高校人文社会科学优秀成果奖	《中国古籍编撰史》	曹　之	教育部	2003	二等奖
湖北省第三届人文社科优秀成果奖	《集成管理：出版集团制胜之道》	朱静雯	湖北省人民政府	2003	三等奖
湖北省第三届人文社科优秀成果奖	《高新技术与知识产权法》	陈传夫	湖北省人民政府	2003	三等奖
湖北省第三届人文社科优秀成果奖	《信息资源网络化对经济和社会发展的影响及对策》	邱均平	湖北省人民政府	2003	一等奖
湖北省第三届人文社科优秀成果奖	《科学信息离散分布的规律研究》	马费成	湖北省人民政府	2003	三等奖

续表

奖励名称	成果名称	获奖作者	发证机关	获奖日期	获奖等级
湖北省第四届人文社科优秀成果奖	《信息服务的社会监督》	胡昌平	湖北省人民政府	2004	三等奖
湖北省第四届人文社科优秀成果奖	《基于学习的智能检索机制研究》	张玉峰	湖北省人民政府	2004	二等奖
湖北省科学技术进步奖	《信息资源知识产权管理理论及其在国家数字图书馆系列工程中的应用》	陈传夫	湖北省人民政府	2004	二等奖
湖北省科学技术进步奖	《潜江市区域信息化研究》	马费成	湖北省科学技术厅	2005	二等奖
国家科学技术进步二等奖	《信息化基础结构知识产权管理理论及其在数字图书馆工程中的应用》	黄先蓉	科技部	2006	二等奖
科技进步奖	《信息化基础结构知识产权管理理论及其在数字图书馆工程中的应用》	陈传夫	教育部	2006	二等奖
教育部第四届人文社科优秀成果奖	《NSTL 知识产权对策(研究咨询报告)》	陈传夫	教育部	2006	三等奖
教育部第四届人文社科优秀成果奖	《中国信息政策与法规建设的现状评价及对策研究——基于“中国信息法规数据库”的实证分析(《情报学报》2004，Vol. 30，No(4))》	马费成	教育部	2006	三等奖
高等学校优秀科研成果奖(科技进步)	《企业竞争情报理论与应用系统研究》	李　纲	教育部	2008	一等奖
第六届湖北省社会科学优秀成果奖	《国家可持续发展中的图书情报事业战略分析(系列论文)》	胡昌平，谷　斌，贾君枝	湖北省人民政府	2009	三等奖
第六届湖北省社会科学优秀成果奖	《网络信息计量学研究(系列论文)》	邱均平，赵蓉英，段宇峰	湖北省人民政府	2009	三等奖

续表

奖励名称	成果名称	获奖作者	发证机关	获奖日期	获奖等级
高等学校科学研究优秀成果奖(人文社会科学)	《概念地图在知识表示和知识评价中的应用》	马费成	教育部	2009	一等奖
高等学校科学研究优秀成果奖(人文社会科学)	《图书馆业态的变化与发展趋势》	陈传夫	教育部	2009	一等奖
高等学校科学研究优秀成果奖(人文社会科学)	《基于本体的数字图书馆信息检索模型研究》	董　慧	教育部	2009	三等奖
高等学校科学研究优秀成果奖(人文社会科学)	《四库全书总目编纂考》	司马朝军	教育部	2009	三等奖
高等学校科学研究优秀成果奖(人文社会科学)	《可移动文化遗产保护策略》	周耀林	教育部	2009	三等奖
湖北省科技进步奖	《中国大学评价管理及智能服务系统研究》	邱均平	湖北省人民政府	2009	三等奖
湖北省第七届社科优秀成果奖	《信息资源知识产权制度研究》	陈传夫，黄先蓉，沈仁干，蒋志培，冉从敬	湖北省人民政府	2011	二等奖
湖北省第七届社科优秀成果奖	《信息资源管理原理》	胡昌平，邓胜利，张　敏，赵　杨，赵雪芹	湖北省人民政府	2011	三等奖
湖北省第七届社科优秀成果奖	《我国图书馆学专业教育与职业需求的调查与分析(系列论文)》	肖希明，黄如花，司　莉	湖北省人民政府	2011	三等奖
第六届高等学校科学研究优秀成果奖(人文社科)	《IRM-KM 范式与情报学发展研究》	马费成	教育部	2012	二等奖

续表

奖励名称	成果名称	获奖作者	发证机关	获奖日期	获奖等级
第六届高等学校科学研究优秀成果奖(人文社科)	《信息资源知识产权制度研究》	陈传夫	教育部	2012	二等奖
第六届高等学校科学研究优秀成果奖(人文社科)	《评价学：理论·方法·实践》	邱均平，文庭孝	教育部	2012	三等奖
湖北省第八届社科优秀成果奖	《信息资源建设的变革与发展》	肖希明	湖北省政府	2013	三等奖
第七届高等学校科学研究优秀成果奖(人文社科)	《图书馆员去职业化问题、原因及对策研究》	陈传夫	教育部	2015	二等奖
第七届高等学校科学研究优秀成果奖(人文社科)	《创新型国家的知识信息服务体系研究》	胡昌平	教育部	2015	三等奖
第七届高等学校科学研究优秀成果奖(人文社科)	《人文社会科学评价理论与实践(上、下册)》	邱均平	教育部	2015	二等奖
湖北省第九届社科优秀成果奖	《民国出版史》	吴永贵	湖北省人民政府	2015	一等奖
湖北省第九届社科优秀成果奖	《人文社会科学评价理论与实践(上、下册)》	邱均平，谭春辉，任全娥	湖北省人民政府	2015	一等奖
湖北省第九届社科优秀成果奖	《图书馆员去职业化问题、原因及对策研究》	陈传夫，王云娣，盛　钊，丁　宁	湖北省人民政府	2015	二等奖
湖北省社会科学优秀成果奖	*Analyzing Evolution of Research Topics with NEViewer：A New Method Based on Dynamic Co-word Networks*	程齐凯	湖北省社会科学优秀成果评审办公室	2016	二等奖

续表

奖励名称	成果名称	获奖作者	发证机关	获奖日期	获奖等级
湖北省高等学校人文社科优秀成果奖	*A PSO and Pattern Search Based Memetic Algorithm for SVMs Parameters Optimization*	胡忠义	湖北省教育厅	2016	二等奖
湖北省社会科学优秀成果奖	《学术文本的结构功能识别与检索建模》	程齐凯	湖北省社会科学优秀成果评审办公室	2016	二等奖
国家档案局2016年优秀科技成果奖励	《面向公众需求的数字档案资源建设与服务研究》	周耀林	国家档案局	2016	三等奖
湖北省社会科学优秀成果奖	*Collective Dynamics in Knowledge Networks: Emerging Trends Analysis*	姜婷婷	湖北省社会科学优秀成果评审办公室	2016	三等奖
湖北省社会科学研究优秀成果奖	*Analyzing Evolution of Research Topics with NEViewer: A New Method Based on Dynamic Co-word Networks*	王晓光	湖北省社科联	2016	二等奖
第四届全国高等学校自制实验教学仪器设备评选活动	《WHU-POMS大数据舆情分析平台》	陆　伟	中国高等教育学会	2016	三等奖
第十届湖北省社会科学优秀成果奖	*Multi-Step-Ahead Time Series Prediction Using Multiple-Output Support Vector Regression*	胡忠义	湖北省人民政府	2016	三等奖
第十届湖北省社会科学优秀成果奖	《创新型国家的信息服务与保障研究》	邓胜利	湖北省人民政府	2016	二等奖
中国信息经济学2011—2015理论贡献奖	*User Satisfaction with Information Technology Service Delivery: A Social Capital Perspective*	孙永强	中国信息经济学会(国家一级学会)	2016	二等奖
湖北省第十六届自然科学优秀论文奖	*Consumer's Decisions in Social Commerce Context: An Empirical Investigation*	陈　君	湖北省科协，科技厅	2016	二等奖

续表

奖励名称	成果名称	获奖作者	发证机关	获奖日期	获奖等级
第十届湖北省社会科学优秀成果奖	《纸质资源和电子资源关联度对易用性和有用性转移的调节效果研究(系列论文)》	查先进	湖北省人民政府	2016	三等奖
第十届湖北省社会科学优秀成果奖	《知识计量学》	邱均平	湖北省人民政府	2016	二等奖
第十届湖北省社会科学优秀成果奖	《创新型国家的信息服务与保障研究》	胡昌平	湖北省人民政府	2016	二等奖
第十届湖北省社会科学优秀成果奖	《学术文本的结构功能识别与检索建模研究(系列论文)》	陆　伟	湖北省人民政府	2016	二等奖
第十届湖北省社会科学优秀成果奖	《成本收益权衡视角下的交易型虚拟社区知识贡献者满意度研究》	孙永强	湖北省人民政府	2016	三等奖
第十届湖北省社会科学优秀成果奖	《多语言网络学术信息挖据与检索》	吴　丹	湖北省人民政府	2016	二等奖
第十届湖北省社会科学优秀成果奖	《中国古代图书著作权研究》	李明杰	湖北省人民政府	2016	三等奖
第十届湖北省社会科学优秀成果奖	*Analyzing Evolution of Research Topics with Neviewer: A New Method Based on Dynamic Co-word Networks*	王晓光	湖北省人民政府	2016	二等奖
第十届湖北省社会科学优秀成果奖	《纸质资源和电子资源关联度对易用性和有用性转移的调节效果研究》	查先进	湖北省人民政府	2016	三等奖
第六届湖北优秀期刊新人奖	《第六届湖北优秀期刊新人奖》	杨丹丹	湖北省期刊协会	2017	其他奖
青年情报科学家奖	《青年情报科学家奖》	赵一鸣	中国科学技术情报学会	2017	其他奖

续表

奖励名称	成果名称	获奖作者	发证机关	获奖日期	获奖等级
第三届湖北出版政府奖	《优秀人物奖》	方　卿	国家新闻出版广电总局	2017	其他奖
第四届中国出版政府奖	《优秀人物奖》	方　卿	湖北省人民政府	2017	其他奖
湖北省社会科学优秀成果奖	《中国古代图书著作权研究》	李明杰	湖北省人民政府	2017	三等奖
青年情报科学家奖	《青年情报科学家奖》	赵一鸣	中国科学技术情报学会	2017	其他奖
湖北省社会科学优秀成果奖	《创新型国家的信息服务与保障研究》	胡吉明	湖北省人民政府	2017	二等奖
国家档案局优秀科技成果奖	《基于社交媒体的档案信息服务创新研究》	周耀林	国家档案局	2017	三等奖
第十一届湖北省社会科学优秀成果奖	*Inverse Local Context Analysis: A Method for Exhaustively Gathering Documents from Limited Accessible Data Sources*	程齐凯	湖北省人民政府	2018	三等奖
第十一届湖北省社会科学优秀成果奖	*Inverse Local Context Analysis: A Method for Exhaustively Gathering Documents from Limited Accessible Data Sources*	陆　伟，程齐凯，乐兴虎	湖北省人民政府	2018	三等奖
第十一届湖北省社会科学优秀成果奖	《微博环境下用户学术信息搜寻行为影响因素研究》	查先进，张晋朝，严亚兰	湖北省人民政府	2018	三等奖
第十一届湖北省社会科学优秀成果奖	《图像语义信息可视化交互研究》	陆　泉	湖北省人民政府	2018	三等奖
第十一届湖北省社会科学优秀成果奖	《面向全面小康的图书馆常态化转型发展模式探索》	陈传夫，冯昌扬（学生），陈　一（学生）	湖北省人民政府	2018	一等奖

续表

奖励名称	成果名称	获奖作者	发证机关	获奖日期	获奖等级
第十一届湖北省社会科学优秀成果	《微博环境下用户学术信息搜寻行为影响因素研究》	查先进	湖北省人民政府	2018	三等奖
2018年全国情报学博士生学术论坛优秀论文奖	《在线医疗社区患者择医行为影响因素研究》	陆　泉	北京大学信息管理系	2018	一等奖
第八届全国情报学博士生学术论坛优秀论文奖	《基于眼动追踪的文档内信息搜寻用户深、浅阅读行为自动识别研究》	陆　泉	全国图书情报专业学位研究生教育指导委员会	2018	三等奖
湖北省社会科学优秀成果奖	《图像语义信息可视化交互研究》	陆　泉	湖北省人民政府	2018	三等奖
2018年编辑出版优秀论文奖	《语义出版物内容组织架构研究》	王晓光	中国新闻史学会编辑出版研究委员会	2018	其他奖
公共安全科学技术学术年会优秀论文	《突发事件微博主题与情感传播图谱研究》	安　璐	公共安全科学技术学会	2018	其他奖
第十一届湖北省社会科学优秀成果奖	《微博环境下用户学术信息搜寻行为影响因素研究》	张晋朝	湖北省人民政府	2018	三等奖
第十一届湖北省社会科学优秀成果奖	《面向全面小康的图书馆常态化转型发展模式探索》	陈传夫	湖北省人民政府	2018	一等奖
第十一届湖北省社会科学优秀成果奖	《传统专业现代改造融合式教学模式探索——武汉大学图书情报一流人才的培养实践》	陈传夫	湖北省人民政府	2018	一等奖
第八届高等学校科学研究优秀成果奖(人文社会科学)	《面向全面小康的图书馆常态化转型发展模式探索》	陈传夫，冯昌扬，陈　一	中国图书馆学报	2020	二等奖
第八届高等学校科学研究优秀成果奖(人文社会科学)	《学术文本的结构功能识别》	陆　伟，黄　永，程齐凯，桂思思	《情报学报》	2020	二等奖

续表

奖励名称	成果名称	获奖作者	发证机关	获奖日期	获奖等级
第八届高等学校科学研究优秀成果奖(人文社会科学)	*Analyzing Evolution of Research Topics with NEViewer: A New Method Based on Dynamic Co-word Networks*	王晓光，程齐凯，陆 伟	Scientometrics	2020	二等奖
第八届高等学校科学研究优秀成果奖(人文社会科学)	《数据素养教育：大数据时代信息素养教育的拓展》	黄如花，李白杨	《图书情报知识》	2020	三等奖
第八届高等学校科学研究优秀成果奖(人文社会科学)	《图像语义信息可视化交互研究》	陆 泉	国家图书馆出版社	2020	三等奖
第八届高等学校科学研究优秀成果奖(人文社会科学)	*Location Information Disclosure in Location-based Social Network Services: Privacy Calculus, Benefit Structure, and Gender Differences*	孙永强，王 楠，沈校亮，张 兮	Computers in Human Behavior	2020	青年奖
第八届高等学校科学研究优秀成果奖(人文社会科学)	《多语言网络学术信息挖掘与检索》	吴 丹	科学出版社	2020	青年奖
第八届高等学校科学研究优秀成果奖(人文社会科学)	《中外图书情报学科知识图谱比较研究》	杨思洛，韩瑞珍	科学出版社	2020	青年奖

后 记

1920年，武昌文华图书科还像是一个襁褓中的婴儿；2020年，武汉大学信息管理学院已成长为一位朝气蓬勃的俊秀青年。百年来的栉风沐雨，百年来的薪火相传，从昨日的寂寂无闻，到今天的全国领先、世界知名，“智慧与服务”像一盏高悬的明灯，给几代学人指明了砥砺前行的方向。

多少风雨，几度辉煌。值此百年华诞、继往开来之际，武汉大学信息管理学院组织编写了这部百年院史，对学院在人才培养、科学研究、社会服务等方面取得的成就进行总结，以回顾历史、展望未来。

本书的编写遵循客观、全面和系统的原则，按照历史发展的各个阶段进行叙述，着重反映学院在每个阶段取得的成就和特色，特别是各系（专业）的创办和发展、师资队伍、本科和研究生教育、学科建设与社会影响、科学研究、重要建设工程、国际交流与合作、党的建设和思想政治教育工作等各方面的情况。

本书在材料收集和甄选过程中，得到了各系、各职能部门负责人、热心的院友，以及包括离退休教师在内的广大师生的大力支持，特别是谢灼华教授、严怡民教授、王昌亚教授、焦玉英教授、詹德优教授、马费成教授、肖希明教授，给予了编者细致的指导和有益的建议。在此，编者向他们表示衷心的感谢！此外，一并感谢武汉大学出版社的大力支持以及本书编辑的辛勤付出！

参加本书撰写及提供资料的师生名单如下（以姓氏笔画为序）：丁念、于媛、马费成、方卿、王昌亚、邓胜利、冉从敬、付新荣、白小柳、司莉、刘荣、刘家真、安璐、孙华东、孙更新、严红、严怡民、李纲、杨丹丹、杨志峰、肖希明、肖秋会、吴丹、吴江、余丽娟、宋恩梅、张玉峰、张敏、何绍华、陆伟、陆泉、陈传夫、陈孝禹、罗紫初、周力虹、周宁、单璐、居森林、赵一鸣、查荔、钱宏宇、徐丽芳、徐晴、黄先蓉、黄如花、寇继红、彭敏惠、焦玉英、傅西平、傅玲、谢灼华、詹德优……

由于本书涉及的时间长、范围广，编写难度大，难免存在重要人物和事件未收录等情况。加之编者水平有限，错误和疏漏之处在所难免，恳请读者批评指正。

编 者

2020年8月14日

图书在版编目(CIP)数据

世纪历程:武汉大学信息管理学院百年院史:1920-2020/武汉大学信息管理学院编.—武汉:武汉大学出版社,2020.10
武汉大学信息管理学院百年纪念丛书/方卿,傅兴荣主编
ISBN 978-7-307-21802-4

Ⅰ.世… Ⅱ.武… Ⅲ.武汉大学信息管理学院—校史—1920-2020 Ⅳ.G649.286.31

中国版本图书馆 CIP 数据核字(2020)第 179175 号

责任编辑:郭　静　　责任校对:汪欣怡　　整体设计:涂　驰

出版发行:**武汉大学出版社**　(430072　武昌　珞珈山)
(电子邮箱:cbs22@ whu.edu.cn　网址:www.wdp. com.cn)
印刷:武汉市金港彩印有限公司
开本:787×1092　1/16　印张:30.75　字数:672 千字　插页:2
版次:2020 年 10 月第 1 版　　2020 年 10 月第 1 次印刷
ISBN 978-7-307-21802-4　　定价:160. 00 元